이루어지소서

하늘에서와 같이— 땅에서도
이루어지소서

펴낸 날 2024년 11월 1일 초판 2쇄 발행

펴낸 이 손희송
편집인 조한건
지은이 이상각

펴낸 곳 재단법인 한국교회사연구소
서울 중구 삼일대로 330 평화빌딩
대표전화 02-756-1691
팩시밀리 02-2269-2692
www.history.re.kr

인쇄제본 분도인쇄소

등록번호 1981.11.16 제10-132호
교회인가 2023년 6월 20일

ISBN 979-11-85700-45-8 93230

정가 29,000원

ⓒ남양성모성지, 2024
ⓒ한국교회사연구소, 2024

하늘에서와 같이

★ 이루어지소서

땅에서도

남양성모성지 이야기 　　　이상각 지음

한국교회사연구소

산들이 밀려나고 언덕이 무너져도
나의 사랑은 결코 너를 떠나지 않는다.
(이사 54, 10)

추천의 글

30여 년 성지개발의 실감 나는 기록

세상을 살아가는 방법에는 두 가지가 있다.
기적이란 없다고 믿고 사는 것과
어디에나 기적이 존재한다고 믿고 사는 것.
나는 후자의 삶을 선택하기로 했다.

— 알버트 아인슈타인

"남양성모성지는 성모님의 은총으로 신비스런 기적의 장소가 되었네요. 또 기적이 실제로 수없이 일어나고 있고요!"

제가 성지 주임 이상각(李相珏) 프란치스코 하비에르 신부님을 만나면 늘 하는 이야기입니다. 주님을 위해 스러져간 이름 없는 이들의 순교지로 잘 알려지지 않았던 남양성지가 이제는 신자와 예비 신자를 비롯하여 종교가 없는 익명의 수많은 사람들이 찾아와 기도를 바치는 아름다운 성모님의 성지로 바뀐 것은 그야말로 기적과 같이 놀라운 일이기 때문입니다.

지난해(2021년 5월 5일), 봉헌 30주년을 맞이한 남양성모성지가 전 세계 30개 성모성지의 하나로 선정되어 프란치스코 교황님과 함께하는 코로나 팬데믹 종식을 위한 묵주기도를 주관하였습니다. 감동적인 그 자리에 함께하면서 더욱 그러한 생각을 했던 것 같습니다.

나무가 가득하고 계절마다 갖가지 야생화가 피어나는 남양성모성지의 20단 묵주기도 길은 치유와 평화의 길입니다. 가족들이 묵주 알 위에 손을 모으고 함께 기도를 드리는 모습은 그 자체로 하늘나라처럼 아름답습니다. 그러한 남양성모성지의 모습이 묵주기도를 바치는 동안 바티칸 공식 채널을 통해 전 세계 교회에 소개되었습니다.

세계적인 건축가 마리오 보타가 설계하여 성당을 지은 곳도 남양이 처음인 것 같습니다. 저는 이 모든 일을 기적이라고 부르고 싶습니다. 그런데 이러한 기적이 이루어지기까지 법적인 문제부터 경제적인 어려움 등 많은 일들이 있었습니다.

이 책은 이상각 신부님이 지난 30여 년 동안 성지를 개발하며 겪었던 일과 그 일이 어떤 과정과 어려움을 거치며 이루어진 것인가에 대한 실감 나는 기록입니다. 성지의 역사이면서 주님과 성모님, 성 요셉이 함께한 이야기이고 또한 순례자들과 함께한 이야기입니다.

이 이야기를 읽는 사람들은 남양성모성지를 더 사랑하게 되리라 생각합니다. 그리고 그 사람들이 앞으로 남양성모성지의 또 다른 기적을 만들어가는 주인공들이 되리라 믿습니다.

2022년 12월
수원교구 교구장 이용훈 마티아 주교

추천의 글

우리 모두 성모님의 작은 별이 될 수 있도록

1
신부님, 안녕하세요?

동백꽃이 많이 피어 있는 부산 광안리 수녀원에서 새해 인사드립니다.

푸른 하늘과 바다와 수평선을 바라보면 저절로 떠올리게 되는 성모님의 모습입니다.

오랜 세월의 기도와 정성이 모여 더욱 아름다운 예술적 공간이 된 남양성모성지에는 오늘도 많은 순례객이 모여올 테지요?

저는 조각상이나 상본에 나와 있는 성모님의 고운 얼굴도 좋아하지만 때로 눈물이 가득한 통고의 성모님을 표현한 그림을 더욱 마음 깊이 품게 됩니다. 신부님 역시 통고의 성모님을 많이 묵상한 지난 세월이 아니었나 짐작해 봅니다.

요즘 누가 건강 상태를 물으면 '안 아픈 데보다 아픈 데가 더 많은 게 사실'이라면서 인간이 육체적·정신적 아픔 앞에 얼마나 무력한지를 깨닫곤 합니다. 사랑은 늘 고통과 희생을 바탕으로 성장한다는 것도 함께.

2011년 가을, 성지 20주년 기념으로 신부님이 제게도 특강을 부탁하셔서 처음으로 그곳을 다녀오며 참으로 많은 형제자매들과 함께하는 시간을 가졌었지요. 시 낭송하는 시간에 신부님께 처음으로 낭독을 시키고, 잘 읽으셨다고 칭찬해 드린 일도 기억하시지요? 수백 권의 책을 스티커까지 붙여서 사인하느라 힘들었지만 즐거웠던 그 시간이 추억의 갈피 속에 살아있습니다. 기다리는 줄이 길어지는 동안 잠시 성체조배를 다녀오며 특별한 쪽지를 '성모님의 메시지'라고 전달해 주던 어느 자매님도 생각납니다.

긴 시간 수고했다고 신부님이 저녁으로 고기를 사주셨고, 함께 자리했던 생활성가 가수 로제리오 님은 그 자리에서 제가 쓴 글에 곡을 붙인 「나를 부르는 당신」이라는 노래를 불러주어 신부님을 기쁘게 한 일이 책에도 언급되어 좋았습니다.

> 그래도 움직이는 산
> 그래도 굽이치는 강
> 나를 부르는
> 당신!

2

오늘은 며칠 전 선종하신 베네딕토 16세 교황을 위한 추모 미사에 참석하며 다시 한번 우리의 삶이 언젠가는 영원한 고향으로 돌아갈 순례자의 삶임을, 그래서 날마다 새롭게 길 위에 있음을 다시 묵상해 봅니다. 최근에는 꿈에서도 자주 길을 가는 제 모습을 보는데 번번이 장애물을 발견하거나 목적지에 가더라도 아주 힘들게 도착하는 과정을 체험하게 됩니다. 한 사람의 일생은 그가 세상을 떠난 후에 재조명

되어 생전의 흔적이 더 선명하게 보일 때가 많습니다.
　부산에 살면서도 너무 무심한 것 같아 얼마 전에는 이태석 신부님의 기념관과 장기려 박사님의 기념관에 가서 그분들이 생전에 실천한 이타적인 사랑의 섬김에 대해 좀 더 구체적으로 느끼며 공부하고 왔습니다. 성 김대건 사제의 삶을 다룬 영화 「탄생」도 수일 내로 보러 합니다. 한 사람의 선한 영향력이야말로 얼마나 대단한 힘과 빛을 지니는 것인지요.
　언젠가 신부님이 지상의 순례를 끝내고 더 이상 남양성모성지에 안 계시는 날이 오더라도 성지는 계속 거룩하고 아름다운 빛을 발하며 더 많은 이들에게 위로와 기쁨과 평화를 주는 기도의 맑은 샘이 되고 치유의 따뜻한 집이 될 것임을 확신합니다.

3
　신부님께서 보내주신 다양한 체험의 글들을 읽으면서 어쩌면 이 책 속에 못다 한 이야기가 더 많을 수도 있겠구나 헤아려 봅니다. 주로 당신의 이야기가 많이 담긴 이 책의 탄생을 누구보다 성모님이 제일 많이 기뻐하실 겁니다.
　"나의 모든 과거와 현재와 미래가 성모님의 스토리가 되기를 기원한다."며 토마스 머튼(T. Merton)의 말을 빌려 고백한 신부님의 서문 속 염원처럼 이 책 속의 이야기를 통해 더 많은 이들이 '바다의 별'인 성모님을 사랑하고 성모님의 겸손과 온유의 덕을 본받는 지상의 작은 별들로 탄생하는 계기가 될 수 있길 바랍니다.
　각자의 자리에서 성모님의 작은 별로 빛을 발하며 예수님의 사랑을 깊고 넓게 실천하는 성인이 되고 싶은 갈망을 좀 더 구체적으로 품게 되길 바랍니다.

   그동안 신부님이 남모르게 흘리신 눈물, 신앙 안에 꿋꿋이 버텨내신 인내에도 우리 함께 감사드리면서 성모님께 봉헌되는 이 책의 출간을 진심으로 축하드립니다. 조용한 성당에서 묵주를 들고 오늘은 마니피캇(magnificat)의 노래를 부르고 싶습니다. 신부님의 건강과 더불어 소임에 필요한 지혜와 용기를 주십사고 청하면서, 사계절 내내 성지를 방문하는 순례객들의 영적인 기쁨과 치유를 부탁하면서 그리고 이 땅의 평화와 전 세계의 평화를 간절히 기도하면서!

                      2023년 1월 8일 주님 공현 축일에
                    부산 광안리에서 이해인 클라우디아 수녀 올림

추천의 글
나의 '마스터 아키텍트'

33년이라고 했습니다. 남양성모성지를 조성하기 시작한 지가 33년이 되었다는 사실을 알았을 때, 뜬금없을지 모르지만 문득 예수님의 생애가 떠올랐습니다. 탄생부터 십자가 위에서 돌아가시기까지도 33년이지요. 근데, 우리는 예수님의 행적에 관한 기록 중 공생애라고 일컫는 최후의 3년에 대해서는 자세히 알고 있지만, 그전의 30년에 대해서는 아는 게 거의 없습니다. 사실에 대한 기록이 없으니 추측하는 것도 자유여서 제가 이렇게 주장한 적이 있습니다. 2천 년 전의 30살이면 지금 나이로 50~60은 되었음 직하고, 어릴 적 신학자들과 토론할 만큼 영민하셨다고 하니 세상적으로도 충분히 성공하셨을 겁니다.

그러나 구체적으로 무슨 일을 하셨는지는 알지 못하는데, 아버지 요셉의 직업이 목수라고 성경에 나오는 바람에 아마 예수님도 가업을 이어 목수 일을 하셨으리라고 말하곤 합니다. 그런데 척박한 토질의 이스라엘은 목수라는 직업이 있을 만큼 목재가 생산되는 지역이 아니라서 제가 의심을 가지던 차에, 영어 성경 이전의 히브리어 성경에 요셉의 직업이 텍톤(TEKTON)으로 기재된 것을 알게 되었습니다. 바로 건축의 영어 Architecture를 구성하는 tect의 어원과 일치합니다. 텍톤의 뜻은 짓는다는 것이니 요셉의 직업은 특수 직종인 목수가 아니라 일반적인 건축 즉 집 짓는 일을 한 것으로 이해하는 게 타당합니다. 예수님이 그 집안일을 이어받았다면 영민하신 분이었으니 으뜸이라는 Arch를 덧붙인 Arch-Tekton이었을 게며, 이는 바로 영어의 Architect, 즉 건축가입니다. 제 해석이 무리일까요?

좀 더 나가면, 건축은 거주하는 이들의 삶을 조직하는 일이어서 좋은 건축을 만들면 좋은 삶이 되게 마련입니다. 이는 우리의 삶을 바꿀 수 있는 게 건축이라는 뜻으로, 성공적 건축가였을 예수님은 당연히 이 사실을 확인한 다음, 새로운 세상을 건축하기 위하여 공생애를 시작하여 결국 이 세상을 바꾸신 것 아닐까요. 그래서 그전의 30년 기간은 공생애 3년을 위한 준비와 훈련의 때였을 것이라 저는 여기는 것입니다.

33년간의 남양성모성지 조성 다큐멘터리 같은 이 책을 읽는 도중 저에게는, 이상각 신부님이 새로운 세상을 지어가는 아키텍트의 모습으로 보였습니다. 그래서 예수님의 생애를 떠올렸을 겝니다. 세상을 짓는 아키텍트, 그 모습을 저는 오래전에 예수님의 말씀을 빌려 다음과 같이 글을 쓴 적이 있습니다. 긴 글을 추려 옮기면 다음과 같습니다.

"건축가로서 예수의 삶…건축은 우리의 삶을 이루게 하는 직접적이고 적극적 수단…우리의 삶을 조직하는 것…그래서 건축가는 인간의 생명과 그 존엄에 대해 스스로 진실하고 엄정해야 하므로 심령이 가난해야 하고 애통해야 하며 의에 주려야 한다. 특히 다른 이들의 삶에 관한 일이니 온유해야 하고 긍휼해야 하며 청결해야 하고 화평케 해야 한다. 바른 건축을 하기 위해 권력이나 자본이 펴놓은 넓은 문이 아니라 고통스럽지만 좁은 문으로 들어가야 한다. 스스로를 깨끗하게 하여 거룩한 것을 개에게 주지 않아야 하며 진주를 돼지에게 던지는 일을 거부해야 한다. 모든 사물에 정통하고 박학하기 위해 뱀같이 지혜롭고 비둘기같이 순결해야 한다. 결단코 불의와 화평하지 않아야 하며, 때로는 그런 행동 때문에 집이나 고향에서도 비난받을 각오가 되어야 한다. 사람 사는 일을 알기 위해 더불어 먹고 마셔야 하지만 결코 그 둘레에 갇혀서는 안 된다. 스스로를 수시로 밖으로 추방하여, 광야에 홀로 서서 세상을 직시하는 성찰적 삶을 지켜야 한다. 오로지 진리를 따르며 그 안에서 자유 하는 자, 그가 바른 건축가가 된다."

남양성모성지의 개발자이며 이 책의 저자이신 이상각 신부님이 건물을 설계하는 건축가가 아니라 해도, 한 버려진 땅—혹시 이름 모르는 이들이 순교하여 그 영혼이 깃들어 있을지도 모르는 땅을 발견하고 뜻을 두어서 온갖 시련을 겪으며 많은 이들을 불러 받은 소명을 실천하는 그 33년의 기록은 윗글의 내용과 너무도 일치합니다. 그래서 저는 이 신부님을 남양성모성지라는 장소를 짓는 이, 바로 '마스터 아키텍트(master architect)'라고 하지 않을 수 없습니다. 원래 그렇게 훈련되지 않았다 하더라도, 그 부르심의 기적을 받으신 게 분명한 듯합니다.

『장소의 혼(Genius Loci)』이라는 책을 쓴 크리스천 노베르그-슐츠(C. Norberg-Schulz)는 "건축은 총체적인 환경이 가시화될 때 비로소 그 존재가 나타나며, 이는 바로 장소의 혼이 구체화한 것"이라고 하고, "건축의 기본적 행위는 어떤 장소의 소명을 이해하는 것"이라고 했습니다. 한 버려진 땅, 혹시 이름 모르는 순교자가 스며들었을 수 있는, 나아가 우리 모두가 그런 순교자일 수 있는 땅을, 이 신부님은 오래전부터 직접 구체화하려 하신 것 아닐까 하는 것입니다. 그렇게 여깁니다. 그래서 이곳 남양성모성지는 부르심의 기적과 응답의 은총으로 이루어져 가는 장소임에 틀림없습니다.

   남양성모성지가 언제 완성된 모습을 드러낼지는 이상각 신부님도 모르시는 것 같습니다. 주님의 뜻을 따를 뿐이라고 했습니다. 다만 바라기로는 지금 갖고 계신 몇 가지 계획이라도 순조로이 드러나 이 장소에 더욱 맑고 밝은 빛 가득하길 소망합니다. 그리하여 이 땅에 스민 '장소의 혼'이 완전히 구체적으로 드러나 우리 모두에게 큰 평화로 곧 다가오길 바랍니다. 이 책이 그 징조일 겝니다. 데오 글로리아(Deo Gloria)!

승효상
건축가, 이로재 대표, 동아대학교 석좌교수

차례

추천의 글
30여 년 성지개발의 실감 나는 기록 | 이용훈 마티아 주교 • 06
우리 모두 성모님의 작은 별이 될 수 있도록 | 이해인 클라우디아 수녀 • 08
나의 '마스터 아키텍트' | 승효상 건축가 • 12

여는 글
나를 부르는 당신 • 23

1부 내 삶의 오후 네 시

01 / 엄마의 소원 • 30
02 / 고마운 내 동생 • 36
03 / 네가 물고기냐 사람이냐 • 40
04 / '라면땅' 사건 • 43
05 / 못 말리는 시절 • 46
06 / 진세를 버렸어라. 이 몸마저 버렸어라 • 50
07 / 신부는 일찍 죽을수록 좋다? • 52
08 / 내 삶의 '오후 네 시' • 56
09 / 성모님, 제가 드린 기도 잊지 마세요! • 65
10 / 이 신부, 성지개발 한번 잘해 봐 • 69
11 / 나의 할머니들 • 71
12 / 소나무를 이식하다 • 75

13 / 그래, 이 이야기야! • 79
14 / 샀다 바느질해서 4년을 모은 돈입니다 • 82
15 / 24시간 묵주기도 고리 운동 • 84
16 / 나에게 묵주기도의 힘을 가르쳐 주신 성모님 • 87
17 / 성모님, 이 둑이 무너지면 저는 도망가야 합니다 • 94
18 / 감동을 서비스하다 • 98
19 / 신부님, 그러다 감옥 갑니다 • 102
20 / 남양 순교지를 성모성지로 선포하겠다 • 105
21 / 한국 천주교회의 성모성지 탄생! • 108
22 / 새 사제 봉헌식 • 111
23 / 장화 없이 기도 못 하겠어요 • 115
24 / 건축에 대한 나의 생각 • 119
25 / 기도하는 집이 아니고 화장실이에요? • 122
26 / 동굴 성체 조배실 • 124
27 / 나의 아들아, 나도 함께 데려가다오 • 129
28 / 여기서 이러시면 안 됩니다 • 132
29 / 공공 디자인의 중요성을 배우다 • 136
30 / 성경에 기초한 새로운 십자가의 길 • 139
31 / 메주고리예 십자가 산처럼 맨발로 기도하는 십자가의 길 • 143
32 / 기다려주는 신부님 • 148
33 / 성지는 매일매일 화해의 날 • 151
34 / 무너져 내린 경당과 목조 경당 신축 • 153
35 / 묵주기도를 가장 기쁘게 바치는 곳 • 158
36 / 구슬 속에 담긴 이야기 • 169

37 / 빛의 신비 묵주기도 길 • 174

38 / 묵주기도 길에 나타난 자비의 성모 이콘 • 178

39 / 엄마 찾으며 엉엉 울 수 있는 곳 • 185

40 / 한국적인 성모상 조각 • 187

41 / 남양 성모상, 엄마의 치맛자락에 매달리신 아기 예수님 • 191

42 / 미술관 옆 화장실 • 197

43 / 너의 엄마인 내가 여기 있지 않니? • 199

44 / 아즈텍인들의 412년 주기 역법 • 203

45 / 아가야, 미안하다 • 205

46 / 성지개발 과정에 대한 기록 • 209

47 / 자비로우신 예수님 언덕 • 216

48 / 하느님 자비심의 산성 • 220

49 / 자비로우신 예수님상 축성·봉헌식 • 223

50 / 문화촌 주민 이주 및 수용된 땅 제척 이야기 • 227

51 / '평화의 모후 왕관의 열두 개의 별' 프로젝트 • 233

52 / 놀라운 하느님의 섭리와 이끄심 • 241

53 / 그단스크 비르지타 대성당에서의 남양성모성지 성체 현시대 프레젠테이션 • 247

54 / 프란치스코 교황님의 성체 현시대 축복 • 249

55 / 성체 현시대 안치식 • 253

2부 천사가 머무는 시간

01 / 시와 미, 낭만, 사랑은 삶의 목적 • 258

02 / 마리오 보타에게 대성당 설계를 의뢰하다 • 262

03 / 세계적인 건축가는 바쁘다 • 267

04 / 의사는 땅속에 남기고, 건축가는 땅 위에 남긴다 • 271

05 / 신부님은 늘 된다고 하네요 • 276

06 / 어제 잠은 잘 잤나요? • 281

07 / 대성당은 디테일이 생명이다 • 283

08 / 남양 성모님이 일으키신 첫 번째 기적 • 285

09 / 인테리어 회의 • 290

10 / 신부님, 내가 천국 가게 해줘야 합니다 • 293

11 / 거장의 소개로 거장을 만나다 • 297

12 / 우리 시대의 미켈란젤로 • 302

13 / 현장에서 열정적으로 일하는 두 거장, 보타와 반지 • 307

14 / 마리오 보타 영화 상영회 및 강연회 개최 • 312

15 / 공사 진행 일지 • 315

16 / 줄리아노 반지의 십자가, 나에게 예수님은 • 319

17 / 대성당 종소리, 아베 아베 아베 마리아! • 325

18 / 대성당의 빛, 하느님의 선물 • 327

19 / 천사가 머무는 시간 • 330

20 / 팬데믹 종식을 위한 전 세계 성모성지들의 묵주기도 마라톤 • 333

21 / 대성당에 설치된 줄리아노 반지의 십자가와 성화 • 337

22 / 남양 성모님께 바치는 특별한 소성당 • 342

23 / 대성당은 섬세하고 예민한 악기 • 346

24 / 목소리를 주먹으로 쥐고 집어던지는 느낌 • 348

25 / 대성당을 완성하는 소리 • 350

26 / 대성당 광장 공사 • 352

27 / 몬테 타마로 그리고 대성당 의자 • 355

28 / 대성당 가구 • 359

29 / 축성된 남양 성모 마리아 대성당 • 361

30 / '지어진' 파이프오르간 • 366

31 / 오, 춤토르 좋지요! • 370

32 / 나는 '싫소'라고 말한다 • 375

33 / 나는 테마파크 같은 작업은 하지 않습니다 • 380

34 / 마음을 먹기까지 • 386

35 / 다른 듯 같은 • 391

36 / '대지가 내는 소리'를 듣고 싶다 • 396

37 / 나는 티 하우스를 제안합니다 • 398

38 / 야뽁 건널목 • 406

39 / 최종 프레젠테이션은 암 투병 아내 앞에서 • 412

40 / 티 채플 모형 앞에서 • 417

41 / 적절한 순간에 적절한 것을 선택하는 것 • 422

42 / 두 번째 방문 1 : 티 세리머니 • 428

43 / 두 번째 방문 2 : 일흔세 번째 생일에 시작! • 434

44 / 세 번째 방문 1 : 아파트가 보입니다 • 438

45 / 세 번째 방문 2 : 이 자리가 좋겠습니다! • 443

46 / 세 번째 방문 3 : 건축 같지 않은 건축 작업 • 449

47 / 나는 일관성 있는 사람입니다 • 453

48 / 잘 익은 포도주 • 458

49 / 티 채플 국비 지원금을 돌려주다 • 463

3부 제가 이 일을 해도 되겠습니까?

01 / 성 요셉, 이 기도를 들어주시면 성지에 당신을 위한 경당을 짓겠습니다! • 472

02 / 그 어느 것도 무겁지 않다! • 478

03 / 다시 가슴이 뛴다! • 483

04 / 제가 이 일을 해도 되겠습니까? • 488

05 / 왜? 무엇을 지으려고 하는가? • 493

06 / 어떻게 지을 것인가? • 496

07 / 엔들리스 • 501

08 / 산 넘어 산 • 507

09 / 또다시 성 요셉께서 도와주시다 • 514

10 / 백로야 오지 마라 • 517

11 / 새 이름 '엔들리스 성 요셉 예술원' • 522

12 / 인터뷰 1 : 페터 춤토르 • 526

13 / 인터뷰 2 : 마리오 보타 • 529

14 / 인터뷰 3 : 줄리아노 반지 • 533

닫는 글
어린 나무의 눈을 털어주다 • 541

여는 글

나를 부르는 당신

나는 전과자 신부다. 별(?)이 한두 개가 아니다. 몇 년 전, 성지의 허가 문제를 해결하는 데 내「범죄 사실 확인서」가 필요하다고 해서 법원에 다녀온 적이 있다. 다 지난 일인데도 서류에 나열된 전과 기록들을 보면서 여러 가지 생각과 감정들이 오갔다.

물론 법을 지키지 않았다는 사실 자체는 부끄러운 일이다. 하지만 전과자가 되는 것도 두려워하지 않고 성모님의 일을 계속해 나갈 수 있었던 그 시절의 나는 멋지고 자랑스럽다고 말할 수 있을 것 같다. 만일 그때 내가 전과자가 되지 않기 위해 합법적인 방법으로만 무언가를 하려고 했다면 어쩌면 지금과 같은 성지는 이루어지지 않았을지 모른다.

당시 남양성지는 도시계획 지구 내에 있었고, 그 안에서는 3천 평까지만 종교 용지로 전용이 가능했기 때문에 그 이상은 모두 불법이었다.

대한민국 법에는 아직도 '성지'라는 개념 자체가 없다. 순교자들의 얼이 깃든 자리를 보존하기 위해서는 오로지 신자들의 봉헌금을 모으고 모아 땅을 사는 방법밖에 없었다. 그리고 그렇게 산 땅에 신자들이 모여 기도할 수 있는 자리를 만들려고 하면 이번에는 또 개발 행위에 대한 허가를 받을 수 있는 방법이 전혀 없었다. 축구 연습장이라면 몰라도 '성지를 개발하기 위해' 산을 파내고 잔디광장을 만든다고 하면 허가 서류를 접수조차 해 주지 않았던 것이다.

어떻게든 허가받을 방법이 없을까 고민하다가 생각해 낸 것이 수종(樹種) 갱신 허가와 수종 갱신 작업을 위한 임도 개설 허가 정도였다. 산을 파내자면 일단 나무를 베어내야 하고, 기도의 장소나 길들을 만든 다음에는 다시 나무들을 심어야 했기 때문이다.

그러한 명목으로 산림과에 서류를 접수하며 이러이러한 나무들로 수종을 갱신하겠다고 했더니 한번은 공무원이 "식물원 만드세요?"라고 묻기도 했다. 수종 갱신 허가 이외에 다른 허가를 받을 수 없는 상황에서 산을 파내고 흙을 실어 나르고 돌을 깨고 광장을 만들고 잔디를 심는 등… 이런저런 일들을 하다 보니 그것들이 모두 불법 행위가 되어 버렸다.

그러는 중에 자신의 이권을 위해 성지의 불법적인 사실을 일일이 찾아 고발하는 사람이 있었다. 그 사람의 실명을 밝힐 수는 없지만, 그가 서울의 한 지역구 시의원이었고 세무사였다는 것은 밝힐 수 있겠다. 그는 법적인 절차를 잘 알고 법을 이용할 줄 아는 사람이었다. 그는 자신의 이름이 아닌 가족들의 이름으로 대통령, 정부합동민원센터, 건설부 장관, 경기도지사, 화성 군수에게 끈질기게 고발장을 접수했다.

민원인의 의도가 무엇이든 일단 고발장이 접수되면 사법기관의 조사가 시작된다. 조사는 피고인뿐 아니라 그 일을 담당하는 공무원도 같이 받는다. 민원인이 없다면 크게 문제가 되지 않을 일도 민원인이 생기면 힘든 상황으로 발전하게 된다. 그는 내가 성지에서 하고 있는 일들의 불법적인 부분들을 하나하나 찾아 고발했고, 화성군(현 화성시)의 행정에 대해서도 이렇게 저렇게 지적하며 비판했다. 그러면서 그의 고발은 매번 "그러므로 성지로 개발하고 있는 곳을 가로질러 산 너머까지 차가 다니는 2차선 도로를 개설해 주세요."라는 요구로 끝을 맺었다. 그가 소유한 땅이 바로 거기 있었던 것이다.

고발장에 그가 쓴 말대로라면 나는 사회에 큰 물의를 일으키는 사이비 교주였다. 그는 당시 사회에 큰 충격과 물의를 일으켰던 "'아가동산'이나 '오대양 사건'에 비견되는 종교 비리"라는 말까지 쓰면서, 신자들을 현혹해 돈을 모아 부동산을 사들이는 '몰지각한 땅 투기 신부'로 나를 매도했다.

어쨌든 나는 그가 고발장을 접수할 때마다 경찰서로 불려 나가야 했고, 조서를 받고 벌금을 내는 등 보통 사람이라면, 특히 평범한 사제로 살았다면 겪지 않아도 되었을 우여곡절을 여러 차례 경험해야 했다.

내가 겪은 어려움은 비단 그것만이 아니었다. 그것보다 나를 힘들고 외롭게 했던 것은 교회 내에서, 그리고 누구보다 나를 이해해 주었으면 하고 바랐던 동료 사제들로부터 외면당할 때였다.

오를 때는 몰랐는데
내려와 올려다보니
퍽도 높은 산을 내가 넘었구나
건널 때는 몰랐는데
되건너와 다시 보면

퍽도 긴 강을 건넜구나
이제는 편히 쉬고만 싶어
다시는
떠나지 않으렸더니

아아, 당신
그래도
움직이는 산
굽이치는 강

나를 부르는
당신

— 이해인 수녀님의 「나를 부르는 당신」

    2011년, 남양성모성지 봉헌 20주년 기념 문화행사의 일환으로 이해인 수녀님을 초청한 일이 있다. 그날 수녀님께서 특별히 나를 위해 이 시를 낭송해 주셨다. 수녀님의 낭송에 이어 함께 피정을 이끌었던 김정식 로제리오 형제가 이 시에 곡을 붙인 노래까지 불러주었는데, 노래를 듣는 동안 지난 일들이 주마등처럼 스쳐 지나갔다. 내가 넘어온 산이 얼마나 높은 것이었는지, 또 내가 건너온 강이 얼마나 깊은 것이었는지….
    하지만 여기서 멈출 수는 없다. 다시금 움직이는 산, 굽이치는 강…. 그날 나는 또다시 나를 부르시는 그분의 음성을 확인하며 결심했다. 내가 드린 약속을 끝까지 잘 지켜내기 위해, 그곳이 산이라면 또 산을 넘을 것이고, 아무리 긴 강이라도 다시 그 속으로 발을 내디딜 것이라고….

그로부터 또 10년이라는 시간이 흘렀다. 그사이 성지에는 세상에 없던 대성당이 지어졌고, '엔들리스(endless)'라는 이름의 성 요셉 예술원 공사도 시작되었다. 페터 츔토르(Peter Zumthor)의 '티 채플'과 승효상(承孝相) 선생이 설계하고 있는 '순교자의 언덕'도 곧 공사를 시작하게 될 것이다.

지금까지 그래 왔던 것처럼 내가 하는 일들, 또 하고자 하는 일들에 대해 걱정하고 반대하는 목소리들이 여전히 크다. 하지만, 그 모든 부정적인 목소리들보다 더 먼저 나를 부르셨고 또 지금도 나를 부르시는 내 주님의 목소리를 듣고 앞으로도 그분만을 따르고자 한다.

1부

내 삶의
오후 네 시

01
엄마의 소원

성지에는 길이 참 많다.

메타세쿼이아가 멋지게 자라 그 길로 들어서서 기도를 바치는 순례자들은 누구라도 드라마 속 주인공처럼 보이게 만드는 빛의 신비 묵주기도 길, 어린 시절 등·하교 길처럼 친숙하고 정겨운 소나무 향기 가득한 고통의 신비 묵주기도 길, 그리고 순례자들이 십자가의 길 기도를 가장 많이 바치는 사순 시기가 되면 벚꽃이 만발하여 꽃의 터널을 이루곤 하는 십자가의 길… 그뿐인가? 십자가의 길이 끝나는 곳에서 다시 시작되는 자비로우신 예수님의 언덕과 그 언덕의 윤곽을 따라 걷도록 되어 있는 하느님 자비를 구하는 5단 묵주기도 길… 그리고 무엇보다도 가장 많은 순례자들이 걷고 또 걸으며 그 발자국들을 모아 성모님의 얼굴 모습을 성지에 더욱 깊게 새기고 있는 환희의 신비 묵주기도 길까지.

그럼에도 성지에서는 길을 잃으면 어쩌나 걱정할 필요도, 또 그 여러 갈래의 길 가운데 어느 길로 갈까 고민할 필요도 없다. 어느 길로 들어서더라도 기도로 이어지게 되어 있으며, 우리의 자비로우신 어머니께서는 언제나 우리들을 당신의 아들 예수님께로 인도해 주시기 때문이다.

어디 성지 안에서뿐이겠는가? 내가 지금까지 걸어온 모든 길에 성모님께서 함께 계셨고, 여기까지 나를 인도해 주셨음을 믿는다.

지금까지 내가 걸어온 길을 한 해 두 해 되짚어 가다보면 그 길의 끝자락에서 만나게 되는 것이 바로 내 어머니의 길이다. 그 길은 '어머니'와 '나'라는 존재로 인하여 어느 시대에서 뚝 끊어지거나 단절된 것이 아니라 신비롭게 연결되어 있다. 내가 세상에 태어나기도 전에 어머니께서 걸으셨던 길 위에 이미 내가 있었던 것은 아닌지… 어머니의 이야기를 들을 때마다 그런 생각이 들곤 한다.

네 살, 다섯 살, 여섯 살 꼬마 아이들은 바라보기만 해도 예쁘다. 조잘조잘거리며 뛰어놀던 아이들이 쓰러지고 열이 오르고 아무것도 먹지 못하고 앓다가 죽는 모습을 지켜보는 엄마의 마음은 어떨까? 또 그렇게 죽은 아이를 무명천에 싸서 소나무에 매달아 놓고* 돌아오는 아빠의 마음은 어땠을까? 우리 외할머니와 외할아버지의 이야기다. 외할머니는 13명의 자식을 낳았는데 그 가운데 10명을 홍역과 마마(천연두)로 잃었다.

큰외삼촌과 엄마의 나이 차이가 13살, 엄마와 막내 이모의 나이 차이가 13살이다. 그 중간에 있는 형제들이 모두 죽은 거다.

외할머니의 눈에서는 눈물이 그칠 새가 없었고 울음소리가 멈추지 않았다.

89세인 엄마가 어제 일처럼 옛날이야기를 하신다.

---

* 감염병으로 죽은 시신을 땅에 묻으면 전염될 수 있다고 소나무에 매달았다고 한다. 엄마는 어렸을 때 나무에 매단 아이들을 많이 보았고 마음이 아팠다고 하셨다.

"희연이가 죽었을 때 얼마나 아까웠는지 몰라. 외할아버지 닮아서 잘생겼어. 또래보다 키도 크고 너무 안타까웠어. 내가 이랬는데 외할머니는 어떠셨겠어? 자리에 누우셔서 일어나지를 않으시고 울기만 하셨어. 그때 감곡 성당에서 박고완 신부님 식복사를 하시던 데우다 대모님이 집에 오셔서 아이들은 하느님이 데려가신 거라고 울지 말라고 하면서 외할머니를 감곡 성당에 데리고 가셨어. 그리고 성당 옆 작은 방에 한동안 외할머니를 계시게 했어. 신부님도 만나고 그렇게 하면서 외할머니와 같이 세례를 받게 되었어.

이모도 죽을까 봐 내가 얼마나 업고 다녔는지 몰라. 동네 어른들한테 가서 젖을 얻어먹이고 그러면서 죽지 않고 살게 되었지. 애들이 홍역과 마마로 계속 죽으니까 이모 출생 신고 때 할아버지가 오래 살라고 이름을 장수라고 하셨는데 면에서 일하는 사람이 여자애 이름이 장수는 아닌데 싶어서 상수라고 써놓은 거야. 집에서는 장수라고 계속 불렀는데 호적에는 상수라고 되어 있는 거지.

그렇게 눈물이 마르지 않는 집에서 살면서 삶과 죽음에 대해 생각하게 되었고 세례를 받고는 자연스럽게 수녀원에 가고 싶었어. 그래서 수녀원에 가겠다고 했는데 아버지와 오빠가 수녀원이 어떤 곳인지 아느냐? 수녀원에는 아무나 가는 게 아니다. 가지 말라고 야단을 치고 반대를 심하게 하셨어.

그러는 사이에 고모가 중매를 해서 아버지와 결혼을 하게 된 거야. 결혼하는 날 결심을 했어. 그리고 기도를 바쳤지. '내가 이루지 못한 소원, 내 꿈을 자식이 이루게 하겠습니다. 자녀를 낳으면 신부가 되게 하겠습니다.'라고 말이야. 내 소원이 자식들한테로 간 거지…"

아버지와 엄마는 무극에서 떡방앗간을 하시며 국수를 만드셨다.

집에는 늘 밀가루 포대가 쌓여 있었다. 밀가루를 반죽해 국수 뽑는 기계에 넣으면 가느다란 굵기의 국수 가락이 나온다. 막 뽑은 국수 가락은 마당에 널어 말렸는데, 햇살과 바람에 말라가는 하얀 국수 가락들 사이로 뛰어다니며 웃고 장난치던 생각이 난다.

지금 꽃동네가 있는 무극(無極, 현 금왕)에서 내가 태어났고, 그곳 성당을 다녔다. 성당 마당 한가운데엔 은혜의 성모상이 모셔져 있었고 나는 그 앞에서 뛰어다니며 놀았다. 성당 마당은 꽤 넓었고 뛰어놀기에 좋았다.

그 마당에서 애들 다칠까 봐 유리 조각을 줍던 망태기 할아버지가 꽃동네 최귀동 할아버지다. 망태기 할아버지는 저녁마다 우리 집에 오셔서 이렇게 말했다.

"방지거야, 먹다 남은 거 없니?"

본당 수녀님들도 우리 집에 자주 오셨다. 수녀님들은 셋째 동생(현재 함께 사제 생활을 하고 있다)을 업어주시는 등 우리를 돌봐 주셨다. 그때 수녀님들이 항상 하셨던 말씀이 있다.

"방지거야, 넌 신부 돼라. 꼭 신부가 되어야 한다."

(나의 세례명이 프란치스코 하비에르인데, 옛날에는 프란치스코를 '방지거'라고 불렀다. 지금도 무극에 가면 우리 집을 '방지거네'로 기억하는 어르신들이 계시다)

'신부 돼라.'는 말은 내 귀에 어린 시절부터 딱지가 붙은 말이다.

어쩌면 나는 태어나기 전부터 신부로 운명 지어졌는지도 모른다.

누구든지 나를 만나는 사람마다 어린 시절부터 신부가 돼라는 말을 많이 했다. 자연스레 '나는 신부가 되어야 하는 사람인가 보다.'고 생각했다. 다른 길은 생각조차 하지 못했다.

성인전을 보면 훌륭하신 분들은 대부분 어린 시절부터 하느님 대

전에서 신비를 체험하는 등 떡잎을 보이는데, 난 그렇지는 않았던 것 같다. 미사 때 친구들과 떠들다가 신부님께 호되게 꾸중을 들은 기억이 난다. 추억은 그렇게 하나둘 쌓여 갔다. 신앙 안에서 잉태되고, 신앙 가정의 분위기 속에서 자라고, 성당에서 뛰놀던 아이….

02

고마운 내 동생

　내가 어렸을 때는 첫영성체 때 여자는 꽃관을 쓰고 남자는 어깨띠를 둘렀다. 그런데 어깨띠를 두르고 찍은 첫영성체 기념사진이 나에게는 두 장 있다. 같은 날 찍은 것이 아니라, 초등학교 1학년 때와 3학년 때 각각 찍은 것이다. 초등학교 1학년 때 형, 누나들이 첫영성체를 받고 기념사진 찍는 것을 보며, '나는 왜 안 찍어주느냐?'고 울어서 나에게도 어깨띠를 둘러주고 사진을 찍도록 해주셨다고 한다. 어린 마음에 꽃관을 쓰고 어깨띠를 두르고 사진을 찍는 모습이 퍽 멋있어 보이고 부러웠던 모양이다.
　그런데 초등학교 3학년이 되어 진짜 첫영성체를 받고 나서 찍은 사진에는 정작 고개를 숙이고 있다. 당시 어머니께서 이발소에 가서 머리를 고데기로 지져 하이칼라를 한 후 머리에 기름을 발라 머리카락을 가지런히 넘기고 양복도 입혀주셨는데, 좀 컸다고 그런 모습을 부끄러워했던 것 같다.
　어린 시절 성당에서 지낸 일들 가운데 지금도 많이 기억이 나는 것은 크리스마스 때의 일이다. 크리스마스 밤 미사가 끝나면 '축 성탄'이라는 글씨 밑에 십자가가 그려진 등을 들고 신부님, 수녀님들 그리고 모든 신자들이 함께 마을을 돌며 예수님의 탄생을 기뻐하는 노래를 부르고 나서 헤어졌었다. 또한 크리스마스 무렵이면 아버지의 대자들이 산에서 소나무를 베어다 우리집 방앗간 안에 크리스마스트리 장식을 했던 기억이 난다. 굴뚝에는 커다란 양말도 걸어놓았다.

초등학교 4학년 무렵 아버지의 건강이 좋지 않으셨다. 아버지가 요양을 위해 집을 비우시면서 큰 집을 팔게 되었고, 작은 집으로 이사를 했다. 늘 여러 사람들이 드나들던 큰 집에서 사람들을 만나며 지내셨던 어머니는 집 안에 가만히 계시는 것이 답답하기도 하시고, 아이들 용돈이라도 벌면 좋겠다는 생각에서 아버지 친구분에게 부탁하여 생선 장사를 시작하셨다.

그때를 생각하며 눈을 감으면 좌판에 생선들을 늘어놓고 그 옆에는 신문지와 짚을 준비해 놓고 손님을 기다리던 어머니와 나와 동생의 모습이 그려진다. 손님이 오면 동생과 내가 옆에서 신문지와 짚을 집어드리곤 했었다. 그러면 어머니가 손님이 고른 생선을 신문지에 싸서 짚으로 묶어 손님에게 주었다. 장사가 퍽 재미났었다. 왜냐하면 켜켜이 쌓아놓은 생선 상자들이 금새금새 동나곤 했었기 때문이다.

"방지거 엄마가 왜 여기 있어?"

지나가던 사람들이 어머니를 알아보고 모두들 생선을 한두 마리씩 사가지고 갔다. 넉넉할 때 이웃들을 잘 도우셨고 인심을 잃지 않으셨기 때문이었으리라. 생선을 파는 엄마를 도와 신문지를 집어 주던 동생과 내가 이제 신부가 되어 사람을 낚는 어부로 살고 있다.

건강을 되찾으신 아버지가 집으로 돌아오셨지만, 빌려주었던 돈을 받지 못해 우리 가족들은 무극에서 매괴(玫瑰, 현 감곡)로, 또 이천(利川)으로 여러 번 이사하며 어려움을 겪었다.

한때는 집을 구하지 못해 비어있던 마을 회관을 치우고 거기서 한동안 살기도 했었다. 회의를 한다고 마을 어른들이 모일 때면 나는 슬며시 회관을 빠져나와 뒷동산에 올라 혼자 앉아있고는 했다. 차가운 공기 속에 홀로 앉아서 달빛을 보던 기억이, 지금도 가끔씩 새롭다. 외롭기도 했지만, 밤공기가 차가울수록 더욱 영롱하고 맑게 빛나던 달빛의 위로를 받으며 이런저런 생각들에 잠기고는 했다.

그러다 나는 소신학교*에 들어가게 되었다. 정확히 기억나지는 않는데 어머니 말씀으로는 소신학교 합격자 명단이 발표되던 날, 내가 학교 뜰 안에 있는 성모 동굴에 가 성모님께 감사의 노래를 불렀다고 한다. 그렇게 나는 나도 모르게 성모님께 많은 의탁을 했던 것 같다.

소신학교 생활을 하는 동안에도 성모님은 늘 내게 특별한 의미였다. 소신학교에선 저녁 식사 후 묵주기도를 바치고 한자리에 모여 성모 마리아 모후 만가(輓歌)를 부른다.

"마리아 모후여 어지신 어머니 마리아 살베~"

난 이 노래를 부르면서 늘 성모님께 꼭 신부가 되게 해 달라고 청했다. 지금도 이 성가를 좋아하는데, 이 성가를 부를 때면 어느새 그 시절로 돌아가 향수에 젖곤 한다.

신학교에서의 생활은 그리 낯설지 않았다. 아버지와 어머니 그리고 나와 동생은 아무리 힘든 일이 있어도 저녁에 반드시 모여 함께 묵주기도를 바쳤었다. 그리고 잠자기 전에 꼭 성모 마리아 모후 만

---

* 小神學校, minor seminary, seminarium minor, 대신학교에 들어가기 위한 준비 과정의 학교. 성소 배양을 위해 인문 및 과학 교육과 함께 특별 종교 교육을 전수하도록 마련된 중등 교육 과정의 신학교이다. 우리나라에서는 성신고등학교가 소신학교로 운영되었으나, 1983년 폐교되어 현재는 소신학교에 해당하는 학교가 없다.

가를 부르고 나서야 잠에 들었다. 그때도 그랬지만, 지금도 내가 신부가 될 수 있었던 것은 성모님의 도우심과 보살핌이 있었기 때문이라는 생각이 든다. 그리고 우리 가족들의 희생과 도움에도 늘 고마운 마음을 가지고 있다.

소신학교에 들어간 나는 기숙사에서 생활했다. 당시 소신학교 등록금과 기숙사비 등을 마련하는 것이 우리집 형편으로는 쉽지 않은 일이었다고 한다. 어머니와 아버지는 생전 처음으로 농사일을 시작하셨고, 돼지도 키우시고 소도 키우시며 신부가 되기 위해 소신학교에 들어가 있는 나를 뒷바라지하셨다. 집에 남아있는 동생들도 부모님을 도와 형인 내가 걱정 없이 잘 생활할 수 있도록 해 주었다.

소먹이를 준비하는 것은 늘 동생의 몫이었다고 한다. 동생은 학교에서 돌아오면 매일같이 쇠꼴을 베러 다녔고 작은 몸으로 지게에 한 짐씩 짊어지고 온 쇠꼴을 썰고 죽을 쑤어 소에게 먹였다.

등록금 낼 때가 되면 외할아버지께서 일러주시는 대로 소를 단장하는데, 이리저리 빗질을 해 놓은 소는 기름을 바른 것처럼 반들반들 윤이 났다고 한다. 그러면 그 소를 키운 동생에게 고삐를 들려서 장으로 끌고 가는데, 그럴 때면 동생의 표정은 좋아서 싱글벙글하고 발걸음도 어찌나 당당한지 펄쩍펄쩍 뛰어가는 것처럼 보였다고 한다.

마을 어른들이 그 모습을 보고 "너, 그 소 팔아서 뭐 할 거니?"라고 물으면 동생은 언제나 "네. 이 소 팔아서 돈 나오면 우리 형 등록금 하고 남은 걸로 송아지 한 마리 또 살 거예요!"라고 했단다. 신기하게도 정말 내 등록금을 내고 나면 꼭 송아지 한 마리를 살 만한 돈이 남아 송아지를 사곤 했다고 한다.

03
네가 물고기냐 사람이냐

얼마 전 동창 신부에게 축일을 축하한다는 문자를 보냈더니 이런 답이 왔다.

'상각아, 소신학교 다니던 그때 옛날 생각이 참 많이 난다.'

새삼 친구도 그렇다는 것에 마음이 따뜻해졌다. 추억, 아니 한 시절을 공유할 친구가 있다는 것이 얼마나 마음 든든한 일인지… 꼭 집어 언제 어디서 어떤 일이 있었던 게 기억난다는 것이 아니라, 그저 그 시절이 그립다는 말만으로도 충분히 짐작할 수 있는 마음.

그랬다. 그 시절 우리는 만나서 무언가를 하고 헤어진 것이 아니라, 같이 먹고 자고 같이 일어나고 같이 공부하고… 그렇게 늘 함께였다.

일부러 어떤 장면을 떠올리려고 생각하면 '글쎄, 뭐 특별한 일이 있었나?' 싶다가도 일상의 곳곳에서 그 시절이 문득문득 되살아나곤 한다. 라면을 먹을 때 소신학교 때 친구랑 숨어서 몰래 끓여먹던 라면 맛이 생각나고, 잠이 오지 않아 뒤척이는 밤에는 친구가 침대에서 떨어지는 소리에 깨서 킥킥거리다 다시 잠들곤 했던 소신학교 시절의 밤 풍경이 떠오르기도 한다. 묵주기도를 바치다가, 또 그 시절 즐겨 부르던 성가 소리에 문득문득…

때는 무더운 여름밤, 그때 우리는 입시 준비를 하느라 여름 방학 기간을 단축해서 학교에 모여 부족한 공부를 보충하고 있었다. 그런데 그날따라 가만히 있어도 짜증이 날 정도로 무더웠다. 저녁 9시쯤 됐을까? 옆자리에 있던 친구가 속삭였다.

"상각아, 더운데 우리 수영하러 가자."

"수영? 학교에 수영할 데가 어디 있냐?"

"왜 없어? 양어장 있잖아. 양어장!"

학교 종탑 건물 옆에 있던 양어장은 말이 양어장이지 그저 물고기가 몇 마리 살고 있는 작은 웅덩이에 불과했다.

"거기서 수영을 한다구?"

"그래, 시원할 것 같지 않아?"

공부도 안 되고 짜증만 나는데 그것도 괜찮겠다 싶어 친구와 함께 교실을 빠져나와 양어장으로 갔다. 그런데 막상 그곳에 도착하니 친구 녀석은 내 등을 떠다밀었다.

"너 먼저 들어가!"

"임마, 여기 오자고 한 게 너니까 네가 먼저 들어가."

"아냐, 네가 먼저 들어가면 나도 따라 들어갈게."

그렇게 친구 녀석이 꽁무니를 빼는 통에 하는 수 없이 내가 먼저 옷을 벗어 놓고 웅덩이 속으로 뛰어들었다.

"시원하냐?"

"그래, 엄청 시원하다. 너도 빨리 들어와."

나는 물속에서 풍덩거리며 친구에게 빨리 들어오라고 재촉했다.

그러다 갑자기 말을 주고받던 친구의 목소리가 뚝 끊어졌다.

무슨 일인가 싶어 슬그머니 머리를 들고 웅덩이 위를 올려다보았다. 그 순간 내 눈은 나를 내려다보고 계시는 교장 신부님의 눈과 딱 마주치고 말았다.

'아이코 학교에서 쫓겨나겠구나.'

물 밖으로 나오면서 심장이 오그라드는 기분이었다.

'이제 보따리 쌀 일만 남았구나. 신부고 뭐고 이제 정말 끝이다.' 라는 마음으로 교장 신부님 앞에 섰다.

교장 신부님은 아무 말씀도 하지 않으시고 그저 나를 뚫어지게 쳐다보기만 하셨다. 그것은 교장 신부님의 하나의 특징이었다. 신부님은 잘못한 일이 있는 친구를 아무런 말씀도 하지 않으시고 오랫동안 쳐다보기만 하셨다.

5분? 10분? 아니 그보다 훨씬 더 길게 느껴지는 시간 동안 나는 팬티 바람으로 어쩔 줄 몰라 하며 교장 신부님 앞에 서 있었다.

한참 만에 입을 여신 신부님은 딱 한 마디만을 남기고 휙 돌아서 가셨다.

"이상각이, 네가 물고기냐? 사람이냐?"

04

'라면땅' 사건

매년 5월이면 동성고등학교 학생들과 계성여고 학생들이 소신학교의 아름다운 성모 동굴에 모여 성모의 밤 행사를 함께 했다.

그때 내가 왜 그랬는지 잘 기억은 나지 않는데, 아무튼 그날 나는 성모의 밤 행사를 끝내고 집으로 돌아가는 학생들 틈에 끼어 소신학교 골목 밖으로 나왔다. 막상 갈 곳도 없었다. 그저 혜화동 거리를 한 바퀴 돌고, 외출하면 찾아가곤 했던 구멍가게에 가서 '라면땅' 몇 개를 사 바지 주머니에 넣고는 다시 학교로 돌아왔다.

행사가 있던 날이라 그 시간까지 누군가 드나들 거라고 생각했고, 사람들이 드나드는 틈을 타서 몰래 들어가면 될 거라고 생각했었다. 그런데 아니었다. 그 넓디넓은 느티나무 숲길에 아무도 없었다. 개미 한 마리 지나가는 것까지 다 보일 만큼 환하게 밝혀져 있는 차가운 수은등 불빛만이 가득 차 있을 뿐이었다.

가슴이 덜컥 내려앉았다.

콩닥거리고 쪼그라든 마음으로 수은등 20여 개를 하나씩 세며 걸어 올라갔다.

수위 아저씨가 수위실을 비웠다면 몰라도 개미 한 마리까지 다 보일 만큼 그토록 환한 불빛 아래서 아저씨가 나를 발견하지 않기를 바란다는 것은 정말 바보 같은 일이었다.

게다가 수위 아저씨는 어떻게 그렇게 모든 학생들의 이름을 정확히 외우시는 것인지.

"이상식! 어디 갔다 와? 이리 와."

그 순간 어머니의 얼굴이 떠올랐다.

"훌륭한 신부님이 되어야 한다. 성모님께 도와주시라고 기도하면서 꼭 훌륭한 신부님이 되어야 한다." 늘 그러셨는데, 내가 고작 '라면땅' 몇 개를 사 먹다가 쫓겨났다고 하면 얼마나 실망하실까? 두렵고 떨리고 또 나 자신이 한심스럽기도 하고 어머니께 죄송하기도 한 여러 감정에 뒤엉켜 눈물을 글썽이며 수위 아저씨 앞에 섰다. 주머니 속에 있던 '라면땅'은 왜 그렇게도 바스락거리던지.

"교장 신부님께 말씀 드린다."

전화 수화기를 들면서 수위 아저씨가 말씀하셨다.

불쑥 튀어나온 바지 주머니 속의 '라면땅'을 들키지 않으려고 애쓰며 아저씨에게 애원했다.

"아저씨!"

울먹이는 그 한마디 말속에는 '그러시면 저 학교에서 쫓겨나요. 한 번만 봐주세요.'라는 간절한 애원이 함축되어 있었다.

잠시 동안 나를 안타깝게 바라보시던 아저씨는 이내 수화기를 내려놓으며 '얼른 들어가라.'고 하셨다. 그 한마디에 얼마나 안도하고 또 얼마나 고맙고 감사했던가.

가끔 그날의 일과 아저씨를 떠올리곤 한다. 사람의 마음을 움직이고 성장시키는 데 규칙과 심판, 엄격함이나 처벌보다도 용서와 자비, 너그러움과 사랑이 더 큰 힘을 가지고 있다는 것을 나는 그 순간 배웠던 것 같다. '라면땅' 사건은 그렇게 일단락이 되었다.

그날 사 온 '라면땅'을 어떤 마음으로 먹었을까… 당시 '라면땅'의 인기는 그야말로 최고였다. 외출을 나갔다 하면 제일 먼저 사 먹는 게 '라면땅'이었고 면회 올 때 가져오는 선물 가운데서도 가장 환영받던 것이 바로 '라면땅'이었다. 간혹 취침 시간에 이불을 뒤집어쓰고 바스락바스락거리는 소리가 나곤 했는데 그러면 '저 녀석 라면땅 먹고 있군.' 금새 알 수 있었다. 어쨌든 나는 그 '라면땅' 때문에 하마터면 신학교에서 쫓겨날 뻔했던 아찔한 추억이 있다.

05
못 말리는 시절

고등학교 시절은 누구에게나 재미있는 추억이 많은 시간인 것 같다. 내가 고등학교 시절을 보낸 소신학교는 엄격한 규칙과 틀 안에서 생활해야 했고, 규칙을 어기거나 틀에서 벗어나면 쫓겨나는 곳이었다. 그럼에도 풋풋한 첫사랑이나 연애 이야기만 빠졌을 뿐 재미있는 추억이 참 많다.

아침 조회 시간에 친구 녀석이 머리가 길다고 교장 신부님께 야단을 맞았다.

내가 친구에게 말했다.

"네 머리 내가 깎아줄게."

"머리를 깎아준다고? 네가 머리 깎아 봤어?"

"깎을 수 있어."

"정말이지?"

"그렇다니까."

그래서 우리 둘은 학교 안에 있는 이발소로 갔다. 문이 잠겨 있었다.

"어떻게 하지? 너 오늘 머리 안 깎으면 또 혼날 텐데…"

"저 위에 쪽창이 열려 있다. 저리로 들어가서 문을 열면 되겠다."

"괜찮을까?"

"들어갈 수 있을 거야."

그렇게 해서 문을 열고 안으로 들어갔다.

친구 녀석을 의자에 앉히고 수건을 목에 감고 어깨에 천도 둘렀다. 그러고는 고개를 숙이게 한 다음 바리깡을 들고 왼쪽부터 깎기 시작했다.

바리깡이 친구의 머리를 뜯어냈다.

"앗, 따가워."

"조금만 참아."

왼쪽을 깎은 다음 오른쪽을 깎았다.

그런데 깎고 나서 보니 왼쪽과 오른쪽의 높이가 달랐다.

이쪽이 긴 것 같아 좀 더 잘라놓고 보면 또 저쪽이 길고 저쪽이 길어서 맞춘다고 또 잘라놓고 보면 이쪽이 길고… 그렇게 높이를 맞추려고 이쪽저쪽 깎다보니 머리가 점점 위로 올라갔다.

바리깡 대신 가위를 들고 높이를 맞춰보려고도 했지만 도저히 안 되었다.

가만히 앉아있던 친구가 마침내 입을 열었다.

"너 안 깎아봤지?"

"그래. 처음 깎아보는 거다. 보기에는 쉬웠는데 잘 안되네. 그래도 한 번 잘 맞춰보자."

아무리 해도 쥐가 파먹은 것 같고 왼쪽과 오른쪽의 높이가 서로 다른 게 바보 영구처럼 보였다. 머리를 깎던 나도, 그리고 거울을 쳐다보던 친구도 웃음이 나왔다.

"야, 안 되겠다. 그냥 박박 밀어버리자."

그렇게 해서 친구의 머리를 시원하게 밀어버렸다. 머리를 만지던 친구가 한마디 했다.

"임마, 나만 박박 깎을 수 없잖아. 너도 앉아. 네 머리도 밀어야겠다."

"내 머리도? 꼭 그래야겠니?"

"그래. 네가 깎을 수 있다고 해서 이렇게 된 거잖아."

하는 수 없이 자리에 앉았다.

그러자 친구 녀석이 내 머리도 박박 밀어버렸다.

그 다음 아침 조회 시간이었다.

교장 신부님이 친구에게 다가가 말씀하셨다.

"머리를 깎으라고 했지 박박 밀라고 하지는 않았는데, 반항하는 거니?"

그러자 친구가 이렇게 대답했다.

"아, 아닙니다. 저하고 상각이하고 이제부터 마음 굳게 먹고 공부 열심히 하려고 머리를 깎은 겁니다. 저희들의 의지의 표시입니다."

그 일은 그렇게 넘어갔다. 그때 먹은 굳은 마음으로 공부나 열심히 했으면 좋았을 텐데 한 번은 또 이런 일도 있었다.

왕뚜껑, 도시락, 사발면… 지금은 다양한 종류의 컵라면이 많지만 70년대 초에는 컵라면이 없었다. 라면은 오직 끓여 먹는 것뿐이었다.

학교에서 심부름하는 아이에게 부탁했다.

"라면 한 박스 사다 줄래?"

"그거 사다가 어떻게 끓여 먹으려고요?"

"꼭 끓여 먹어야 되냐? 라면은 그냥 씹어 먹어도 맛있잖아."

"끓여 먹는 거 교장 신부님이 아시면 큰일 납니다."

"걱정 안 하게 할게."

그렇게 해서 라면을 한 박스 구했다.

막상 구해놓고 보니 끓여 먹을 일이 문제였다.

"이거 어떻게 끓여 먹지?"

"등산부에 가면 고체 연료도 있고 코펠도 있어. 그걸로 하면 되겠다."

그렇게 해서 고체 연료와 코펠을 가져왔는데 어디서 끓여 먹을지가 또 문제였다.

"어디서 끓이지?"

"글쎄… 목욕탕 어때?"

"그래. 거기가 좋겠다."

우리는 취침 시간에 목욕탕에서 라면을 하나씩 끓여 먹기 시작했다. 그렇게 며칠이 지났을 때 친구들에게 이런 이야기를 듣게 되었다.

"취침 시간에 말야. 어디서 라면 냄새가 자꾸 나고 먹는 소리도 들린다."

'아차! 냄새가 올라가는구나. 안 되겠다. 장소를 바꾸자.'

그래서 찾아간 곳이 과학실이다. 한밤중의 과학실, 해부해 놓은 토끼랑 해골 모형 같은 것들은 대낮에 보아도 등골이 오싹해지곤 했는데 캄캄한 밤중에 거기서 라면을 끓여 먹었다니…

엄격한 규칙과 잘못하면 쫓겨날 수도 있다는 두려움, 때로는 해골과 함께 라면을 먹어야만 하는 무시무시한(?) 상황으로도 막을 수 없었던… 못 말리는 시절이었다.

06

진세를 버렸어라. 이 몸마저 버렸어라

"자네도 소신학교 출신인가?"

얼마 전 고해성사를 주러 한 본당에 갔다가 은퇴하신 선배 신부님을 만났다. 이런저런 말씀 중에 신부님이 나도 소신학교 출신이냐고 물으셨다. (사제 성소의 못자리 역할을 하던 소신학교는 시대 변화에 따라 1983년 없어졌기 때문이다.)

"예, 신부님. 저도 소신학교 나왔습니다."

그러자 신부님은 반가워하시며 "그럼, 자네 혹시 교가 기억하고 있나?"라고 물으셨다.

그러고는 다음과 같은 말씀을 하셨다.

"내가 말이야, 어젯밤 잠을 못 잤어. '진세를 버렸어라. 이 몸마저 버렸어라.' 소신학교 교가가 그렇게 시작되지 않는가. 그런데 그 다음 소절이 가물가물 생각이 나질 않는 거야. 이리 뒤척 저리 뒤척 첫 소절을 반복하면서 다음 소절이 어떻게 이어졌었나 생각해 보는데, 문득 그런 생각이 드는 거야. 내가 버린 게 뭔가? 진세를 버렸어라. 이 몸마저 버렸어라. 그렇게 노래했는데, 아직도 내가 버리지 못한 게 더 많다는 생각이 들지 뭔가. 이렇게 나이가 들어서도 내 몸 하나 버리지 못

하고 맛있는 거 있다고 하면 먹으러 찾아다니고… 그런 생각 하다가 잠을 못 잤어."

집으로 돌아오면서 나도 모르게 "진세를 버렸어라 이 몸마저 버렸어라. … 깨끗이 한 청춘을 부르심에 바쳤어라." 라는 교가를 되뇌고 있었다. 소신학교 운동장에 울려 퍼지던 우렁찬 교가 소리가 다시금 들려오는 듯했다. 자신에게 다짐이라도 하듯 또 서로를 격려하듯 목청껏 교가를 부르던 까까머리 고등학교 시절의 나와 친구들, 그리고 선배 후배들의 목소리. 그 시절 불렀던 노랫소리와 다짐과 격려가 아직도 마음에 남아 노(老)신부님의 밤잠을 설치게 했다는 사실에 가슴이 찡했다.

소신학교 시절, 우리도 여느 고등학생들처럼 장난치고 때로 반항하고 방황도 했던 것 같다. 나의 그 시절을 돌아보아도 선생님들 몰래 라면 끓여 먹었던 일이 먼저 떠오르긴 하지만 그래도 다른 고등학생들과 똑같을 수는 없었다. 우리는 소신학교라는 담장 안에 있었고, 그 안에서 보고 듣고 배우는 것들은 세상에서 배우는 것과는 분명 다른 어떤 점이 있었다고 생각한다.

07
신부는 일찍 죽을수록 좋다?

"사랑하는 아들아! 너는 나에게 너무나 큰 아픔을 주고 있구나."
"네가 전에는 내 아들을 사랑하였고 헌신하였다. 지금 나는 너에게 천국을 줄 수 없구나. 그러나 나는 너에게 시간을 줄 수는 있단다. 사랑하는 아들아, 네가 선택하여라."
"당신은 누구십니까?"
"나는 너의 참된 엄마이다. 나는 언제나 너를 사랑해 왔다. 나는 언제나 너를 사랑할 것이다. 네가 원하기만 한다면 너는 언제나 나와 함께 있을 수 있단다."

이탈리아의 한 사제가 사제직을 떠나 방황하던 중 성모님 발현지를 순례하면서 성모님으로부터 들은 아름다운 이야기이다.
여러 해 전 이 이야기를 처음 읽었을 때 나는 많이 울었다.
내가 성모님의 마음을 많이 아프게 하는 사제라는 사실과 그럼에도 불구하고 여전히 나를 사랑해 주시는 그분의 사랑을 느끼면서 말이다.
1986년 1월 27일, 마침내 나는 사제서품을 받게 되었다.

조원동 주교좌 성당에서 김남수 안젤로 주교님의 주례로 예식이 거행되었다.

모든 성인의 호칭기도를 바치는 동안 성당 바닥에 엎드려 있으면서 나를 사제로 서품시켜 주시는 주님과 성모님과 교회에 깊은 감사의 눈물을 흘리지 않을 수 없었다.

부족한 내가 사제로 서품되는 것은 오직 하느님의 자비이며 성모님의 도우심이라는 것을 잘 알고 있었기 때문이다.

그저 감사하고 고맙고, 또 감사한 마음… 그게 전부였던 것 같다. 다른 어떤 생각이나 감정이 끼어들 틈이 없을 만큼, 나는 감사했다.

그렇게 서품식이 끝나고 가족들과 함께 미사를 지내면서 부모님과 동생들에게도 감사했다.

첫 번째 부임지로 가기 전에 수녀원을 찾아가서 감사 미사를 봉헌했다. 과자와 사탕 같은 것을 사 가지고 할머니 수녀님들을 찾아뵈면 어찌나 좋아들 하시며 반겨주시는지…

그 가운데 샬트르 성 바오로 수녀원을 방문하여 우술라회를 맡으셨던 강 노렌죠 수녀님께 특별한 감사의 인사를 전해 드린 일이 기억난다. 수녀님은 수원교구 신학생들을 후원하는 우술라회를 운영하시며 신학생들에게 많은 도움을 주셨다. 그분 역시 연세가 많이 드신 할머니 수녀님이셨는데, 내가 사제로 서품되어 미사를 봉헌하는 것을 보시고 무척 기뻐하셨다. 그러면서 이런 말씀을 들려주셨다.

"신부님, 신부님들은 일찍 죽는 게 좋아요. 마흔 살 되기 전에…"

처음엔 그게 무슨 말씀인가 했다. 갓 서품되어 감사미사를 봉헌하러 온 젊디젊은 새 신부에게 일찍 죽는 게 좋다니…

"신부 생활 오래 하면 할수록 유혹도 많이 당하고 어려움도 많이 겪고 때로는 잘못되는 일도 있잖아요. 그러니 신부 되어서 착한 일만 많이 했을 때 죽는 게 좋지요. 서품 받고 나서 바로, 몸도 마음도 깨끗하게 죽으면 더 좋구요."

나도 나이가 들고 사제로 살수록 그 말씀의 뜻을 조금씩 더 잘 이해하게 되는 것 같다. 수노자로 사시면서 그동안 많은 일들을 겪으셨고 또 이런저런 일들을 보고 느끼셨기에 해 주신 고마운 말씀이다.

하지만 어느덧 육십을 훌쩍 넘겨버린 나.

나 자신이 주님과 성모님의 마음을 많이 아프게 해 드리는 사제라는 생각이 들 때면 슬프기도 하지만, 그럼에도 아직 나에게 시간이 있음에 더 많은 감사를 드리게 된다.

사제란 주교님의 기도와 안수 한 번으로 갑자기 거룩해지는 게 아니라, 끊임없는 기도로 조금씩 완성되어 가는 존재라는 생각을 한다.

"지금 나는 너에게 천국을 줄 수 없구나. 그러나 나는 너에게 시간을 줄 수는 있단다. 네가 선택하여라."

성모님의 이 말씀처럼 모든 그리스도인들, 특별히 축성되고 봉헌된 사제와 수도자들의 삶은 더욱 매 순간이 선택이고 부르심에 대한 응답이어야 한다는 것. 그리고 우리에게 주어진 모든 시간은 회개하고 더욱 거룩해지기 위한 시간이라는 것을 언제나 기억하며 살아야겠다는 생각을 한다.

남양에 와서 성지를 개발하던 초창기, 순교지를 성모성지로 선포하는 일에 대해 여쭙고자 김남수 안젤로 주교님을 자주 찾아뵈었었다. 그즈음 우리 교구의 한 젊은 사제가 사제직을 떠나게 되었다.

주교님께서는 몇 번이나 다시 생각해 보라고 말렸는데도 본인이 할 수 없다고 하니 어쩔 도리가 없었다고 하시며 무척 마음 아파하셨다.

그러면서 '사제는 자신의 성소에 대해 깊은 애착심을 가져야 한다.'고 하셨고, 또한 '부르심에 대해 감사하는 마음을 가져야 한다.'는 것에 대해서도 여러 번 말씀하셨다.

오랜 시간이 지났지만, 늘 새롭게 기억하는 말씀이다.

동료 사제들이 사제직을 떠나는 것을 볼 때, 그리고 나 자신이 제대로 살고 있지 못하다는 것을 느낄 때 성모님의 이 말씀을 떠올리곤 한다.

"나는 너에게 시간을 줄 수는 있단다. 네가 선택하여라."

사제로 살아오면서 잘못한 일도 많고 어려운 순간도 많았다.

그러나 그때마다 그래도 하느님이 나를 사랑하시고, 이런 내 모습을 아시면서도 나를 불러주셨다는 믿음으로 감사하며 다시금 용서를 청하며 살고 있다.

주님이 자비로운 분이시라는 것이 우리에게 얼마나 큰 위안이며 희망인가!

08

내 삶의 '오후 네 시'

성지개발을 시작한 1990년부터 2000년까지 10여 년간 도시계획법 위반 등으로 계속된 고발과 경찰서 출두, 조사, 재판과 항소…. 그러한 과정에서 나는 징역 6개월과 집행유예 2년을 선고받기도 했다. 그뿐만 아니라 내가 하는 일에 대한 사람들의 곱지 않은 시선과 이런저런 비난의 말들은 성지개발을 시작하던 때부터 내내 따라다니던 일인데도 겪을 때마다 새삼 상처가 되곤 한다.

한번은 어느 수녀원의 종신 서원식에 갔다가 동창 신부 소개로 원로 신부님께 인사를 드리게 되었다. 인사를 받으신 신부님께서는 이렇게 말씀하셨다.

"자네가 이상각 신부인가? 남양이 어떻게 성모성지야? 자네가 돈 벌려고 그렇게 한 거지?"

종신 서원식 미사를 준비하는 제의실에서, 그것도 여러 신부님들이 함께 있는 자리에서 갑작스럽게 그런 말을 들었을 때 정말 당황스러웠다.

"신부님, 신부님께서는 성지를 순교지나 순교자 유적지와 사적지만으로 생각하시는 것 같습니다. 남양은 새남터, 절두산, 해미와 같이 순교자들의 피가 물든 순교지입니다. 그러므로 성지가 맞습니다. 그리고, 전 세계에는 3천 곳이 넘는 성모성지가 있습니다. 그 가운데 성모님이 발현하신 곳은 그렇게 많지 않습니다. 오히려 남양과 같이 성모님께 기도하기 위해 봉헌한 곳이 훨씬 더 많습니다. 오늘 신부님의 말씀, 저희 성지에 대한 관심으로 알겠습니다. 고맙습니다."

남양을 성모님께 봉헌해 드린 지 15년이 지났을 때였는데, 그때까지도 신부님들께 그런 이야기를 들어야 한다는 것이 정말 속상했다.

'내가 왜 이런 말을 들으며 살아야 하지?'

'내가 뭘 그렇게 잘못했다고 사람들의 비난을 듣고 재판정까지 불려 다니며 살아야 하나?'

때때로 이런 생각이 들고 힘이 빠지다가도 다시금 힘을 내어 기쁘게 일할 수 있었던 것은 나에게도 주님과의 만남이 이루어진 '오후 네 시'가 있었기 때문이다.

사도 요한은 예수님을 만난 시간을 복음서에 적어두었다.

"때는 오후 네 시쯤이었다."(요한 1,39)

그 만남을 통해 그의 삶은 변화되었고, 그는 그 시간을 결코 잊지 못했다. 우리 각자에게도 그러한 시간이 꼭 필요하다. 예수님을 만나고 그분의 사랑을 느끼고 그로 인해 삶이 변화되는 시간.

내 삶의 '오후 네 시'는 이랬다.

때는 역사상 두 번째 성모 성년(聖母聖年)이 선포된 1987년이었다. 당시 우리나라에는 민주화의 요구가 거센 불길처럼 일어났다. 내가 보좌 신부로 있던 성당 앞에 큰 병원이 있고 그 앞으로 대로가 나 있었는데, 거기서 민주화를 위한 대학생들의 시위가 있었다. 그때 수많은 학생이 대로에 누워 외쳤던 소리가 아직도 귀에 쟁쟁하다. 그들은 "다 같이 죽자! 죽어버리자!"라고 외쳤다. 그만큼 절박했다.

그해 5월, 사제들도 교구청에 모여 5일 동안 단식기도 모임을 가졌다. 먹고 싶은 욕망을 하느님께 바치면서 기도한다는 것은 그렇게 쉬운 일이 아니다. 단식기도를 하면서 신부님들이 '어디 가면 갈비가 정말 맛있다', '어디 가면 순대가 맛있다' 등등 먹을 것에 대한 이야기를 참 많이 했던 기억이 난다.

단식기도를 마치고 본당으로 돌아왔을 때, 성모회원들이 나를 찾아왔다.

"신부님, 덕유산 무주 구천동으로 야유회를 갈 계획인데, 함께 가세요."

나는 기꺼이 그러겠노라고 대답하고는 시장에 나가 청바지와 등산화, 그리고 빨간색 긴 팔 티셔츠를 샀다. 그리고 5월 18일, 무주 구천동으로 떠나던 날 아침에 새로 산 그 옷을 입고 새 등산화도 신었다. 수원에서 출발해 그곳에 도착하니 이미 점심시간이 가까웠다. 주차장에 차를 대고 짐을 챙겨 내리는데, 관광버스 기사분이 "신부님, 올라가서 뭐 하실 겁니까?"라고 물었다.

"그냥 밥 먹고 놀다 갈 겁니다."

"그러세요? 그러면 다시 차에 타세요. 제가 입장료도 안 내고 밥 먹고 놀기 좋은 곳에 모셔다드리겠습니다."

입장료를 안 낸다는 말 때문이었는지 우리는 모두 다시 차에 타고 올라왔던 길을 되돌아 내려가기 시작했다. 사람이 아무리 똑똑하고 아는 것이 많은 것 같아도 정말 중요한 것은 모르는 것 같다. 앞으로 몇 시간 아니, 몇 분 후에 자기에게 무슨 일이 일어날지 전혀 예측하지 못하는 것이다. 나는 정말이지 버스를 타고 되돌아 내려가면서 나에게 무슨 일이 일어나게 될지 전혀 알지 못했다.

버스 기사는 우리를 출렁거리는 줄다리 앞에 내려주었다. 다리 건너편을 보니, 넓은 바위가 펼쳐져 있고, 그 위에는 정자까지 지어져 있었다. 그야말로 경치 좋고 먹고 놀기에 딱 알맞은 곳이었다. 우리 일행은 다시 바리바리 챙겨간 짐들을 들고 차에서 내려 다리를 건너기 시작했다. 다리 입구에 빨간색 글씨의 경고판이 서 있는 게 보였다.

"누구를 막론하고 여기서는 수영을 금합니다. 많은 사람이 이곳에서 익사했습니다."

무주 경찰서장, 초등학교장, 무주 군수 명의로 된 각각의 표지판이 세 개나 서 있는 것으로 보아 사고가 잦았던 모양이다. 그러나 우리 가운데 누구도 그 경고 표지판에 신경을 쓰지 않았다. 물놀이하기에는 좀 이른 계절이었기 때문이다.

다리를 건너자마자 모두들 자리를 잡고 준비해 간 음식들을 차리느라 바빴다. 연초록 나뭇잎들이 팔랑거리고 아카시아 향기가 날리는 5월 물가에서의 야유회는 모두에게 기분 좋은 일이었다. 나는 조금 떨어진 곳에서 사진을 찍기 위해 피사체를 찾고 있었다.

그런데 갑자기 "사람 살려요!" 하는 소리가 들렸다.

소리가 나는 쪽을 보니 물에 빠진 아이를 한 자매가 꺼내주려고 애쓰는 모습이 보였고, 좀 더 아래쪽에는 노란 티셔츠를 입은 또 다른 자매가 물에 빠져 허우적거리고 있었다.

후에 안 일이지만 아이가 물가에서 손을 닦다 미끄러져 물에 빠지게 되었고, 옆에 있던 한 자매가 아이를 꺼내주려고 뛰어들었을 때, 누군가 아이 엄마에게 "집의 아이가 물에 빠졌대." 하고 알려주자 아이 엄마는 아이가 물에 빠졌다는 소리만 듣고 아이가 빠진 곳과는 전혀 관계가 없는 물속으로 뛰어든 것이다. 그것이 모성애가 아닐까 싶다. 그런데, 문제는 아이 엄마가 뛰어든 곳이었다.

그곳은 물이 빙빙 도는 물의 숨구멍 같은 곳으로, 깊이를 알 수 없는 곳이었다. 그리고 바로 그곳에서 많은 사람이 빠져 죽었던 것이다. 나는 카메라를 팽개쳐 두고 아이 엄마가 허우적거리는 곳으로 달려 내려갔다. 그리고 '이러다 나 죽지. 나는 수영도 못 하는데…'라는 생각과 동시에 아이 엄마를 향해 물속으로 뛰어들었다.

자매의 팔을 잡고 물 밖으로 끌고 나오는 중이었다. 그때, "신부님, 안경 벗겨져요!"라는 소리가 들렸다. 나는 안경을 벗어들었다. 그 순간 어찌 된 일인지 물속으로 곤두박질치기 시작했다. 숨이 막혀 왔다. 나를 붙잡고 늘어지는 자매의 힘에 나도 물속으로 빠져들게 된 것이다.

물에 빠진 사람을 구해 본 경험도 없고 수영도 잘 못하는 내가 자매의 팔을 잡은 게 잘못이었다. 그 자매는 필사적으로 나를 붙잡고 늘어졌고, 나는 점점 물속으로 가라앉았다. 아무리 발버둥을 쳐도 물속으로 빠져들기만 할 뿐이었다. 더는 안 되겠다 싶어 어떻게든 자매를 떼어내려고 애를 써 봤지만 그럴수록 자매는 나를 더 꼭 붙들고 매달렸다.

몸이 잠깐 물 위로 솟구쳐 올라 숨을 한 번 쉬고 다시 물속으로 가라앉았을 때, 눈을 떠 봤다. 물방울이 일어나는 뿌연 물 사이로 햇살이 비쳤다. 그러나 나는 어떻게 해 볼 수가 없었다.

순간 머릿속에 이런 생각들이 오갔다. '나는 신부 된 지도 얼마 안

되는데…. 이렇게 죽으면 안 되는데….' 점점 몸에서 힘이 빠지는 것을 느끼며 '물에 빠진 사람은 세 번 들락날락하면 죽는다.'라는 말이 떠올랐다. 생사가 왔다 갔다 하는 그 순간, 다시 내 몸이 물 위로 솟구쳐 올랐을 때, 그곳에 함께 있던 주일학교 교장 선생님이 "신부님!" 하면서 내 손을 잡았다. 나는 '왜 안 나가지?'라는 생각과 함께 물속으로 다시 가라앉으며 정신을 잃었다.

나중에 안 일이지만 내가 너무 세게 잡아당긴 탓에 주일학교 교장 선생님도 물에 빠져 한데 엉켜 허우적거리게 되었다고 한다. 나는 그 교장 선생님과 그의 아내인 안젤라 자매에게 큰 은혜를 받은 사람이다. 물 밖에 있던 안젤라 자매가 자신의 남편도 물에 빠져 죽게 된 그 상황에서 이렇게 소리를 질렀다는 이야기를 들었기 때문이다.

"당신 혼자 살아 나오려면 그냥 신부님과 함께 거기서 죽어!"

사제를 사랑하지 않는다면 결코 쉽게 할 수 있는 말이 아니지 않은가? 돌이켜 생각해 보면, 그 말씀 또한 성모님께 봉헌된 큰 기도가 아니었나 싶다.

모두들 물가에서 "신부님 죽네", "○○ 엄마 죽네", "선생님 죽네." 하며 발을 동동 구르고 있을 때, 한 자매가 산으로 뛰어가 누군가 베어 놓은 가지가 다 달린 굵은 소나무를 끌고 내려와서는 물속에서 허우적거리는 우리를 향해 내밀었다고 한다.

선생님이 나오고, 아이 엄마가 나오고, 맨 마지막으로 내가 나왔다고 한다. 맨 처음 물에 빠졌던 아이는 구하러 들어간 자매가 구하지 못해, 관광버스 기사가 뛰어들어 구해주었다고 한다.

할머니들이 내 주위로 모여들어 "우리 신부님 죽었나 봐. 물 빼내야 해." 하면서 배를 누르고 다리와 팔을 주무를 때 서서히 정신이 돌아왔다. 살아있다는 것이 얼마나 감사한지….

눈물이 나왔다. 나를 바라보며 걱정하는 사람들과 함께 다시금 하늘을 보고 새소리를 듣고 숨 쉴 수 있다는 것이 얼마나 큰 은총인지….

그날 물에 빠졌던 여섯 명 모두 죽지 않고 살았다. 그날 나는 깨달은 것이 참 많다. 살아있음이 곧 은총이라는 사실과 항상 깨어있으라고 하신 주님의 말씀이다. 언제 어떤 일을 당할지 모르는 우리들이기에 우리는 늘 깨어있지 않으면 안 된다.

다시 관광버스를 타고 집으로 돌아오는데 허리가 아파 몸을 움직일 수가 없었다. 물에 빠졌을 때, 그 자매가 얼마나 세게 나를 붙잡고 늘어졌는지 허리가 뒤틀린 모양이었다. 그러나 그 또한 살아있기에 느끼는 아픔이라서 감사했다.

사제관에 도착해 내 방에 들어가자마자 나는 지금껏 모시고 다니는 루르드(Lourdes) 성모님을 붙들고 얼마나 많이 울었는지 모른다.

그러고는 허리 통증 때문에 병원에 입원하게 되었다. 입원하면서 회장님들에게 "알면 걱정만 하실 테니 가족들에게는 알리지 말아 주세요."라고 부탁드렸다. 그런데 어떻게 아셨는지 일주일쯤 뒤에 어머니가 찾아오셨다. 그러고는 물으셨다.

"언제 그런 일이 있었어요?"

"일주일 되었습니다. 5월 18일에 그랬어요."

그러자 어머니는 내 손을 꼭 잡으시며 말씀하셨다.

"신부님, 신부님은 성모님께서 살려주셨어요."

"그게 무슨 말씀이세요?"

"17일 밤에 꿈을 꾸는데 집 앞에 영구차가 서더니 건장한 사람 몇이 관을 하나 내려놓으며, 죽은 사람이 쓰던 물건을 내놓으라는 거예요. 내가 너무나 깜짝 놀라고 당황해하고 있는데, 아름다운 성모님이 오셔서 '로마나야, 내가 오늘 네 아이들 중 한 명을 데려간다.'라고 말씀하시고는 돌아서 가시는 거예요. 그래서 내가 성모님 옷자락을 붙잡고 늘어지면서 '성모님, 우리 아이 살려주세요. 모두 불쌍하게, 어렵게 키운 아이들이니 제발 살려주세요.'라고 매달리다가 꿈에서 깨어났어요. 무슨 일이 있으려나 하면서 자리에서 일어났다가 약 기운에 그만 다시 쓰러져 잠이 들었는데, 똑같은 꿈을 세 번이나 거푸 꾸었습니다. 세 번이나 같은 꿈을 꾸고 난 다음에는 이것은 꿈이 아니라 성모님이 알려주시는 것이라는 생각이 들었고, 그때부터 자리에서 일어나 묵주기도를 바치기 시작했습니다. 하루 온종일 기도했습니다. 자리에서 일어나 이불을 개서 장롱에 넣을 때는 깊이 꾸었던 꿈이 너무 생시 같아 다리에 힘이 빠져 넘어지기까지 했습니다."

나는 놀라지 않을 수 없었다. 내가 차를 타고 가고 있을 때, 물속에 빠져 생사를 왔다 갔다 하고 있을 때, 어머니께서는 성모님께 묵주의 기도를 바치고 계셨던 것이다. 위험에 빠질지 모르는 자녀를 살려달라고 "천주의 성모 마리아님, 저희를 위하여 빌어주소서."라며 성모님께 매달리셨던 것이다.

그 말씀을 들으며, 나는 어머니의 묵주기도를 통해 성모님께서 나를 살려주셨다는 것을 깨달았다.

사실 그날 여러 가지 상황을 볼 때 내가 살아난 것은 그야말로 기적이다. 물속에 뛰어들 때 나는 청바지와 긴 팔 티셔츠를 입고 등산화까지 신고 있었다. 등산화와 청바지 차림으로 누가 수영을 하겠는가? 나는 물속에서 이미 정신을 잃은 상태였다. 게다가 그때는 물이 아주 차가운 때였는데 심장마비도 걸리지 않았다.

어머니 말씀을 듣고 이런저런 정황들을 생각해 보니 성모님께서 나를 살려주셨다는 확신이 들었다. 나는 즉시 성모님께 감사를 드렸고, 성모님께 나 자신을 봉헌하며 다음과 같은 약속을 드렸다.

"저를 살려주신 성모님, 이제 저는 성모님을 위해 일하는 신부가 되겠습니다."

"성모님, 당신께서 더 많은 사람들로부터 더 많이 사랑받고 공경받으시도록 기회가 있을 때마다 언제나 당신의 이야기를 하겠습니다."

"매일 묵주기도를 바치며 신자들이 더 많은 묵주기도를 바치도록 가르치겠습니다."

"성모님 감사합니다. 무슨 일이 될지는 모르지만 한국 천주교회 안에서 성모님을 위한 아름다운 일을 꼭 하겠습니다."

09

성모님, 제가 드린 기도 잊지 마세요!

물에 빠졌을 때 다친 허리를 치료하느라 한 달가량 병원 신세를 져야 했다. 퇴원을 하고 얼마 지나지 않았을 때다. 우연히 신문에서 '마리아 사제 운동'을 하시는 스테파노 곱비(Stefano Cobbi) 신부님께서 한국 교회를 방문하신다는 기사를 보게 되었다. 나는 곧바로 주임 신부님께 찾아가 그 소식을 전하며 함께 가시자고 말씀드렸다. 지금은 돌아가신 이종철(李鍾澈, 스테파노, 1927~2005) 신부님이신데, 당시에도 연세가 지긋하고 무척 인자하고 따뜻한 분이셨다.

"그래? 이 신부가 가자고 하면 같이 가야지."

그렇게 해서 주임 신부님과 나는 인천 샤미나드 집에서 곱비 신부님과 함께 하는 다락방 피정에 참석하게 되었다. 다락방 기도는 성모님을 기쁘게 해 드리는 일이라고 생각되었다. 그래서 그때부터 다락방 기도를 바치기 시작했다.

또 얼마 후 신문에서 백 제라르도 신부님께서 지속적인 성체조배 운동을 하고 계시다는 기사를 보게 되었다. 서울, 인천, 부산에서 지속적인 성체조배 운동이 벌어지고 있고 24시간 성체조배를 하는 본당이 전국에 세 군데 생겨났다는 내용이었다. 당시 수원교구에는

24시간 지속적인 성체조배를 하는 본당이 한 곳도 없었다.

나는 성체조배야말로 성모님께서 가장 기뻐하시는 일이라는 생각이 들었다. 그래서 또 주임 신부님을 찾아뵙고 우리 본당에서 24시간 성체조배를 시작했으면 좋겠다는 말씀을 드렸다. 주임 신부님께서는 "그럼, 이 신부가 한번 시작해 봐."라고 하시며 나에게 그 일을 맡겨주셨다.

나는 곧바로 백 제라르도 신부님을 초청하여 신자들에게 성체조배 교육을 시작했다. 그리고 지속적인 성체조배회 회원들에게 스카풀라를 착복해 주었다. 그렇게 해서 지동(池洞) 본당은 수원교구에서는 첫 번째로, 전국에서는 네 번째로 24시간 지속적인 성체조배가 이루어지는 본당이 되었다. 이러한 일들은 모두 내가 성모님께 사제로서의 내 삶을 봉헌해 드린 이후에 시작한 일들이다.

지동 본당의 보좌 신부로 있을 때, 신갈(新葛) 공소 미사를 봉헌했다. 당시에는 신갈이 지동 본당의 공소로 있었는데, 미사를 봉헌할 장소가 없어 다방을 빌려 그곳에서 미사를 봉헌했다. 다방에서의 미사는 작은 공동체가 봉헌하는 미사였기 때문에 그만큼 서로를 가깝게 느낄 수 있었던 것 같다. 또한 다방에서의 미사는 신갈 지역 교우들에게 하루빨리 본당으로 승격되기를 바라는 꿈을 꾸게 했다.

1987년은 그렇게 지나갔다. 그리고 이듬해인 1988년 2월 12일, 신갈 공소가 신갈 본당으로 승격되었고 나는 신갈 본당 초대 주임으로 발령을 받았다. 그런데 신갈 본당으로 사목을 하러 가는 나에게 선배 신부님들이 이런 말씀을 하셨다.

"이 신부는 신갈에 1년만 있다가 내년에 군종 신부로 가게 될 거야."

그 말씀을 들으니 걱정스러운 마음이 앞섰다. 술도 못 마시고 담배도 안 피우는 내가 군대 생활을 하자면 여러 어려움이 따를 거라는 생각이 들었기 때문이다.

신갈에 부임해서 내가 맨 처음 한 일은 조립식 건물로 된 성당 마당에 성모 동산을 만드는 일이었다. 당시 신갈 본당 소속이었던 손골(孫 쇼) 성지가 있는 계곡에서 돌을 가져다 쌓고, 상하리 쪽에서 나무도 캐다 심었다. 그렇게 성모님을 모실 자리를 마련해 놓고 도고(道高)에서 60여 년 동안 성모상을 만들고 계시는 신부님의 아버님을 찾아가 루르드 성모상을 샀다. 그 성모상을 내 차로 모시고 오면서 합장하고 계신 성모님의 손을 잡고 이런 기도를 드렸다.

"성모님, 성모님을 모시고 가면서 한 가지 기도를 드립니다. 그것은 내년에 제가 군대에 가지 않게 해 달라는 것입니다. 성모님께서 아시듯이 저는 담배도 안 피우고, 술도 못 마시기 때문에 군대에 가면 어려움이 많을 겁니다. 제가 군대에 안 가게 도와주시면, 지난번 약속 드린 대로 성모님을 위한 일을 꼭 하겠습니다."

성모님을 모시고 오는 날 그러한 기도를 바쳤던 나는 그 성모상을 성당 마당에 모셔놓고 이후로도 미사를 봉헌하러 갈 때나 외출하기 위해 성모상 앞을 지날 때마다 성모님께 말씀드렸다.

"성모님, 제가 드린 기도 잊지 않고 계시죠? 제 기도 꼭 들어주세요!"

그렇게 1년이라는 시간이 지나갔다. 그런데 신부님들의 말씀대로 주교님께서 나에게 군종 신부로 가라는 명령을 내리셨다. 신자들과 송별 미사를 봉헌하고 성모상 앞에서 기념사진을 찍으며 '성모님, 다른 뜻이 있으신 거죠?'라고 말씀드리고는 군에 입대했다.

신체검사 때, 군의관이 어디 아픈 데 없냐고 묻기에 무릎이 좀 아프다는 말을 했다. 연골 연화증(軟骨軟化症) 때문에 무릎이 좋지 않았기 때문이다. 그랬더니 며칠 뒤 대구 통합병원으로 가서 사진을 찍으라고 했다. 통합병원에 다녀와서 약 한 달 동안 나는 다른 신부님들과 똑같이 훈련을 받았다.

그러던 어느 날, 내 기억에 1989년 5월 3일이었던 것 같다. 저녁나절 점호 준비를 하는데 구대장(區隊長)이 부르더니 육군본부에서 나온 귀향 조치 인사 명령서를 주면서 집으로 돌아가라고 했다. 솔직히 말해서 한편으로 좋기도 했지만, 다른 한편으론 내가 돌아가면 동료 사제들이 나를 어떻게 받아들일까 하는 걱정도 되었다.

"계속 훈련받을 수 있습니다. 벌써 한 달이나 받았으니 그냥 있게 해 주십시오."

그러나 구대장은 나에 대해 더 이상 책임질 수 없으니 당장 입고 들어왔던 옷으로 갈아입고 떠나라고 했다. 함께 훈련받던 신부님들에게 미안한 마음으로, 그리고 교구에 가서 뭐라고 해야 하나 하는 불안한 마음으로 주교님을 찾아뵈었다.

"신부도 없는데, 잘 나왔다."

내 걱정과는 달리 주교님께서는 그렇게 말씀하시며 반갑게 맞이해 주셨다.

"아프면 아프다고 말하고 처음부터 가지 말지."

"주교님, 제가 못 간다고 하면 다른 신부님이 대신 가야 하잖아요."

내 기억으로는 그 뒤로 4년여 동안 우리 교구에서 군종 신부로 입대한 신부는 없었다.

한참의 시간이 지난 후에 깨달은 것이지만, 군종 신부로 갔다가 다시 나오게 된 이 일은 성모님께서 나의 기도를 합법적으로 들어주신 것이라는 생각이 든다. 성모님은 내가 드린 기도를 잊지 않고 계셨다.

10

이 신부, 성지개발 한번 잘해 봐

군종 신부로 갔다가 다시 돌아온 나를 주교님께서는 군포의 한 본당에서 몇 달간 지내도록 해 주셨다. 그리고 그해(1989년) 8월 5일, 성모 대성전 봉헌 기념일에 나는 남양(南陽) 본당 주임 신부로 발령을 받았다. 인사 명령을 받은 다음 주교님을 찾아뵈었을 때, 주교님께서 나에게 해 주셨던 말씀이 지금까지도 생생하게 기억난다.

"이 신부, 남양에 가면 성지가 있는데, 성지개발 한번 잘해 봐."

나를 본당 신부로 보내시면서 주교님은 본당 사목을 잘하라는 말씀 대신 성지개발을 잘해 보라는 말씀을 하셨다. 주교님의 그 말씀이 조금은 의아하면서도 기억에 남았던 까닭은 또 있다. 나는 바로 그때 남양에 성지가 있다는 사실을 처음 알았던 것이다. 수원교구의 사제이면서도 남양에 성지가 있다는 것을 알지 못했다.

남양에 와서 내가 맨 먼저 한 일은 사제관 수리였다.

남양에 도착해서 막 짐을 풀려고 하는데, 사목회장님과 성모회장님이 찾아왔다.

"신부님 짐 풀어놓으시기 전에 집부터 고치셔야 해요."

"왜 그러세요?"

"사제관이 너무 좁고, 불도 잘 안 들어가고 그래요. 불편하시더라도 짐 들여놓기 전에 고치세요."

사제관에 들어가 보니 그때까지도 연탄보일러를 사용하고 있었다. 하는 수 없이 짐은 교육관에 풀어놓고, 사제관 고치는 일을 시작했다.

본당 신자 가운데 목수 일을 하던 스테파노 형제와 함께 나도 직접 해머와 드릴을 들고 벽을 뚫고, 노출된 전선을 벽 속으로 매립도 하고 이 일 저 일을 함께하며 지은 지 30년이 넘는 집을 고쳤다.

사실 오래된 집을 고치는 일은 새로 집을 짓는 일보다 더 힘들고 어렵다. 집을 고치는 2개월 동안 교육관 교리실에 침대를 들여놓고 거기서 잠을 자고 근처 식당에서 밥을 먹으며 불편하게 지내야 했다. 그럼에도 불구하고 '지난번 신부님은 잘 사셨는데 새로 온 젊은 신부가 오자마자 집부터 고친다'는 신자들의 곱지 않은 시선은 피하기가 어려웠다.

그렇게 사제관을 고친 다음 공소 방문을 시작했다. 남양 본당은 3개 면에 걸쳐 28개의 공소가 있었기 때문에 11월 초부터 판공을 시작했다. 나는 각 공소를 방문하면서 3,000여 명이나 되는 신자들을 파악하는 일에 바빴다. 그러는 중에 가끔씩 성지에 올라가 보곤 했다. 조그마한 광장, 잔디가 깔려있었고 예쁘고 아늑한 느낌이 드는 장소였다.

하지만, 미리내나 천진암, 절두산같이 큰 성지들만 보아왔던 나에게 그곳이 '성지'라는 느낌은 그다지 들지 않았던 것 같다.

11

나의 할머니들

어느 해 가을 판공성사 때의 일이다. 그 공소에서는 성사를 주는 자리에 커튼으로 휘장을 쳐서 서로의 얼굴이 보이지 않게 해 놓았었다. 한참 고해성사를 주고 있는데 어느 분이 들어오시더니 커튼을 들치고 내 수단 밑자락으로 손을 집어넣고는 발을 더듬어 위로 올라오는 것이었다. 순간 당황한 내가 "왜 그러세요?" 하고 묻자 발을 툭툭 치면서, "신부님 드리려고 이거 사 왔어요." 하며 조그맣게 포장한 물건을 내미는 것이었다. 포장지를 펼쳐 보니 그 안에는 예쁜 꽃 손수건이 한 장 들어 있었다.

"할머니, 이거 웬 손수건이에요?"

"음, 이따가 미사 끝나고 드리면 신자들이 노인네가 주책없이 신부님께 뭘 드린다고 흉볼까 봐 지금 몰래 드리는 건데, 그 손수건 오늘 아침 일찍 내가 장에 나가서 사 왔어. 나이 많은 사람이 젊은 사람한테 예쁜 꽃 손수건을 선물하면 그걸 받은 젊은 사람이 아주 오래오래 산다고 해서 말이야. 그래서 신부님 드리려고…."

갑자기 코끝이 싸해졌다.

"고마워요, 할머니. 그럼 성사 보세요. 잘못한 것 없으세요?"

"잘못? 잘못은 무슨 잘못이야. 그저 사는 게 다 죄지. 그냥 알아서 해 주셔."

아무 잘못도 없으시다는 아흔이 다 되신 할머니가 사다 주신 꽃손수건. 누구나 쉽게 받을 수 있는 선물이 아니기에, 그 귀한 선물을 받은 나는 할머니의 말씀대로 오래오래 살 것 같다. 오랜 시간이 지난 지금까지도 할머니의 그 고마운 마음이 잊히지 않는다.

고마운 할머니들…. 내 주위엔 할머니들이 많다. 아프고 꼬부라진 허리 탓에 유모차를 밀고 한참을 걸어와 20년 이상 성당의 종을 치신 종 데레사 할머니, 매 주일 '원비' 한 박스씩을 들고 오시던 원비 할머니.

"신부님, 신부님이 나이는 어리지만 영적 아버지이기 때문에 내가 신부님을 사랑하고 신부님을 뵈려고 주일마다 나오는 거여. 그러니까 내가 잘못해도 용서해 주셔. 그리고 (원비 한 병을 내미시며) 이거 내가 주는 거 좋은 거니까 꼭 잡수셔."

할머니는 내가 미사를 봉헌하고 있거나 성체를 영해 드릴 때나 개의치 않으셨다.

어느 날은 "그리스도의 몸" 하고 성체를 영해 드리는데 할머니께서 "아멘"이라고 대답하시는 대신 "신부님, 저기 원비 갖다 놨으니까 원비 잡수셔."라고 말씀하시기도 하고, 또 한번은 영성체가 끝나고 성작을 닦고 있는데 복사 아이가 나를 툭툭 쳐서 봤더니 "신부님, 이거 저 할머니가 잡수시래요." 하면서 대신 원비 한 박스를 내밀기도 했다.

그날 할머니는 제대 바로 앞에까지 나오셔서 "신부님, 그 원비 잡숴. 어여 지금 한 병 따서 잡숴!"라며 손짓을 하고 계셨다.

"예. 고마워요, 할머니."

마음 같아서는 할머니 마음 흐뭇하시도록 제대 위에서 그대로 한 병을 따서 마시고 싶었지만 그럴 수는 없지 않은가. 할머니는 늘 그렇게 무엇인가를 주셔야만 직성이 풀리는 분이셨다. 어떻게 보면 주책스럽다고 말할 수 있을지 모른다. 하지만 사제를 위해 매 주일 원비를 챙겨 와서 전해 주시던 할머니의 모습은 얼마나 정겹고 내 마음을 따뜻하게 해 주었던지….

어느 해 추석에는 흰 와이셔츠와 아주 멋진 넥타이를 선물 받은 적도 있다.

"이거 누가 가져왔어요?"

"예, 그거요. 매일 미사 때 지팡이 짚고 오시는 허리 꼬부라지신 할머니 있죠? 그 할머니가 사 오신 거예요."

나는 할머니를 기쁘게 해 드리기 위해 흰 와이셔츠를 입고 넥타이를 맸다. 넥타이 색상이 할머니가 고르셨다고 하기엔 너무 곱고 멋있었다. 신자들이 "와! 신부님, 새신랑 같으시네요." 하며 웃었다. 신부 된 후로는 처음 매 보는 넥타이라서 어울리는 것 같기도 하고 어색하기도 했다. 하지만 그런 건 중요하지 않았다. 어느 젊은 아내가 건네준 넥타이보다도 더 큰 사랑이 담긴 나의 할머니들이 선물해 주신 넥타이였기 때문에….

나를 마치 예수님처럼 생각하고 사랑해주시던 할머니들, 성모님처럼 사제들을 위해 매일매일 묵주의 기도를 바치고 미사를 봉헌하시던 기도부대 할머니들…. 그런 할머니들을 한 분 한 분 하느님 나라로 보내드릴 때마다 할머니들의 말씀대로 내가 아버지와 같이 자비롭고 너그러운 마음을 지닌 사제인가 하고 나 자신을 들여다보곤 한다.

또한 내가 정말 그런 사제가 될 수 있도록 하늘에서도 나를 위해 기도해 주시라고 말씀드리곤 한다.

12

소나무를 이식하다

　남양에 부임한 첫해, 가을 판공성사를 주기 위해 공소를 돌아다니던 중이었다. 신남리(新南里) 공소에 갔는데 공소를 치르는 집 밭둑에 서 있는 잘생긴 소나무 한 그루가 눈에 들어왔다. 수피(樹皮)가 붉고 잎은 짧은데, 오랜 세월을 짐작하게 하는 굵은 목대가 굽이쳐 올라가 우산처럼 펼쳐진 모습이 무척 멋있어 보였다. 그 소나무를 보는 순간 '저런 소나무들이 성지에 그득하다면 정말 멋있을 텐데…'라는 생각이 들었다.
　"저 소나무 주인이 누구예요?"
　"여기 공소 치르는 집 밭둑이니까 이 집 소나무 같은데요."
　"그래요? 저 소나무 성지로 옮기면 참 좋겠는데…"
　내 말에 공소 회장님은 걱정스러운 표정을 지으셨다.
　"워낙 커서 못 캘걸요. 저걸 어떻게 옮겨 심으시려고 그러세요. 더구나 소나무인데요. 괜히 힘만 드실 거예요."
　그래도 나는 그 나무가 쉽게 포기가 되지 않았다. 소나무 주인이 "신부님이 원하시면 죽이지만 말고 가져가세요."라고 했기 때문이다.
　나는 나무를 캐서 옮기는 일을 해 줄 만한 사람이 있는지 수소문했다. 소개를 받아 함께 그 소나무를 캐러 갔을 때 처음에는 모두가 고개를 갸웃거렸다.

"글쎄요…." 저 큰 나무를 뿌리돌림도 하지 않고 한꺼번에 뿌리를 끊어서 옮기면 죽을 수도 있다는 것이었다. 그럼에도 우리는 시도해 보기로 하였다. 그렇게 소나무를 성지로 옮겨 심고 나니 뿌듯하면서도 한편으론 걱정이 되었다.

'정말 죽기라도 하면 어쩌지?'

누가 소나무에 막걸리를 주면 좋다고 해서 막걸리도 줘 보고, 오가며 신경을 많이 썼다. 다행히 소나무는 죽지 않고 잘 살아났다. 그것이 시작이 되었다. 그 후로 이 공소 저 마을을 다니며 마음에 드는 멋진 소나무가 눈에 보이면 캐다가 성지로 옮겨 심고, 나무들 가운데에 예수 성심상을 모셔 놓았다.

"예수님, 큰 소나무들 속에 계시니 참 보기 좋네요. 예수님도 좋으시죠? 저 나무들 다 잘 살게 해 주세요."

아마도 예수님께서 그 기도를 들어주신 것 같다. 시리(匙里)에서 캐온 소나무, 마도(麻道)에서 온 소나무, 야목(野牧)에 있던 소나무…. 활초리(活草里)에서도 몇 그루를 옮겨왔고, '송림'이라는 이름처럼 소나무가 많았던 송림리(松林里)에서는 25주가 넘는 소나무들을 캐 왔다. 그렇게 여기저기 흩어져 뿌리 내리고 있던 소나무들이 지금은 모두 성지에 모여 숲을 이루고 있다. 공사를 하느라 중간중간 자리가 옮겨진 것도 있긴 하지만, 대부분은 아직도 로터리 주변과 경당 주변에서 잘 자라고 있다.

그 가운데는 물론 안타깝게 죽은 나무도 있다. 백학(百鶴)에서 캐온 큰 소나무가 그랬다. 워낙 커서 옮겨오는 중에도 우여곡절이 많았던 나무였는데….

　1989년 말에서 1990년대 초, 그때는 지금처럼 길도 넓지 않아서 큰 나무를 옮겨오다 보면 중간에 전깃줄에 걸려 가지를 더 잘라내야 하는 일도 있었다. 백학에서 캔 그 소나무를 옮겨오는 중에 전신주가 쓰러지는 바람에 곤욕을 치렀던 기억도 난다. 유난히 크고 멋진 나무라 경당 입구에 심어놓고 능소화도 올렸었는데, 그 나무가 결국 말라 죽는 모습을 보며 매우 안타깝고 마음이 아팠다.

　나무가 죽는 것은 단순히 그 나무 한 그루만 없어지는 게 아닌 것 같다. 그 나무의 역사와 더불어 그 나무 아래서 함께 했던 소중한 시간들, 아름다운 기억들도 함께 사라지는 것 같다. 그래서 더 성지에 큰 나무들을 심고 싶었는지 모르겠다. 나무 아래서 소중한 기억들을 만들고 그 그늘에서 쉬며 휴식과 평화를 느끼는 사람들이 많았으면 하는 마음에서 말이다. 그리고 그 그늘로 자신이 아끼는 사람들을 데리고 들어와 함께 쉬기를…. 한 명이라도 더, 한 번이라도 더 이곳을 찾아오게 하고 싶은 마음….

　나는 본당 미사가 끝나면 곧바로 성지로 달려와 나무 심는 일을 지휘하며 직접 삽질도 했다. 성지를 아는 사람도 별로 없었고, 성지개발을 위해 쓸 수 있는 돈도 없었기 때문이다.

　포클레인을 하루 종일 빌리면 돈이 많이 들어 다른 곳에서 일을 마치고 집으로 돌아가는 포클레인 기사를 불러오기 위해 퇴근 시간에 맞춰 길에 나가 지키고 서 있기도 했다. 어느 날은 직접 현장으로 찾아가 퇴근 길에 성지에 잠깐 들러 나무 몇 개만 들어달라고 부탁하기도 했다. 그렇게 불러온 포클레인 기사들과 일을 하다 보면 비위 맞추기는 또 얼마나 까다로운지…. 나무를 심다가 위치가 마음에 안

들어 다시 좀 옮겨 달라고 하면 짜증을 내며 그냥 돌아가겠다고 하는 기사도 있었다. 그럴 때면 함을 살 때처럼 만 원짜리를 꺼내 들고 몇 장씩 건네주면서 "한 번만 더 옮겨주세요."라고 사정을 해야 했다.

지금 생각하면 웃음이 나는 추억거리지만, 그때는 그렇게 일한다고 쫓아다니며 입술은 맨날 부르트고 얼굴은 새카맣게 그을려서 어떤 신자분은 나에게 이런 말도 했었다.

"신부님은 얼굴이 까매서 흰옷이 안 어울리시네요."

사실 나는 본래 피부가 하얀 사람인데 말이다.

13

그래, 이 이야기야!

    1989년 가을, 신남리 공소의 소나무를 성지로 옮겨 심으면서 시작된 나무 심기는 이듬해 봄이 되면서 더욱 활기를 띠었다. 봄 판공이 시작되자 판공성사를 주러 공소를 돌아다니며 고해성사를 주고 미사를 봉헌하고, 다시 성지에 와서 미사를 드리고 순례자들을 만나고 틈나는 대로 나무를 캐러 산으로 들로 다니며 바쁜 나날을 보내고 있었다.

    당시 남양 본당에는 매일 미사에 나오시는 할머니들이 20여 분 계셨는데, 그 가운데 한 할머니께서 어느 날 내게 이런 말씀을 하셨다.

    "신부님, 비행기 타고 바다 건너 멀리 가신대요."

    "할머니, 그게 무슨 말씀이세요? 제가 비행기를 타고 멀리 가다니요?"

    "신부님, 비행기 타고 멀리 가실 일이 있으실 거예요."

    나는 속으로 할머니께서 이상한 말씀을 하신다고 생각하며 그 말씀에 그다지 신경을 쓰지 않았다.

    1990년 4월의 어느 날, 남양이 순교지라는 것을 밝혀내고 남양 순교지를 개발하는 데 큰일을 하신 한종오 베드로 형제님께서 나를 찾아오셔서는 "신부님, 성지개발을 하시자면 돈이 필요하실 텐데, 미국에 모금하러 가지 않으시겠어요?"라는 말씀을 하셨다. 나는 놀라지 않을 수 없었다.

'할머니 말씀이 맞네. 어떻게 된 일이지? 성모님 뜻인가?'라고 생각하며 한 베드로 형제님께 그렇게 하시자고 했다. 그러고는 '미국에 가서 신자들에게 뭐라고 말할까? 어떻게 도와달라고 얘기해야 하나?' 생각하면서 그동안 나에게 있었던 일들을 돌아보게 되었다.

서품받은 다음 신자들에게 성모님 얘기를 자주 했던 일, 물에 빠져 죽을 뻔했다가 살아나서 성모님을 위한 일을 하겠다고 서약했던 일, 군종 신부로 가지 않게 해주시면 약속드린 그 일을 꼭 하겠다고 다시금 성모님께 말씀드렸던 일, 군대에 갔다가 다시 나오게 된 일, 그리고 나를 남양으로 보내시면서 주교님께서 하신 말씀….

그 모든 것을 생각하면서 '아, 그래! 성모님이 당신의 도구로 쓰시려고 물에 빠졌던 나를 살리시고, 군대에 보냈다가 데리고 나오셔서 남양으로 보내셨구나.' 하는 마음이 들기 시작했다. 그러면서 산으로 둘러싸여 성모님 품처럼 아늑한 남양 순교지를 평화를 위해 성모님께 기도하는 곳으로 만들도록 나를 남양으로 보내신 것이라는 확신이 강하게 들었다.

'그래, 이 이야기를 해야겠다!'

나는 미국에서 만나는 교우들에게 순교자들의 피로 물든 순교지를 성모님께 기도하는 곳으로 만드는 데 도움을 요청하기 위해 이곳에 왔다고 이야기하며 그동안 내게 있었던 체험들을 나눠야겠다고 마음먹었다.

'여러분의 고국에 성모님께 기도드리는 장소를 만들고 싶으니 도와 달라고 해야지.'

LA에 있는 한 성당에 도착하여 주일 미사 때 내게 있었던 체험을 얘기하며 첫 번째 강론을 했다. 그런데, 그때 본당 주임 신부님께서 2차 헌금을 하라는 말씀을 안 해 주셔서 그날 나는 1달러의 모금도 하지 못했다. 그러나 성모님께서는 미사 후에 내게 한 신자가 찾아오도록 하셨다.

"신부님, 감사합니다. 전 정말 성모님의 은혜를 너무 많이 받은 사람입니다. 신부님의 말씀을 듣고 결심했습니다. 성모님께 받은 은혜에 감사드리기 위해 제가 5만 달러를 내겠습니다. 다음 달에 제가 서울에 가는데, 그때 돈을 마련해 가겠습니다."

얼마나 고마웠는지….

그리고 또 다른 성당에서 강론을 하여 2천 달러 정도를 모금했고, 가정집에서 3번의 미사를 했는데, 전부 합쳐 50여 명의 교우들에게 강론해서 내가 모금한 액수가 대략 5만 달러 정도 되었다. 어떤 신자분은 돈을 신문지에 말아서 내게 건네주었는데, 나중에 보니 2만 달러나 되었다.

한국으로 돌아와 주교님께 인사드리면서 "주교님, 이번 LA 모금을 하면서 '10만 달러 이상 모금했습니다.'"라고 말씀드렸더니 주교님께서는 "이 신부, 이건 기적 같은 일이다!"라고 하시며 미국에 가서 모금하는 일이 그렇게 쉬운 일이 아니라는 말씀을 해 주셨다.

'성모님께서 내가 하고자 하는 일을 당신께서도 원하고 계신다는 것을 보여주시기 위해 나에게 베푸신 기적이구나.'

이 일을 통해 나는 더욱 확신을 갖게 되었고, 남양 순교지를 평화를 위해 성모님께 기도드리는 곳으로 만드는 일을 정말 열심히 해 봐야겠다는 다짐을 하게 되었다.

14
삯바느질해서 4년을 모은 돈입니다

다소 시간 차가 있기는 하지만, LA 모금 강론과 관련된 또 하나의 에피소드가 있다. 한국으로 돌아오기 전, 나는 LA판 『한국일보』에 내 얼굴 사진과 함께 다음과 같은 짧은 글을 종교란에 실었다.

"저는 한국에서 온 신부입니다. 제가 일하는 곳은 순교자들이 순교한 순교지입니다. 그 순교지를 성모님께 기도하는 곳으로 만들고 있습니다. 뜻이 있으신 분은 연락해 주십시오."

그로부터 4년이라는 시간이 지난 어느 봄날, 미사를 끝내고 성지에 올라와 나무와 꽃을 심는 작업을 하고 있는데 한 자매님이 나를 찾아왔다.
"신부님이세요?"
"네, 그렇습니다."
"신부님, 저 미국에서 온 소영이, 윤식이 엄마입니다."
"네, 반갑습니다."
인사를 나누고 나서 자매님은 품속에서 낡은 신문지 한 장을 꺼내 보여주었다. 그것은 4년 전, 내가 LA에 갔을 때 『한국일보』에 실었던 글과 사진이었다.

"신부님, 저는 신부님이 신문에 내신 이 글을 읽으면서 성모님께 약속을 했습니다. 돈을 모아서 꼭 남양을 찾아가 신부님께 갖다 드리겠다고요. 신부님, 저는 한국에서 미국으로 갈 때 남편을 잃었습니다. 애들 둘과 함께 이민 생활을 하면서 삯바느질을 했습니다. 그러면서 애들을 교육했습니다. 지금 큰애는 대학원을 다니고, 작은애는 대학을 다닙니다. 바느질을 하는 저이기 때문에 많은 돈을 벌 수는 없었습니다. 그러나 신부님, 저는 제 딸을 위해서 그리고 제 아들을 위해서 성모님께 도움을 청하며 바치고 싶었습니다. 그래서 고국에 성모님께 기도하는 장소를 만드신다는 말씀을 보면서 여기 신부님께 도움을 드려야겠다고 생각했습니다. 그리고 그때부터 4년 동안 돈을 모았습니다. 여기 그동안 제가 바느질해서 번 돈입니다. 받아 주세요."

자매님이 나에게 건네신 돈은 1천만 원이나 되었다. 나는 그 돈을 받았다가 다시 자매님에게 돌려드리며 말씀드렸다.

"자매님, 자매님의 그 마음과 정성에 정말 감사드립니다. 자매님을 통해서 다시 한번 제가 하고 있는 일이 헛된 일이 아니라는 것을 확인한 것만으로도 큰 은총입니다. 자매님, 그 힘들고 어려운 이민 생활 속에서 어렵게 버신 돈인데 제가 어떻게 받겠습니까? 받은 것으로 하고 받지는 않겠습니다."

그러나 자매님은 "신부님이 받지 않으시면 서운합니다. 꼭 받아 주세요."라며 눈물까지 글썽이셨다. 그 자매님의 모습을 나는 지금도 잊지 못하고 있다. 그리고 그 아들과 딸의 이름을 성모님께 말씀드리며 늘 함께해 주시라고 청하고 있다.

15
24시간 묵주기도 고리 운동

"내가 말하는 것을 너희가 실천하면 평화가 올 것이다."

1989년 11월 9일, 결코 무너지지 않을 것 같던 베를린 장벽이 무너지는 것을 보면서 파티마 성모님의 예언적인 말씀을 깨닫기 시작했다.

그리고 내가 남양에 온 것이 우연이 아니라는 생각이 들기 시작했다. 죽음 직전에서 성모님의 도우심으로 살아난 후, 한국 천주교회 내에 성모님을 위한 아름다운 일을 하겠다고 약속드렸는데 그 일을 할 수 있는 곳이 바로 남양인 것 같았다.

'이름 없는 순교자들이 마지막 죽는 순간까지 묵주를 손에 들고 기도하던 이 자리, 순교자들의 묵주기도 소리가 배어 있는 이곳을 우리나라의 평화와 통일을 위해 끊임없이 묵주기도를 바치는 곳으로 만들어야겠다.'

하지만 무엇을 어떻게 해야 할지 알지 못했다. 나는 매일 성체조배를 드리며 "예수님, 제가 성모님을 위한 일을 하고자 합니다. 어떻게 해야겠습니까?"하고 여쭤보았다.

그러다 24시간 동안 계속해서 성모님이 원하시는 지향으로 묵주기도를 바쳐드리면 좋겠다는 생각을 하게 되었다.

'내 힘으론 불가능하지만, 묵주기도를 드리며 성모님께 도움을 청하면 가능할 것이다.'

'나 혼자서는 어렵겠지만, 많은 사람들이 함께 해 준다면 가능할 것이다.'

그래서 생각한 것이 '기도의 마라톤', '24시간 묵주기도의 고리 운동'이다.

24시간 묵주기도 고리 운동은 하루 24시간, 1,440분 중 내가 묵주기도 5단을 바칠 수 있는 시간 20분을 정해서 다섯 가지 기도 지향으로 묵주의 기도를 바치는 것이다.

① 조국의 평화를 위해서
② 민족의 화해를 위해서
③ 죄인들의 회개를 위해서
④ 남양성모성지를 위해서
⑤ 기도 운동에 참여하는 신자들 서로서로를 위해서

내가 약속한 시간에 묵주기도를 바치면 그다음 시간에는 다른 사람이 묵주기도를 바치고, 또 다음 사람이 이어서 기도를 바치게 되면서 조국의 평화와 민족의 화해, 죄인들의 회개와 남양성모성지를 위한 기도가 하루 종일 성모님께 봉헌되고, 기도 운동에 참여하는 나 자신을 위한 기도 또한 하루 종일 이어지는 것이므로 좋은 기도 운동이 될 거라고 생각했다.

나는 평화를 위한 24시간 묵주기도 고리 운동을 대대적으로 벌이기 시작했다. 하루도 빠짐없이 순례자들에게 자신이 기도할 수 있는 시간, 20분을 정해서 그 시간에 다섯 가지 지향으로 묵주의 기도를 바치고 한 달에 한 번 성모님께 바치는 장미꽃 값 2,000원, 3,000원, 5,000원을 봉헌해 줄 것을 이야기했다.

많은 사람들이 이 기도 고리 운동에 참여하면서 후원금을 보내 주었다.

하지만 무엇보다 기도가 먼저라고 생각했다. 그래서 돈이 없는 분들은 묵주의 기도만이라도 꾸준히 바쳐달라고 말씀드렸고, "TV를 보다가도 '남양'이라는 말, '남양 ○○', '남양 ○○○' 광고가 나오면 남양 성모님을 생각하며 성모송 한 번이라도 바쳐 주십시오."라고 부탁드리며 성지개발의 처음부터 지금까지 늘 묵주기도 고리 운동과 함께 일해 왔다.

한번은 샬트르 성 바오로 수도회 수녀님께 이런 말씀을 들었다.

"신부님, 저희 수도회에 바느질하시는 할머니 수녀님이 계신데, 그분이 매일 정해진 시간이 되면 바느질하시다 말고 묵주기도를 드리셔서 '수녀님, 무슨 기도를 드리세요?' 하고 여쭤봤더니, 남양성지 묵주기도 고리 운동 시간이라고 말씀하셨습니다. 성지 순례 중에 성모님과 신부님께 약속드린 거라 꼭 바쳐야 한다며 그 시간만 되면 기도를 바치셨어요."

성지를 개발하면서 어려움도 많았고, 내가 생각하기에도 정말 가능할까 싶은 일들이 많았는데 보이지 않는 곳에서 끊임없이 바쳐진 이런 기도의 힘으로 모두 이룰 수 있었다고 믿는다. 그래서 나는 이렇게 말하고 싶다.

"남양성모성지를 보는 것은 묵주기도의 힘을 보는 것이다. 기도가 가지고 있는 놀라운 힘을 보는 것이다."라고.

16
나에게 묵주기도의 힘을 가르쳐 주신 성모님

　미래를 내다보는 신통력을 가지고 있는 것으로 유명한 사람을 만난 적이 있습니다. 나는 그 여성에게 어떻게 해서 당신의 예언 중 많은 부분이 실현되지 않았느냐고 물어보았습니다. 그녀는 오히려 나에게 되물었습니다.
　"신부님, 신부님은 기도를 믿으십니까?"
　나는 대답했습니다.
　"물론 믿지요"
　그녀는 이렇게 말했습니다.
　"그렇다면 신부님은 기도가 역사의 어떤 사건도 바꿀 수 있다는 점을 알고 계시겠군요? 만일 부정적인 성격을 지닌 예언이 실현되지 않았다면 사람들이 그 사건이 일어나지 말도록 열성을 다해 꾸준히 기도했기 때문일 수 있습니다. 저는 종교인입니다. 그리고 경험을 통해 저는 기도가 상당한 효력이 있다는 것을 확신하게 되었습니다. 신부님, 기도는 일의 흐름을 바꾸어 놓을 수도 있고, 때로는 어떤 결과를 가져올 수 있는 유일한 방법이 기도밖에 없을 때도 있답니다. 기도는 사람들이 역사의 사건을 결정하는 데서 그들 가슴에 숨겨진 곳에 영향을 준답니다."

—『정말 변화는 가능한가?』, 존 퓔렌바흐

"신부님은 기도를 믿으십니까?"

나에게도 이런 질문이 주어진다면, 나 역시 퓔렌바흐 신부님과 같은 대답을 할 것이다.

"물론 믿지요!"

그렇기 때문에 성지개발을 시작하면서 무엇보다 먼저 기도하고자 했고, 24시간 묵주기도 고리 운동을 시작했던 것이다. 물론 그러한 지혜를 주신 것도 성모님이셨다는 것을 알고, 때때로 내 힘과 내 의지로 무엇인가를 해 보려고 할 때마다 다시금 기도의 힘에 의지하게 하시고 기도의 힘을 믿도록 이끌어주신 분도 성모님이셨다는 것을 지금은 더 분명하게 깨닫고 있다. 그 첫 번째 체험이라고 할 수 있는 일은 다음과 같다.

성지를 개발하고 사람들이 순례 오도록 만들려면 주차장이 있어야 한다는 생각이 들었다. 성지에서 남양 시내 쪽을 내려다보면 작은 소로를 사이에 두고 왼쪽은 밭이었고 오른쪽은 논이었다. 어느 날 성지에서 일을 하다가 시내 쪽을 내려다보며 이렇게 중얼거렸다.

'지금 눈에 보이는 저 논과 밭을 사서 먼저 주차장을 만들어야겠다. 그렇지 않고는 일이 되지 않겠다.'

그런데 나는 땅을 사고파는 일을 해 본 경험이 전혀 없었기 때문에 땅을 사려면 먼저 그 땅의 등기부 등본과 지적도, 도시계획 확인원 등을 떼어보고 이상이 있는지 없는지 확인해야 하는 것을 몰랐다. 그저 본당 사무장님과 사목회장님에게 그 땅의 주인이 누구냐고 물어보았다.

"성지 올라가는 길 양옆에 있는 밭하고 논이 누구네 겁니까?"
"왜 그러세요?"
"성지를 개발하자면 그 땅이 꼭 필요해서 그럽니다."
"신부님, 제가 알기로 그 땅은 화성군 땅입니다."
"그래요?"

나는 그 땅이 화성군 소유라는 말을 듣고 오히려 잘되었다고 생각했다. 화성 군수를 만나 성지를 개발하고자 하는 나의 계획을 밝히고 그 땅을 나에게 달라고 하면 일이 쉽게 해결될 줄 알았다. 그런데 내 생각처럼 그렇게 쉽지가 않았다.

군수의 대답은 이랬다.

"신부님, 그 땅은 군 땅입니다만, 이미 임대료를 내고 농사를 짓는 사람들이 있으니 그 땅의 경작자들에게 더 이상 경작하지 않겠다는 임대 포기각서를 받아 오셔야 합니다."

나는 본당 사무장님과 회장님들에게 그 땅에서 농사를 짓고 있는 사람들이 누구인지 알아봐 달라고 부탁드렸다.

"신부님, 밭농사를 짓고 있는 사람은 ○○이고요, 논농사를 짓는 사람은 두 사람으로 ○○○, ○○입니다. 모두 신자입니다."
"그래요? 그러면 정말 잘됐네요."
"신부님, 그렇지도 않습니다. 그분들 다 냉담자입니다."
"냉담자도 신자 아닙니까?"

나는 모두 신자라는 말에 기뻐하며 먼저 밭농사를 짓고 있는 분을 찾아갔다. 내 뜻을 전했을 때, 처음에는 전혀 그럴 마음이 없다고 했다. 일이 안 되는가 싶었는데, 며칠 후 다시 연락이 왔다.

"돈만 많이 주신다면…."

그분은 경작을 포기하는 대신 3천만 원이라는 돈을 달라고 요구했다. 다른 선택의 여지가 없었기 때문에 나는 우선 LA에서 모금해 온 돈으로 그 땅의 임대 포기각서를 받아 냈다.

그러고는 논농사를 짓고 있던 두 분도 만났다. 한 분은 그렇게 하겠다고 하셨고, 다른 한 분은 거절하셨다. 여러 차례에 걸쳐 이 사람을 보내고 저 사람을 보낸 끝에 거절하던 분의 마음도 돌릴 수 있었다. 물론 그 두 필지의 임대 포기각서를 받기 위해서도 6천여만 원의 돈이 필요했다. 계약 날짜를 잡고 여기저기서 돈을 빌려 약속 장소로 나갔다.

그런데 약속 장소에 나타난 그분들은 서로 약속이나 한 듯 절대로 임대권을 포기할 수 없다는 것이었다. 갑자기 왜 그러시냐고 물어도 무조건 팔지 않겠다는 대답뿐이었다. 그러한 모습에 나는 너무나 실망스러웠고 화가 나기도 했고, 마음이 아팠다.

'성지를 개발하기 위해서는 정말 꼭 필요한 땅인데, 저렇게 고집을 피우니 어떻게 해야 하나?'

때는 1990년 6월경이었다. 한창 농사일이 바쁠 때고 나 역시 성지 개발을 한다고 본당 미사만 끝나면 성지를 오르락내리락하며 일했기 때문에 서로 마주칠 일이 많았다. 성지로 가다가 그분들이 논에서 일을 하고 있는 모습을 볼 때면 괜히 속에서 화 같은 것이 올라왔다. 서운한 마음에 혼자 이렇게 중얼거리기도 했다.

"네 똥 굵다. 그래, 너 잘났다, 잘났어."

그러나 어쩌겠는가? 권리를 가진 사람이 무조건 안 하겠다고 하니 별다른 도리가 없었다. 봄이 가고 여름이 가고 어느덧 가을이 되었다.

그날도 성지에서 일을 마치고 내려오는 길에 그 사람이 논에서 일하고 있는 것을 보고는 나도 모르게 욕이 나오려는 것을 꾹 참았다.

'내가 이러면 안 되지. 이런다고 될 일도 아니고… 낼모레면 로사리오 성월인데 성모님께 맡기고 매달려 봐야지.'

성당으로 돌아온 나는 성모상 앞에 한참을 서 있었다. "성모님, 그동안 너무 속상해하면서 그 사람들 욕한 것 용서하세요. 이제 다 당신께 맡기겠습니다."

나는 나 혼자 기도하는 것보다 여럿이 기도하는 게 힘이 있을 것 같아 매일 미사에 나오시는 할머니들을 불러 모았다. 나는 그분들을 '기도부대 할머니'라고 불렀다. 기도부대 할머니들에게 로사리오 성월 한 달 동안 묵주의 기도를 바치며 성모님께 경작자들이 땅을 내놓을 수 있게 해주시길 청하자고 했다.

1990년 10월 한 달 동안 나는 매일매일 성지에 올라가 할머니들과 함께 묵주 알을 붙잡고 기도했다. 내가 드리는 묵주기도는 예수님 신비의 묵상보다는 땅을 사게 해 달라고 졸라대는 어린아이와 같은 것이었다.

"은총이 가득하신 마리아여… 성모님, 땅 사게 해주세요."라는 식의 기도였다.

그렇게 한 달이 지나갔다. 달이 바뀌어 11월 1일 모든 성인의 날 대축일을 지내는데, '성모님께서 기도를 안 들어 주시는가 보다.'라는 생각에 실망이 되었다. 그러나 다시 한번 성모님께 '성인들 모두를 합친 것보다도 하느님 앞에서 더 막강한 힘을 지니신 분이 성모님이시니 꼭 도와주세요.'라며 기도를 드렸다.

그런데 바로 그다음 날 아침 사제관으로 전화가 한 통 걸려 왔다.

로사리오 성월 동안 함께 묵주기도를 바쳤던 기도부대 할머니들 가운데 한 분이셨다.

"신부님, 그 땅 꼭 필요하세요?"

"그럼요. 그 땅을 사서 주차장을 만들어야 합니다. 그래야 순례자들이 찾아오고 성지개발도 할 수 있지요."

"신부님, 우리 작은아버님이 그러시는데 그게 군 소유 땅이 아니라 예전에 남양에 사셨던 홍씨 성을 가진 사람 땅이랍니다."

"그게 정말이에요? 이곳 사람들 모두 그 땅을 군 소유 땅으로 알고 있는데요."

"잘못 알고들 있는 거래요. 자세한 것은 작은아버님과 만나서 얘기 나눠 보세요. 작은아버님이 땅을 살 수 있도록 도와주실 겁니다."

뜻밖의 소식이었다. 곧바로 약속을 잡고 법무사와 함께 약속 장소로 나갔다.

"안녕하세요! 저 남양 신부입니다."

"예, 말씀 많이 들었습니다. 그 땅이 필요하시다구요. 제가 그 땅 사실 수 있도록 도와드리겠습니다."

"저는 이제껏 그 땅을 군 소유 땅으로 알고 있었습니다."

"예, 다들 그렇게 알고 있는데 사실은 그게 아닙니다. 개인 땅인데 상속을 안 받아서 그런 겁니다. 홍 아무개 씨의 증조부님께서 일제 때 창씨개명을 하셨기 때문에 토지 대장에 일본 이름으로 되어 있어서 일본 사람 땅인 줄 알고 그랬던 모양입니다."

그분이 준비해 온 서류를 꼼꼼히 검토해 본 법무사는 서류에 이상이 없으니 상속 등기를 받은 다음 매매 계약을 해도 된다고 확인해 주었다. 나는 있는 돈 없는 돈 다 긁어모았다. 회장님들께 부탁드려 여기저기서 빌리기도 하였다. 그렇게 해서 1억 9천여만 원의 돈을 주고 그 땅을 사게 되었다.

땅을 사던 날, 나는 과달루페 성지 순례를 갔다가 모시고 온 과달루페 성모님 앞에서 감사와 기쁨의 눈물을 흘렸다. 그러면서 생각했다. 성모님은 연약한 우리를 얼마나 잘 도와주시는 분이신가? 만일 경작자들과의 계약이 이루어져 그들이 달라는 대로 돈을 주었다면 어떻게 되었을까? 그들은 경작을 포기하는 대신 각자에게 4천만 원씩을 달라고 요구했었다. 그 돈을 주었다면 그 돈은 이제 어디에 가서도 찾을 길이 없는 돈이 되었을 것이다.

성모님께서 그걸 아시고 경작자들로 하여금 파라오처럼 고집을 피우게 하셨던 것 같다. 그런데 나는 그것도 모르고 그렇게 화를 내고 동동거렸으니…. 모든 것이 성모님의 뜻이었고 이끄심이었다는 것을 깨달았다.

그러나 그것보다 더 큰 은총이 있다. 그것은 이 일을 통해 내가 다시금 성모님께 모든 것을 의탁하게 하시고 묵주기도의 힘을 깨닫게 해주신 것이다. 처음에는 어떻게든 내 힘으로 해 보려고 애를 썼지만 결국 성모님께 의탁하는 마음을 갖게 해주셨고, 할머니들과 함께 매일 묵주기도를 바치도록 이끌어주셨으며, 그 기도의 시간을 충실히 보낸 다음 기적과 같은 결과로 기도에 응답해 주셨으니 말이다.

17

성모님, 이 둑이 무너지면
저는 도망가야 합니다

성경을 보면 하느님은 당신 뜻을 전달하시기 위해 많은 경우에 꿈을 이용하셨다. 내가 물에 빠졌다가 어머니의 묵주기도를 통해 살아날 수 있었던 것도 어머니의 꿈을 통해 미리 알려주셨기 때문이다. 하느님께서 내 꿈에 나타나 나에게 직접 말씀하신 것은 아니지만, 그러한 체험을 통해 내가 성모님의 일을 하겠다는 결심을 하고 내 삶을 새로이 봉헌할 수 있었기에 내 삶에서도 꿈은 하느님과 나와의 관계, 그리고 내가 해야 할 일에 대한 메시지를 전해주는 데 중요한 역할을 했다고 말할 수 있을 것 같다.

1990년 여름이 막 시작될 무렵이었다. 성지개발을 하고 신자들이 순례할 수 있도록 하려면 물이 있어야 했기에 지하수 개발을 계획했다. 남양은 물이 귀한 곳이라 지하수 개발에 성공한 예가 드물다며 많은 이들이 걱정했다. 당시 전주교구청에 근무하던 한 형제님이 물자리를 봐 주러 오셨었는데, 그분이 하셨던 말씀이 기억난다.

"신부님, 여기 물자리를 보러 오기 전에 루르드에 갔던 꿈을 거푸 꾸었습니다."

지금 생각해 보니 그 형제님의 꿈 또한 나에게 보내시는 하느님의 메시지가 아니었나 싶다. 몸과 마음이 아픈 많은 영혼이 찾아와 위로와 치유를 받을 수 있는 장소로 이곳을 봉헌하라는….

어쨌든 그분이 알려주시는 자리를 팠는데 110m까지 내려갔는데도 돌가루만 나왔다. 그만 포기해야 하나 하는 마음이 들 무렵 조금씩 물이 비치기 시작하였다. 125m 부근이었다. 기대를 하고 조금씩 더 파 내려가자 150m 지점에서 물이 쏟아져 나오기 시작했다. 일일 200톤가량의 물이었다.

물이 귀한 남양에서 그렇게 지하수 개발에 성공하고 얼마 후, 나는 평생 잊지 못할 물난리를 겪었다. 밤새 나를 조마조마하게 했던 그 물난리를 추억하자니 어느덧 내 기억의 시계가 1990년 9월로 거슬러 흐른다. 사흘간 중부지방에 집중된 호우로 한강의 제방이 붕괴하여 고양군 일대가 물바다가 되었던 바로 그 해다.

아침부터 시작된 폭우는 온종일 퍼붓고도 모자란 듯 밤에도 멈출 줄 몰랐고, TV에서는 수해 대책 방송이 계속되었다. 새벽 2시, 성지 앞으로 흐르고 있는 남양천의 범람이 걱정되어 나가 보았다. 언제부터 나와 있었는지, 벌써 우산 쓴 동네 사람들과 경찰들이 모여 웅성웅성하고 있었다. 남양 시내에서 성지로 들어오려면 남양천을 건너야 하는데 당시에는 다리가 없었다. 그래서 성지에서 하천에 흄관(Hume管)을 놓고 그 위에 흙을 쌓아 통행할 수 있도록 해 놓았었는데, 폭우로 갑자기 물이 불어나자 각종 부유물이 흄관에 걸리고 흄관 위에 쌓아놓은 흙이 물의 흐름을 막아 수위가 점점 높아지고 있었다. 사납고 거센 흙탕물이 사정없이 넘실거리며 제방은 그야말로 범람하기 일보 직전이었다. 부랴부랴 포클레인으로 흄관을 치우려고 했지만,

이미 거세진 물살을 이겨낼 수 없었다.

"성지 새끼들 때문에 동네 망한다!"

옆에서 지켜보던 동네 사람들이 한마디씩 했다. 나는 그저 성모님과 남양의 순교자들에게 소리 죽여 기도할 수밖에 없었다.

면사무소 직원들도 나와 그 새벽에 광산에서 놀을 가져다 제방에 쏟아붓고, 공원에서 큰 느티나무를 베어다 둑에 걸쳐놓는 등 안간힘을 썼으나, 무너져 내리는 건 그야말로 시간문제였다. 점점 거세지는 물살만큼이나 원망의 목소리도 커져만 갔다.

'성모님, 이 둑이 무너지면 저 도망가야 합니다. 수해 피해를 어떻게 다 보상해 줍니까? 성모님, 도와주세요! 이 둑이 무너지면 더 이상 성지개발을 할 수 없게 됩니다.'

지금 생각해도 아찔하다. 제방이 무너져 그 물이 남양 시내를 덮쳤다면 어떻게 되었을까?

그런데 어느 순간 갑자기 하천의 수위가 낮아지기 시작했다. 성지에서 1.5km쯤 떨어진 아래쪽의 제방이 무너진 것이다. 많은 사람이 잠을 설친 밤이었지만 특히 나에게는 참 길고 긴 밤이었다.

날이 밝고 물이 줄어들기를 기다렸다가 성지로 올라와 보니 거센 빗줄기가 할퀴고 지나간 상처는 생각보다 심각했다. 묵주기도 길과 십자가 뒷산이 무너지면서 돌 묵주 알들이 여기저기로 굴러떨어지고, 나무들은 뿌리째 뽑혀 아무 데나 쓰러져 있고, 푸르던 잔디 위엔 쏟아져 내린 토사가 시뻘겋게 쌓여 있었다.

언제 그렇게 비가 퍼부었냐는 듯 따가운 햇볕이 내리쬐기 시작했다. 잔디는 흙에 덮여 있으면 떠서 죽는다. 급히 공소마다 전화를 걸어 회장님들께 성지 수해 복구 작업을 도와달라고 말씀드렸다. 공소마다 경운기란 경운기는 모두 동원되고 괭이에 삽에 호미에… 저마다 필요한 도구들을 챙긴 교우들이 성지로 모여 왔다. 힘을 합쳐 가랫줄을 잡아당기고, 잔디에 쌓여 있는 흙을 긁어 대야에 담아내고, 경운기로 실어 나르고…. 며칠을 그렇게 하니 성지의 원래 모습이 비로소 드러나기 시작했다. 뙤약볕 아래서 모자와 수건을 쓴 교우들이 모두들 자기 일처럼 구슬땀을 흘리던 모습이 아직도 눈에 선하다.

그 물난리 이후 남양면에서는 더 이상 하천에 흄관을 놓지 말라고 요구해 왔다. 당장 다리를 세우자니 돈이 없고… 걱정 가운데 이런저런 방법을 찾다가 국방부에 지원을 요청하게 되었다. 국방부에서는 부교(浮橋)를 놓아주기 위해서는 다음의 조건이 충족되어야 한다고 알려주었다. 그것은 화성군 수해대책본부에서 공식적으로 다리 건설을 요청해 줄 것과 몇 년 뒤 다리를 철거할 때에는 화성군에서 정식으로 다리를 건설해야 한다는 내용이었다.

국방부의 요구 조건이 당시 화성군 관계자들과의 협의에서 받아들여져, 화성군에서 국방부로 정식 다리 건설 요청 공문이 발송되었다. 그렇게 해서 1990년 12월, 공병대에서 성지 입구에 탱크까지 지나다닐 수 있는 튼튼한 다리를 놓아주었다.

그리고 1993년 경기도와 화성군의 도움으로 성지 입구 남양천에 정식 다리를 놓게 되었다. 남양성모성지 입구로서 상징적인 의미를 표현하고자 그 이름을 '로사리오교'라고 명명했고, 1993년 10월 7일 수원교구장 김남수(金南洙) 안젤로 주교님께서 축복해 주셨다.

18
감동을 서비스하다

"매달 『성모님의 동산』 소식지를 눈물, 콧물과 함께 받아 보는 것이 커다란 기쁨이 되었답니다. 힘들고 외로운 미국 생활에 지치고 기운 꺾일 때 삶의 청량제 구실을 톡톡히 해주지요. 기운 내라고, 좀 더 참고 인내하라고, 성모님께서 예수님께서 함께해 주신다고….'"

"신부님, 감사합니다. 우리 부부가 매달 기다리고 있는 남양성모성지 『성모님의 동산』 소식지는 우리의 신앙을 일깨워 줍니다. 형제·자매님들의 기쁜 소식, 활동 소식, 신앙 체험 등 저희가 들을 수도 없었고 볼 수도 없던 체험들이 실리니 감사드립니다."

"신부님, 안녕하세요. 저는 고등학교 1학년 여학생입니다. 조금이지만 제 손으로 번 11만 원을 성모님에게 바칩니다. 성지에는 한 번도 가본 적이 없지만 생각은 많이 하고 있습니다. 성모님이 저를 보살펴주시기를 늘 바랍니다. 저희 가족들도요. 감사합니다."

"항상 신부님을 존경하고 감사하는 마음이지만 표현하기가 어려워

편지는 처음입니다. 『성모님의 동산』 월보는 참으로 많은 것을 가르쳐 주었고, 또 잊어버리려 할 때마다 다시 신심을 일깨워주고 있습니다. 제 남편은 트럭으로 과일을 팔러 여기저기 다니며 고생을 하고 있는 신출내기 장사꾼입니다. 바람이 불고 아주 추운 날은 마음이 아프고 미안할 뿐입니다. 다른 여자들처럼 맞벌이해서 짐을 덜어주지도 못하고, 영육이 나약하기만 합니다. 저희는 똑같이 머리가 잘 안 돌아가서 돈 버는 재주도 없어요. 신부님, 제 남편을 비롯한 많은 가난한 가장들을 위해 기도해 주시고 축복해 주세요. 이번에 적금 타서 땅 두 평 값 보내드립니다."

나만큼 편지를 많이 받는 신부도 드물 것이다. 연필로 꼭꼭 눌러 쓴 초등학생 편지부터 자신을 '호호 할머니'라고 소개하시는 어르신들의 편지까지….

전화와 이메일 등을 이용하는 사람들이 많아지면서 예전보다 줄기는 했지만 아직도 종종 손으로 쓴 편지들을 받는다. 그 편지들에는 남양성모성지를 순례하면서 느낀 점들에 대한 감사와 사랑의 말씀들, 기도를 부탁하는 내용, 성모님의 도움과 은총을 체험한 이야기들이 담겨 있다.

그 모든 편지가 나에게는 반갑고 소중하지만, 성지에서 보내는 월보를 손꼽아 기다린다는 이야기를 읽을 때면 특별히 고맙고 기쁘다.

후원회원들에게 매달 지로용지를 보내며 그분들과 소통할 무언가가 필요했다. 그래서 『성모님의 동산』이라는 월간 소식지를 발행하기 시작했다. 1991년 4월 '천주교 수원교구 성모님의 동산 월간 소식' 제1호가 창간되어 2023년 7월 현재 387호가 발행되었다.

월보 발행을 시작하면서 가장 중요하게 생각했던 것은 사람들이 이 월보를 손꼽아 기다렸으면 좋겠다는 것이었다. 소식지를 받아 읽으면서 자신도 모르게 감동의 눈물을 떨구는 이야기를 보내고 싶었다. 인간에게 필요한 것은 감동이고 신앙생활을 한다는 것은 하느님의 사랑에 감동하고 감격하는 것이기 때문이다.

웃음이 전염되는 것처럼 아름다운 마음도 그러한 것 같다. 어려운 가운데서도 기쁘게 성모님께 봉헌하는 모습이 도움을 요청하는 나의 백 마디 말보다 더 힘이 있는 것 같았다. 그래서 언제나 월보의 한 면은 후원자들이 보내오는 편지들로 채우고 있다. 그 편지들은 내가 찾은 그 어떤 이야기들보다 생생하고 감동적인 체험들을 담고 있기도 하다. 한 사람 한 사람으로부터 시작된 그 아름답고 흐뭇한 사연들은 더 다양하고 아름다운 이야기들로 아직도 꼬리에 꼬리를 물고 이어지고 있다.

그러는 가운데 성지도 더 아름답게 변화되고 더욱 거룩한 장소로 가꾸어져 올 수 있었다. 월보를 통해 일하고 싶다는 나의 소망과 기도를 주님께서 들어주신 것 같다.

"매월 받아 보는 월보가 저에게 얼마나 위안이 되는지 신부님은 아마 모르실 겁니다. 저는 월보를 보면서 힘과 용기를 얻는답니다. 삶에 지친 저에게 월보는 희망의 생명수입니다. 신부님은 가끔씩 강론 중에 기도하고, 금식하고, 말씀으로 무장하라고 말씀하시지만 잘 되지가 않아요. 죄인 중의 죄인인 저를 끔찍이 사랑해주시는 하느님을 느끼면서 하루하루 충실하게 살려고 노력하고 있습니다. 지난 달에는 가볍지 못하여 마음이 쓰였는데, 땅 한 평 값의 마지막 10만 원을 보냅니다. 함께 넣은 성모님 메달은 저희 집에 있는 유일한 순금입니다. 성지에 오신 할머니가 반지를 주고 가셨다는 월보의 글에 가슴이 뭉클해졌습니다. 저도 제 목에 걸고 다니는 것보다 성모님을 위해 쓰이는 편이 낫겠다는 마음에 이 메달을 바칩니다."

19

신부님, 그러다 감옥 갑니다

연탄재 함부로 발로 차지 마라
너는
누구에게 한 번이라도 뜨거운 사람이었느냐

안도현 시인의 「너에게 묻는다」의 일부분이다. 시인의 의도와는 다를지 모르지만 나도 가끔씩 나에게 물어볼 때가 있다.

'나는 뜨거운 사람이었나?'

그럴 때면 돌아가신 김남수 주교님께서 나에게 하셨던 말씀이 떠오른다.

"이 신부는 성모님께 미쳤어! 그래, 잘 미쳤어. 미쳐야지."

지금 내가 생각해 봐도 '그땐 어떻게 그랬지?' 하는 마음이 드는 일이 종종 있다.

"신부님, 그러다 감옥 갑니다."
"감옥 가도 좋습니다."

모두들 걱정하며 말리는 일을 '감옥에 가도 내가 갈 테니 걱정말고 밀어붙이라.'던 배짱이 어디서 나왔던 것일까? 성모님께서 이 일을 하라고 나를 남양에 보내셨다는 확신과 체험들이 없었다면 아마도 불가능했을 것이다. 내 땅도 내 마음대로 하면 고발을 당하고 벌금을 내야 하는데, 엄연한 남의 산을 허물고 무단으로 논과 밭을 메워 형질을 변경하는 일이 어디 단순한 문제인가 말이다.

그런데 그땐 할 수 있었다. 그저 젊은 혈기에 '될 대로 돼라.'는 식은 절대 아니었다. 그것이 깊은 믿음이었고 뜨거운 마음이었다는 것을, 나에게 허락하신 체험들이 없었다면, 그리고 기도하지 않았다면 결코 할 수 없었던 일이었다는 것을 다시금 깨닫는다.

1991년 봄, 당시 성지의 광장은 좁았고 성모상이 있는 아래 광장과 십자가가 있는 위 광장으로 나뉘어 있었다. 두 광장의 차이가 대략 5m 정도 나는 것 같았다.

야산을 파내면 단차(段差)를 줄여 훨씬 넓은 광장을 만들 수 있겠다 싶었다. 야산 주인에게 땅을 팔라고 부탁했다. 하지만 땅 주인은 자신이 노후 대책으로 사놓은 것이니 일흔 살쯤 되면 그때 팔겠다고 했다. 당시 땅 주인의 나이가 삼십 대 초반이었다. 사십 년을 기다릴 수는 없었다.

좋은 방법이 없을까 생각해 보았지만 길이 보이지 않았다. 성체 앞에서 기도한 다음 나는 결심 했다.

'방법은 하나뿐이다. 밀어붙이는 거다!'

"예수님, 이 땅 성모님 일하는 데 꼭 필요합니다. 예수님, 당신께 의탁합니다. 저는 일단 저질러야겠습니다. 이 일로 인해 어떤 문제가 생기면 제가 책임지겠습니다. 감옥에 가게 되면 감옥이라도 가겠습니다."

사목회장님께 공사를 하겠다는 뜻을 밝혔다. 걱정하며 말렸지만 불도저와 포클레인, 덤프트럭을 불러 산을 허무는 일을 시작했다.

남의 산을 허물고, 광장의 흙을 불도저로 밀어내니 보이는 것은 온통 시뻘건 흙뿐이었다.

"신부님, 허가도 없이 논과 밭을 메꾸고 더구나 남의 산을 주인 허락도 없이 허물었으니 고발이라도 당하면 큰일입니다."

"걱정하지 마세요." 겉으로는 태연한 척 대답했지만, 사실 속으로는 걱정이 많이 되었다. 그렇게 한창 일이 진행되는 중에 꾸르실료 지도 신부를 맡아 며칠 동안 성지를 비울 수밖에 없었다. 이튿날 본당에서 전화가 왔다.

"신부님, 땅임자가 사진을 찍어가서 고발하겠다며 난리가 아닙니다."

이미 각오하고 시작했던 일, 내가 할 수 있는 일은 그저 성체 앞에서 양팔 묶주기도를 바치는 것밖에 없었다.

교육을 마치고 땅 주인과 만났다.

그는 어이없다는 표정으로 나를 바라보았다. 나는 죄인처럼 그에게 사과하며 용서를 구했다. 다행히 그 사람이 마음을 열고 나를 이해해 주었다. 그날 적당한 가격에 땅을 매입하게 되었다.

20

남양 순교지를 성모성지로 선포하겠다

성지개발의 방향을 성모님께 기도하는 성지로 정한 다음, 작은 일 하나하나를 진행할 때에도 일일이 교구장님을 찾아뵙고 말씀드렸다. 후원회원들에게 보내는 지로용지 하나를 만드는 것까지도 주교님을 찾아가 말씀드리고 주교님의 뜻에 따라 일을 처리하고자 했다.

왜냐하면, 성모님을 위한 일을 하는 것이 혹시라도 오해를 불러일으키고 사적 계시 문제와 같은 어려움에 부딪히지 않게 하기 위해서였다.

그러던 어느 날 주교님을 만나 뵙는 자리에서 그동안 나에게 있었던 일들 — 물에 빠져 죽을 뻔했고 그때 성모님께서 살려주셨던 일, 성모님을 위한 일을 하겠다고 약속드렸던 일, 군종 신부로 갔다 돌아오게 된 일 남양성지가 바로 그 약속을 실천할 수 있는 곳이라고 믿고 있으며 그래서 남양순교성지를 성모님께 평화를 위해 기도하는 곳으로 만들고 싶다는 말씀을 드렸다.

내 이야기를 들으신 주교님께서는 무척 기뻐하셨다. 당신도 우리나라 교회에 성모님께 기도하는 성지가 필요하다는 생각을 항상 하고 있었다고 하시며 남양 순교지를 성모님께 봉헌해 드리고 성모성지로 선포하겠다고 하셨다. 그것은 내가 예상하지 못한 말씀이셨다. 나는 성모성지라고 하면 성모님께서 발현하신 곳인 줄로만 알고 있었기 때문이다.

"주교님, 성모님이 발현하지 않으셨는데 어떻게 성모성지가 될 수 있습니까? 그게 가능한 일입니까?"

"우리나라 교회 안에 있는 성지들은 모두 순교자와 관계된 성지뿐이다. 순교자를 공경하고 순교 정신을 현양하는 성지개발도 필요하고 마땅한 일이지만 교회의 어머니이시며, 순교자들의 어머니이신 성모님께 기도하는 성지가 하나도 없다는 것은 부끄러운 일이다. 나는 주교로서 늘 한국 교회를 위해서라도 성모성지를 하나 만들어 성모님께 봉헌하고 싶었는데, 이 신부가 무명의 순교자들이 순교한 남양 순교지를 성모님께 기도하는 곳으로 만들고 싶다고 하니 기쁘다. 잘 준비해서 교구 설정 기념일에 수원교구와 함께 남양 순교지를 성모님께 봉헌해 드리고 남양을 성모성지로 선포하도록 하자."

주교님께서는 1990년 12월 8일 원죄 없이 잉태되신 성모 마리아 대축일을 맞이하여 『가톨릭신문』에 당신의 뜻을 특별 기고로 밝히셨다.

그 기고문에서 주교님은 파티마 성모님의 발현과 공산주의의 몰락 등을 언급하시며 우리나라에도 가장 절실한 것이 성모님의 은총이라고 말씀하셨다. 그리고 한국 천주교회의 시작과 순교사를 설명하시면서 우리나라는 성모님과 특별한 관계를 맺고 있다는 말씀도 하셨다.

그리고 이어진 내용은 다음과 같다.

…이 일은 내가 다른 나라 교회를 방문하면서 늘 마음에 두었던 일이다. 그 일이란 성모님께 특별히 봉헌되고 바쳐진 곳에서, 많은 신자가 모여 성모님께 기도할 수 있는 성모 순례지를 만드는 것이다.

얼마 전 폴란드 교회의 성모 순례지를 방문하면서 나의 이런 생각은 더욱 굳어졌다. 물론 우리나라에도 명동 성당을 비롯하여 많은 성당이 성모님께 봉헌되었고, 신자들에게 그곳에서 기도하라고 가르쳐 왔다. 하지만 신자들은 명동 성당조차도 원죄 없이 잉태되신 성모님께 봉헌된 성당이라는 것을 모르고 있다. 이는 매우 안타까운 점이다. 그렇기 때문에 모든 신자가 "아, 그곳 하면 성모님께 봉헌된 곳"이라고 생각할 수 있는 순례지를 만들려는 것이다. 그렇다면 어느 곳에 한국 천주교회의 성모 순례지를 만들어야 하나 하고 늘 걱정하며 안타깝게 생각해 오고 있었다.

그런데 마침 우리 교구 내에 위치하고 있으며 수원에서 20km 내에 있는 남양순교성지를 성역화하고 있는 젊은 신부가 나를 찾아와서 "주교님, 지금 우리나라에 꼭 필요한 것은 성모님의 도우심입니다. 그래서 남양순교성지를 성모님께 봉헌하고 싶습니다."라고 말하는 것이었다. 주교로서 기쁘고 성모님께서도 원하시는 일이라는 마음과 확신이 생겼다. 그래서 서울, 인천, 안양, 안산 등 대도시 주변에 위치한 남양순교성지를 한국 천주교회의 성모 순례지로 만들겠다고 결심했다.

그래서 주교인 나는 복음에 나타나는 성모님의 삶처럼 소박하고 이름이 없는 무명의 순교자들이 순교하신 순교 성지이며 성모님의 품처럼 아늑한 남양을 한국 천주교회의 성모 순례지로 만들고자 한다. 따라서 1차적으로 우리 교구를 남양에서 성모님께 봉헌할 생각이다.…

21
한국 천주교회의 성모성지 탄생!

'남양을 한국 천주교회의 성모 순례지로 만들고자 한다.'는 주교님의 뜻과 공식적인 발표에 따라 수원교구와 남양순교성지를 성모님께 봉헌해 드리기 위한 준비가 시작되었다. 1991년 9월 한 달 동안 수원교구 내 모든 본당에서 봉헌을 위한 준비 기도가 바쳐졌다.

성지에서도 봉헌식을 위한 준비를 해야 했다. 무엇보다 시급한 것은 주차장 마련이었다.

많은 사람이 한꺼번에 모이기 위해서는 넓은 주차장이 있어야 했다. 성지로 올라오는 오솔길 양쪽의 논과 밭을 이용하는 수밖에 없었다. 논과 밭을 매립하려면 형질 변경 허가부터 받아야 했다. 하지만, 시간이 너무 촉박했다. 당장 다음 달에 봉헌식을 치러야 했기 때문이다.

나는 곧바로 논보다 높은 곳에 있는 밭을 깎아 논을 메우기 시작했다. 밭 흙만으로는 논을 메우기에 턱없이 부족했다. 덤프트럭 8백여 대의 흙을 실어다 논에 부었다. 공사가 커지자 산업계 공무원이 나를 찾아왔다. 그는 공사를 멈추라고 요구했다. 멈추지 않고 공사를 계속 진행하자 경찰까지 대동하고 다시 왔다. 그런데도 나는 멈추지 않고 공사를 계속했다.

그땐 젊어서 그랬을까? 이제 와 돌이켜 보면 내가 생각해도 참 막무가내였던 것 같다. 그때 나와 실랑이를 벌였던 담당 공무원에게 미안한 마음이 든다.

"그때 참 미안했습니다."

마침내 10월 7일이 되었다.

남양 순교지를 성모님께 봉헌하며 묵주기도의 남양성모성지로 선포하신 김남수 주교님께서는 강론을 통해 교회의 위계질서에서도 성모님은 순교자보다 윗자리에 계시는 분이시고, 순교자들이 마지막 죽는 순간까지 묵주기도를 바친 순교지를 성모님께 봉헌해 드리며 성모 순례지로 선포하는 것은 참으로 뜻깊고 아름다운 일이라고 말씀하시며 앞으로 '남양' 하면 성모님께 기도하는 곳임을 기억하고 성모님께 기도하기 위해 자주 찾아오기를 바란다고 하셨다.

또한 함께 미사를 주례해 주신 이반 디아스(Ivan Dias) 교황 대사님께서는 어머니께서 돌아가셨다는 소식을 들었지만 이 뜻깊은 봉헌식에 참여하시기 위해 어머니의 장례식을 뒤로 미루셨다는 고마우신 말씀과 더불어 이곳을 한국 천주교회의 성모 순례지로 아름답게 가꾸어 주기를 바란다는 당부의 말씀을 해주셨다.

이렇게 1991년 10월 7일, 한국 천주교회의 첫 성모 순례지가 탄생했다!

수원교구는 10월 7일 오전 10시 30분 로사리오 성모님의 동산(경기도 남양성지)에서 수원교구 및 남양순교성지 봉헌식을 개최했다. 로사리오 축일과 교구 설정 28주년 기념일을 맞아 열린 이날 봉헌식에는 교구민과 각 교구에서 3천여 명의 신자들이 참석, 성모 신심을 고양하는 자리를 마련했다.

초창기 교회를 비롯 박해 시대부터 성모께 대한 신심과 애정을 지녀온 한국 교회에 성모 순례지를 조성하기 위한 사업의 일환으로 개최된 이날 봉헌식은 교구장 김남수 안젤로 주교와 교황 대사 이반 디아스 대주교를 비롯 교구 사제 공동 집전으로 제1부 가장행렬, 제2부 미사 및 봉헌식, 제3부 성지순례 순으로 이어졌다.

특히, 조국의 평화통일, 민족의 화해와 타락한 도덕성 회복, 교구민의 성화와 일치를 기원한 이날 봉헌식에서 신자들은 무명 순교 선조들의 신앙 정신을 계승하고 성모님의 소박한 삶을 따라 평화를 위해 기도할 것을 다짐하기도 했다.

—『가톨릭 신문』1991년 10월 13일 자, 11면.

22

새 사제 봉헌식

"실제에 있어서 한국 안에 성모 순례지로 공적으로 지정되기는 이번이 처음이다. 서구 교회와 아시아의 대만, 일본, 필리핀 등지에도 성모 순례지가 있는데 한국만 없었다. 이탈리아 안에는 성모 순례지로 지정된 곳이 1,500개가 된다. 성모 신심이 두텁다고 자랑하는 한국 교회 체면 유지로 보아서도 한 곳의 성모 순례지도 없다는 것은 부끄러운 실정이었다.

필자는 이러한 실정을 함께 보고 느끼기 위하여 필자가 고찰해 본 졸저 「한국 가톨릭교회 안에 마리아 운동 현 상황 분석과 쇄신 방향 연구」라는 표제로 집필한 논문 안에서 전 세계의 성모 순례지를 밝혔다. 이제야 비로소 한국 교회 안에 최초로 성모 순례지가 탄생되는 태동을 시작하였다.

일반적으로 성모 순례지 탄생의 경로는 먼저 신자들의 순례가 이루어지는 가운데에 순례지로 지정하는 것이었으나 교구 직권자의 권한으로 이를 착수하게 된 것은 성모 순례지에 대한 인식이 단지 프랑스의 루르드나 포르투갈의 파티마 등만을 알고 있는 신자들의 인식을 변혁시켜 국내로 성모 순례지 개념을 옮기는 순례지 개념의 확장에 있고, 마리아 영성의 생활화에 있다고 하겠다.

    이러한 뜻에서 우리에게는 큰 변혁이 일어난 것이며, 순교지를 순례지로만 인식하고 따르고 있는 한국 신자들에게 순례지에 대한 인식의 범위를 확대하는 신앙과 신심의 발전적 계기가 된 것이다."

— 이정운 몬시뇰, 『성모께 봉헌된 수원 교구민의 영성 생활』 중에서.

    성지가 아름답고 거룩한 곳이 되기 위해서는 기도를 바치기 위해 찾아오는 사람이 많아야 하며 기도가 끊임없이 바쳐져야 한다. 나는 매일 미사 전에 순례자들과 함께 묵주기도 길을 돌며 묵주의 기도를 바쳤다.

    미사 중에는 평화를 위한 '24시간 묵주의 기도 고리운동'을 지속적으로 벌이며 '우리나라의 평화통일과 남양성모성지를 위해 성모송 한 번이라도 꼭 바쳐 주세요.'라는 이야기를 멈추지 않았다.

    또한 본당이나 다른 성지에서 하지 않는 기도의 프로그램들을 시작했다.

    33일간의 준비 기도 과정을 거쳐 성모님을 통하여 예수님께 자신을 봉헌하는 봉헌식, 피크로스(PEACROS) 운동,* 매주 목요일 저녁 7시부터 10시까지 세 시간의 침묵 성체조배, 매주 토요일 평화통일을 위한 묵주의 기도 100단 바치기 등이 그것이며, 24시간 성체 조배실을 운영하고 성모님 앞에 초를 봉헌할 수 있게 한 것도 그러한 여러 가지 노력 가운데 하나였다.

---

* '십자가와 로사리오의 평화'를 뜻하는데, 고통과 희생의 길을 걸어가며 죄인들의 회개와 우리 자신들의 화해를 위해 끊임없이 묵주기도를 바치는 운동이다.

그리고 어린이 봉헌식을 시작했다. 어린이와 청소년들이 성모님의 보호와 도움 속에서 착하고 바른 하느님의 자녀로 성장하기를 바라는 뜻에서 시작한 일이었다.

그와 비슷한 마음과 뜻에서 의욕적으로 시작한 일이 있었는데, 바로 '새 사제 봉헌식'이었다. 남양에서 순교하신 분은 아니지만, 교회 기록에 남양 출신으로 나오는 분이 있다. 1836년 12월 김대건(金大建) 안드레아, 최양업(崔良業) 토마스와 함께 마카오로 유학 간 최방제(崔方濟) 프란치스코 하비에르이다.

최방제는 1838년 열병으로 갑작스럽게 사망하여 사제로 서품되지는 못하였다. 한국 최초의 신학생으로 선발되어 유학길에 올랐던 최방제가 남양지역과 인연이 있고, 수원가톨릭대학교가 위치한 왕림(旺林)과의 지리적 근접성을 생각할 때 남양성모성지는 사제와 성소자들을 위해 기도하기에 적합한 장소라고 여겼다.

또한 성모님은 사제들의 어머니이시므로 남양성모성지에서 사제들을 위한 기도가 바쳐지는 것은 매우 의미 있고 바람직하다고 생각했다.

나는 먼저 주교님을 찾아가 이러한 나의 생각을 말씀드리며 성지에서 새 사제 봉헌식을 하면 좋겠다고 말씀드렸다. 그리고 새로이 서품받는 사제들에게 사제로서의 첫 미사를 성모성지에서 동창 모두와 함께 모여 봉헌하는 것이 어떠냐고 여쭤보았다. 사제로서의 삶을 온전히 성모님께 봉헌해 드리며 보호를 청하자는 것이었다.

주교님께서 허락하시고 새 사제들도 내 제안을 기꺼이 받아들여 1992년 2월 1일 첫 토요일에 제1회 새 사제 봉헌식이 남양성모성지에서 있게 되었다. 이 봉헌식은 특별한 축복 속에서 거행되었다. 1월

28일 서품받은 수원교구 새 사제 9명이 성모성지에 함께 모여 사제의 삶 전체를 성모님께 온전히 봉헌하는 아름다운 시간이었다.

그러나 이 봉헌식은 아름다운 전통으로 자리 잡지 못하고 2회로 그치고 말았다.

'서품받은 새 사제들이 신자들과 함께 본당에서 첫 미사를 드리기도 전에, 성지에 모여서 단체로 미사를 지내는 것이 과연 옳으냐?'

'교회법적으로 맞는 것이냐?'

'새 사제들이 한자리에 모여 있을 때 혹시 사고라도 나면 어떻게 하느냐?'

이런저런 이야기들이 교구 안팎을 넘나들었다. 새 사제 봉헌식을 아름다운 전통으로 만들어 가고 싶었던 내 계획은 무산되고 말았다.

정말로 내가 생각했던 것은 순례자들의 헌금도 미사 예물도 아니었다. 막 서품받은 새 사제가 교구의 성모성지에서 사제들의 어머니이신 마리아께 자신의 삶을 봉헌하며 매일 묵주기도를 바치는 일과 성무일도를 충실하게 바칠 것을 약속드린다면 새 사제들에게도 의미 있는 일일 것임은 물론 성모님께도 기쁨을 드리는 일이 되지 않을까 생각했던 것뿐인데…

23

장화 없이 기도 못 하겠어요

흙을 밟는 것이야말로 자연과 교감할 수 있는 가장 쉬운 방법이라고 생각한다. 나는 순례자들이 성지에 머물며 성지에서 기도를 드리는 시간만큼은 자연과 하나 될 수 있는 시간으로 만들고 싶었다.

그런데 해마다 봄이 되면 이러한 나의 생각이 문제가 되곤 했다. 해동기가 되어 겉흙이 얼었다 녹았다를 되풀이하면서 진흙이 신발에 묻어나 순례자들이 불편을 호소하는 것이다. 내 입장에서는 그러한 불편함 정도는 자연이 주는 혜택을 누리기 위해 감수할 수 있다고 생각했는데, 순례자들의 생각은 그렇지 않은 것 같았다. 장화 없이는 기도를 못 하겠다는 사람, 성지에 다녀가면 차에 온통 진흙이 묻어나 싫다는 사람 등….

봄에 특히 심해질 뿐 다른 계절에도 마찬가지였다. 비만 오면 움푹움푹 웅덩이가 생기는 길들, 바람 한 번 지나가면 풀썩풀썩 먼지도 따라 일어나는 흙길을 포장해 달라는 목소리들이 나날이 커 갔다. 흙을 밟으며 흙과 가까이하고 싶은 내 마음과 그러한 불편을 감내하고 싶어 하지 않는 순례자들의 요구를 동시에 충족할 방법이 없을까 고민했다.

그래서 시도한 방법이 묵주기도 길에 참죽나무를 까는 것이었다. 참죽나무가 단단하고 잘 썩지 않는다는 말을 듣고 교우 집 울타리에 있는 참죽나무를 베어다 바닥에 깔 수 있는 크기로 잘라내어 괭이와 호미로 땅을 파고 한 땀 한 땀 심는 작업을 했다. 물이 고이고 많이 질척거리는 부분을 우선으로 참죽나무를 깔았고, 그것만으로 부족하여 월보에 맷돌과 다듬잇돌을 보내달라는 광고를 냈다. 짝 잃은 맷돌과 더 이상 사용하지 않게 된 다듬잇돌들이 성지로 모여 왔다. 성모님 상 앞에, 성체 조배실 입구에 아직도 깔려있는 맷돌과 다듬잇돌들이 모두 그때 수집된 것들이다.

그러한 일을 한 게 1992년이다. 그 긴 세월을 비바람 맞고 사람들에게 밟혀 왔으니, 아무리 단단하고 잘 썩지 않는다는 참죽나무라도 온전할 리 없다. 사람도 나이가 들면 주름이 깊어지는 것처럼 어느새 나이테 자국에 깊은 주름이 생기고 금이 간 것들도 있다. 그러는 동안에도 내 생각은 여전히 변하지 않았다.

나에게 있어 길에 대한 추억은 꼬불꼬불하고 조금은 질척질척한 논두렁길, 솔가지가 수북하게 쌓여 있고 발자국마다 먼지가 폴폴 따라오는 유년 시절의 산길이다. 흙을 밟으며 걸었던 그 길들이 가장 정겹고 아직도 그립다.

그렇다고 해서 내 의지만 고집할 수는 없는 일이었다. 순례자들의 불편을 해소해 주면서도 자연 친화적이고 보기에 좋은 포장 방법이 없을까 고민하며 어떤 장소를 방문하게 되면 바닥부터 유심히 살펴보곤 하였다. 고궁이나 석굴암 등지에 깔린 마사토 포장이나 강회 다짐을 보면 흙의 느낌이 살아있는 그러한 포장 방법도 좋을 것 같았고, 유럽 순례를 가서 오래된 도시들에 화강석이나 대리석 같은 단단한 돌들을 보기 좋게 잘라서 포장해 놓은 것을 보면 고풍스러우면서도 세련된 그런 포장 방법도 무척 마음에 들었다. 그런데 문제는 비용이었다. 그러한 것들은 너무 큰 비용이 들기 때문에 내가 하고 싶다고 해서 마음대로 할 수 있는 것이 아니었다. 경제적인 문제를 함께 고려해야 했기 때문에 선택의 폭이 좁아졌고, 결국 시멘트냐 아스팔트냐 보도블록이냐 셋 중에서 선택할 수밖에 없었다.

 2011년 주차장과 입구에서부터 경당에 이르는 길까지 포장했다. 그래도 제일 품위 있는 방법으로 한다고 보도블록 포장을 선택했는데, 내 마음에는 여전히 아쉬움이 남는다. 순례자들의 불편이 어느 정도는 해소되었다는 점에서 그나마 의미를 찾고 위안을 얻어야 할 것 같다.

 하지만, 묵주기도 길만큼은 아직 포장하지 않고 있다. 앞으로도 흙을 밟을 수 있는 길로 남겨두려고 한다. 비가 오면 군데군데 패여 나가고 물이 고여 질퍽해져서 불편하기도 하고 또 1년에 한두 번씩은 모래를 붓는 등 보수도 해야 하지만 말이다.

 가끔은 흙이 가진 생명의 기운, 순박하고 겸허한 덕을 온몸으로 느끼면서 또 희생을 바치는 의미로 신발을 벗어 두고 맨발로 묵주기도 길을 걸어보는 것도 좋을 것이다.

24
건축에 대한 나의 생각

어렸을 때는 화장실에 가려면 한밤중에 잠을 자다가도 문을 열고 밖으로 나와야 했다. 잠결에 뒷간까지 가기 싫어 툇마루 한쪽 끝에 서서 바지를 내리곤 했던 기억도 난다. 그때 와 닿았던 바람, 마당 가득히 내리던 차가운 달빛, 귀신이 무서워 뒷간 문을 활짝 열고 쭈그리고 앉아 있을 때 올려다본 하늘에 그 많던 별들…. 우리들 유년의 기억 한편에는 자다가 밖으로 나와야 하는 불편함 속에서도 차가운 바람과 달빛과 별이 함께 있었음을 떠올릴 수 있다.

지금은 돌아가시고 계시지 않는, 잊을 수 없는 나의 할머니….

할머니는 언제나 안방에 앉아 계시며 해수(咳嗽, 기침)를 하시곤 하셨다. 나는 안방과 마당 하나를 사이에 두고 떨어진 사랑채에서 그 소리를 듣곤 했다.

어느 날 어머니가 할머니께 갖다 드리라고 참외며 여러 과일을 싸 주셨는데, 그 마당을 건너다 그만 넘어져 과일들이 모두 흙투성이가 되었다. 넘어졌다고 어머니에게 다시 가져가면 야단맞을까 싶어 그냥 할머니께 갖다 드렸는데, 그런 손자가 귀엽다고 아무런 말씀도 안 하시고 받아주시던 할머니…. 집과 집 사이에 있던 마당, 곧 중정(中庭)

에 얽힌 내 어린 시절의 잊을 수 없는 이야기이다.

비가 오면 비를 맞고 눈이 오면 눈을 맞고 바람이 불면 바람 속에서 있어야 했던 그런 뜰이 편리함 속에서 없어졌다. 우리가 살고 있는 집들 그 어디에서도 이제 잠을 자다가 엉덩이를 내리고 별을 볼 수 없고, 달빛을 느낄 수 없으며, 차가운 바람의 시원함을 맞을 수 없다. 문 열면 화장실이고 문 열면 방인 아파트와 편리함만을 추구하는 건축 문화 속에서 우리는 자연이 거기 우리와 함께 있었다는 것을 그만 잊어버렸다. 그러고 보면 편리한 것만이 곧 좋은 것은 아니지 않을까?

나는 성지에 어떤 건축물을 짓고 또 어느 자리에 배치할 것인지를 오랫동안 생각하고 고민해 왔다. 건축가들과 몇 차례 마스터플랜 작업도 가져보았다. 전체적인 계획 없이 아무 곳에나 집을 지었을 때 그 집은 골칫덩어리가 되기 때문이다.

대성당이든, 사제관이든, 아니면 피정의 집이든, 그 어떤 건축물이라도 어렸을 적 엉덩이를 내리고 올려다보았던 밤하늘의 무수히 쏟아져 내리던 별빛과 바람과 달을 업신여기고 단지 편리함만을 추구하는 건축물로 짓고 싶지는 않다.

그동안 여러 차례 건축 기행을 다니며 깨달은 한 가지가 있다. 훌륭한 건축물에는 언제나 훌륭한 생각을 지닌 건축주가 있다는 것이다. 좋은 건축주가 되기 위해 건축 기행을 다니며 유명한 건축가들이 작업한 미술관, 박물관들을 보아왔다. 특별히 우리 문화에 대해서도 공부해 왔다. 남도 지방을 다니면서 우리 선조들이 어떠한 태도로 자연을 대했고, 어떻게 그 안에 집을 지었는지 눈으로 보고 느끼면서 성지에 짓게 될 집에 대해 생각해 왔다.

빛과 소리, 숲을 지나는 바람과 계곡을 흐르는 물, 그러한 자연을 집 안으로 끌어들이는 선조들의 지혜와 멋, 자연스러움과 여유….
한 건축가가 이런 말을 했다.

> 건축이란 어쩔 수 없이 자연에 대한 죄를 짓게 마련이다. 그러나 긍정적으로 본다면, 건축이란 궁극적으로 자연의 축복을 헤아리기 위한 매체다. 빛의 오묘한 조화를 느끼고, 소리의 파장을 느끼고, 계절의 변화를 느끼게 하면서 자연의 이치와 조화를 사람들이 깨닫고 또 살아 있음의 아름다움과 살고 있음의 의미를 새삼 느끼게 하는 것이 건축의 역할이다.
> ― 건축가 김진애

이 건축가의 말대로 어떤 집이든 집을 짓는다는 것은 자연과 환경에 죄를 짓는 일이기에 최대한 그 집이 놓이는 환경과 자연에 사죄하는 모양의 집을 지어야 하지 않을까? 가능하면 자연과 환경이 받아들여 줄 수 있는 집을 짓도록 해야 할 것이다.

같은 맥락으로 일본의 세계적인 건축가 안도 타다오(Ando Tadao, 安藤忠雄)가 건축계의 노벨상이라 불리는 프리츠커(Pritzker) 건축상 시상식에서 한 말이 마음에 크게 와닿는다.

"건축은 자연이 와서 말을 걸게 하는 것이다."

자연과 어울리는 하나의 훌륭한 조형적인 건축물은 그 건축물이 놓인 장소에 활력을 불어넣게 되고 사람들을 끌어들이는 어떤 힘을 가지고 있다. 끊임없는 호기심을 유발하며 사람들을 건물 안으로 계속적으로 불러들여 그 안에 머물고 싶게 만드는 매력을 지니고 있다.

25
기도하는 집이 아니고 화장실이에요?

"화장실이 어디예요?"
"하얗고 동그란 건물이 화장실이에요."
"저는 기도하는 집인 줄 알았어요."
"우와, 멋지다! 여기에서 기념사진 한 장 찍어야겠다."
1994년 말 성지에 화장실을 지었을 때 순례자들이 보인 반응이다. 지금이야 우리 사회에 아름답고 환한 화장실이 많지만 내가 화장실을 지을 때만 해도 사정은 그렇지 않았다. 화장실이라고 하면 한쪽 귀퉁이에 있고, 네모반듯하고 어두컴컴한 것이 일반적이었다.
1993년 이전까지 성지에는 화장실이 없었다. 사무실로 사용하던 퍼걸러(pergola)와 성체 조배실 옆에 있던 두 칸의 이동식 화장실이 전부였다. 큰 행사가 있을 때는 현재 빛의 신비 묵주 알들이 놓여있는 곳―당시에는 그곳이 밭이었는데, 그 밭을 포클레인으로 파서 고랑을 내고 그 고랑에 나무판자를 대고 쭈그리고 앉아 용변을 볼 수 있도록 만들고, 밖에서 보이지 않도록 짙은 청색 비닐 천막으로 울타리를 높이 쳐 놓았었다. 얼마나 원시적이었는지 모른다.
두 칸밖에 없던 이동식 화장실도 친환경적인 것이 아니었기 때문에 들어가기 위해서는 특별한 용기를 내야 했다. 그만큼 냄새가 심했기 때문이다. 그래서 하루라도 빨리 지어야겠다고 생각한 것이 화장실이다. 화장실을 설계하면서 대림대학 김명섭 교수와 이런 이야기들을 나누었다.

"대부분의 화장실이 네모반듯하고 한쪽 귀퉁이에 있는 것 같습니다. 사람들은 필요에 의해 화장실을 찾아가지만 별로 좋은 느낌을 받지는 못합니다. 루가노에서 마리오 보타가 지은 동그란 건축물들을 보았습니다. 우리 화장실도 동그랗게 하고 빛이 잘 들어오게 하면 어떨까요? 화장실이 밝았으면 좋겠습니다. 지붕을 유리창으로 해서 빛이 들어오게 하면 멋지겠지요. 어느 곳에 가거나 한 번은 꼭 들르게 되는 곳이 화장실입니다. 화장실에서의 느낌이 좋으면 그곳에서의 느낌도 좋습니다. 그러나 화장실이 불편하고 기분이 나쁘면 그곳에서의 느낌 또한 좋지 않습니다. 화장실은 어떤 건축물보다도 사용자 입장에서 좋아야 합니다."

이러한 생각들로 설계되고 지어진 화장실이 지금까지도 사용하고 있는, 하얀 인조석이 붙여져 있는 화장실이다. 사실 나는 인조석이 아닌 진짜 '충주 백석'으로 붙이고 싶었는데 건축비가 부족해서 인조석으로 붙일 수밖에 없었다.

그래도 당시로서는 보기 드물게 하얗고 둥근 모양의, 빛으로 가득한 화장실이었기 때문에 어떤 분들은 화장실이 아니라 기도하는 경당인 줄 알고 그 앞에서 사진을 찍기도 했다.

※2016년 리모델링 때 인조석을 이페우드(ipe wood)로 바꿨다.

26

동굴 성체 조배실

성체조배는

예수 그리스도와 우리의 온 존재가 만나는 순간입니다.

창조주와 피조물이 만나는 때입니다.

제자가 스승 곁에 있는 때이고 병자가 의사를 만나는 때입니다.

모든 것을 지니고 계신 분에게서 거저 얻는 때입니다.

목마른 자가 샘에서 물을 길어 목을 축이는 때입니다.

전능하신 분에게 연약한 자기를 드러내 보이는 때입니다.

유혹을 당하는 자가 만난 안전한 피난처입니다.

소경이 빛을 만나는 순간입니다.

친구가 참된 벗을 찾아가는 때입니다.

길 잃은 양이 천상 목자를 만나는 순간입니다.

길을 찾아 헤매다가 길을 찾는 순간입니다.

어리석은 자가 지혜를 얻는 곳입니다.

아무것도 아닌 사람이 모든 것이신 그분을 만나는 때입니다.

고통당하는 자가 위로를 만나는 순간입니다.

젊은이가 삶의 방향을 찾는 순간입니다.

성체 조배실 앞 표지판에 알베리오네(G. Alberione) 신부님의 이 말씀을 적어놓았다. 소경이 빛을 만나고, 어리석은 자가 지혜를 얻고, 고통당하는 사람이 위로를 만나는 곳…. 성체 조배실은 많은 사람에게 정말로 그러한 장소가 되어 주고 있다. 예수님 곁을 지키며 밤새워 기도하고 싶어 하는 사람, 일과 중 어느 때라도 시간이 나면 찾아와 성체조배와 기도를 바치는 사람, 힘들 때 찾아와 예수님께 하소연하며 마냥 앉아 있으면 어느새 마음이 편안해진다는 사람….

성체 조배실이 만들어지기까지, 그 시작은 약수터를 옮기는 일에서 비롯되었다. 원래 약수터는 로사리오 광장 오른쪽 끝부분에 있었다. 광장을 넓히는 작업을 하면서 약수터를 지금 자리인 경당 아래쪽 산기슭으로 옮기게 되었다. 그러고는 물이 흘러나오는 바로 위 산비탈에 루르드 성모님 상을 모셔 놓았다.

어느 날 산비탈에 서 계시는 루르드 성모님을 바라보다가 그곳에 루르드 성모님의 동굴을 만들면 좋겠다는 마음이 들었다. 문제는 성모님이 서 계시는 그 산이 아홉 사람 명의로 된 1만 4천여 평이나 되는 큰 임야라는 것이었다. 그 산을 매입한다는 것은 전혀 기대할 수 없는 일이었다. 아니 당시로서는 아예 불가능한 일이었다.

그 땅의 등기를 떼어 자세히 보니 아홉 명의 소유주들이 모두 서울의 한 아파트에 사는 사람들이었고, 등기가 난 날도 모두 같다는 것을 확인할 수 있었다. 내 생각에 그들은 부동산 중개업자가 화성 어디에 돈이 될 만한 땅이 있으니 투자하라는 이야기를 듣고 같은 날 돈을 내고 땅을 사서 아홉 명이 분할 등기한 것 같았다. 그들은 이곳에 와 본 적도 없었을 것이고, 설령 와 보았다고 해도 자기 땅이 어디서부터 어디까지인지 잘 모를 거라는 생각이 들었다. 또 땅을 팔기 전에는 땅 주인들이 다시 찾아올 일도 거의 없을 것 같았다.

　나는 일단 일을 시작하기로 했다. 만약 땅 주인들이 찾아와 문제가 생기면 적당히 둘러댈 말도 준비해 두었다. 내가 그곳에 만들려는 것이 동굴이니 땅을 파서 그 흙을 동굴 위에 덮고 거기 다시 나무를 심으면 겉에서 보기에 땅은 그대로 있는 것처럼 보일 것이 아닌가! 지금 생각하면 억지스럽고 엉뚱한 변명과 핑계에 불과하지만, 그때는 그렇게 억지를 부려서라도 그 일을 꼭 하고 싶었던 것 같다.

　그곳이 남의 땅이라는 것을 알고 시작한 일이기 때문에 가능하면 조용히 그리고 빨리 끝내고 싶었다. 그런데 일을 시작하자마자 예상치 못한 어려움에 부딪히고 말았다. 이틀 정도 겉흙을 긁어내고 나자 아주 단단한 청석(靑石)이 나오기 시작한 것이다. 굴삭기에 뿌레카(즉 브레이커)를 달고 바위를 깨고 또 깼지만 진행되는 속도는 너무나 느렸다. 두 달 가까이 쉬지 않고 쪼개고 깨뜨리고 나서야 원하는 만큼의 면적을 확보할 수 있었다.

　공간이 확보되자 아치 형태로 거푸집을 짓고 시멘트를 부어 굳기를 기다렸다. 굳은 후에 그 위에 흙을 얹고 나무를 심을 계획이었기 때문에 그만한 무게를 견딜 만큼 튼튼하게 만들기 위해 충분히 기다려야 했다. 그러다 보니 공사 기간이 예상했던 것보다 훨씬 더 오래 걸렸다. 콘크리트가 굳은 다음에는 밖에서 콘크리트 벽이 보이지 않도록 둘레에 돌을 쌓고, 돌 사이사이에는 소나무를 심었다. 또 물이 떨어지는 인공폭포도 만들고 그 아래로 작은 연못도 팠다. 그러는 동안 1년이라는 시간이 훌쩍 지나갔다.

　그렇게 1차로 동굴 만드는 공사가 끝났다. 동굴은 큰 동굴과 작은 동굴, 두 부분이었다. 처음에는 앞쪽에 있는 작은 동굴에 루르드 성모님 상을 모셔 놓고, 큰 동굴 안에는 나무토막들을 가져다 놓아 몇몇이 함께 오는 소그룹 순례자들이 거기 앉아 기도 모임을 하는 장소로 사용했다. 또 초 봉헌실이 따로 없던 그때 그 안에 촛불을 켜서 봉헌하기도 했었다.

그러다 또 다른 계획을 세우게 되었다. 큰 동굴 안에 루르드 성모님의 발현 이야기 가운데 중요하고 중심이 되는 내용들을 그림으로 그리거나 조각해 놓음으로써 순례자들이 그것들을 통해 루르드 성모님의 발현을 보고 느끼며 기도할 수 있는 장소로 만들면 좋겠다는 생각이었다. 그런데 작품 일부를 실제로 동굴 벽에 전시해 보았을 때 생각보다 좋은 느낌이 들지 않았다.

그리고 몇 년이 지나갔다.

27

나의 아들아, 나도 함께 데려가다오

어떤 일이 잘 풀리지 않을 때 시간을 두고 가만히 지켜보는 것이 가장 좋은 해결책인 경우도 있는 것 같다. 그러다 보면 어느 순간 생각지도 못했던 실마리를 찾게 되고 가장 멋진 결론을 얻을 수도 있기 때문이다.

어느 날 문득, 예전에 루르드에 순례 갔을 때 한 손에는 성체가 모셔진 성합(聖盒)을 들고 다른 한 손에는 성모상을 들고 있는 히야친토(Hyacinthus) 성인의 조각을 본 기억이 났다. 깊은 성모 신심을 가지고 있던 히야친토 성인은 유달리 성모님의 많은 사랑을 받으며 성모님의 전구로 치유의 기적들을 행해 명성을 얻기도 한 분이다. 나는 그 조각과 관련된 히야친토 성인의 유명한 일화도 기억해 냈다.

성인이 키예프의 한 성당에서 미사를 집전하고 있을 때 타타르족의 습격을 받게 되었다. 성당이 불타고 성체가 짓밟히는 성체 모독 행위를 막기 위하여 히야친토 성인은 급히 감실(龕室)로 가서 성체가 든 성합을 꺼내어 더 안전한 장소로 모셔 가려고 했다. 성합을 가슴에 안고 막 제대를 떠나려고 하는데, 제대 옆에 모셔져 있던 성모상으로부터 음성이 들려왔다.

"나의 아들아, 나를 두고 어디를 가느냐? 나도 함께 데려가다오."

성인은 놀라서 멈춰 섰다. 그 성모상은 장정 여러 명이 들어도 꿈쩍도 하지 않을 정도로 무겁고 거대한 크기였다. 하지만 성인은 이 음성을 듣고 한 치의 망설임도 없이 성합을 들지 않은 손으로 성모상을 들어 올렸다. 놀랍게도 성모상은 깃털처럼 가벼웠다. 성합과 성모상을 들고 도망치던 성인 앞을 강물이 가로막았지만, 성인이 강을 건널 때까지 강물이 말라 있었다고 한다.

루르드의 성녀 베르나데트는 "영성체를 하는 것과 동굴에 발현하고 계시는 성모님을 뵙는 것 중에서 어느 쪽이 당신에게 더 큰 기쁨을 줍니까?"라는 까다로운 질문을 하는 어떤 이에게 "참 이상한 질문이군요. 그 두 가지는 분리될 수가 없습니다. 예수님과 성모님께서는 항상 함께 다니시기 때문이지요."라고 대답했다고 한다.

나는 비로소 결정을 내렸다.

"그래, 바로 이거야! 큰 동굴을 성체 조배실로 만들자!"

그래서 두 번째 공사가 시작되었다. 그곳은 지하 동굴이기 때문에 습기가 차고 눅눅하므로 통나무집을 짓기로 했다. 나무가 습기를 빨아들이고, 냄새도 제거해 주는 것은 물론 사람들에게 편안한 느낌을 줄 것 같았기 때문이다.

그렇게 완성된 성체 조배실은 성모님이 계신 곳에 성체가 있으며, 성모님이 계신 곳에서 예수님이 더욱더 사랑받으신다는 교회의 진리를 그대로 증명하고 있는 장소일 뿐 아니라 순례자들이 특별히 사랑하는 기도의 장소이기도 하다.

또 그곳에서 24시간 끊임없이 바쳐져 온 성체조배는 묵주기도와 함께 남양성모성지를 변화시킨 가장 큰 원동력이 되었다.

그러나 오랫동안 그곳이 남의 땅이라는 것이 늘 마음에 걸렸다. 돈을 모으고 또 모아서 결국 그 큰 임야를 사기로 했다. 계약하는 날 땅임자들을 성지에서 처음 만났다. 그들은 내가 자기들 땅에 무슨 일을 했는지도 모르고 성체 조배실 앞에서 성지를 둘러보며 "정말 잘 가꾸어 놓으셨네요. 아름다워요!"라고 했다.

28

여기서 이러시면 안 됩니다

유럽 성지순례를 갔을 때, 성녀 마리아 막달레나 유해가 모셔져 있는 베즐레(Vézelay)의 생트 마들렌(Ste.-Madeleine) 성당에서 미사를 봉헌한 일이 있다. 우리가 베즐레에 도착했을 때는 늦은 오후였다. 성당 마당에도 주차 공간이 있었지만, 우리가 탔던 관광버스는 언덕을 오르기에 너무나 몸집이 컸기 때문에 우리는 언덕 아래에서부터 걸어서 올라가야 했다.

베즐레 언덕은 제2차 십자군 원정 때 성 베르나르도(Bernard)가 원정의 당위성을 역설하여 전쟁 경험이 전혀 없는 농민들까지 대거 참여케 했다는 역사적인 장소로, 세계문화유산으로 지정된 곳이다. 풍경 또한 무척 아름다웠지만, 언덕을 오르는 일은 쉽지 않았다. 힘겹게 언덕을 오르는 여정이 끝났다는 안도와 반가운 마음 때문이었는지, 언덕 꼭대기에서 만난 성당의 모습은 더욱 큰 감동으로 다가왔다.

성당에 도착하니 우리를 안내해 주실 수녀님이 기다리고 계셨다. 우리를 반갑게 맞아주신 수녀님은 지하 성당에 있는 마리아 막달레나 유해 앞으로 가서 성당의 역사와 함께 죄를 지었다가 빛으로 나아와, 마침내 부활하신 예수님을 만난 첫 사람이 되었던 마리아 막달레나의 이야기를 감동스럽게 전해 주셨다. 그러고는 우리 모두를 데리고 다시 성당 입구 쪽으로 나오셨다. 그곳은 어두컴컴한 곳이었다. 거기서 수녀님이 우리에게 이런 말씀을 들려주셨다.

"창녀였다가 회개하여 성녀로 거듭난 마리아 막달레나의 삶은 우리 모두의 인생과도 비슷합니다. 우리들 모두 역시 어둠 속을 헤매다가 빛을 찾아 더듬더듬 나아가고 결국 빛을 만나게 될 것입니다. 이 성당의 구조 또한 그러한 인생의 3단계를 표현해 놓았습니다. 지금 우리가 서 있는 이 어두운 곳에서 문을 통해 한 발 한 발 내디디면 중간 밝기의 공간이 나오는데, 그곳에서 우리는 빛을 찾아 더듬더듬 앞으로 더 나아가게 될 것입니다. 그리고 마침내 제대 근처에 가면 밝은 빛의 세계가 열리게 됩니다."

수녀님의 말씀대로 어두컴컴한 입구에서부터 문을 통과해서 한 발 한 발 천천히 제대를 향해 걸어가 보았다. 입구에서 바라본 제대의 빛은 유난히 빛나고 멀게 느껴졌다. 길게 느껴지는 그 길을 천천히 걸어가는 동안 빛의 변화와 함께 내가 점점 거룩한 곳으로 나아가고 있다는 느낌이 들었다.

우리 성지에도 그러한 공간이 있으면 좋겠다는 생각이 들었다. 성지로 들어올 때, '내가 지금 거룩한 곳으로 나아가고 있구나.'라는 것을 느끼며 옷매무새도 단정히 하고 몸도 마음도 좀 더 준비된 상태로 들어오기를 바라는 것이다.

그런데, 여건상 어려운 점이 많았다. 처음에는 주차장이 따로 없어 성모님 상 옆이나 예수님상이 모셔져 있던 로터리 어디든 공터만 있으면 거기 차를 세워 놓았다. 기도를 하는 중에도 코앞까지 차가 드나드니 어수선한 분위기일 수밖에 없었다.

그러다 1991년 봉헌식을 준비하면서 성지로 오르는 길의 논과 밭을 사서 2,500여 평의 주차장을 만들어 사용하게 되었다. 순례자들의 편의를 위해 한쪽에 퍼걸러(pergola)를 만들어 식사와 휴식을 취할 수 있는 자리도 마련해 주었다.

그런데 그 역시도 기도 길과 멀지 않아 소음과 매연이 순례자들의 기도에 방해가 되어 늘 마음에 걸렸다. 좀 더 기도 길과 멀리 떨어진 곳, 남양천 옆의 밭을 사서 주차장으로 만들면 좋겠다는 마음이 있었지만, 그렇게 하기까지에는 시간이 오래 걸렸다. 땅을 살 돈도 없었지만, 땅 주인이 땅을 팔고 싶지 않다고 해서 설득하는 데도 많은 시간과 노력이 필요했다.

1998년이 되어서야 그 땅을 사서 주차장으로 만들 수 있었다. 그리고 이전에 주차장으로 사용했던 자리는 성지로 올라오는 동안 자신을 돌아보며 마음을 가다듬는 정화와 준비의 공간으로 만들고자 했다. 입구에 소나무를 심고 성모상을 모셔 놓고 오솔길을 만들고 마당 한가운데 두 줄로 느티나무를 심어 올라오는 길을 만들었다. 그리고 화단을 꾸며 야생화를 심었다.

수선화와 야생화들이 피어나고 청보리가 바람에 흔들리는 느티나무 숲길을 걸어 올라오는 것은 기분 좋은 일이었다. 그런데 생각지도 못한 일들이 일어나기 시작했다.

주차장에서 가깝고, 잔디밭에 그늘이 있고, 시시때때로 꽃들까지 피어나니… '취사 금지'라고 써 놓은 표지판이 버젓이 있음에도 그런 것에 아랑곳하는 사람은 별로 없는 듯했다. 그늘 아래 돗자리를 펴고 배를 깔고 누워 자는 사람에, 삼겹살을 굽는 사람에, 술을 마시는 사람들 더 나아가 고스톱을 치는 사람들까지…

그런데 그러한 행동들을 통제하기란 쉽지 않은 일이었다.

"이곳은 성지이니, 그렇게 하시면 안 됩니다."라고 하면 사람들은 오히려 목소리를 높이며 "요즘엔 시청 앞 광장에도 들어가는데 여기는 왜 안 됩니까?"라며 얼굴을 붉히기 일쑤였다.

일일이 쫓아다니며 주의를 주고 실랑이를 벌일 수도 없고….

성모님을 만나기 위해, 자연 안에서 조용히 기도하기 위해 성지를 찾는 순례자들에게 입구에서 만나게 되는 그러한 풍경들은 분심이 들게 하기 마련이었다.

주차장을 아래로 옮겼다 뿐이지 성지로 올라오는 입구가 내가 기대했던 입구로서의 기능을 전혀 하지 못하고 있었다.

그뿐만 아니라 또 다른 문제점들도 노출되고 있었다. 성지로 오르는 길 한쪽으로 하천이 흐르고 있었는데, 비가 내릴 때마다 조금씩 무너져 내렸다. 그로 인해 하천 옆에 세워둔 전봇대들이 기울어지고, 화장실 오·폐수가 그곳으로 흘러 내려가면서 거기서 올라오는 냄새 또한 문제가 되었다. 하천의 정비와 오·폐수 문제도 해결해야 했다. 그러한 문제들을 해결하기 위해 나는 입구 개선 공사를 결심했다. 입구 개선 공사를 하던 2008년부터 2011년까지의 봄은 나에게 참 힘든 시간이었다.

29 공공 디자인의 중요성을 배우다

느티나무 숲길을 만들고 야생화를 심으며 나는 순례자들로 하여금 몸과 마음의 준비를 하며 좀 더 조용히 묵주의 기도를 바치는 곳으로 올라오게 해주고 싶었다.

불교 신도들이 절이나 암자를 찾을 때 소나무 혹은 참나무가 우거진 유장한 숲길을 따라 걸으며 몸과 마음을 가다듬고 준비하는 것처럼 말이다. 하지만 현실적으로 주차장에서 성지의 기도 길까지 올라가는 길은 그렇게 길지 않았다. 발상의 전환이 필요했다.

오랜 고민 끝에 내가 선택한 것은 '여백'이었다.

일상과 순례, 개인적으로 나는 그 둘이 긴밀하게 연결되어 있어야 한다고 생각하는 사람이다. 일상의 기쁨과 슬픔, 고통과 괴로움 중에 언제라도 달려와 기도할 수 있는 곳이 성지가 되어야 하고, 성지에서의 기도가 또한 일상 안에서도 계속되어야 한다고 생각한다.

하지만, 일상에서 성지로 들어오는 데 있어서, 그리고 성지에서 일상으로 다시금 나가는 데 있어서 그 '건너감'의 경계에 일상의 분주함을 잠시 내려놓거나, 또는 성지의 평화로운 분위기를 마음에 담아갈 수 있는 여백의 공간을 마련해 주면 좋겠다고 생각했다.

모두 비우고 광장을 만드는 것이다!

그러기 위해서 그동안 산만하게 분할되어 있던 화단을 정리하고 여기저기 심겨 있던 나무들도 캐내기로 했다. 그리고 주차장에서 성지로 들어오는 문과 담장도 설치하기로 했다. 그 문을 통과함으로써 일상과 성지의 1차적인 구분이 될 것 같았다. 또한 자꾸 무너져 내리는 하천을 정비하면서 전선들을 지중화하는 작업도 함께 하기로 했다.

입구 개선 공사를 시작하며 대문과 담장 설치, 그리고 인포메이션 센터의 신축을 위해 토지 형질 변경 허가 서류를 접수했다. 그런데 그 서류의 처리 과정에서 담당자가 20여 년 전 논이었던 그 땅을 허가 없이 광장으로 만들어 놓은 것이니까 논처럼 원상 복구해 놓지 않으면 허가해 줄 수 없다는 것이다.

우리의 사정을 아무리 설명해도 담당자는 원칙만을 주장했다. 결국 포클레인으로 모두 갈아엎었다. 시뻘겋게 갈아 놓은 땅을 보니 한숨밖에 나오지 않았다.

그러는 동안 사람들은 갈아 놓은 광장을 보며 '여기가 논이냐?' '개펄이냐?' '그 좋던 오솔길이며 화단들을 왜 이렇게 파헤쳐 놓았느냐?'며 묻고 또 묻고….

하루는 동창 신부로부터 전화가 왔다.

"네가 조금 이상해진 것 같다고 하는데… 성지 입구를 다 파헤쳐 놓았다고…"

그야말로 잔인한 봄이었다.

입구 개선 공사를 하며 내가 깨닫고 배운 것이 하나 있다. 그것은 공공 디자인의 중요성이다. 문제를 해결하는 데 있어서 디자인적인 접근이 중요하다는 것이다.

"여기서 밥 먹고 삼겹살을 구워 드시면 안 됩니다."라고 이야기하기 전에 '이곳에서는 이런 행위를 해서는 안 되겠다.'라고 스스로 느낄 수 있도록 그곳을 디자인하는 것이 필요하다는 것이다.

30

성경에 기초한 새로운 십자가의 길

남양성모성지의 첫 번째 십자가의 길은 흰 페인트를 칠한 나무판 위에 14처 성화를 하나하나 붙여 놓은 모습이었다.

처음 얼마 동안은 괜찮았지만, 시간이 지날수록 코팅하여 붙여 놓은 성화의 색이 바래서 보기 좋지 않을 뿐 아니라 점차 알아보기도 쉽지 않았다. 작고 단순한 형태의 십사 처 조각상을 설치하면 좋겠다는 마음으로 교회 내에 이미 설치되어 있는 작은 십사 처 조각들을 눈여겨보고 다녔다.

한번은 "신부님, 불암산 밑에 요셉 수도원이 있는데 그 수도원 배밭에 있는 십자가의 길이 아주 작고 좋아요."라는 말을 듣고 그곳까지 다녀온 일도 있다.

그러던 중에 뉴욕의 한 성당으로 대림절 피정 강론을 가게 되었다. 강론을 마치고 그 옆에 있는 바오로 수도원에서 운영하는 성물방에 들렀는데, 바로 거기서 지금의 십사 처 조각을 보게 되었다.

"와! 스승 예수회 이탈리아 수녀님의 작품을 여기서 만나네요."

수녀님의 다양한 조각들을 상본이나 사진을 통해 이미 많이 보아왔기 때문에 기쁘고 반가웠다. 보물을 발견한 마음으로 십사처 조각과 그에 따른 기도책을 구입했다. 그때 도움을 준 리타, 마르시 가족에게 감사드린다.

서원에서 조각만 볼 때는 잘 몰랐는데 기도문을 번역해 보니 우리나라에 없는, 성경에 따른 새로운 십자가의 길이었다. 성경에 기초를 두면서 그리스도의 수난과 죽음, 부활의 신비에 일치하도록 엮어져 있는 이 새로운 십자가의 길은 교황청에서 인준한 것이며, 1991년에 교황 요한 바오로 2세께서 기도하셨던 십자가의 길에 담긴 내용이라고 했다.

전통적인 십자가의 길과 비교할 때 몇 가지 다른 점을 찾을 수 있는데, 십자가를 지고 가시던 예수님이 어머니를 만나시는 장면이나 세 번 넘어지시는 대목, 그리고 베로니카의 수건을 받으시는 모습과 같이 성전(聖典)으로 전해져 오는 내용들이 빠진 것이다.

대신에 성경에 기록된 내용 중에서 우리가 깊이 묵상해야 할 대목들이 첨가되어 있었다.

'성경에 따른' 십자가의 길이라는 제목에 맞게 매 처에서 성경 말씀을 묵상하게 되어 있고, 알베리오네 신부님의 말씀에서 발췌한 묵상 내용도 마음에 깊은 '울림'을 건네주고 있다.

제5처 예수, 채찍질 당하심

"그리하여 빌라도는 예수님을 데려다가 군사들에게 채찍질을 하게 하였다. 군사들은 또 가시나무로 관을 엮어 예수님 머리에 씌우고 자주색 옷을 입히고 나서, 그분께 다가가 '유다인들의 임금님, 만세!' 하며 그분의 뺨을 쳐댔다." (요한 19, 1-3)

인간이 인간을 향해 던지는 조롱! 피가 솟구치는 분노와 견딜 수 없는 굴욕감. 예수의 반응은 어느 쪽도 아니었다. 오히려 자신을 조롱하는 그들의 어리석음에 대한 무한한 연민의 마음이다.

우리도 타인에 대한 이해보다는 타인에 대한 질타와 조롱을 퍼부은 적은 없었는지. 곰곰이 돌이켜보고 뼈가 드러날 때까지 채찍으로 맞으시고 가시관을 쓰시고도 침묵하시는 예수님과 함께 머무르자. 그리고 오만하고 불손한 우리의 머리를 주님 앞에 깊이 숙이자.

잠시 묵상

주님, 주님께서는 수난과 고통 중에서도 우리 죄를 위해 계속 기도하셨습니다.
우리의 통회하는 마음과 정신을 굽어보소서.

— 성경에 따른 새로운 십자가의 길 제5처 中

31
메주고리예 십자가 산처럼
맨발로 기도하는 십자가의 길

'광산에서 깨트린 돌들이 날카롭고 뾰족뾰족해서 맨발로 걸으면 정말 아프던데, 날씨마저 추우면 어쩌지? 추워서 못 한다고 할 수도 없고… 괜히 맨발로 기도하자고 했나?'

이른 아침 성지로 올라오며 보니 곳곳에 생긴 작은 웅덩이마다 고인 물들이 얼어있었다. 신발과 양말을 벗어 한편에 놓고 성모님과 함께 걷는 십자가의 길 기도 길로 들어섰다.

순례자들도 하나둘 신발과 양말을 벗고 나를 따랐다. 시작 기도가 새겨진 돌 앞에서 무릎을 꿇고 기도를 시작하자, 순례자들도 나를 따라 무릎을 꿇었다.

그 모습을 바라보며 나는 순례자들의 열정에 감동을 받았다. 내가 무릎을 꿇은 곳은 기도문을 읽고 묵상할 수 있도록 판판한 대리석을 깔아놓은 곳이었다. 그러나 순례자들이 있던 자리는 뾰족뾰족한 돌들이 깔려있어 대단한 용기가 없이는 쉽게 무릎을 꿇기가 어려운 곳이다.

기도를 드리며 한 처 한 처 앞으로 나아갈 때마다 순례자들이 눈물을 흘리는 소리가 여기저기서 들려 왔다. 그렇게 순례자들이 떨구는 눈물을 보며 10여 년 전 메쥬고리예 순례 갔을 때의 일이 떠올랐다. 그때 나는 성지를 순례하는 내내 맨발로 걸어 다녔다.

12월 말에서 1월 초까지 비가 오고 추운 날씨에 깜깜한 산을 맨발로 올라가며 발이 시려 떨어져 나갈 것만 같은 추위와 밟히는 돌들 때문에 얼마나 아팠는지⋯ 그리고 그렇게 기도드리며 회개의 눈물을 얼마나 많이 흘렸는지.

그때 순례를 마치고 돌아오면서 마음속으로 남양에도 이렇게 희생하며 기도드릴 수 있는 기도 길을 하나 만들어야지 하는 생각을 했었다. 그런데 꼭 10년 만에, 그곳보다 더 아프게 느껴지는 십자가의 길을 만들었고 지금 그 기도 길 위에서 순례자들이 맨발과 무릎을 꿇고 기도드리며 여기저기서 눈물을 흘리는 소리가 들려오고 있는 것이다.

처음에는 정말 맨발로 기도하는 사람들이 있을까 싶었다. 그런데 놀랍게도 한겨울 추운 날씨에도 맨발로 기도하는 순례자들을 만나고 있다. 어린이에게는 양말을 신기고 자신은 맨발로 기도하는 엄마도 만났다.

한번은 어느 본당에 가서 피정 강의를 하고 나오는데 형제님 한 분이 나에게 이런 말을 했다.

"신부님, 신부님이 만들어 놓으신 '성모님과 함께 걷는 맨발 십자가의 길'에서 많이 울며 회개했습니다. 제가 주변 사람들에게 이야기합니다. 남양성모성지에 가면 꼭 성모님과 함께 바치는 맨발 십자가의 길 기도를 바쳐 보라고 말입니다."

사실 맨발 십자가의 길은 '비밀의 정원'처럼 감추어져 있어 모르고 지나치는 사람도 많은 것 같다. 마치 자신을 드러내지 않는 성모님처럼 말이다.

'아들은 머리에 가시관을 쓰고…'

'아들의 얼굴은 피와 땀과 먼지로 뒤범벅된 채…'

'아들이 또 넘어진다.'

이 기도 길에 새겨져 있는 매 처의 기도문들은 성모님의 눈에 비친 예수님의 수난과 죽음을 따라가도록 우리를 인도한다. 이 작업은 미국에 사는 한 교우가 "이 십자가의 길은 매 처에 성모님이 나옵니다."라며 영문으로 된 십자가의 길 기도문을 보내 준 것에서 시작되었다. 그 기도문을 번역해 보고 또 메주고리예(Medugorje)의 슬라브코 바르바리치 신부님이 바치셨던 십자가의 길과 그 밖에도 다른 여러 좋은 기도문들을 읽고 기도하면서 사람들이 마음을 여는 데 도움이 되도록 기도문을 만들었다. 오랜 시간에 걸쳐 기도문을 읽고 묵상하고 수정하는 작업을 하면서 마음에 품었던 소망은 한 가지였다.

'예수님의 수난을 묵상하는 사람들이 아들을 바라보는 성모님의 마음과 일치하여 함께 아파하고 울었으면 좋겠다.'

1처부터 15처까지 매 처에서 눈물을 흘릴 수는 없지만, 그중 어느 한 처에서만이라도 마음이 열리고 울게 된다면 그것은 은총이라고 생각했다.

어디쯤 그런 기도 길을 만들면 좋을까 생각하다 찾아낸 곳이 생명의 어머니 과달루페 성모님 상과 낙태아의 무덤 맞은편에 있는 산 중턱이다. 산허리를 따라 길을 내면 300m쯤 되는 거리가 나왔다. 대충 계산해 보니 2m 간격으로 15처를 놓기에 적당한 길이였다. 게다가 비탈면에 감추어져 있어 조용히 기도를 바치기에 좋을 것 같았다.

그런데 공사를 시작하고 보니 여러 어려움이 생겨났다. 장소가 비좁아서 포클레인이나 덤프트럭 등 대형 공사 장비들이 전혀 들어갈 수 없는 것이다. 소형 장비와 사람의 손으로 하다 보니 힘은 힘대로 들고 시간도 오래 걸렸다. 성지에서 해 온 토목공사 가운데 어느 것 하나 쉽고 간단한 것은 없었지만, 이 공사처럼 인내와 끈기가 필요했던 공사도 드물 것이다. 산 중턱의 경사지에서 하는 일이다 보니 처음부터 끝나는 순간까지 붕괴나 추락에 대한 위험을 감수해야 했다.

길이 어느 정도 정리된 다음 꽃과 나무를 심는 일도 보통 일이 아니었다. 작업하는 중에 미끄러질까 봐 나무에 줄을 매고 그 줄에 매달려 비탈을 오르내리며 꽃과 나무를 심었고, 밧줄을 매기 어려운 곳은 사다리를 뉘어놓고 그것을 발판 삼아 비탈에 매달려 호미로 찍어가며 일일이 꽃을 심어야 했다.

길을 다 만들고 나서 마무리로 돌 까는 작업을 했다. 그런데 그게 또 쉽지 않았다. 돌을 실어다 그냥 바닥에 펼쳐 놓으면 되는 상황이 아니었기 때문이다. 경사지이다 보니 돌들이 굴러떨어지거나 비바람에 쓸려 내려가지 않도록 바깥쪽부터 기둥이 될 만한 큰 돌들을 놓고 망치로 두드려가며 일일이 고정해야 했다. 그런 다음, 그 위에 광산에서 가져온 거칠고 울퉁불퉁한 발파석을 펼쳐 놓았다.

매 처의 묵상문 앞에서는 무릎을 꿇고 기도할 수 있도록 검은 대리석을 깔아놓았다. 그리고 묵주 알의 윗부분을 자른 모양으로 좌대를 만들고 그 위에 예수님의 십자가의 길을 뒤따르는 성모님의 모습이 새겨진 부조를 조각해 놓음으로써 마침내 '성모님과 함께 걷는 십자가의 길'이 완성되었다.

2007년 9월 시작한 공사는 2008년 겨울이 되어서야 끝이 났다.

2008년 12월 8일 원죄 없이 잉태되신 동정 마리아 기념일에 그 길을 축성·봉헌하고, 살얼음이 얼었던 그 겨울날, 성모님의 축일을 지내러 성지에 왔던 모든 신자들과 함께 맨발로 희생을 바치며 처음으로 그 십자가의 길을 걸었다.

32

기다려주는 신부님

'생 시르크 라포피(Saint-Cirq-Lapopie)'

우리에게는 낯선 이름이지만, 이곳은 프랑스인들이 가장 가고 싶어 하는 여행지, 프랑스의 가장 아름다운 마을들 가운데 한 곳이다. 프랑스 성지순례 중에 잠깐 이 마을에 들렀다. 명성 그대로 정말 아름다웠다. 마을에서 가장 높은 곳에 전망대 같은 것이 있었는데, 잘 정돈된 푸르른 들판과 그림 같은 집들, 그 사이를 굽이굽이 흘러가는 하늘보다 더 푸르고 맑아 보이는 강물…. 그러한 풍경을 내려다보고 있자니 마치 엽서의 한 장면 속에 서 있는 것 같은 착각이 들었다.

또 재미있고 인상적이었던 것은 전망대로 올라가는 길에 설치되어 있던 커다란 확성기 같은 것이었다. 어릴 적 가지고 놀던 종이컵 전화기도 생각나고, 깔때기를 뉘어놓은 것 같기도 한 그것은 바람의 소리를 듣도록 만들어 놓은 것 같았다. 실제로 가만히 귀를 대 보니 소라 껍데기를 귀에 댔을 때 들려오던 파도 소리 같은 바람의 소리가 들렸다.

붉은 기와지붕의 뾰족뾰족한 집들, 고풍스러운 벽마다 아름답게 장식되어 있는 꽃과 나무들. 골목골목 찾아다니며 쉼 없이 카메라 셔

터를 누르다가 성당을 만났다. 여러 성인들의 성상이 한쪽 벽면을 모두 채우고 있는 성당에서 무엇보다 내 마음을 빼앗았던 것은 '자비의 해' 로고가 새겨진 성당 입구 한쪽에 앉아서 고해자들을 기다리고 계시는 한 신부님의 모습이었다. 내가 그 성당에 머무르는 동안 어린아이 둘이 신부님께 다가가 잠깐 이야기를 나누는 것 외에 신부님께 고해성사를 청하는 순례자는 없는 것 같았다. 그런데도 신부님은 기다리고 계셨다. 하느님 자비의 마음으로 용서와 화해의 성사를 베풀기 위해 사람들이 찾아오기를 기다리고 또 기다리시는 신부님의 모습을 보면서 그러한 기다림이 곧 사랑이며 자비라는 생각이 들었다.

전망대로 올라가는 길에 보았던 확성기의 커다란 귀의 이미지와 성당 입구에서 신자들의 고백을 듣기 위해 언제까지나 기다리고 계시는 신부님의 모습이 오버랩되면서 조금은 낯설었던 이 마을이 한층 따뜻하게 다가왔고, 내 안의 어떤 비밀 같은 것을 털어놓아도 좋을 것 같은 느낌이 들었다.

성경은 기다림에 대해 많이 이야기한다. 문득 '나는 기다리는 사제인가?' 나 자신을 돌아보게 되었다.

한번은 미사 후에 대성당 봉헌자들의 봉헌 서약식을 막 시작하려고 하는데 한 신자분이 다가와 고해성사를 달라고 했다. 서약식을 위해 먼저 기다리는 신자들이 있었기 때문에 급한 마음에 봉헌식부터 시작했다. 봉헌의 기도를 바치고 한 사람 한 사람에게 메달을 걸어주고 안수하고 포옹하다 보니 시간이 좀 걸렸다.

봉헌식이 끝나자마자 그 신자 분을 찾았는데 그사이 가고 없었다. 내내 마음이 불편했다. 얼마나 급했으면 봉헌 서약식을 시작하려는 나에게 고해성사를 보고 싶다고 말했을까? 그분 입장에서는 어쩌면 큰 용기가 필요한 일이었을 텐데 이렇다 할 설명도 없이 서약식부터 시작한 내가 그분에게 얼마나 쌀쌀맞게 느껴졌을까? 아무리 바빴어도 잠깐 돌아서서 그 상황을 설명하고 조금만 기다려 달라고 양해를 구했다면 아마도 기다렸다가 고해성사를 보고 가지 않았을까? 이런저런 생각과 후회들로 그날 밤, 잠을 설쳤다.

예전에 작가 공지영 마리아의 글을 읽은 기억도 났다.

그녀는 18년간의 오랜 냉담을 마치고 다시 하느님 앞에 무릎을 꿇은 후에도 1년 동안이나 영성체를 하지 못했다고 한다. 18년 동안 지은 죄가 많기도 했고, 다시 돌아오게 된 것이 자신에게 특별한 감정이었기 때문에 '특별한' 고해성사를 하고 싶었는데 좀처럼 기회가 오지 않았다고 한다. 몇 번 특별 고해를 신청하려고 사제관에 전화했는데 신부님들이 너무 바쁘셨다고….

그녀는 자신의 책에 이렇게 썼다.

'하느님 만나기보다 신부님 만나기가 더 힘든 것 같았다.'

어쩌면 바로 나를 두고도 이렇게 말하는 신자들이 있을 것이다. 마음은 늘 기다려주는 사제이고 싶은데, 때때로 일에 치여 그렇게 하지 못하는 경우가 생긴다. 다른 어느 곳에서보다 성지에서는 더욱 신자들을 기다려주고 여유 있게 맞이하고 이야기를 들어주는 사제가 꼭 있어야 한다는 것을 오래전부터 느끼고 있다.

33

성지는 매일매일 화해의 날

새로운 천년기가 시작되는 2000년 대희년(大禧年)에 성지에서는 '대희년 화해의 날'이라는 프로그램으로 순례자들을 초대했었다. 대희년에 해야 할 가장 중요한 일이 하느님과 화해하는 것이라고 생각했고, 특히 고해성사를 보기 힘들어하던 사람들이 그러한 초대를 계기로 하느님과 화해하기를 바랐다.

수도회와 교구의 몇몇 신부님들에게 부탁해서 그날은 성지에서 온종일 고해성사를 주기로 했다. 모두 열세 분의 신부님들이 오셔서 나무 그늘 밑, 잔디밭 여기저기 흩어져 고해성사를 주셨다.

어느 정도는 예상했지만, 예상보다 훨씬 많은 신자들이 찾아왔다. 오전 10시 공동 참회 예절을 시작으로 오전 두 시간 오후 세 시간 고해성사를 주고 모든 신부님과 함께 파견 미사를 봉헌할 계획이었는데, 성사를 보고자 하는 신자들이 얼마나 많았는지 미사 시간에도 내내 고해성사를 주어야 했다. 두세 분의 신부님들은 미사가 끝나고 땅거미가 내릴 무렵까지 남아서 성사를 주셨다. 파리 외방전교회에서 고해성사를 주러 오셨던 신부님께서 가장 늦게까지 성사를 주시고 일어서시며 이렇게 말씀하셨다.

"신부님, 오늘 고해성사를 본 신자들이 2천 명은 되는 것 같습니다. 아마 성모님께서 대단히 기뻐하셨을 것 같아요. 저도 오늘 무척 기뻤습니다. 많은 신자가 눈물을 흘리며 통회하는 모습이 참 아름다웠습니다."

집으로 돌아가기 전 나에게 특별히 고맙다는 인사를 남긴 신자들도 여럿 있었다.

"신부님, 감사드립니다. 오랫동안 가슴 깊이 묻어두었던 이야기를 오늘 성모님 품 안에서 모두 털어놓고 기쁨과 평화를 가지고 집으로 갑니다. 이런 화해의 날이 일 년에 몇 번이고 있었으면 좋겠어요."

그날의 행사를 통해 신자들이 얼마나 고해성사 보기를 간절히 원하고 있는지 새삼 깨닫게 되었고, 성지야말로 그러한 신자들을 맞이하고 받아주기에 가장 적합한 장소이며 또 반드시 그러한 장소가 되어야 한다는 것을 다시금 생각하게 되었다.

그래서 곧바로 성지에 특별 고해소를 만들었다. 매주 목요일은 고해성사의 날로 정해 놓고 수도회 신부님들을 초청하여 면담 및 고해성사를 주고 있다.

그러나 성지는 매일이 '화해의 날'이어야 한다는 것이 나의 생각이다. 언제라도 들어줄 마음의 준비를 하고 기다리고자 하니 누구라도 마음을 열고 찾아오기를!

34
무너져 내린 경당과 목조 경당 신축

남양성모성지에 경당이 처음 세워진 것은 1988년이었다. 100평 남짓 되는 조립식 건물이었는데, 이리저리 조금씩 확장하고 개조해서 2000년 7월까지 사용했다. 10년 넘는 세월 동안 그 안에서 미사를 봉헌하고 철야기도도 하고…. 비 가릴 곳 하나 없던 성지에서 참 여러모로 고맙게 사용해 온 유일한 건물이었다.

그런데 사용한 지 10년이 넘어가면서 이런저런 문제들이 생겨났다. 시멘트 기초를 한 바닥에 스티로폼을 놓고 그 위에 비닐 장판을 깔았는데 많은 사람이 오랜 세월 사용하다 보니 군데군데 스티로폼이 찌부러지기도 하고 비닐 장판은 이리저리 밀려서 무척 지저분해 보였다. 또 비가 오는 날에는 물이 새서 물받이용 고무통을 곳곳에 가져다 놓아야 했다. 창문도 작고 단열도 제대로 되지 않아 여름에는 찜통같이 덥고 겨울에는 또 얼마나 추웠는지….

그런데도 매일 미사 때, 철야기도 때 성모님의 이름으로 모여서 한마디 불평도 없이 함께 마음을 모아 열심히 기도해 주었던 순례자들에게 감사드린다.

마음 같아서는 당장이라도 헐어버리고 깨끗하게 새로 짓고 싶었

지만, 돈도 없었을뿐더러 무허가 건물이었기 때문에 일을 크게 벌일 수 있는 상황이 아니었다.

2000년 7월, 다시 여름이 시작되고 있었다. 창문이라도 좀 크게 만들어 시원한 바람이 들어오면 나을 것 같아서 조용히 확장공사만 살짝 하기로 했다. 그런데 공사를 시작한 지 하루 만에 제의방으로 쓰던 창고 벽을 허물고 앞쪽 천장을 들어 높이기 위해 이쪽저쪽 볼트를 푸는 중에 갑자기 건물이 무너져 내렸다. 순식간의 일이었다. 건물 안에는 10여 명이 일하고 있었는데, 미처 빠져나오지 못한 사람이 둘이나 되었다. 다행히 무거운 지붕 트러스(truss) 하나가 앰프 박스 케이스에 걸쳐져 아무도 다치지 않았다. 얼마나 감사했는지….

그런데 감사한 마음도 잠시, 미사를 봉헌할 장소가 없어져 버린 것이다. 정말 난감하고 큰일이 아닐 수 없었다. 다른 대안은 없었다. 순례자들과 함께 미사를 봉헌하려면 반드시 경당이 필요했기 때문에 어떻게든 다시 지을 수 있는 방법을 찾아야 했다. 하지만 또다시 무허가로 공사를 하다가 고발이라도 되면 더 큰 어려움을 겪게 될 것은 분명하고…. 이렇게 저렇게 방법이 없을까 고민하다가 찾아낸 것이 건축 자재 창고로 신고를 하는 것이었다. 마침 사제관 건축물 신축 허가를 받아 놓은 것이 있었다. 사제관을 짓기 위한 목재 및 건축 자재 창고는 신고만 하면 된다는 것을 알고 건축 자재 창고로 신고하고 바로 공사를 시작하였다.

무너진 건물더미를 치우는 것부터 시작했다. 그리고 이왕 새로 짓게 되었으니 좀 더 넓게 짓기 위해 경당 옆에 바짝 붙어 있던 산자락을 깎아 내고, 콘크리트로 기초를 하였다. 새 경당은 성지의 자연환경과 잘 어울리도록 목조 건물로 짓기로 하였다. 벽체를 세우고 공사를 진행하는 동안 건물 안에 들어가 보니 거기서 바라다보는 건너편 산과 자연의 전망이 너무 좋았다. 그래서 제대 뒤편을 벽 대신 특수 통유리로 커다란 창을 내고 유리창 밖에 십자가를 세워 놓았다.

덕분에 새 경당은 하늘과 산과 나무들, 이따금 지나가는 새들과 해가 뜨고 지는 것, 그에 따라 시시각각으로 변화하는 빛과 바람까지… 많은 것들을 담게 되었다.

제대 뒤편을 트고 유리로 한 것은 참 잘한 것 같다. 그 커다란 창을 통해 경당 안에서 미사를 드리거나 기도를 바치면서도 자연 속에 있는 것처럼 하루가 지나는 모습, 봄 여름 가을 겨울이 제각기 어떤 아름다움을 지닌 채 변화되어 가는지 모두 지켜볼 수 있으니 말이다.

창밖 십자가 뒤에 서 있는 벚꽃이 만발할 때면 푸른 가문비나무와 하얀 벚꽃이 어우러져 얼마나 아름다운지 모른다. 그런 아름다운 풍경을 배경으로 미사가 봉헌되기 때문에 아마도 세상에서 가장 아름다운 제대가 아닐까 생각된다. 인간이 만드는 그 어떤 아름다움보다도 자연이 인간에게 가져다주는 아름다움이 더 크기 때문이다.

7월에 시작한 공사는 10월이 되어서야 마무리가 되었다. 10월 7일, 묵주기도의 동정 마리아 기념일에 남양성모성지 봉헌 9주년 감사 미사를 봉헌하면서 새 목조 경당 축성식도 함께 거행했다. 깨끗하고 넓어진 경당에서 순례자들과 미사를 봉헌하면서 참으로 감사하고 기뻤다. 그러면서도 한편으로 '성모님께서 그때 왜 경당이 무너지게 하셨을까?' 하는 의문을 떨쳐 버릴 수 없었다.

그런데 그해 겨울 바로 해답을 찾게 되었다. 2000년 12월부터 2001년 2월 사이, 기상청이 관측한 이래 가장 많은 눈이 내렸다. 내리고 내리고 또 내리고… 얼마나 많은 눈이 내리는지 축축 처지는 소나무 가지가 찢어지지 않도록 시시각각 대나무 장대로 눈을 털어주어야만 했다. 뉴스에서는 눈의 무게를 이기지 못해 무너져 내린 수많은 비닐하우스와 조립식 건물들에 대한 소식이 연일 보도되고 있었다. 만약 공사 중에 그렇게 무너지지 않았다면 아마도 그 낡은 조립식 경당에서 계속 미사를 봉헌하고 있었을 것이다.

'성모님께서 도와주신 것이구나!'

35
묵주기도를 가장 기쁘게 바치는 곳

"예쁘다!" "대박!"

두 분의 신부님과 함께 홍콩에서 온 순례자들과 묵주기도 길을 걸었다. 여기저기서 박수 소리가 나고 어디서 배웠는지 '예쁘다'라는 말이 연신 들린다. 누군가는 '대박'이라고 말해서 모두가 웃었다. 묵주기도 길과 십자가의 길, 자비로우신 예수님의 언덕까지 모두 순례하고 나서 그분들은 나에게 이러한 성지를 만들어 주어 고맙다는 인사와 함께 꼭 다시 오고 싶다는 말을 남기고 돌아갔다.

이탈리아에서 오신 한 수녀회의 총장 수녀님도 나에게 이런 말씀을 하신 적이 있다.

"신부님, 우리가 성모님의 이름으로 찾아와 기도할 수 있는 장소가 있다는 것은 축복입니다. 성모님께서 기뻐하시는 아름다운 일을 하셨습니다."

이제까지 내가 들은 칭찬 가운데 최고로 멋지고 아름다운 것은 프랑스 분으로 바티칸 경신성성에 계시는 몬시뇰께서 해 주신 말씀이었다.

"신부님, 순례자들이 묵주 알 위에 손을 얹고 기도하는 모습을 보았습니다. 신부님께서는 묵주기도를 전파하신 도미니코 성인 이후에 신자들이 묵주기도를 가장 기쁘게 바칠 수 있도록 묵주기도 길을 만들어 놓으신 것 같습니다. 놀랍고 아름다운 길입니다. 누구나 이 길에서는 묵주기도를 아름답고 기쁘게 바칠 수 있을 것 같습니다. 가까이에 있다면 매일 오고 싶습니다. 아마도 교황님께서 이곳을 아신다면 기뻐하실 겁니다."

'묵주기도를 가장 기쁘게 바칠 수 있는 곳'

이것은 남양성모성지에 대해서 이제껏 내가 들은 최고의 칭찬인 동시에 또 앞으로도 계속 듣고 싶은 말이다. 이곳에서 일하는 동안 내가 늘 바라왔던 것은 '성모님' 하면 '남양'을 기억하고 더 많은 사람이 성모님께 의탁하며 묵주기도를 바치기 위해 남양으로 찾아왔으면 하는 것이었다. 그러한 나의 바람은 20단 묵주기도 길, 220여 개의 묵주 알로 성지에 새겨져 왔고, 그 알알의 묵주 알 위에 손을 포갰던 수많은 사람의 기도를 통해 성지는 하루하루 더욱 그러한 장소로 변화되어 가고 있다고 믿는다.

어쩌면 내가 들은 그 칭찬은 나의 몫이 아닌지도 모르겠다. 남양성모성지가 이렇게 변화될 수 있었던 것은 모두 묵주기도의 힘이었고, 성모님을 사랑하며 묵주기도를 바쳐온 순례자 모두의 기도와 봉헌 덕분이었기 때문이다.

그 유명한 링컨의 게티즈버그(Gettysburg) 연설문을 빌려 말하자면 남양성모성지는 '묵주기도의, 묵주기도에 의한, 묵주기도를 위한' 성지라고 할 수 있을 것이다.

나는 늘 자랑스럽게 말하곤 한다. 남양성모성지를 보는 것은 묵주기도의 놀라운 은총을 보는 것이라고! 특별히 '길'로 만들어진, 세상에서 가장 큰 남양성모성지의 묵주는 나에게 언제나 '길 없는 곳에 이르는 기도'가 되어 주고 있다고….

'남양성모성지에 화강암을 깎아 만든 커다란 돌 묵주 알이 놓이기 시작한 것은 어언 40년 전의 일이다. 1986년 1월 남양 본당 제5대 주임으로 부임하셨던 최덕기 바오로 주교님께서 그 일을 시작하셨다.

최 주교님의 후임으로 1989년 8월 내가 성지에 왔을 때는 지금과는 다른 모습이었다. 좁은 광장 둘레로 묵주 알 몇 개가 듬성듬성 놓여있고, 나머지 자리에는 나무로 만든 십자가들이 꽂혀 있었다. '미완성'이라고 할 수 있는 그 묵주기도의 길은, 어쩌면 '미완성'이었기 때문에 더욱 나에게 큰 의미로 다가왔는지도 모르겠다. 누군가 완성해야만 하는 그 묵주기도의 길은 앞으로 내가 성지에서 해야 할 일들의 우선순위와 방향을 결정해 주는 이정표, 혹은 나침반 같은 역할을 했다고 해도 과언이 아닐 것이다.

1991년 봄, 광장 넓히기 공사를 하면서 나무 십자가가 대신하고 있던 자리에 화강암 묵주 알을 깎아 돌 묵주기도 길을 완성했다. 5단 묵주기도 길이 만들어진 것이다. 그리고 그해 10월, 남양은 평화를 위해 끊임없이 묵주의 기도를 바치는 로사리오의 성모성지로 선포되었다. 많은 사람이 성지에 찾아와 묵주기도 길에서 묵주 알을 쓰다듬고 어루만지며 기도했다. 묵주기도가 힘들고 지루한 기도인 줄만 알았는데 성지에 와서 묵주기도를 바치고 나서는 얼마나 아름다운 기도인지 알게 되었다는 사람들도 만났다.

"은총이 가득하신 마리아님, 기뻐하소서!"

묵주기도 길에서 시작하여 성지 전체로 울려 퍼지는 그 기도 소리가 얼마나 듣기 좋은지…. 맨발로, 아기를 등에 업고, 또 가족들이 함께 묵주 알 위에 손을 모으고 간절히 기도하며 성모님께 매달리는 모습이 얼마나 감동적인지…. 자연스럽게 '성지를 둘러싸고 있는 산들을 모두 사서 15단 묵주기도 길을 만들면 좋을 텐데.'라는 생각을 하게 되었다.

그런데 생각과 마음뿐, 성지를 둘러싸고 있는 산들은 모두 남의 땅이었다. '땜통'이라고 불리시던 고집 센 할아버지, 공기업 사장까지 지냈으나 지나치게 돈에는 인색했던 분, 불교의 종을 만드시던 분, 꾸르실료까지 받았으나 냉담하고 있던 신자…. 그 밖에도 몇몇이 더 있었다. 성지를 둘러싸고 있는 땅 주인들 말이다. 그 가운데 어느 한 사람도 순순히 땅을 팔겠다고 내놓은 사람이 없었다.

'땜통' 할아버지 땅

'땜통' 할아버지의 땅은 지금 영광의 신비 묵주기도 길이 놓여있는 자리다. 사실, 처음에는 그 자리에 성당을 지어도 좋겠다고 생각했었다. 무엇을 하든 일단 땅을 사야 가능한 일이었기에 성지개발을 시작하면서 제일 먼저 할아버지를 찾아가 그 땅을 파시라고 말씀드렸다.

그런데 생각보다 너무 많은 돈을 요구하셨다. 1990년대 초, 당시는 '땅 한 평 값 30만 원 봉헌' 운동을 벌이고 있던 때였는데, 할아버지는 평당 150만 원을 말씀하셨다. 터무니없이 높은 가격이었다. 꼭 필요한 땅이기는 했지만 그렇게 많은 돈을 주고 살 수는 없고…. 애만 태우고 있는데, 어느 날 '땜통' 할아버지의 아들이 나를 찾아왔다. 젊은 사람이라 말이 좀 통할 것 같아 반가웠다. 그런데, 나를 보자마자 대뜸 하는 말이 "우리 아버지가 농사지으시는데 밭 주변에 나무를 심어놓으면 어떻게 하느냐."며 내가 심어놓은 나무들을 뽑아달라는 것이었다. "그러지 말고 그 땅을 저희에게 파세요."라고 부탁했더니, 자기는 돈에는 별로 욕심이 없는 사람이라고 하였다. 그러면서 땅값을 불렀는데, 할아버지가 제시하셨던 액수보다는 많이 내려가긴 했지만 여전히 부담스러운 금액이었다.

다시 몇 년이 흘러갔고, 할아버지께서 돌아가신 후에 아들을 다시 만나 그 땅을 사게 되었다.

공기업 사장의 땅

땜통 할아버지의 땅 위쪽으로는 예전에 공기업 사장까지 지냈다는 사람의 땅이 있었다. 지금 고통의 신비 묵주기도 길이 있는 부분으로 그 땅도 일단은 사야 무슨 일이든 시작할 수 있는 상황이었다. 그런데 그 땅 주인이 어떤 사람인지 이미 겪어 본 다음이라서 '이 땅에는 기적의 메달을 묻고 성모님과 성 요셉께 기도나 드려야지.' 하면서 일찌감치 마음을 접고 있었다. 내가 그런 마음을 먹을 수밖에 없었던 이유는 다음과 같다.

그 사람 땅이 성지 입구 쪽에도 있었는데, 그 땅은 성지가 개발되기 전부터 40년 넘게 논두렁길로 사용되던 곳이었다. 성지를 성모님께 봉헌해 드리고 나서 그 옆으로 있던 논과 밭을 사서 흙으로 메우고 그 위에 나무와 꽃들도 심어 순례자들이 드나들기에 편하고 보기 좋게 가꾸어 놓았다.

그런데 어느 날, 남양 5리의 이장이라고 하면서 젊은 사람이 나를 찾아왔다. "성지 진입로로 사용하고 있는 땅이 예전에 공기업 사장을 지냈던 ○○○의 땅이니 평당 100만 원씩에 사라."는 것이었다. "무슨 이야기냐? 40년 넘게 사람들이 밟고 다니던 길이 아니냐?"고 했더니 토지 대장을 꺼내놓으며 분명히 그 사람의 땅인데, 사람들이 밟고 다녀서 길이 된 것뿐이라며 성지에서 계속 사용하려면 그 땅을 사야만 한다고 했다. 43평밖에 되지 않고 일자로 길어서 그야말로 길로밖에는 보이지 않고, 실제로 40년 넘게 길로 사용해 온 땅이었다. 버려진 것처럼 볼품없던 그 땅을 보기 좋게 가꾸어 놓았더니 오히려 돈을 내놓으라는 것이 억울하기도 하고 황당하여 '안 산다.'고 말하고 보냈다.

그런데 며칠 후 더 황당하고 놀라운 일이 벌어졌다. 순례자들이 드나드는 그 길에 고약한 냄새가 나는 두엄을 한 트럭이나 실어다 부어놓은 것이다. 고위 공무원까지 지내고, 돈도 많다고 하는데 정말이지 인색하고 고약한 사람이라는 생각이 들었다. 하지만 어쩌겠는가? 하는 수 없이 그 땅을 100만 원씩이나 주고 사야만 했다. 그런데 땜통 할아버지의 땅 바로 위에 있는 땅이 또 그 사람의 땅이라는 것이다.

성지개발을 하기 위해서는 어떻게든 사야 하는 땅이었지만, 그를 다시 만나고 싶지도 않았고 또 만난다 해도 그와 내가 둘 다 만족할 만한 적당한 값을 조율하는 일이 쉽지 않을 것 같았다. 그래서 묵주기도 길 한가운데 있는 그의 땅은 우선 그냥 두기로 했다. 사람들이 보기에는 포기한 것처럼 보였을지도 모르겠다. 하지만 그 정도 이유로 포기했다면 지금까지 그 어떠한 일도 이루어지지 않았을 것이다. 나는 성지 직원들 몇 명만 데리고 조용히 가서 그 땅에 기적의 메달을 묻고 묵주기도를 드렸다. 성모님 손에 맡겨드린 것이다.

그렇게 몇 년이 지난 어느 날, 한 여자분이 나를 찾아왔다. 자신이 경매로 받은 땅이 성지 안에 있는데 거기다 유치원을 지을 계획이라고 하면서 허가를 해 줄 수 있느냐는 것이었다. 얘기를 들어보니 그 여자분이 낙찰받은 땅은 성지 입구에 두엄을 부려놓았던 바로 그 사람의 땅이었다. 아들이 하던 사업이 부도가 나면서 모든 재산이 차압 당하고 경매로 넘어가게 된 모양이었다. 그리고 그걸 그 여자분이 낙찰받아 유치원을 짓겠다는 것이었다. 나는 성지 안에 유치원은 지을 수 없으니 경매받은 돈에 나에게 넘겨달라고 설득했다. 다행히 얘기가 잘되어 그 땅을 사게 되었다. 또한 성지 내에 그 사람이 가지고 있던 나머지 두 필지도 근저당을 설정해 있는 사람을 찾아서 그렇게 비싸지 않게 살 수 있었다.

불교계 종 만드는 사람의 땅

땅 매입은 돈 마련도 문제이기는 했지만, 돈이 있다고 다 할 수 있는 일도 분명 아니었다. 20단 묵주기도 길이 놓인 곳의 또 다른 땅 주인은 불교계 종을 만드는 사람이었다. 종교가 다르다는 것보다 더 어려운 문제는 그분이 단순히 땅을 가지고 있는 게 아니라 그 땅에 조상의 묘가 5기나 모셔져 있었다는 것이다. 그런데 그 묏자리가 누가 보더라도 너무 좋은 자리여서 다른 곳으로 옮겨 달라고 말하기도 미안할 정도였다. 그 자리는 성지 전체가 한눈에 내려다보이고 온종일 볕이 드는 게 소위 말하는 '명당' 자리였기 때문이다.

그런데 정말 신기한 일이 일어났다. 무슨 이유에서였는지는 잘 모르겠지만 그 땅 주인이 평소 자기와 친분이 있는 스님에게 조상님들이 모셔져 있는 터가 어떤지 한번 봐 달라고 부탁을 했단다. 그런데 스님이 보시고는 터가 좋지 않으니 옮기는 것이 좋겠다고 말씀하셨다는 것이다. 그러한 스님 말씀을 듣고 땅 주인은 곧바로 이장하겠다고 했고, 그 덕에 우리가 그 땅을 사게 되었다.

꾸르실료 교육까지 받은 냉담자의 땅

묏자리 때문에 어려움을 겪은 일이 또 있다. 그 땅은 지금 남양 성모상이 모셔져 있는 골짜기 부근이다. 그 땅의 주인은 부부가 꾸르실료 교육까지 받았다고 하는데, 안타깝게도 냉담 신자들이었다. 처음부터 그 땅에는 성모상을 세우고 성모님께 기도드리는 야외 기도 장소를 만들면 좋겠다고 생각하고 있었다. 그래서 기회가 있을 때마다 땅을 팔라고 부탁했지만, 대답 또한 언제나 한결같았다.

"그 땅에 우리 가족 묘지를 만들 계획입니다."

그냥 팔지 않겠다고만 해도 충분히 속이 상한데, 그 땅을 가족 공동묘지로 만들겠다니…. 그분들과 친분이 있는 교우들을 한 사람씩 보내서 성지에 땅을 팔라고 몇 번이나 더 이야기했지만, 쉽게 마음을 돌리지 않았다. 이미 그 땅에는 그분의 아버님 묘가 한 기 있었다. 기적의 메달을 들고 그 무덤을 찾아갔다. 성모님께 기도드리며 메달을 묻고는 누워계신 분에게도 부탁을 드렸다. "아버님, 죄송한데 제가 이 땅을 사람들이 찾아와서 기도하는 곳으로 만들려고 합니다. 아들 꿈에라도 나타나셔서 '나 좀 다른 곳으로 옮겨 달라.'고 말씀해 주세요."

그러고는 손가락 굵기의 메타세쿼이아(metasequoia) 묘목을 사다가 그분 땅과 성지 땅의 경계에 빙 둘러 심었다. 메타세쿼이아는 속성수라 빨리 자란다. 묘를 쓰자면 포클레인 같은 장비가 들어가야 하는데, 어느 날 갑자기 묘를 또 써서 그 땅이 그야말로 가족 묘지가 되면 일이 더 복잡해질 것이기 때문이다. 나무가 빨리 자라서 장비가 드나들 수 있는 길이 차단되면 어쨌든 묘를 쓰려는 상황을 우리가 빨리 알아차릴 수 있고, 그렇게 되면 다시 얘기해 볼 기회라도 얻을 수 있을 거라고 생각했던 것이다. 그쪽에 물이 많아서인지 메타세쿼이아는 생각보다 빨리 자랐다. 손가락만 하던 것이 어느덧 어른 머리만큼이나 굵어진 어느 해, 성제 조배실에서 기도를 드리고 있는데 그 땅의 주인들이 찾아왔다. 그러고는 대뜸 그 땅을 팔 테니 나보고 사라는 것이었다. 속으로는 너무 반갑고 기뻤지만, 겉으로는 태연한 척하면서 이렇게 대답했다.

"지금 당장 그 땅을 사기는 조금 어렵습니다. 하도 완강하게 안 파신다고 하셔서 아예 저희 성지개발 계획에서 그 부분을 빼놓았습니다. 그리고 제가 혼자 결정할 일이 아니라 성지개발위원회 위원들과 협의해서 결정해야 합니다."

그러자 그분들이 재차, "신부님, 부탁합니다. 꼭 사 주세요."라며 사정을 하였다.

"네, 한번 생각은 해 보겠습니다." 내가 그렇게 여유를 부리자 그분들은 힘없이 자리에서 일어나면서 몇 번이나 더 부탁드린다고 말하고는 나가셨다. 그렇게 보내고는 성체 안에 계신 예수님께 '예수님, 저분들 또 오시겠죠? 제가 이렇게 안 하면 비싸게 살 수밖에 없거든요.' 하고 말씀드렸다.

평당 70~80만 원을 준다고 해도 안 팔았던 땅이었다. 이제는 필요 없다고 해야 조금이라도 싼값에 그리고 우리에게 유리한 쪽으로 흥정할 수 있을 것 같아서 일부러 차갑게 대했던 것이다. 그런데 막상 그렇게 돌려보내고 나니 미안하기도 하고 '다시 안 오면 어쩌나?' 하는 걱정도 되었다. 하지만 그분들 사정은 내가 생각했던 것보다 더 좋지 않았던 모양이다. 내가 땅을 사기 위해 초등학교 동창생부터 사돈의 팔촌까지 모든 인맥을 동원하여 이렇게 저렇게 말을 넣어봤던 것처럼 이번에는 그분들이 이 사람 저 사람을 나에게 보내왔다. 결국 성지에서 정말 필요했던 그 땅을 마치 큰 인심이라도 쓰는 것처럼 사게 되었다.

그렇게 해서 지금은 20단, 그때는 15단 묵주기도 길이 놓일 부분의 땅이 모두 마련되었다. 누구네 가족 묘지가 아니라 누구나 찾아와 기도할 수 있는 묵주기도 길이라서, 성당이나 사제관 같은 닫힌 건물이 아니라 자연 속에서 걸으며 기도드릴 수 있는 묵주기도 길이라서…. 그 길이 있어서 남양성모성지가 더욱 아름답고 기도하기에 좋은 장소가 되었다고 믿는다.

그리고 그 길을 모두 마련하기까지 내가 겪고 또 느꼈던 그대로, 더 이상 아무런 방법이 없는 것 같아 포기하고 싶은 절망적인 순간에도 이 길에 들어서기만 하면 다시금 희망을 얻고 위안을 받게 되는 장소, 남양성모성지의 묵주기도 길이 나에게뿐만 아니라 모두에게 '길 없는 곳에 이르는 기도'가 되었으면 좋겠다.

36
구슬 속에 담긴 이야기

구슬 속에 담긴 예수님 이야기
구슬 속에 담긴 엄마 이야기
옛날 옛날에
엄마랑 예수님이랑 살고 가신 이야기

구슬 속에 담긴 하늘 이야기
구슬 속에 담긴 세상 이야기
옛날 옛날에
예수님이 가르쳐주신
사랑 이야기

남양성모성지의 묵주 알만큼 많은 사람의 이야기가 담긴 구슬이 또 있을까?
예수님 이야기, 성모님 이야기, 성모님이랑 예수님이랑 살고 가신 이야기, 세상 이야기, 사랑 이야기, 아픈 사람, 경제적으로 힘든 사람, 자녀를 걱정하는 엄마, 엄마를 걱정하는 딸, 아기를 기다리는 부부,

먼저 하늘나라로 간 사랑하는 사람들을 그리워하는 남겨진 사람들…. 세상에서 가장 커다란 남양성모성지의 묵주 알 속에는 이런저런 많은 사람의 다양한 이야기들이 담겨 있다.

"큰아들이 사업을 하다가 망해 집안이 갑자기 기울었습니다. 그때, 돈을 벌겠다고 별의별 일들을 다 하고 돌아다니며 하느님을 외면했습니다. 그런데, 그래서인지 하는 일마다 잘되지가 않았습니다. 그렇게 5년 동안이나 냉담하다가 교통사고를 당해 전신이 안 아픈 곳이 없을 정도로 망가지게 되었는데, 갑자기 예전에 함께 레지오를 했던 자매가 생각났습니다.

같이 레지오 활동할 때, 그 자매는 부회장을 하고 저는 회계를 맡았었습니다. 그분은 그때나 지금이나 아주 열심한 신자이십니다. 5년이나 성당에 나가지 않아 기도를 하고 싶어도 어떻게 하는 건지 다 잊어버리고, 막막한 심정에 그 자매를 찾아가 기도를 가르쳐 달라고 했습니다. 당시 저는 교통사고로 인해 제대로 걷지도 못하는 상태였습니다. 그 자매님께서는 그동안 어디 가서 잘살고 있는지 궁금했는데, 이렇게 지내고 있었냐면서 안타까운 눈으로 저를 맞아주었습니다.

저는 그동안 냉담하고 지냈다는 이야기를 하며, 기도하는 방법을 다 까먹었으니 기도하는 법 좀 가르쳐 달라고 했습니다. 그때 그 자매님께서 남양성모성지에 가서 기도해 보라고 권해 주었습니다. 그때부터 가끔씩 남양성모성지를 찾아와 기도하곤 했습니다. 그때까지도 교통사고 후유증으로 잘 걷지도 못할 때였습니다. 서울서부터 오려면 남들은 2시간이면 온다는데, 저는 걸음을 제대로 걷지 못하니까 3시간씩 걸려 기다시피 하여 성지까지 와서 기도하고 가곤 했습니다.

그때는 큰아들네 살았는데, 큰아들은 아주 열심한 기독교 신자여서 저와 신앙적으로도 많은 갈등이 있었습니다. 그래서 작은아들네에서도 지내다가 서울서 왔다 갔다 하는 데 드는 교통비와 시간이 너무 아까운 생각이 들어 남양에다 월세를 구했습니다. 워낙 없이 사는 사람이라, 보증금도 없는 월세방에서 두 달 정도를 살았습니다. 자식들하고도 자꾸 부딪히기만 하고… 마땅한 일자리도 없이 지내다 보니 월세도 내지 못할 형편이 되어 알고 지내던 자매님들 집을 전전하며 지내기도 했습니다.

그러다가 어느 날 가슴이 너무 아파 병원에 갔는데 유방암 4기라는 진단을 받았습니다. 병원에서는 수술하라고 했지만, 저는 어차피 목숨의 주인은 하느님이시니 죽을 사람은 수술을 해도 죽고, 살 사람은 수술 안 해도 살지 않겠냐고 하며 수술을 마다하고 병원을 나왔습니다. 가끔 병원에 가면 수술하라는 이야기만 하고, 약도 주지 않고 항암 주사만 놓아주었습니다. 항암 주사를 자꾸 맞으니 머리만 다 빠지고, 돈도 너무 많이 들어 아예 병원에도 가지 않고 있습니다. 병원에서는 저에게 무슨 약을 먹느냐고 물어보지만, 병원에서도 주지 않는 약을 제가 어디서 구해 먹겠습니까? 그런데도 지금 너무나 건강해져서 이젠 뛰어다닐 수도 있게 되었습니다.

물론 아직도 통증이 있고, 제 병이 완쾌된 것은 아니지만, 제 몸을 제가 마음대로 움직일 수 있으니 일을 해야겠다고 생각했습니다. 하지만, 머물 곳도 없고, 가진 돈도 하나 없는 제가 할 수 있는 일은 별로 없었습니다. 너무나 감사하게도 살림해 주고 아기도 보아주면 밥도 주고 머물 수 있는 집이 생겨 두 달째 그 집에서 일하고 있습니다. 가끔 이렇게 기도하러 올 수 있는 시간도 있으니 얼마나 감사한지 모릅니다.

또한 이번에 두 달 동안 파출부 일해서 번 돈이 60만 원이 되었는데, 묵주 한 알 값이 60만 원이라고 하기에 이렇게 가지고 왔습니다. 기도로 이만큼 나아서 일할 수 있게 되었으니 제일 먼저 성모님께 드리는 게 당연하지요."

15단 묵주기도 길을 만들 때 '묵주 알을 봉헌해 주세요.'라는 글을 월보에 실었었다.

많은 분이 어려움 가운데 묵주 알 한 알 한 알을 봉헌해 주셨다. 그 가운데 기억에 남는 한 분이 나에게 주셨던 눈물 나는 편지이다. 많은 사람이 손을 얹고 기도를 바치는 남양성모성지의 커다란 묵주 알에는 이미 이렇게 큰 사랑과 믿음이 담겨 있었다.

어렵게 어렵게 15단 묵주기도 길을 만들 땅을 샀지만, 땅만 마련되었다고 묵주기도 길이 저절로 만들어지는 것은 아니었다. 길을 내는 일부터 시작해서 배수관과 전선을 묻고 가로등을 세우고 스피커를 달고, 위치를 보아가며 나무도 옮겨 심어야 했다. 그런 다음 기도하기에 좋고 일정한 간격이 되도록 적당한 거리를 계산하여 묵주 알 놓을 자리를 만들고, 굽이굽이 이어지는 길을 따라 꽃밭도 만들고 잔디도 심었다. 기존에 있던 5단 묵주기도 길에 이어서 10단을 연장하는 것이었지만 필요한 묵주 알의 개수만도 100개가 넘었다. 성모송을 바치는 작은 묵주 알이 100개, 주님의 기도를 바치는 좀 더 큰 묵주 알이 10개였다. 작은 묵주 알이라고 했지만, 그 지름이 0.7m나 되었다. 단단한 화강암을 둥글게 깎고 다듬어 묵주 알 하나를 완성하는 데 생각보다 많은 시간과 비용이 들었다.

하는 수 없이 성지의 후원회원들에게 도움을 요청했다. 월보에 묵주 알 한 알을 만드는 데 드는 비용 60만 원을 봉헌해 달라고 적어서 보낸 것이다. 성지 땅 한 평 한 평이 누군가의 첫 월급이고, 또 다른 누군가의 퇴직금이었으며, 돌잔치 축의금, 환갑잔치 대신에, 보험금, 적금 등등 수많은 사연과 희생이 모여 마련되었던 것처럼 성지에 놓인 묵주 알 한 알 한 알도 그러했다.

그렇게 해서 완성된 15단 묵주기도 길! 내가 성지를 맡아서 개발하기 시작한 지 13년 만의 일이었다. 2002년 5월 4일, 당시의 수원교구장 최덕기 바오로 주교님을 모시고 순례자들과 함께 15단 묵주기도 길을 걸으며 묵주기도를 바치면서 그 길을 축복하고 성모님께 봉헌해 드렸다. 그리고 그 5월이 끝나기 전에 요한 바오로 2세 교황님의 축복장이 남양성모성지에 도착했다.

본인, 교황 요한 바오로 2세는 한국 천주교회의 남양성모성지와
이 성지를 순례하는 모든 이들에게 사도적 축복을 내립니다.
모두가 성모 마리아를 사랑하며 평화를 위한 묵주의 기도를
지속적으로 바치기를 바랍니다.

그리스도 탄생 2002년 5월 성모 성월에
— 바티칸에서 교황 요한 바오로 2세

37

빛의 신비 묵주기도 길

15단 묵주기도 길 봉헌식이 있었던 2002년 로사리오 성월(10월)이었다. 둘째 주 목요일이었던 10월 17일, 매주 목요일마다 고해성사를 주러 오시던 천주교 사도직회(팔로티회)의 유렉* 신부님께서 아침 일찍 오셔서 활짝 웃으시며 "신부님, 축하드립니다. 성모님과 교황님께서 신부님을 무척 사랑하시나 봅니다."라고 말씀하셨다.

"무슨 말씀이세요, 신부님?"

"신부님, 축하드립니다. 어제(10월 16일) 교황님께서 「동정 마리아의 묵주기도」라는 교서를 발표하시고 내년 2003년 10월까지를 '묵주기도 해'로 선포하셨습니다. 신부님이 성지를 개발한다고 땅 사고 15단 묵주기도 길 만드느라 빚이 많으니까 교황님께서 묵주기도 해를 선포하셔서 한국에 하나밖에 없는 성모성지에 묵주기도 바치러 더 많은 신자가 찾아오게 해 주시나 봅니다. 그러면 빚 갚게 되잖아요. 신부님, 묵주기도 해에 아마도 신자들이 남양성모성지에 더 많이 찾아올 겁니다."

---

* 유렉(Jurek)은 Jerzy라는 이름의 애칭으로, 본명은 예지 체시엘스키(Jerzy Ciesielski)이다. 2008년 모국 폴란드로 귀국하였다.

"그렇습니까!"

"신부님, 그뿐만이 아닙니다. 어제 교황님께서 묵주기도 해만 선포하신 게 아니라, '빛의 신비'라는 새로운 묵주기도 5단을 추가로 묵주기도 15단에 덧붙이셨습니다. 그래서 이제 묵주기도는 15단이 아니라, 20단이 되었습니다. 예수님의 공생활 부분을 묵상하며 기도하도록 교황님께서 빛의 신비라는 새로운 묵주기도 5단을 만드셨고, 특별히 매주 목요일에 꼭 이 빛의 신비를 묵상하는 묵주기도를 바쳐 달라고 말씀하셨습니다. 신부님께서 매주 목요일 고해성사 주시고, 사람들에게 빛이신 예수님의 평화를 주고 계시는데, 목요일 빛의 신비 기도가 생겼으니, 얼마나 감사해야 하는지 모릅니다. 새로운 묵주기도를 만들어 주신 교황님께 감사드리며, 이제 교황님 뜻대로 평화를 위해 기도해야 합니다. 그리고 신자들이 교황님의 뜻을 받아들여, 평화를 위해 더 많은 묵주기도를 바치도록 신부님께서 어려우시겠지만, 빛의 신비 5단 묵주기도 길도 성지에 만드셔야 합니다."

"예, 신부님. 그런데 묵주기도 길 5단을 더 만들자면 그 길이가 적어도 300m는 되어야 하는데, 새로 산 땅에 15단 묵주기도 길을 만들었기 때문에 이제 그만한 장소가 없습니다."

"아닙니다, 신부님. 신부님은 만드실 수 있습니다. 우리가 이따 함께 성지를 둘러봅시다."

오전에 그런 이야기를 나누고 나는 미사를 봉헌하고 수도회 신부님들은 순례자들에게 고해성사를 주셨다. 그날 고해성사가 끝난 시간에 팔로티회의 유렉 신부님과 오블라띠 선교 수도회 신부님, 파리외방전교회 신부님이 모두 다시 모였다. 그리고 다 같이 묵주기도 길을 걸으며 "저기가 어떨까요?" "이쪽도 좋을 것 같습니다."라며 장소를 찾다가 "교황님께서 빛의 신비 5단을 만드셔서 이 신부님께서 또 고생하십니다."라는 이야기를 나누며 웃으며 헤어졌다.

그렇게 교황님께서 빛의 신비를 선포하신 바로 다음 날인 2002년 10월 17일, 빛의 신비 묵주기도 길에 관한 이야기를 나누었고, 그날 순례자들과 함께 빛의 신비 묵주기도 5단을 바쳤다. 아마도 그 기도가 한국에서 공적으로 바친 최초의 빛의 신비 5단 묵주기도가 아니었을까 생각한다. 그날은 빛의 신비가 발표된 바로 다음 날이어서 아직 우리나라에는 언론에조차 보도가 되지 않았고 기도문 번역도 되어 있지 않은 상태였기 때문이다.

"신부님, 교황님께서 묵주기도 해를 선포하시고 묵주기도를 20단으로 늘리신 것은 잦은 테러로 전쟁의 위협을 받고 있는 요즘이야말로 그 어느 때보다 평화를 위한 묵주기도가 절실하다고 생각하셨기 때문인 것 같습니다. 신부님께서 힘드시더라도 교황님의 뜻대로 더 많은 묵주기도가 바쳐질 수 있도록 한국에 하나밖에 없는 이 성모성지에 빛의 신비 묵주기도 길을 꼭 만드셔야 합니다."

유렉 신부님이 하셨던 이 말씀이 묵주기도를 바치는 내내 마음에서 떠나지 않았다. 결국, 그달(2002년 10월)이 끝나기 전에 빛의 신비 묵주기도 길 공사를 시작했다. 빛의 신비 묵주기도 길은 고통의 신비가 끝나는 곳에서 바로 산 아래로 내려가던 15단 묵주기도 길을 주차장 쪽으로 더 올라가도록 연장하여 정상 부위에서 다시 아래로 내려가 기존의 영광의 신비 묵주기도 길과 만나도록 하는 것이었다.

잡목을 제거하고 길을 닦았다. 어린 시절 책 보따리를 둘러메고 산길을 오르내리던 때를 생각하며 직선과 부드러운 곡선을 연결해 가며 자연스럽게 길을 만들어 나갔다.

"복숭아꽃 살구꽃 아기 진달래~"

그야말로 울긋불긋 꽃 대궐을 이루었던 고향의 봄을 추억할 수 있도록 산 정상 부근에는 수많은 진달래를 심어 군락지를 만들고, 기도 길 곳곳에 다양한 종류의 목련도 심었다. 묵주기도 길을 걸으며 다양한 종류의 나무와 꽃들과도 교감할 수 있도록 하고 싶었다. 산길이지만 무섭기보다 호젓해서 기도와 묵상에 더욱 집중할 수 있고, 때로는 옛 추억에 잠길 수도 있고…. 그래서 영적인 위로는 물론 마음의 휴식도 얻을 수 있는 길이 되기를 바랐다.

빛의 신비 묵주기도 길에 놓이는 묵주 알은 좀 더 특별하게 엷은 분홍빛이 도는 돌로 조각했다. 기도 순서에 맞도록 환희의 신비가 끝나는 부분에 이어서 분홍빛 빛의 신비 묵주 알을 놓아 빛의 신비 길을 만들고, 빛의 신비 길을 만들기 위해 새로 연장한 부분에는 고통의 신비 묵주 알들이 놓였다. 날짜를 그렇게 맞추려고 한 것은 아니었는데, 성모님의 뜻이었는지 이듬해 3월, 주님의 탄생 예고 대축일에 처음으로 순례자들과 함께 그 길을 걷게 되었다. 기도를 바치며 걷다 보면 이쪽에서 산비둘기가 푸드덕 날아오르고 저쪽에서는 청설모들이 기웃기웃하고…. 가끔은 노루나 고라니를 만나기도 하는…. 깊은 산속 아름다운 20단 묵주기도의 길은 그렇게 만들어졌다.

"묵주기도를 할 때마다 머릿속으로 성지의 묵주기도 길을 걸으며 기도하곤 한답니다. 빛의 신비, 고통의 신비, 영광의 신비 길에서는 길의 형태가 잘 떠오르지 않아 가다가 길을 잃어버리기 일쑤지만, 성지의 아름다운 묵주기도의 길을 상상하는 것만으로도 은혜롭습니다."

— 손 체칠리아

묵주기도 길에 나타난 자비의 성모 이콘

남양성모성지에는 돌 묵주 알이 파랗게 드리워진 로사리오 광장의 둘레를 수놓고, 이어 야산으로 굽이굽이 이어지면서 총 길이 약 1km 정도의 20단 묵주기도 길이 조성되어 있다.

남양성모성지의 돌 묵주 알은 화강암 재질로 만들어진 지름 0.7m 정도의 구(球)로, 이것이 어른 허리 높이에 맞춰 약 4.5m 간격으로 놓여있어 성지를 순례하는 신자들은 그늘을 드리워주는 가로수와 아름다운 야생화들 사이에서 산책하듯 이 묵주 알을 한 알 한 알 짚어가며 묵주의 기도를 바칠 수가 있다.

평소 묵주기도가 길고 지루한 기도라고 생각되어 5단 바치기도 힘들어하던 사람도 성지에서 철따라 다른 빛으로 피어나는 갖가지 야생화와 나무들로 가꾸어진 길을 걸으며 묵주기도를 바치다 보면 20단도 그리 길게 느껴지지 않는다고 한다.

그래서인지 계절과 시간, 날씨에 관계없이 "은총이 가득하신 성모 마리아~"를 부르며 성모님께 매달리는 수많은 신자들의 발길이 끊이지 않는 남양성모성지의 돌 묵주 알은 신자들의 간절한 마음과 감사기도의 손길들로 반들반들 윤이 난다.

많은 사람들이 남양성모성지에 오면 어머니의 품에 안긴 듯 따스함을 느끼며, 돌 묵주알에 손을 얹고 기도를 드릴 때마다 성모님께서 손을 잡아주시는 듯 위로와 힘을 얻는다고 이야기하는데, 그것은 아마도 남양성모성지가 성모님을 사랑하는 사람들의 마음이 모이는 곳, 성모님을 그리워하는 신자들의 발길로 다져진 곳이기 때문에 그러할 것이다.

그런데 2006년 겨울, 항공촬영을 통해 성지의 묵주기도 길 모습을 하늘에서 내려다보다가 정말 놀랍고 감사한 사실을 알게 되었다.

그것은 로사리오 광장이라는 이름으로 불리는 성지의 광장을 둘러싸고 있는 환희의 신비 묵주기도 길 모습이 블라디미르의 성모(자비의 성모) 이콘에 나와 있는 자비로우신 성모님의 모습과 꼭 같은 모습의 윤곽을 드러내고 있다는 것이다. 마치 일부러 그러한 모습으로 만들기 위해 계획하고 도면을 만들어 작업한 것처럼 너무나 똑같은 모습으로 말이다.

성지의 광장과 묵주기도의 길은 그동안 어떠한 설계도면도 없이, 여러 차례에 걸쳐(91년 3~9월, 93년 3월, 97년 12~98년 5월) 그때그때 생각나는 대로 상황에 맞게 조금씩 넓히고 다듬은 것이다.

성지를 개발하는데 있어 다른 일들도 그랬지만, 광장을 넓히는 데는 특히 더 많은 어려움이 따랐고 그때마다 큰 결단과 용기가 필요했다. 현행법상 '성지'라는 것이 인정되지 않고, 종교부지라는 것은 특정 건물이 세워져 있을 경우에 한하므로 성지를 넓히는데 허가를 얻고 공사를 시작한다는 것이 사실상 어려웠기 때문이다. 또한 땅 주인과의 마찰도 언제나 큰 장애물이었다.

맨 처음 광장 넓히기 공사를 시작하려고 땅 주인을 만났는데, 그

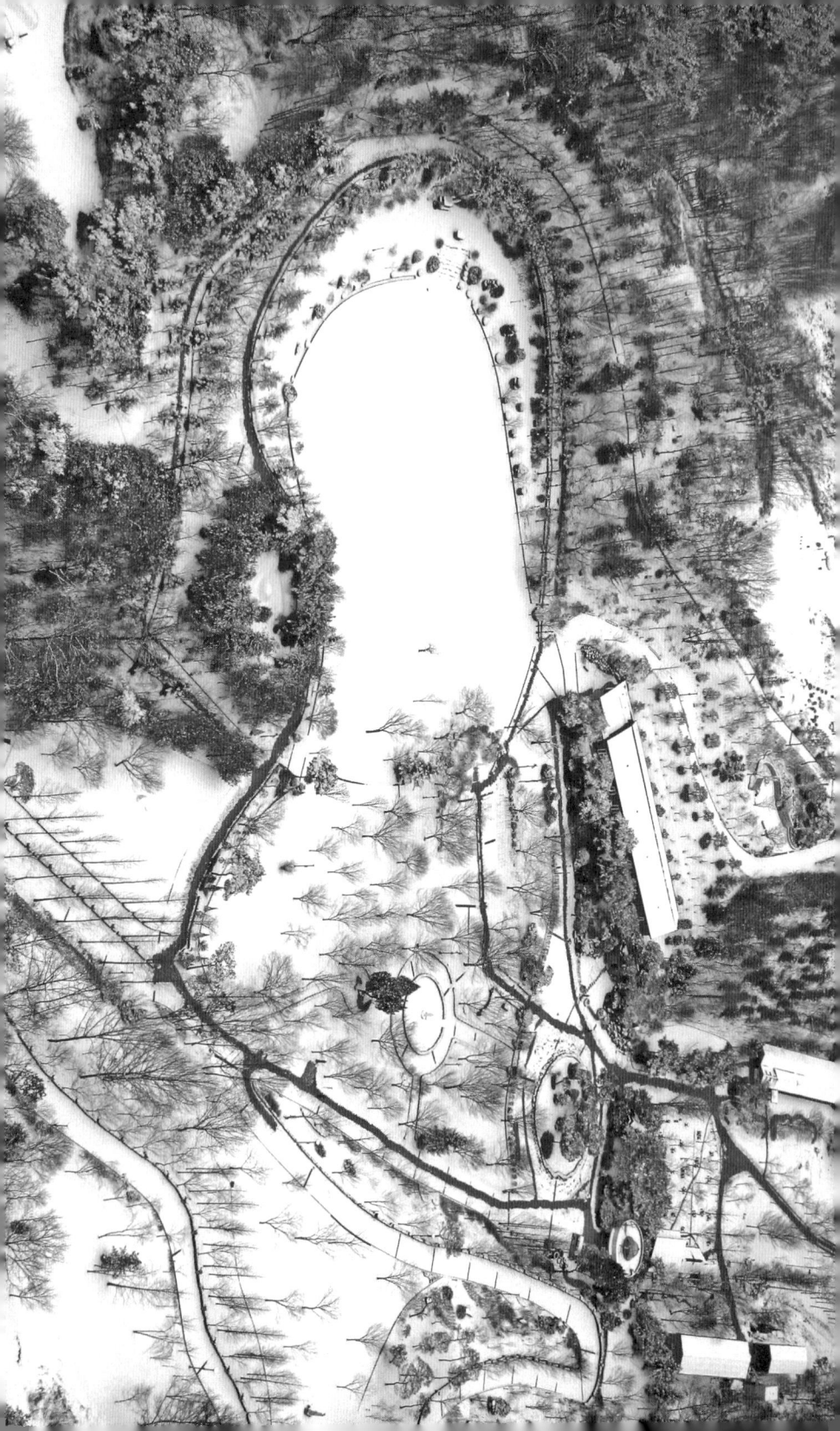

는 그 땅을 노후대책으로 마련한 것이라 30년 안에는 절대로 팔지 않겠다고 하였다. 성지를 개발하려면 꼭 필요한 땅인데 어떻게 30년 동안이나 기다릴 수가 있는가? 그래서 나는 모든 것을 내가 책임지기로 하고 일단 일을 시작했는데, 막상 땅을 파 놓으니 땅 주인이 찾아와 딩징 원상복귀를 해 놓지 않으면 고발하겠냐는 것이다. 이미 각오하고 시작했던 일이었지만, 내가 할 수 있는 일은 그저 성체 앞에서 양팔 묵주의 기도를 바치는 것 뿐이었다. 그 기도의 힘이었는지 주인과 다시 협상이 되어 결국 적당한 값에 땅을 매입하였고, 광장을 넓힌 후에는 나무 십자가로 되어 있던 묵주기도 길에 돌 묵주알을 조각하여 놓을 수 있었다.

 세 번째 광장 넓히기 공사를 할 때도 고발되어 얼마간 일이 중단되었다. 경찰서에 가서 조사를 받고, 검찰에 불려나가 재판을 받고 또 항소를 하고 벌금을 내는 등 우여곡절을 겪고 어렵게 공사를 마무리할 수 있었다. 그 과정에서 또 문제가 되었던 것이 바로 지금도 묵주기도 길 환희의 신비 4단 근처에 그대로 남아 있는 무덤이다.

 광장을 넓히고 묵주기도 길을 만들기 위해서는 그 땅이 꼭 필요했기 때문에 10여 년에 걸쳐 몇 차례나 땅 주인을 만나 매입을 시도해 보았지만 번번이 거절을 당했다.

 할 수 없이 마지막으로 광장 넓히기 공사를 할 때 그 땅을 그대로 둔 채 묵주기도 길을 만들다 보니, 묵주기도 길이 가파르게 내려올 수밖에 없었다. 그리고 가운데 남아 있는 무덤이 보이지 않게 하기 위해 무덤 주변에 빙 둘러 나무를 심어 놓았다.

 솔직히, 처음에는 아무리 설득해도 땅을 팔지 않겠다는 무덤 주인 때문에 화도 나고, 나의 계획대로 일을 진행할 수 없게 만든 그 사람을 미워하는 마음도 가졌던 것이 사실이다. 그러나 시간이 지나면서 차츰 그러한 마음들이 누그러지고 '광장을 넓히는 대신 묵주기도 길을 연장하면 어떨까?'라는 새로운 구상을 하게 되었다.

그러다 보니 뜻밖에도 무덤이 있는 그 봉우리는 성지에서 중요한 역할을 담당하게 되었다.

만일 그때 봉우리를 모두 파서 평평하게 만들었다면 광장은 좀 더 넓어졌겠지만, 새로운 묵주기도 길로 나아가는 진입로가 없으니 20단 묵주기도 길을 만들어야겠다는 생각은 못 했을지 모른다. 또 실제로 묵주기도 길을 연장하는 일도 쉽지 않았을 뿐 아니라 남양 성모님께서 모셔진 자리도 지금처럼 아늑한 느낌으로 만들어질 수 없었을 것이다.

게다가 무덤을 가리기 위해 무덤 주변을 빙 둘러 나무를 심어 가꾼 그 부분이 블라디미르의 성모(자비의 성모) 이콘에서 성모님께 살며시 기대고 있는 예수님의 머리처럼 보이는 것은 또 얼마나 신기한가?

한편, 나는 성모님의 일을 더 잘 하기 위해 요셉 성인께 기도해야겠다고 생각했다. 요셉 성인은 성모님의 참된 배필이시며 예수님의 양부로서 두 분의 충실한 보호자이셨기에 요셉 성인께 기도하면 성지 개발에도 많은 도움을 받을 수 있을 것이라 믿었기 때문이다. 그래서 성지 개발을 시작할 때부터 요셉 성인상을 성지에 모셔놓고 계속 기도해 왔는데, 우연이라 하기엔 너무 신기하게도 사진에 나타난 성모님의 가슴 한복판에 요셉 성인상이 모셔져 있는 것이었다.

그동안 개발과정에서 겪어야 했던 크고 작은 시련과 장애물들 또한 모두 성모님께서 계획하시고 마련하신 섭리였던 모양이다.

성모님께서는 그러한 과정들을 통해서 당신의 모습을 이곳 남양

성모성지의 묵주기도 길에 그려 넣어, 당신께서 '여기', '우리와 늘 함께 하고 계심'을 나타내 보여주시고, 이곳에서 더 많은 묵주의 기도가 바쳐질 수 있도록 묵주기도 길을 연장하게 하셨던 것 같다.

특별히, 사랑하는 아들 예수님을 안고 그를 향해 다정하게 고개를 숙이신 어머니 성모님과 자신의 볼을 어머니의 볼에 맞대며 어머니의 목을 손으로 감고 있는 예수님의 모습을 통해 성모님과 예수님 사이의 깊은 사랑과 내면적 결합이 잘 표현되어 있는 블라디미르의 성모(자비의 성모) 이콘의 모습을 남양성모성지에 새겨주신 것은 더욱 의미가 있는 일이 아닐 수 없다.

아름답고 인자하신 모습의 남양 성모님 또한 자비로우신 어머니라는 이름이 가장 잘 어울리는 분이시며, 아기 예수님이 성모님의 옷자락을 꼭 붙들고 계신 모습으로 조각되어 있는 남양 성모상의 모습에서도 블라디미르의 성모(자비의 성모) 이콘에서와 같이 예수님과 성모님 두 분 사이의 깊은 사랑과 친밀감이 잘 느껴지기 때문이다.

많은 사람들이 성지에 오면 어머니의 품에 안긴 듯 마음이 편안하고 따뜻한 느낌을 받는다고 이야기하는 것도 묵주알을 어루만지며 '은총이 가득하신 성모 마리아여' 라고 당신의 이름을 부르는 자녀들과 좀 더 내면적으로 깊게 결합하고자 하시는 성모님께서 이렇게 현존하여 계시기 때문일 것이다.

엄마 찾으며 엉엉 울 수 있는 곳

1991년 10월 7일, 남양 순교지를 성모 마리아께 봉헌해 드리고 성모 성지로 선포하시면서 김남수 안젤로 주교님께서 이렇게 말씀하셨다.

"앞으로 '남양' 하면 '성모님'을 기억하게 되기를 바랍니다. '성모님'을 찾아야 할 일이 생기면 이제 '남양'에 와서 기도하시면 됩니다."

'성모님을 찾아야 할 일'이라는 게 어떤 걸까? 성모님은 우리 모두의 엄마, 어머니이시다. 정채봉 시인은 「엄마가 휴가를 나온다면」이라는 시에 이렇게 적었다.

'엄마가 하루 휴가를 얻어 오신다면… 얼른 엄마 품속으로 들어가… 숨겨놓은 세상사 중 딱 한 가지 억울했던 그 일을 일러바치고 엉엉 울겠다.'고.

살면서 억울한 일이 한두 가지뿐일까? 엄마를 찾으며 울고 싶은 날이 얼마나 많은지… 하는 일이 안 되고, 병이 찾아오고, 남편이나 형제, 자녀들과의 불화 등등 다양한 문제들에 부딪힐 때, 엄마를 찾으며 엉엉 울고 싶은 날이 누구에게나 있다.

그럴 때 "어머니!" "엄마!"라고 부르며 찾아와 '세상사 중 억울했던 일을 일러바치고 엉엉 울' 수 있는 곳, 나는 남양이 사람들에게 그런 곳이 되었으면 좋겠다고 생각했다. 엄마의 이름으로 찾아와 기도할 수 있는 엄마의 집이 있다는 것은 모두에게 축복이기 때문이다.

가끔 우스갯소리로 말하곤 한다.

"우리나라 사람들은 말만 하면 마리아를 찾습니다. 그러게 말이야(마리아), 참말이야(마리아), 정말이야(마리아), 글쎄 말이야(마리아)… 이렇게 마리아, 마리아를 찾는데도 마리아의 이름으로 찾아가 기도할 곳이 없습니다. 우리 집에 큰 어려움이 있고 수술을 앞두고 있을 때 문제가 있을 때 성모님의 이름으로 찾아와 '엄마' 하고 엉엉 울며 도움을 청할 수 있는 곳, 그러한 성모님의 집이 한 곳도 없었습니다. 남양 성모성지는 여러분이 성모님의 이름으로 찾아와 엄마를 찾으며 엉엉 울며 떼쓸 수 있는 성모님의 집, 여러분 가정의 떨어진 포도주를 채워주는 카나의 혼인 잔칫집입니다. 앞으로 '남양' 하면 성모님의 집, 엄마가 계신 곳이라고 생각하며 달려오세요."

40
한국적인 성모상 조각

아마도 대부분의 사람들은 '중국의 성모님'이 계신다고 생각하지 못할 것이다. 중국에도 성모님의 성지가 있고 '중국의 성모님'이 계신다. 성 요한 바오로 2세 교황님께서 중국을 위해 기도하실 때 그냥 성모님이라고 기도하지 않으셨다. 교황님께서는 상하이 근교에 있는 셰샨(佘山) 성모성지의 성모님을 부르며 기도하셨다.

"셰샨의 성모님, 중국을 위해 빌어 주소서."

어느 나라나 그 나라 사람들이 사랑하는 성모님이 계신다. 폴란드 쳉스트호바, 독일 알퇴팅과 케벨라어, 이탈리아 로레토, 로마의 로마 성모님, 영원한 도움의 성모님, 아르헨티나 루캉, 브라질 아파레시다 등등 우리는 잘 알지 못하지만 그 나라, 그 지역 사람들이 어려운 일이 있을 때 급하게 달려가 매달리며 기도하는 성모님이 계신다.

우리나라 신자들에게도 그러한 성모님이 계셨으면 좋겠다는 생각으로 남양 성모님의 조각을 계획하게 되었다. 하지만 어떠한 모습으로 조각해야 할지 막막했다. 물론 기본적으로 한국적인 성모님이어야 한다는 생각이 전제되어 있었다.

보통 '한국적인 성모님' 하면 사람들이 가장 먼저 생각하는 것이 한복을 입은 모습이었다. 그러나 나는 생각이 달랐다. 21세기에 한국적인 것이 꼭 한복을 입은 모습이어야만 하는가? 그리고 한복을 입은 모습은 그림으로 그리면 예쁘지만 조각을 하면 그렇게 아름답게 다가오지 않는 느낌이었다. 게다가 아무리 조각을 잘한다고 해도 지금까지 한국의 어머니상으로, 최고의 여인상으로 조각해 놓은 신사임당 상을 뛰어넘을 수 있을 것 같지 않았다. 작가들도 인정하고 시대를 초월하여 모든 사람이 사랑하는 성모님 상이 되기 위해서는 눈에 보이는 그대로가 아니라 핵심적인 것을 뽑아내는 것이 중요하다는 생각이 들었다.

그러다 작가 오상일 씨를 만나게 되었다. 그는 고독한 인간의 모습을 주로 조각하는 작가로, 그의 작품 세계는 다분히 철학적이었다. 1992년, 남양 성모상에 대해 가지고 있는 내 생각을 이야기하며 그에게 남양 성모상의 조각을 부탁했다.

"동양과 서양의 아름다움은 다릅니다. 동양은 은은하게 배어 나오는 아름다움입니다. 석굴암의 부처님이나 관음상처럼 말입니다. 그러나 서양은 아름다움을 표현하기 위해 예쁘게 만들고 색을 칠합니다. 우리와는 다른 느낌입니다. 지금까지 200년 동안 한복을 입은 성모상을 보지 못했고, 한복을 입은 성모상 앞에서 기도를 드려오지 않았습니다. 한복을 입은 그림은 예쁘지만 조각은 우리 어머니들의 체형처럼 그렇게 예쁘게 보이지 않습니다. 제주도의 물 허벅을 지고 있는 여인의 조각 같은 느낌을 줍니다. 한복을 입은 성모님은 아름다운 어머니의 조각이 되지 않을 것 같습니다. 그래서 저는 이렇게 하고 싶습니다. 동양적인 아름다움, 한국 여인의 아름다움과 선을 지금까지 우리가 보아왔고 가져왔던 성모님의 이미지에 입히는 겁니다. 한복을 입히는 것이 아니라 한복의 선과 한국적인 여인의 이미지, 동양의 아름다움을 입히면 분명히 서양의 성모님이 아닌 우리 성모님의 모습이 나타날 것으로 생각합니다. 그리고 이런 식의 작업이 글로벌 시대에 국적을 초월하여 누구나 사랑할 수 있는 성모님의 모습을 만들 수 있을 거라고 생각합니다."

오상일 씨는 선뜻 작업을 해 보겠다고 대답하고 돌아갔다. 그런데 자신이 조각한 성모상을 안고 다시 나를 찾아온 것은 그로부터 4년이 지난 1996년이었다.

그의 작품 속 어머니는 가난하면서도 기품이 있어 보였고 침묵하는 듯 조용한 느낌에 조금은 슬픈 얼굴을 하고 있었다. 그리고 그 어머니 앞쪽으로 한두 걸음 떨어진 곳에 대여섯 살쯤 되어 보이는 어린 예수가 서 있었다. 둘은 그렇게 약간의 거리를 둔 채 같은 곳을 바라보며 서 있었다. 작가의 의도는 이런 것이라고 했다. 성모님은 모든 것을 내어주는 분이시고 당신의 사랑하는 아들 예수님까지도 우리에게 온전히 내어주셨다는 것을 그렇게 표현해 보았다고…. 작품으로만 본다면 의미도 좋고 가치가 있어 보였다.

아쉬운 점은 '동양적이다' 혹은 '서양적이다'라고 말하기 힘든, 기존에 보아오던 성모님과는 분명히 달랐지만, 그렇다고 한국적인 어머니 느낌이라고 말하기에는 좀 부족함이 있다는 것이었다. 그리고 무엇보다 결정적으로 '우리 엄마다!'라는 느낌이 별로 들지 않았다.

좀 더 시간을 가지고 생각해 보자고 하고는 내 집무실에, 때로는 성체 조배실로 옮겨 모셔 놓고 때때로 바라보았다. 그러는 동안 가톨릭 미술가회에서 활동하는 여러 작가의 작품들을 눈여겨보고 신축하는 성당이나 수도원으로 찾아가 어떤 성모상을 모셨는지도 관심 있게 보았다. 성모님의 모습을 지극히 단순화하여 표현한 작품들이 대부분이었다.

그렇게 7년이라는 시간이 또 흘러갔다. 그동안 오상일 씨가 조각해 온 성모상을 늘 곁에 두고 있었는데, 시간이 갈수록 편안하게 다가왔고 무엇보다 전혀 싫증이 나지 않았다.

2002년 8월, 오상일 씨에게 다시 남양 성모상을 조각해 달라고 부탁하였다.

41

남양 성모상,
엄마의 치맛자락에 매달리신 아기 예수님

2002년 8월 오상일 작가와 함께 본격적으로 남양 성모상 작업을 다시 하게 되었다.

그런데 이번에는 작가에게만 맡기지 않았다. 많은 사람이 바라보며 기도하고 사랑해야 할 성모님이기에 흙 작업을 하는 동안 작가의 작업실에 찾아가 '이렇게 해 보면 어떨까요?' 하면서 내 생각과 느낌을 전달하고 함께 수정해 나갔다.

머리 모양과 얼굴 표정이 처음과 많이 달라졌다. 그러나 무엇보다 크게 달라진 점은 예수님의 위치와 모습이다. 성모님보다 한 발 앞에 서서 성모님과 같은 방향을 바라보고 있는 예수님의 모습이 마음에 걸렸다. 조금 딱딱하게 느껴진다고 할까? 예수님께서 성모님을, 또 성모님께서 예수님을 얼마나 애틋하고 소중하게 여기고 사랑하셨을지…. 성모상을 바라보면서 기도하는 사람들이 그런 두 분의 사랑을 느낄 수 있으면 좋겠다는 마음이 들었다.

"그동안 아기 예수님을 품에 안고 계시는 성모상은 많이 보아왔습니다. 그런데 엄마에게 매달려 있는 어린 예수님의 모습은 보지 못

했습니다. 세상의 모든 아기들은 엄마에게 매달리지 않습니까? 엄마에게 매달린 아기 예수님의 모습은 우리에게 친근감을 느끼게 할 것 같습니다. 그리고 우리도 아기 예수님처럼 엄마에게 매달려야겠다는 느낌을 줄 것 같습니다. 그렇게 한 번 조각해 보면 어떨까요?"

그렇게 해서 남양 성모상은 예수님이 성모님의 옷자락을 꼭 붙들고 매달려 있는 모습으로 조각이 되었다. 두 분 사이의 깊은 친밀감이 느껴지면서 훨씬 더 따뜻하게 다가왔다.

한복을 입고 계시지는 않지만, 전체적으로 한복이 지닌 아름다운 선을 따라 조각했고, 한국적인 여인의 미, 그중에서도 동양적인 여인의 부드러운 선을 따서 아름답고 자비로우신 어머니의 얼굴을 완성했다. 머리의 후광과 베일도 없앴다. 대신 전통적인 한국 여인의 쪽머리 모양을 약간 변형하여 조각했는데, 단아하고 정숙한 옛 어머니들의 머리 모양이 성모님의 이미지와 잘 맞는 것 같았다.

2003년 5월 3일, 성 필립보와 야고보 사도 축일에 남양에서 순교하신 김 필립보와 정 필립보 순교자를 기억하며 남양 순교자 현양 미사를 봉헌하고, 수원교구장 최덕기 주교님 주례로 남양 성모상을 축성 봉헌하는 예절을 거행하였다.

남양 성모상은 화강암 재질로 좌대를 포함한 높이가 3.5m나 된다. 성모상이 성지에 도착한 날 처음 보았을 때, 흙 작업할 때의 축소된 크기와 느낌에 익숙해져 있어서 그런지 돌 재질로 더 크게 조각되어 온 성모상이 조금은 낯설게 느껴져서 과연 신자들에게 친숙하게 다가갈 수 있을까 하는 걱정이 되었다.

그러나 제막식 때 "하나, 둘, 셋"이라는 구호와 함께 성모상을 감싸고 있던 천이 내려지는 순간 여기저기서 "와!" "오!" "어머니!" 하는 환호성과 감탄사가 새어 나왔다.

주교님께서는 다음과 같이 말씀하셨다.

"남양 성모상을 보면 예수님께서 성모님의 치맛자락을 꼭 붙들고 계십니다. 여러분도 예수님처럼 성모님을 꼭 붙들고, 언제나 성모님의 보호와 사랑을 받기 원한다고 말씀드리시기를 바랍니다. 남양 성모상 앞에서 '성모님 저는 당신께 속하기를 원합니다.'라고 기도하게 되기를 바랍니다. 성모님께서는 당신께 신뢰를 두는 사람이라면 누구든지, 어떠한 상황에 처해 있든지 당신의 아들 예수님을 통하여 아버지 하느님께로 나아가도록 인도해 주실 것입니다."

주교님의 말씀대로 남양성모성지를 순례하는 많은 사람이 아기 예수님처럼 남양 성모상을 꼭 붙들고 매달리며 기도를 바치고 있다.

이제 남양 성모님은 남양에만 계시지 않는다. 남양에서 가까운 요당리(蓼塘里) 성지에도 모셔져 있고, 소화초등학교, 수원가톨릭대학교, 수원교구청과 군포 성당, 인천교구 주안8동 성당 등 여러 곳에 모셔져 있다. 멀리 캐나다의 오타와(Ottawa) 한인 성당에도 모셔져 있는데, 몇 해 전 그곳에 살고 계신 자매가 찾아와 이런 이야기를 해 주었다.

"신부님, 여기가 저희 성당 친정집이네요. 너무 아름다워요! 감동받았습니다. 남양 성모님께서 저희 성당에 오신 날부터 사람들이 성모님께 기도드리거나 성모님을 만나 뵙기 위해 저희 성당에 찾아옵니다. 저희 성당도 성모님 성지가 되는 것 아닌지 모르겠어요. 우리 본당 신자들뿐만 아니라 현지(오타와) 사람들도 남양 성모님을 무척 좋아합니다. 남양 성모상 축성 봉헌식을 주례하신 대주교님(캐나다 오타와교구 교구장)께서도 남양 성모님을 너무 좋아하셔서 작은 남양 성모상을 선물해 드렸더니 무척 기뻐하셨어요. 신부님, 아마도 남양 성모님께서는 저희 오타와 한인 성당에 오시기로 되어 있었던 것 같아요. 남양 성모님께서 성당에 오시면서부터 많은 문제가 해결되었습니다. 모든 신자가 하나가 된 느낌이에요. 묵주의 기도도 모두들 열심히 바칩니다. 개인적으로도 남양 성모님을 모시면서 많은 은혜를 받았다는 분들이 계시구요. 고향의 어머님을 만나 뵙는 것 같다는 신자분들도 많아요. 신부님, 아름다운 남양 성모님을 저희 성당에 보내 주셔서 감사드립니다."

남양 성모님은 우리 신자들뿐 아니라 벌써 외국인들에게도 많은 사랑을 받고 계시다. 몇 년 전 미국에서 오신 어느 수녀회 총장 수녀님을 만났다. 전에도 한 번 남양 성모님을 뵌 일이 있었고 남양을 순례하신 일이 있으셨다. 그때 함께 오신 한국 수녀님이 나에게 이런 말씀을 하셨다.

"신부님, 저희 총장 수녀님이 남양 성모님을 얼마나 사랑하시는지 모릅니다. 처음 보신 날부터 남양 성모님의 '팬'이 되셨어요. 미국에 가셔서도 만나는 사람들에게 남양 성모님 이야기를 많이 하세요. 특별히 병자들을 방문하실 때 남양 성모상을 선물해 주신답니다. 남양 성모님과 남양성모성지를 무척 사랑하십니다."

미국에서 오신 그 수녀님뿐만이 아니다. 독일에서 오신 신부님도, 이탈리아에서 오신 신부님도, 일본에서 오신 신부님도 남양 성모상 앞에서 "우리들의 엄마!" "원더풀!" "엑설런트!"라고 외치며 처음 보는 성모님께 어린아이처럼 매달리며 기뻐하셨다.

2021년 5월 코로나 종식을 위한 전 세계 30개 성모성지의 릴레이 묵주기도를 통해 남양 성모님의 모습이 전 세계 교회에 소개된 이후 일부러 남양 성모님 상본을 구하기 위해 성지에 찾아오신 수녀님들을 만나기도 했다.

"신부님, 남양 성모님 상본 좀 주세요! 저는 루르드 성모성지 옆 동네 수녀원에서 왔구요. 이 수녀님은 몽생미셸(Mont-Saint-Michel) 수도원이 있는 브르타뉴(Bretagne) 지방에서 왔어요. 코로나 종식을 위한 릴레이 묵주기도 때 프랑스의 공동체 수녀님들과 함께 남양 성모님을 바라보며 묵주의 기도를 바쳤습니다. 수녀님들이 '와, 아기 예수님이 매달려 계신 성모님이다! 저 성모님이 어디에 계시지? 수녀님이 한국에서 오셨잖아요. 한국에 가시면 저 성모님 상본을 가져다주세요.' 하고 말했습니다. 신부님, 수녀님들께 갖다 드리게 성모님 상본을 조금 주세요."

수녀님들과 만나 좀 더 이야기를 나누고 작은 남양 성모님 상과 상본을 챙겨드리자 무척 고마워하시며 좋아하셨다.

남양 성모상이 한국의 어머니일 뿐 아니라 전 세계 모두의 어머니가 되고 있는 것 같아 기쁘다.

"아름답고 자비로우신 우리들의 어머니 남양 성모님, 저희를 위하여 빌어 주소서."

42

미술관 옆 화장실

"신부님, 저에게는 화장실 설계만 시키십니까? 그래도 성모님 성지에 화장실이라도 설계하여 지을 수 있는 게 어딥니까? 감사합니다."
지난 2002년 성지의 두 번째 화장실을 지을 때 설계를 한 김광현(서울대학교 건축과 학장) 교수가 웃으며 한 이야기이다.

그 까닭은 다른 데 있지 않았다. 화장실 말고 내가 성지에 지은 다른 건물이 없었기 때문이다. 경당은 2000년 확장공사 때 지붕이 내려앉는 바람에 목수들과 상의해 가며 내 나름대로 지은 것이고, 식당도 비닐하우스이기 때문에 따로 설계를 하지 않았다.

나는 보통 다른 일에는 좀 급한 편이다. 일단 마음을 먹으면 그 즉시 추진해 나가는 편이다. 그런데 건물을 짓는 일에 있어서 만큼은 신중에 신중을 기하려고 한다. 한 번 지어놓은 건물은 어떠한 형태로든 거기 남아 있을 것이라는 생각 때문이다. 할 수 있는 한 자연이 자연 그대로 남아 있기를 바라고 꼭 필요한 건물이라도 자연과 조화를 이루며 최대한 아름답게 짓고 싶다. 그러다 보니 건물을 짓는 일에 점점 더 신중하게 되었던 것 같다. 또 남양이 급격하게 발전하는 가운데 그 속에서 성지를 보존하기 위해 성지 주변의 땅들을 사는 일만으로도 벅찼기 때문에 실제로 건물을 지을 여유가 없기도 했다. 그런데 화장실 건립은 더 이상 미룰 수가 없었다.

화장실 설계를 부탁드리면서 내가 갖고 있는 생각을 말씀드렸다.

"이 화장실은 성지를 찾는 사람들이 성지에 도착해서 처음 만나는 건물입니다. 사람들이 이 건물을 보았을 때 '나는 화장실입니다.'라는 인상이 느껴지지 않았으면 좋겠습니다. 남양성모성지의 첫인상으로 남을 수 있는 건물이기 때문에 화장실이라기보다 미술관이나 전시관 같은 느낌이었으면 좋겠습니다."

공사를 하는 동안 많은 이들로부터 '무슨 건물을 짓느냐?'는 질문을 받았다. 그때마다 화장실이라고 하면 못 믿겠다는 표정을 지었다. 단순한 디자인과 녹슨 철판을 주재료로 한 독특한 외관 때문에 많은 이들이 미술관이나 카페로 오해를 했던 것이다.

2004년 6월, 남양성모성지의 두 번째 화장실이 완공되었다. 그야말로 '미술관처럼 보이는' 화장실이었다.

43

너의 엄마인 내가 여기 있지 않니?

"너의 엄마인 내가 여기 있지 않니? 너는 내 그늘 안에 있지 않니?"

"귀 기울이고 명심하여라, 내 가장 작은 아들아. 아무것도 걱정할 것이 없단다. 그 아무것도 너를 근심하게 하지 말아라. 너의 얼굴이, 너의 심장이 근심하게 하지 말아라. 병들거나 아파도 걱정하지 말아라. 아무것도 너를 괴롭히게 하지 말아라. 내가 여기 있지 않느냐. 내가 너의 어머니가 아니냐. 네가 나의 그늘에서 나의 보호를 받고 있지 않느냐. 내가 너의 기쁨의 샘이 아니냐. 네가 내 망토에 둘러싸여 내 품 안에 있지 않느냐. 이 밖에 네가 원하는 것이 또 있더냐. 그 아무것도 너를 근심하게 하거나 괴롭히지 않게 하여라."

― 과달루페 성모님께서 후안 디에고에게 하신 말씀

과달루페 성모님은 역사상 처음으로 발현하신 성모님이시며 남아메리카의 어머니, 생명의 어머니로 사랑과 공경을 받으시는 성모님이시다.
2000년부터 해 오던 생명 수호를 위한 기도 운동이 더욱 자리를 잡고 생명을 위한 기도가 계속 바쳐지기를 바라는 마음에서 성지에 과달루페 성모님을 조각해 모셔 놓았다.

아직도 '과달루페'가 아니라 '과테말라' 성모님이라고 혼동하여 부르는 사람들을 가끔 만나기는 하지만…. '아가야 미안하다'라는 글씨가 새겨져 있는 낙태아의 무덤 앞에 누군가 가져다 놓은 사탕이며, 과자, 요구르트 같은 것들이 언제나 놓여있는 걸 보면 과달루페 성모님을 찾아와 기도하는 사람들이 꾸준히 있다는 것을 알 수 있다.

과달루페, 이것은 지명이 아니다. 성모님께서 열병에 걸렸던 후안 디에고(Juan Diego)의 작은아버지를 치유해 주시면서 직접 알려주신 이름이다.

"그 성화는 '과달루페의 원죄 없이 잉태되신 성모 마리아'로 알려지게 될 것이다."

성모님께서 말씀하신 '그 성화'란 발현 목격자인 후안 디에고의 틸마(tilma, 망토)에 새겨 주신 당신의 모습이었다.

나는 과달루페 성모님을 중학교 때 처음 알게 되었다. 과달루페 성모님의 발현 이야기를 그린 영화를 보았는데, 어린 마음에도 큰 감동을 받고 눈물을 흘렸던 기억이 난다.

특히, 다 떨어진 샌들을 신은 가난한 인디언 후안 디에고가 성모님 발현을 목격하고 주교관으로 달려가던 장면, 가난하고 비천한 자신의 신분을 부끄러워하면서도 성모님 말씀을 전하기 위해 서둘러 가는 그의 모습이 참 용감해 보였다.

주교님이 자기 말을 믿어주지 않자 다시 성모님께로 가서 "성모님,

저처럼 천한 사람을 보내지 마시고 주교님이 믿을 만한 사람을 보내주세요."라고 했던 후한 디에고. 그에게 성모님은 다음과 같이 말씀하셨다.

"나의 사랑을 받는 아들아, 나에게는 많은 천사가 있단다. 나는 그들에게 내 말을 전하게 할 수도 있다. 그러나 내가 너를 택한 것은 너를 통해 내 뜻이 이루어지기를 바라기 때문이란다."

성모님의 말씀에 새로운 힘과 용기가 솟은 디에고는 다시 주교님을 찾아간다.

주교님은 디에고에게 "그분이 정말 성모님이시라면 표징을 가지고 오라."고 하신다.

성모님께서 표징을 보여주겠다고 말씀하신 날, 디에고는 열병에 걸려 위독한 작은아버지가 병자성사를 받도록 신부님을 모시러 가느라 성모님과의 약속을 지키지 못한다. 그런 디에고 앞에 성모님께서 다시 나타나셨다. 어쩔 줄 몰라 하는 디에고에게 성모님은 말씀하셨다.

"네 마음을 잘 안다. 그러나 이제 네가 걱정할 일은 없다. 네 작은아버지의 병이나 너에게 일어나는 어떠한 일도 두려워하지 마라. 내가 네 곁에 있지 않으냐? 앞으로 너를 불안하게 하거나 괴롭게 하는 일들은 더 이상 없을 것이다. 내 말을 믿어라. 나의 일보다 더 중요한 일이 너에게 또 무엇이 있단 말이냐?"

성모님께서는 당신과 처음 만났던 산 위에 올라가면 여러 가지 색깔의 장미꽃이 피어 있을 거라고 말씀하셨다. 그곳은 한 번도 꽃이 핀 적이 없는 삭막한 바위산이었고 때는 한겨울이었지만, 디에고가 그 산에 올라갔을 때 성모님 말씀대로 정말 여러 가지 색깔의 장미꽃들이 피어 있는 것을 보게 되었다. 디에고는 목에 두른 틸마를 앞으로 돌려 그 안에 장미꽃을 따 모았다. 그러고는 다시 주교님에게 찾아가 자신의 틸마에 고이고이 감싸 안고 온 장미꽃을 펼쳐 보였다.

드디어 성모님께서 맡겨주신 임무를 마쳤다는 안도감에 디에고가 장미꽃을 내려놓고 한숨 돌리려는 순간, 주교님이 디에고 앞에 털썩 무릎을 꿇었다. 주교님뿐만 아니라 문지기의 연락을 받고 달려온 총독과 부하, 하인들도 모두 디에고 앞에 무릎을 꿇고 머리를 조아렸다. 디에고가 깜짝 놀라 어쩔 줄 몰라 하며 주교님과 사람들의 시선이 고정되어 있는 자신의 틸마로 눈길을 돌렸을 때 디에고 역시 소스라치게 놀라지 않을 수 없었다.

테페약(Tepeyac)산에서 만났던 바로 그 성모님의 모습이 장미꽃을 감싸고 온 자신의 틸마에 고스란히 새겨져 있었기 때문이다.

디에고의 틸마는 과달루페 성모 발현 기념 대성당 중앙 제단 뒤에 걸려 있다. 틸마를 만드는 선인장 섬유인 아야테는 보통 수명이 20~30년이라고 하는데, 성모님의 모습이 새겨진 디에고의 틸마는 500년 가까이 된 지금까지 아무런 변화가 없이 잘 보존되어 있다.

44

아즈텍인들의 412년 주기 역법

과달루페는 '돌뱀을 쳐부수다'라는 뜻이다. 돌뱀은 아즈텍(Aztec)족들이 섬기던 날개 돋친 뱀을 말한다. 아즈텍족들은 수많은 사람들의 피를 이 신에게 제물로 바치고 있었다.

성모님은 1531년 테페약 언덕에 발현하셨다. 이는 아즈텍인들 사이에서 오랜 시간 동안 회자되던 예언에 따른 것이다.

아즈텍인들은 412년을 한 주기로 하는 역법을 사용하였다.

그들은 다음과 같은 믿음을 가지고 있었다. 매일 밤이 되면 태양은 어둠의 세력과 지하 세계의 죽음의 적들과 싸우고 아침이 되면 개선장군처럼 다시 솟아오른다는 것이다. 그러나 이 승리는 짧고 위태로운 것이다. 이 우주관에 의하면, 모든 밤은 인류의 마지막 밤이 될 수도 있는 것이다.

그래서 아즈텍인들은 늘 죽음의 두려움에 싸여 살았고 이 두려움은 매일의 일시적인 햇빛에 의하여 치유될 수 없는 것이었다. 밤마다 필사적으로 죽음의 적들과 싸우는 태양을 돕기 위하여 사람을 희생 제물로 바쳤다. 사람의 피가 인류의 생존을 위하여 바쳐진 것이다.

그러나 412년 주기의 마지막이 되면 태양신의 어머니인 여신 토난

친이 나타나서 아즈텍 국가와 세상을 구해 줄 것이라는 것이다. 여신이 태양에게 다시 생명을 불어넣어 태양은 그 완전한 힘을 다시 갖게 되고 하늘과 땅 사이에 새로운 평화의 시대를 연다. 인간의 희생제물은 더 이상 필요하지 않게 되고 밤은 더 이상 낮을 지배할 수 없다.

1531년 12월 12일은 412년 주기의 정확히 마지막 날이었다. 바로 그날, 후안 디에고의 시골스러운 틸마에 성모님의 기적적인 모습이 나타난 것이다.

실제로 과달루페 성모님의 발현 이후, 7년 만에 돌뱀 등 잡신을 숭배하던 아즈텍족 (당시 멕시코 인구의 거의 전부에 해당하는) 약 800만 명이 가톨릭으로 개종하였다.

돌뱀에게 바쳐지던 수많은 무고한 생명을 구해주신 성모님이시기에 과달루페 성모님은 '생명의 어머니'라는 이름으로 공경과 사랑을 받고 계신다.

과달루페 성모님이 '생명의 어머니'로 불리는 이유는 또 있다. 후안 디에고의 틸마에 새겨진 성모님의 성화, 성모님의 모습을 보면 성모님은 멕시코 인디언 여인의 전통적인 복장을 하고 계시고, 앞가슴에 까만 띠를 매고 계신다. 이 까만 띠가 상징하는 것은 '나는 아기를 잉태했습니다.'라는 뜻이다.

생명 수호운동을 하는 사람들은 이 표시를 생명을 수호하고 낙태를 반대하는 의미로 해석하고 있기도 하다. 해마다 수많은 여자와 아이들의 피를 제물로 강요했던 돌뱀, 그것이 현대에 와서 '낙태'라는 새로운 이름으로 여전히 수많은 여자와 아이들의 피와 눈물을 강요하고 있는 것은 아닌지?

45

아가야, 미안하다

"시 보건소에 가서 아이를 없애고 마취에서 깨어나 집에 오려고 큰 길에서 버스를 기다리면서 목이 메어 한없이 한없이 울었어요. 어미라고 내게 찾아온 핏덩이를 없애버리고, 신자로서 해서는 안 되는 일을 해서, 하느님께 대죄를 짓고 길바닥에 주저앉아 울면서 바라보는 하늘은 온통 잿빛이었어요. 하늘이 캄캄하다는 것을 그때 느껴 보았어요. 웬만하면 죄를 짓지 않아도 되었으련만….

그 시절에는 아이가 세 명만 되어도 집주인들이 아이들 많다고 셋방도 잘 안 주던 시절이었지요. 형편이 형편인 만큼 택시도 못 타고 90원 하는 버스에 몸을 싣고 집에 오면서 '주님, 용서해 주셔요. 아가야, 용서해 주렴.' 소리도 못 내고 속으로 통곡했던 일이 생각나면 26년이 지난 지금도 가슴이 아려 옵니다.

'아가야, 너는 죄가 없어 하늘나라에 갔겠지? 정말 미안했다.' '주님, 이 못난 딸을 용서해 주셔요.' 오늘도 주님께 용서를 청하며 머언~ 하늘을 멍하니 바라봅니다.

신부님 정말 감사합니다. 과달루페 성모님상을 성지에 세워서 낙태죄를 짓고 마음 아파하는 많은 자매들에게 속죄와 보속을 할 기회를 주서서 감사합니다."

2003년 12월에 받은 한 어머니의 편지이다. 당시 생명을 위한 기도 운동을 벌이면서 성지에 생명의 어머니 과달루페 성모상을 모시고자 한다는 내용을 월보 『성모님의 동산』에 실었는데, 그걸 보고 많은 어머니가 함께하고 싶다며 편지와 봉헌금을 보내왔다.

매월 넷째 주 토요일에 봉헌하고 있는 생명의 어머니 과달루페의 성모 마리아 신심 미사와 생명 수호를 위한 묵주기도 바치기가 시작된 것은 2000년이었다. 대희년을 맞아 성모님을 기쁘게 해 드릴 수 있는 일이 무엇일까 생각하다가 그 가운데 하나로 반생명적인 죽음의 문화, 특히 낙태죄에 대한 속죄와 보속 그리고 예방을 위한 기도 운동을 시작한 것이다.

> 만일 어머니가 자신의 아이를 죽여도 된다고 한다면 어떻게 우리가 다른 사람들에게 서로 죽이지 말라고 할 수 있겠습니까? 낙태를 허용하는 나라는 자기 국민에게 사랑하는 법을 가르치는 것이 아니라, 인간이 원하는 것을 얻기 위해서는 사용할 수 있는 모든 폭력을 사용해도 좋다는 것을 가르치는 것입니다.
> ― 성녀 마더 데레사

나 역시 마더 데레사 수녀님과 같은 생각을 했다. 낙태는 인류의 평화와 생명을 파괴하는 모든 범죄의 밑바탕이 될 수 있다. '나는 낙태를 안 했으니 기도를 안 해도 되고, 누구는 낙태했으니 기도해야 한다.'가 아니다. 지금, 이 순간에도 우리 사회 어딘가에서 낙태가 행해지고 있다면 이를 멈추기 위해 우리 모두가 함께 기도해야 한다고 생각했다.

마침 미국에서 생명 수호를 위한 캠페인과 생명 수호를 위한 묵주기도를 통해 낙태 전문병원 5,000여 곳이 문을 닫았다는 이야기를 들었다. 낙태되는 태아의 수가 태어나는 아기들의 두 배를 넘어서고, 천주교 신자들의 60%가 낙태를 경험했다는 마음 아픈 현실, 그러한 현실을 그저 슬퍼하고 한탄만 하고 있을 수는 없었다. 미국에서 바치고 있다는 『생명 수호를 위한 묵주기도와 십자가의 길』 책을 번역·출판하여 신자들에게 나눠주면서 함께 기도해 달라고 부탁했다.

이 기도 운동을 벌이면서 또 하나 분명하게 알게 된 것이 있다. 낙태는 폭력과 범죄, 반생명적인 문화의 뿌리가 되기 이전에, 이미 적어도 두 명의 희생자를 만든다는 것! 낙태는 한 생명을 빼앗을 뿐 아니라 한 어머니의 영혼에 평생 씻지 못할 깊은 상처와 아픔을 남긴다. 얼마나 많은 어머니가 낙태 후에 슬픔과 죄책감에 괴로워하는지 함께 기도하는 어머니들의 눈물과 고백, 편지를 통해서 알게 되었다.

상처받고 슬픔에 잠겨 있는 어머니들의 마음을 치유하고 위로해 줄 방법도 기도밖에 없다는 생각이 들었다. 낙태 경험이 있는 어머니들이 기도 안에서, 기도를 통해 치유를 받고 나아가 생명을 위해 일하는 사람들로 거듭나기를 바라는 마음으로 더 많은 사람이 함께 기도할 수 있도록 미사 강론 때나 월보를 통해 생명 수호를 위한 기도를 열심히 알렸다.

그리고 성지에 생명의 어머니 과달루페 성모상을 세우기로 하였다. 이러한 소식을 전하자 많은 어머니가 봉헌금과 함께 편지를 보내왔다. 그 편지 속에는 '참회와 보속' '빛결, 물결, 바람결, 꿈결' 천사들의 이름인 '미카엘, 가브리엘, 라파엘' 등등 엄마들이 기도 안에서 기억하고 있는 낙태된 아기들의 이름으로 봉헌하고 싶다는 내용들이 담겨 있었다. 한 자매는 결혼 전 10년 가까이 시골의 작은 병원에서 간호사로 있으면서 낙태 수술을 하는 원장님을 도와드렸는데 어린 영혼들에게 항상 죄스러웠던 마음을 봉헌으로 대신하고 싶다며 자신의 한 달 월급을 고스란히 보내오기도 하였다.

그러한 지향과 기도, 봉헌을 모아 과달루페 성모상 세우는 일을 시작하여 2004년 5월 22일 교구장 주교님의 주례로 축복식을 하고 성지에 과달루페 성모님을 모시게 되었다.

오랜만에 올라가 본 낙태아의 무덤 주위에 아기들의 보드라운 머릿결 같은 솔패랭이꽃들이 피어나 바람에 조용히 흔들리고 있다.

46

성지개발 과정에 대한 기록

자세히
보아야 예쁘다

오래 보아야
사랑스럽다

너도 그렇다

— 나태주, 「풀꽃」

내가 참 좋아하는 시다. 시처럼 걸음을 멈추고 자세를 낮추고 자세히, 오래 들여다본다.

늘 지나던 길에 해마다 피고 지는 꽃도 한 번 그러고 나면 그다음부터는 무심히 지나칠 수 없게 된다. 민들레, 제비꽃, 강아지풀, 달개비, 도라지… 지천으로 피어 있는 풀꽃들 모두와 그렇게 각별한 사이가 된 것은 어쩌면 사진을 찍는 취미 덕분인지도 모르겠다. 작은 풀꽃들을 렌즈에 담기 위해 이리저리 그리고 한참 동안 바라보고 나면 하나하나가 모두 다 특별하고 예쁘고 사랑스러웠다. 그래서 생각했다.

'하느님의 눈도 이 카메라 렌즈와 같지 않을까?'

아무리 평범하고 보잘것없는 사물이나 풍경도 카메라 렌즈를 통해서 보면 모두가 특별하고 새로운 의미로 다가오는 것처럼 하느님께서도 우리들 각자를 그렇게 특별하고 소중한 존재로 기억하시고 사랑해 주시니 말이다.

"찰칵!" "찰칵!"

셔터를 누르던 손을 잠시 멈추고 이번에는 또 다른 각도에서 바라본다. 이쪽에서 바라볼 때와 저쪽에서 바라볼 때, 각도를 조금씩만 달리해도 표정과 느낌이 달라지는 게 참 재미있다.

봄이 시작되기도 전에 눈 속에서 꽃을 피우는 복수초를 시작으로 금낭화가 피면 금낭화를, 엉겅퀴가 꽃을 피우면 엉겅퀴를 찍고 또 어떤 날은 나리꽃이 모델이 된다. 어떤 것은 가까이 다가가서 들여다보아야 예쁘고 또 어떤 것은 좀 멀리 떨어져서 보는 게 더 예쁘고…. 이렇게도 해 보고 저렇게도 해 보고…. 그렇게 렌즈는 평범한 것에서 아름다움을 발견하게 하고, 익숙한 것들도 새삼스럽게 바라보게 만드는, 나의 새로운 눈이 되어 주었다. 사진 찍는 것을 원래부터 좋아하긴 했다. 그런데 본격적으로 사진을 찍기 시작한 것은 남양에 부임한 이후가 아닌가 싶다. 그 시작은 이러했다.

남양에 부임해서 성지개발을 하면서 하루하루 조금씩 변화되어 가는 성지 모습을 남겨두어야겠다는 생각이 들었다.

'오늘의 이런 모습들이 내일이면 과거가 되고, 이런 하루하루가 모여 남양성지의 역사가 되겠지.'

어떠한 방식으로든 기록해 두지 않으면 잊히고 말 것이기 때문이다. 남양은 병인박해 때의 순교지이다. 그런데 그 사실이 100년 넘게 역사 속에 묻혀 있었다. 여러 가지 사정이 있을 수 있지만 결정적으로 남양에서 순교한 사람들에 대한 기록이 별로 없었기 때문이 아닌가 싶다. 오랜 시간이 걸리긴 했지만, 그래도 이곳에서 순교하신 순교자들에 대한 기록이 남아 있었고, 그것을 기억하고 찾아낸 이가 있었다. 그래서 늦게나마 남양이 순교지라는 것이 밝혀지고 개발이 될 수 있었다.

나무들을 옮겨 심고 산을 깎아 광장을 넓히고 잡목이 무성했던 야산에 오솔길을 내어 기도 길을 만들면서 그러한 과정을 사진으로 남겼다. 그러한 자료들이 남아 있으면 나중에 누가 보더라도 성지가 처음에 어떤 모습이었고, 또 어떠한 과정을 거쳐 개발되어 왔는지 알 수 있을 거라고 생각했다. 다른 사람들만이 아니라 나 역시 마찬가지다. 내가 일을 했다고 해도 그 모든 과정을 일일이 다 기억할 수는 없는 일이다. 그런데 사진으로 남겨 놓으면 그것들이 희미해져 가는 내 기억을 붙들어주고 그에 얽힌 이야기들도 일깨워주는 실마리가 되어 줄 것이다.

그러니 사진은 불완전하고 유한한 내 기억을 보완해 줄 일종의 기억 보조 장치 같은 것이었다고 해도 크게 틀리지 않을 것이다. 성지를 개발하는 과정에서 하루하루 조금씩 변해가는 모습들을 기록하는 마음으로 크고 작은 공사 현장부터 성지의 구석구석을 찾아다니며 열심히 사진을 찍기 시작했다.

그러던 어느 날 무심코 지나던 묵주기도 길가의 풀꽃이 나의 발목을 잡았다. 렌즈를 통해 보면서 그 꽃을 찍기 시작했다. 이왕 찍는 거 좀 더 잘 찍고 싶어 사진에 관련된 책도 사서 읽어보고 이렇게 저렇게 실험도 해 보았다. 안개가 낀 날은 안개가 걷히기 전에 부지런히 나왔고, 비가 오는 날은 비가 와서, 하늘이 맑은 날은 하늘이 맑아서…. 그 어떤 것도 놓치고 싶지 않았다. 그 덕분에 봄 여름 가을 겨울, 밤낮 할 것 없이 나는 더 부지런해져야 했다.

그렇게 부지런히 성지 구석구석을 담으면서 사람들의 기도하는 모습도 더 자주 만나게 되고, 그 모든 풍경과 사람들을 예전보다 훨씬 더 사랑하게 되었다. 아기를 업고 묵주기도를 바치는 엄마, 십자가를 부둥켜안고 마음 아파하시는 할머니, 성모님을 바라보는 아이, 맨발로 묵주기도 길을 걷는 순례자의 뒷모습, 묵주 알 한 알 한 알마다 같이 손을 모으고 기도하는 가족들…. 그 모두가 내 사진의 주인공이다.

그리고 그러한 사진들로 후원회원들에게 보내는 달력을 만들기도 하고, 엽서 제작도 해 보고, 좋은 글과 묶어 사진 묵상집을 내기도 했다. 그러다가 2004년에는 남양성모성지를 좀 더 널리 알릴 목적으로 사진 전시회를 열게 되었다. 4월 20일부터 26일까지 수원 만석공원 안에 있는 수원미술관에서, 그리고 7월에는 인사동 '경인미술관'에서 두 차례에 걸쳐 전시회를 했다.

> 우리의 만남을
> 헛되이
> 흘려버리고 싶지 않다
> 있었던 일을
> 늘 있는 일로 하고 싶은 마음이
> 당신과 내가 처음 맺어진
> 이 자리를 새삼 꾸미는 뜻이라

우리는 살고 가는 것이 아니라
언제까지나
살며 있는 것이다.

신동엽 시인의 생가(生家)에 시인의 아내가 적어 걸어 놓았다는 이 글을 전시회 사진집 서문에 인용했었다.

'있었던 일을 늘 있는 일로 하고 싶은 마음', 그 마음이 과거 순교자들의 죽음이 우리와 단절된 과거에 머물러 있지 않고, 지금 여기서 현재를 살아가고 있는 우리를 통해서 영원히 지속되기를 바란다는 성지개발의 의미와도 일치하고, 사진을 찍는 이유도 되어 주었기 때문이다. 그런데 내가 이 글에서 특별히 더 좋아하는 부분은 마지막 구절이다.

우리는 살고 가는 것이 아니라
언제까지나
살며 있는 것이다.

어쩌면 이것이 내가 사진을 찍는 진짜 이유인지도 모르겠다. '언제까지나 살며 있기 위하여, 렌즈라는 새로운 눈을 통해 매 순간 세상을 다시금 바라보며 사랑하고 싶어서 말이다.

47

자비로우신 예수님 언덕

2003년 11월부터 2004년 5월까지 십자가의 길을 연장하는 공사를 했다. 십자가의 길이 길어지면서 산꼭대기에서 기도를 마치게 되었다. 그 꼭대기는 생각보다 넓은 공간이었고 평화로운 느낌을 주었다. 십자가의 길 기도를 바치며 그 위에까지 올라간 순례자들이 그냥 내려오는 모습을 보면서 거기서 좀 더 머물며 기도하다 내려올 수 있도록 특별한 기도의 장소를 만들면 좋겠다는 생각을 하게 되었다.

처음에는 남양 시내에서도 보이도록 커다란 십자가를 세우면 어떨까 하는 생각을 했다.

이런저런 생각 속에서 몇 개월이 지나갔다. 10월 묵주기도 성월을 보내며 성모님께 어떠한 기도 장소를 원하시는지 기도 중에 여쭈어 보기도 했다. 그러는 가운데 자비심의 예수님상을 세우고 하느님 자비심을 구하는 5단 기도 길을 만들면 어떨까 하는 생각이 떠올랐다. 그러한 생각이 내 생각인지 하느님과 성모님의 뜻인지 계속 기도해 보았다. 기도 속에서 그 생각은 점점 구체화되어 갔고 '꼭 해야 된다.'는 마음에까지 이르게 되었다. 이 시대는 하느님의 자비가 어느 때보다도 절실한 시대라는 생각이 들었기 때문이다.

2000년 4월 30일, 바티칸의 성 베드로 광장에서 새 천년기 첫 성인의 탄생을 선포하는 시성식이 거행되었다. 그때 시성된 주인공이 폴란드 자비의 성모 수녀회의 마리아 파우스티나(Mary Faustina, 1905~1938) 수녀님이었다. 요한 바오로 2세 교황님은 하느님 자비의 사도로 알려진 마리아 파우스티나 수녀님을 시성하면서 특별히 하느님 자비를 기릴 것을 당부했고, 교황청 전례성사성은 교령을 통해 2001년부터 부활 제2주일을 '하느님의 자비 주일'로 지내도록 하였다.

요한 바오로 2세 교황님이 파우스티나 수녀님을 새 천년기의 첫 성인으로 선포하시면서 부활 제2주일을 하느님의 자비 주일로 정하신 것은 이 시대에 가장 필요한 것이 바로 '자비(慈悲)'라고 여기셨기 때문이다.

평화를 위한 기도의 땅인 남양에서 하느님 자비의 메시지를 전하고 자비를 구하는 기도가 바쳐지게 하는 것은 더욱 뜻깊고 꼭 필요한 일이라는 생각이 들었다. 이러한 내 생각을 매주 고해성사를 주러 오시는 수도회 신부님들과 나누어 보았다. 신부님들도 아주 좋은 계획이라며 내 생각에 아낌없는 격려를 해주셨다.

나는 교구장 주교님께 다음과 같은 글을 드렸다.

"주교님, 경당 뒤에 있는 산, 과달루페 성모님이 서 계신 산 정상, 십자가의 길이 끝나는 곳에 피에타 성모상과 자비로우신 예수님상을 세우고자 합니다. 하느님의 자비가 필요한 이 시대에 계속적인 자비의 기도가 바쳐지도록 십자가의 길 끝에 자비로우신 예수님상을 세우는 것은 의미 있는 일이 될 것입니다.

성모님은 하느님의 자비를 예외적이고 독특한 방법으로 체험하신 자비로우신 어머니이십니다. 자비로우신 어머니의 집인 성모성지에서 하느님께 자비를 구하는 기도가 계속 이어진다면 좋을 것입니다. 주교님의 뜻은 어떠신지요? 주교님의 뜻을 따르겠습니다."

교구장 최덕기 바오로 주교님은 "좋은 신심입니다. 신부님께서 원하시는 대로 하세요."라는 답을 주셨다. 주교님의 말씀에 더욱 용기를 얻은 나는 2004년 11월 공사를 시작하였다.

나무를 캐내고 나니 산 정상 모습이 나타났다. 좁고 긴 형태였다. 크게 잡아야 100평 남짓 되어 보이는 좁은 공간이었다. 마음에 품었던 계획대로라면 자비로우신 예수님상 앞에서 순례자들이 머물며 기도할 수 있는 공간도 있어야 하고, 그 둘레로 하느님 자비를 구하는 5단 기도를 바칠 수 있도록 묵주 알도 놓아야 하는데, 예수님상만 모시기에도 좁게 느껴질 정도였다. 게다가 경사가 급해서 순례자들이 서 있기에도 불편해 보였다. 광장을 넓혀야 했다.

관리소장과 현장을 꼼꼼하게 체크하며 공사를 어떻게 하면 될까, 서로 이야기를 주고받았다. 내 생각엔 산 정상 부분을 깎아 내고 흙을 좀 더 실어다 부으면 될 것 같았다.

"그렇게 간단치가 않습니다. 대단히 큰 토목공사입니다. 돌을 실어다 산에 성을 높이 쌓고 그 위에 흙을 퍼다 부어서 광장을 만들어야 합니다."

"산꼭대기에 돌을 쌓았다가 무너지면 어떻게 하니?"

"무너지게 쌓나요? 요즘 이 근처 공장 짓는 곳들 거의 대부분 발파석(發破石)을 가져다 성 쌓듯이 쌓아요. 높게 쌓는 곳은 7~8m나 되는 것 같아요. 튼튼해요. 웬만한 지진에도 견디게 쌓지요."

"공사 기간은 얼마나 걸릴까?"

"돌을 쌓고 흙을 실어다 붓고 한여름 장맛비를 맞혀서 땅을 가라앉힌 다음 다시 흙을 퍼다 붓고 다져야 합니다. 그런 다음에 자비로우신 예수님상을 모실 수 있고, 예수님상을 모신 후에 주변 정리하고 마무리 작업까지 하자면 1년도 더 걸린다고 봐야 합니다. 그런데 산 주변 곳곳에 무덤들이 있고 무덤 주인들이나 매일 성지에 오르내리는 사람들이 고발이라도 하면 또 어려움 겪게 되시잖아요."

맞는 말이었다. 다른 문제도 많았지만, 허가 없이 공사를 시작했다가 또다시 고발당하여 공사도 마치지 못하고 난처한 상황에 부닥칠까 봐 그것이 가장 큰 걱정이었다. 그동안 성지를 개발하면서 여러 차례 고발당하고 재판까지 받았던 적이 있었기 때문에 또다시 그런 일을 겪고 싶지는 않았다.

그런데 무슨 명목으로 허가를 받을 수 있을까?

'산 정상을 깎아 내고 성을 쌓아서 자비로우신 예수님상을 세우려고 하니 허가해 주세요.'

현실적으로 어려운 일이다. 하지만 불법이라고, 어렵다고 하지 않았으면 어쩌면 지금까지 할 수 있었던 일이 거의 없었을지 모른다.

하느님 자비심의 산성

"신부님, 저 참나무들은 어떻게 할까요?"

옮기기에는 너무 크고 베어 버리기에는 아까운 나무들이었다.

"나무가 묻히지 않게 흄관을 잘라서 나무 주위를 보호하고, 그 주변으로 흙을 쌓으면 어떨까?"

참나무들이 서 있는 자리를 경계로 돌을 쌓고 흙에 묻힐 위치에 있는 나무들은 흄관을 이용해서 묻히지 않도록 보호했다. 흙이 쌓이면서 광장이 점점 넓어졌다.

"이대로 그냥 흙만 실어다 붓고 잔디를 심으면 안 될까?"

"안 됩니다. 비가 오면 물을 먹어서 밑으로 그냥 쳐져 버리기 때문에 돌을 쌓아야 합니다. 그런데 겨울 공사라서 걱정입니다. 덤프트럭으로 돌을 실어 날라야 하는데 경사가 심해서 눈이라도 내리면 덤프트럭이 오르내릴 수 없으니 돌을 쌓을 수가 없어요. 아무래도 눈 내리기 전에 서둘러 쌓아야 할까 봐요."

공사를 시작하기로 결정을 내리기까지도 생각이 많았지만 공사를 시작한 뒤로는 더 걱정할 일들이 많아졌다.

'덤프트럭이 미끄러지면 큰 사고가 날 텐데….' 눈이 오면 눈이 와서, 또 날이 좀 풀리면 얼었다 녹은 땅이 질척거려 미끄러질까 봐 마음을 놓을 수가 없었다. 덤프트럭이 좁은 비탈길을 올라갈 때면 나도 모르게 기도가 바쳐지곤 했다.

어느덧 여름이 왔다. 장마가 시작되자 또 걱정이 많이 되었다. '돌을 쌓은 곳이 괜찮을까?' 비만 그치면 올라가 살폈다. 다행히 흙이 가라앉아 다져질 뿐 아무런 문제도 없었다.

광장을 만드는 일과 함께 자비로우신 예수님상을 조각하는 작업도 진행했다. 자비로우신 예수님상 조각은 경원대학교 미술대학장 김유선 프란치스코 교수가 맡아서 하고 있었다.

처음에는 55톤이나 되는 큰 통돌이었는데 돌을 깎아 무게가 9톤으로 줄면서 자비로운 예수님의 모습이 드러났다.

피에타 성모님, 요한 바오로 2세 교황님과 파우스티나 수녀님의 흉상도 조각했다. 하느님 자비를 구하는 5단 기도 길의 묵주 알도 조각했는데, "예수님의 수난을 보시고, 저희와 온 세상에 자비를 베푸소서."라고 기도할 때 예수님의 수난과 희생을 더욱 생생히 묵상할 수 있도록 묵주 알 위에 예수님의 가시관, 못 박힌 손과 발, 창에 찔린 심장과 옆구리 등 예수님의 수난을 상징하는 형상을 부조로 새겨 넣었다.

2006년 4월 초가 되어서야 예수님상 조각이 완성되어 언덕 위에 모시게 되었다. 묵주 알을 놓고 피에타 성모님과 요한 바오로 2세 교황님, 파우스티나 수녀님의 흉상까지 모두 세운 뒤 잔디와 나무들을 심고 마무리 공사를 했다.

봉헌식은 주님 부활 대축일 다음에 오는 첫 번째 주일인 하느님의 자비 주일(2006년 4월 23일)로 결정했다. 파우스티나 수녀님에게 발현하신 자비로우신 예수님께서 '이 상이 부활 대축일 후 첫 주일에 장엄하게 축성되기를 바란다.'고 말씀하시고 또 '이 상으로 영혼들에게 많은 은총을 베풀 것이니, 모든 영혼이 이 상 앞에 나오도록 하라.'고 말씀하셨기 때문이다.

봉헌식에 앞서 베네딕토 16세 교황님의 축복장이 먼저 도착했다. 그 내용은 다음과 같다.

교황 베네딕토 16세는 남양성모성지 내
자비로우신 예수님의 언덕 위에 성녀 파우스티나 코발스카에게
발현하신 자비로우신 예수님상을 세우는 것을 기념하며
"예수님, 저는 당신께 의탁합니다."라고 쓰여진 이 상 앞에서
기도하는 성지 담당 사제와 모든 신자들에게 사도적 축복을 내립니다.
복되신 동정 마리아와 성녀 파우스티나의 도우심으로
모든 신자들이 변함없는 그리스도인다운 생활과
사랑의 문명을 건설하기 위해 최선을 다하도록
구세주 예수님께서 약속하신 은총을 베풀어주시기를 빕니다.

2006년 1월 18일

49

자비로우신 예수님상 축성 · 봉헌식

"신부님, 지난번 순례 왔을 때 성지에 자비로우신 예수님상을 세우신다는 말씀을 들었습니다. 예수님상을 제작하는데 봉헌하는 사람들의 이름을 판에 새겨서 예수님 발아래에 봉헌해 주신다고 하셨지요. 신부님 말씀을 듣고 자비로우신 예수님의 발아래에 우리 아이들 명단을 보관할 수 있도록 봉헌해야겠다는 마음이 들었습니다. 우리 아이들이 모두 속을 썩이고 냉담하고 있기 때문입니다.『자비는 나의 사명』이라는 성녀 파우스티나의 책을 읽고 자비로우신 예수님께 내 아이들을 봉헌하면 결코 망하지 않을 것이라는 확신이 들었습니다. 그래서 이렇게 찾아왔습니다. 신부님, 저는 지금 일흔셋입니다. 유언장에도 이렇게 쓸 것입니다. '너희에게 남겨 줄 것도 별로 없고 시신마저 기증했다. 이 엄마가 너희들을 위해서 너희들 한 사람 한 사람 몫으로 남양성모성지의 자비로우신 예수님상에 너희들을 봉헌했다. 너희들의 이름이 자비로우신 예수님 발밑 함에 보관되어 있다. 그러니 이 엄마가 죽고 엄마의 기일이 오면 엄마를 만나는 마음으로 남양성모성지의 자비로우신 예수님께 무릎 꿇고 기도드려라.'라고 말입니다."

2006년 4월 23일, 하느님의 자비 주일이었다. 오후 2시에 로사리오 광장에서 미사를 봉헌하고, 미사 후에 하느님 자비를 구하는 5단 기도를 바치며 자비로우신 예수님의 언덕으로 행렬하여 이동한 다음, 그곳에서 제막식과 축복 예식을 할 계획이었다.

그런데 날씨가 문제였다! 아침부터 그다지 좋지 않았던 날씨는 오전 한때 개는 듯이 보이더니 오후 1시쯤 되자 갑자기 구름이 몰려들어 사방이 어두컴컴해지면서 바람까지 불었다. 비를 머금은 구름과 바람이었다. 일찍부터 광장으로 모여들기 시작한 신자들과 함께 하느님의 자비를 구하는 5단 기도를 바치기 시작했다. 파우스티나 수녀님이 예수님께 폭풍우를 멈춰 달라고 기도하셨던 것처럼! 그래서 예수님께서 3시간 만에 비가 그치게 해 주셨던 것처럼! 그렇게 간절한 마음으로….

그런데 미사 시작 시각이 30분쯤 남았을 때부터 굵은 빗방울이 떨어지기 시작하더니 이내 점점 거세졌다. 비를 맞으며 서둘러 텐트를 치기 시작했다. 하지만 텐트는 제대와 성가대, 내빈석만 간신히 비를 가릴 수 있었다. 광장에 모여 있다가 갑자기 비를 만난 신자들이 비를 피해 한꺼번에 경당으로 모여들면서 경당 안은 순식간에 신자들로 발 디딜 틈 없이 꽉 찼다고 한다. 그 수가 얼마나 많았는지 제대 위까지 빼곡히 앉아 있어야 했을 정도라고 했다.

그런 와중에도 광장에 남아 함께 기도하시는 분들 또한 많았다. 비바람이 몰아쳐 춥고 옷이 다 젖어 불편했을 텐데도 몇몇은 우산을 쓰고, 또 우산을 미처 준비하지 못한 신자들은 삼삼오오 짝을 지어 깔판을 머리에 쓴 채 광장에 남아 함께 기도를 바쳤다. 그런 모습을 보면서 다시 한번 간절하게 예수님께 비를 멈추어 주시길 기도했고,

또 정말 예수님께서 비를 멈춰주실 것이라는 믿음이 생기기도 했다.

그러나 예수님께서 파우스티나 수녀님의 기도를 들어주시기까지 3시간이 걸렸던 것처럼 당장 비가 그치지는 않았다. 비가 줄기차게 내리는 가운데 미사가 시작되었고, 경당에 들어가 비를 피하고 있던 신자들도 하나둘 광장으로 모여와 미사를 함께 봉헌했다. 광장 가득 색색의 우산들이 이마를 맞댄 채 미사가 계속되었다.

강론을 시작할 때까지만 해도 빗줄기는 거셌다. 그런데 강론을 하는 동안 차츰차츰 빗줄기가 가늘어졌다. 강론이 끝나갈 무렵 신자들 사이에서 갑자기 박수와 "와~" 하는 환호가 터져 나왔다. 빗방울이 현저하게 줄어들면서 하늘이 밝아진 것이다. 하나둘 우산이 접히고 미사가 계속되는 중에 간간이 박수와 환호가 이곳저곳에서 터져 나왔다. 신앙 고백을 하고 보편 지향 기도를 시작하려고 할 때는 그 소리가 얼마나 컸던지 주교님께서 잠시 기다리셔야 했을 정도였다.

성찬의 전례가 시작되고 영성체 예식이 시작될 무렵 비가 완전히 그쳤다. 미사 중에 여기저기서 "와~" 하는 탄성이 계속해서 터져 나왔고, 그때마다 신자들의 시선이 하늘로 향하는 것이 보였다. 그러나 천막 때문에, 그리고 나무들 때문에 제대 위에서는 신자들이 올려다보는 방향의 하늘을 보기가 힘들었다. 영성체 시간이 되었을 때, 그러한 술렁임은 거의 전체 신자들에게로 퍼져나갔고, 곳곳에서 눈물을 흘리는 신자들의 모습도 보였다.

나중에 신자들에게서 들은 내용을 종합해 보면 다음과 같다.

성찬의 전례가 시작될 즈음 제대 위쪽의 하늘이 열리는 모습을 보았다고 한다. 먹구름으로 닫혀 있던 하늘이 열리며 태양이 나왔는데, 맨눈으로 바라보아도 전혀 눈부시지 않았고, 다만 너무나 깨끗하고 맑은 성체처럼 보였다고….

그리고 정확히 3시가 되었을 때, 다시 한번 태양이 나왔는데 아주 맑으면서도 우윳빛이 나는 태양, 신자들의 눈에는 마치 성체처럼 보이는 그 태양이 구름 한 점 없이 깨끗하게 열린 하늘에서 빙빙 돌며 신자들을 향해 다가왔다가 멀어졌다가를 반복했다는 것이다. 어떤 분은 태양이 그저 앞뒤로 움직이는 것이 아니라 십자가 모양으로 움직이는 것을 보았다고도 했다.

바로 그 시간에, 성지에 자주 순례 오시던 한 수녀님이 축성식 때 쓸 성수를 미리 가져다 놓기 위해 자비로우신 예수님의 언덕으로 가셨다고 한다. 숨 가쁘게 언덕에 올라 막 자비로우신 예수님상 앞으로 다가가려 하는데, 자비로우신 예수님상을 비추는 밝은 빛에 놀라 순간 걸음을 멈출 수밖에 없었다고 한다.

수녀님은 못 박히듯 그 자리에 서서 그 밝은 빛이 어디에서부터 쏟아져 내리는 것인지 보기 위해 얼른 하늘을 올려다보았는데, 엄청나게 밝은 빛이 오직 자비로우신 예수님상을 향해 내려와 자비로우신 예수님상과 그 주변을 비추고 있었다고 한다.

어떻게나 가슴이 두근거리는지 그저 멍하니 서서 바라만 보고 있던 수녀님은 한참 후에야 그러한 기적을 보여주신 예수님께 감사드린 후 내려오셨다고 한다.

50

문화촌 주민 이주 및 수용된 땅 제척 이야기

피정의 집을 짓고 순례자들을 위한 휴식과 문화의 공간을 만들기 위해 2000년대 초반부터 성지 산 너머(현재 대성당 뒤쪽) 땅을 매입했다. 그곳은 6·25전쟁 때 피난 나온 분들이 개척하여 만든 작은 마을로 피난민촌 또는 문화촌이라 불리어왔다. 전쟁이 끝나고 오랜 시간이 지나면서 많은 사람들이 떠났지만 성지에서 그 지역 땅을 매입한 2000년대 초까지도 그곳에 살고 있는 사람들이 있었다.

대부분의 집들이 흙이나 블록 벽돌로 지은데다 40년이 넘었기 때문에 낡고 쓰러져가는 중이었다. 게다가 거의 다 무허가 건물이었다. 대지도 자기 것이 아니고 건물도 무허가였지만 40년 넘게 실제로 거주하고 있었기 때문에 성지 측에서 그 땅을 샀다고 해도 마음대로 건물을 철거하거나 그곳에 살고 있던 사람들을 내보낼 수는 없었다. 주민들 한 사람 한 사람을 만나 설득해서 이주시키는 방법밖에 없었다.

보기에는 다 쓰러져가는 집들이었지만, 모두들 생각보다 많은 금액의 보상을 요구했다. 마침 남양 뉴타운 도시계획으로 인해 남양지역에 보상이 이루어지고 있었다. 수용된 땅의 보상가격만큼은 아니었지만 이미 오르기 시작한 주변 시가에 세라도 들어가야 한다며 요구하는 금액이 한 가구당 몇천만 원씩이었다. 요구대로 보상을 해 주고 그곳에 살고 있던 8가구의 주민들을 내보냈다.

그런데 문제가 되는 집이 있었다. 나머지 주민들은 모두 땅이 자기들 것이 아니었는데 그 집만은 땅도 자기 것이고 건물도 다른 집들보다 잘 지어 놓았다. 2004년 처음으로 이야기를 꺼냈을 때 집주인은 3억 원을 요구했다. 도저히 그 금액을 맞춰줄 수는 없었다. '이웃들이 다 나가고 집들도 부수면 어떤 말이 있겠지?' 하고 2006년 말부터 2007년 초까지 다른 주민들을 모두 이주시키고 집들도 다 철거했다.

그런데 예상외로 아무런 반응이 없었다. 50년 동안 살아온 곳을 도저히 떠날 수 없다는 이야기뿐이었다. 그러는 동안 집값만 더 올랐다. 그 사람은 한 치의 양보도 없이 5억 원을 주장했다. 비싸다고 그대로 둔다고 해서 값이 내려갈 것도 아니고 시간이 지남에 따라 오히려 더 오르기만 할 것이 뻔했다. 돈을 빌려 그 집을 매입했다. 그러고는 곧바로 먼저 부수었던 집들의 잔해를 모두 치우고 부지를 정리했다. 깨끗하게 정리해 놓고 보니 남향이라 하루 종일 해가 들어 따뜻하고 산으로 둘러싸여 있어 아늑한 느낌이 들었다. 부지를 한 바퀴 돌 수 있는 길을 내고 그 길 위에 십자가의 길을 만들어 놓았다.

마지막으로 어렵고 힘들게 구입한 그 집은 부수지 않고 그대로 두었다. 사제관을 지을 때까지 임시로 그 집을 이용하기 위해서였다.

그렇게 해서 여러 어려움과 많은 비용이 들어간 문화촌 주민 이주 및 주택 철거 사업이 2007년 여름쯤 마무리되었다. 한고비 넘겼다고 생각할 때쯤 또 하나의 사건이 일어났다.

수용된 땅 제척

"신부님, 앞으로 피정 집 지으신다고 준비하신 땅 가운데 일부가 남양 뉴타운 2차 사업 부지로 수용되었는데, 수용된 사실 알고 계세요?"

"아니요. 몰랐는데요."

"그럼, 확인해보세요."

성지 땅이 수용되었다는 말을 듣고 사실 확인을 해보았다. 그분이 이야기한 대로 앞으로 피정 집을 짓게 되면 주차장을 해야겠다 싶어 사놓은 논과 은행나무가 가득 들어차 있는 임야의 일부가 도시계획 부지로 편입되어 도시계획선이 그어져 있었다.

어떻게 된 일인지 화성시청과 토지개발공사에 문의했다.

며칠 뒤 토지개발공사에서 담당자가 찾아와 설명을 했다. 그 사람은 나를 이해시키기 위해 설명을 길게 늘어놓았다.

"도시계획선은 화성시 도시과에서 세워 놓은 도시계획 도로선을 따라서 그은 것입니다. 도로 안쪽은 성지이고 바깥쪽에 있는 성지 땅을 수용한 것입니다. 이해해 주시고 협조해 주십시오. 그런데 신부님, 여기 가져온 도면을 잘 보시면 도시계획선이 화성시에서 세워 놓은 도로계획선을 가로지르고 있습니다. 그동안 신부님께서는 도시계획 도로선이 처음부터 잘못되었다고 주장하시고 도시계획 도로의 문제점 파악과 교통 영향 평가, 교통량 측정 등등을 조사해서 그 대안을 리포트로 화성시에 제출하기까지 하셨습니다. 남양 뉴타운 2차 사업 부지의 도시계획선을 그으면서 현황을 파악해 본 결과 기존에 계획되어 있는 도시계획 도로에 문제점이 있다고 판단되었고 구태여 도로를 개설하지 않아도 된다는 판단을 내리게 되었습니다. 그래서 여기 보시는 것처럼 뉴타운 사업 부지가 도시계획선을 가로지르고 있습니다. 이것은 앞으로 도로를 내지 않겠다는 의지의 표현입니다. 그러므로 이것은 신부님의 업적으로 자랑할 수 있으신 일입니다."

사실 피정 집을 짓기 위해 성지 너머 문화촌의 땅을 구입할 때, 이미 그 땅 안에 4차선 이상의 넓은 도시계획 도로선이 그어져 있었다.

땅을 매입한 다음부터 나는 그 도로계획선을 없애기 위해 여러 가지 방법으로 노력해 왔다. 도시계획 전문 회사에 용역을 주어 새로운 대체 도로안을 세우기도 했고 기회가 있을 때마다 경기도와 시청에 도로의 선형 변경을 주장해 왔다. 그런데 지금 토지 공사에서 도로를 폐쇄하는 것이니까 내가 사 놓은 땅이 도시계획에 편입되는 것을 협조해 달라고 하는 것이다.

그 사람 말대로 계획도로가 폐쇄되니까 성지 쪽에서도 협조를 하고 조금은 양보해야 하지 않을까 하는 생각이 들었다. 그래서 수용 반, 반대 반의 마음으로 그날의 대화를 끝냈다.

그렇게 시간이 흘러 2년이 지난 뒤 뉴타운 도시 계획 주민 대책위원회에 소속되어 있는 형제가 "이렇게 한다는데요."라며 계획안을 보여줬다. 수용된 성지 땅 안에 단독 주택지가 조성되어 있었고 수용된 논에는 로터리까지 계획되어 있었다.

30여 년이 넘게 자라온 은행나무로 가득차 있는 땅이 다 수용되어 있었다. 뭔가 마음이 불편했다. 성지와 주민과의 완충지대가 되는 숲이 사라지는 것이다. 그리고 은행나무 숲이 수용되면 나머지 땅 또한 쓸모없는 땅이 될 것 같았다. 그래서 주차장 부지로 사용하려던 논의 일부는 내어주더라도 은행나무가 있는 땅은 어떻게든 수용에서 제척해야겠다 싶었다.

문제는 시간이 없다는 것이었다.

뉴타운 도시 계획 최종 확정 발표일인 2007년 12월 중순까지 불과 3개월 정도밖에 남지 않았기 때문이다.

10월 초 경기도지사를 만났다. 이어서 경기도 지방공사 사장을 만났다. 지방공사 사장이 설명했다.

"이건 도저히 불가능한 일에 가깝습니다. 저도 토지개발공사 부사장을 했습니다만 일단 도시계획선이 한 번 그어지면 바꾸지 않습니다. 이해관계가 얽혀 있고, 한 곳을 제척하면 너도나도 해 달라고 여기저기서 민원이 나와 시끄럽고 감사에 지적받을 수 있고 쉽지 않은 일입니다. 하지만 도시계획 끝부분에 위치해 있고 주변 사람들과의 이해관계가 얽혀 있지 않아서 다행입니다. 남양 뉴타운 토지개발공사 책임자와 논의해 보시는 게 좋겠습니다."

며칠 후 토지개발공사 담당자 몇 명이 찾아왔다.

"신부님께서 경기도 도지사님, 화성시 시장님, 경기도 지방공사 사장님께 말씀하셔서 신부님 말씀대로 가능하면 수용된 땅을 제척해 주라고 하십니다. 그러나 그렇게 하기가 어렵습니다. 이제 확정 발표가 두 달 남았는데 어떻게 해 볼 수가 없습니다."

"논은 양보할 테니 이 은행나무 숲만이라도 제척해 주시지요."

"지금으로서는 어려운 입장입니다."

"그래요. 그러면 제가 토지개발공사 사장님과 이야기를 나누겠습니다."

11월 초, 토지개발공사 사장과 만나 상황을 설명했다.

하지만 토지개발공사 사장이 제척해 주라고 해서 제척되는 일이 아니었다. 절차가 어려웠고 단계가 많았다. 제척해 달라는 나의 민원 서류에 '제척은 안 된다.'는 공문을 보내온 건설교통부 담당자에게 전화를 걸었다. 그에게 그간의 사정을 이야기하며 방법을 찾아 달라고 했다.

여러 차례 협의 끝에 수용된 토지에 대한 제척 요구를 중앙도시계획위원회에 정식 안건으로 12월 초 상정하기로 했다.

중앙도시계획위원회 위원은 대부분 전국 곳곳에 있는 대학 교수들이었다. 교수들에게 일일이 설명할 수도 없고 걱정이었다. 그분들 가운데 몇 분에게 전화를 드리고 상황을 설명하고 도면을 보냈다.

첫 번째 회의에서 토지를 수용한 것을 제척해 달라고 했는데 그 대책이 어떤 것인지 다음 분과 회의 때까지 마련해 오라고 했다. 그 대책으로 건교부에서는 화성시의 의견대로 하겠다는 답을 했다.

화성시는 '계획된 도시계획 도로는 폐쇄하고 수용한 땅 가운데 임야 부분 울타리 안쪽은 제척한다.'는 안을 제출했다.

중앙도시계획심의위원회 2차 분과 회의가 며칠 후 열렸고 그 회의에서 화성시 안이 그대로 통과되었고 도시계획안이 최종 확정되었다.

건교부 담당자가 결정 사항을 나에게 복사해 주며 말했다.

"신부님, 만일 이대로 처리 안 해주면 행정 소송을 하십시오."

며칠 후 '제척은 절대로 안 된다.'고 했던 토지개발공사 담당자가 성지 땅을 제척하는 것으로 그린 최종 도면을 가지고 찾아왔다. 그런 다음 뉴타운 도시계획안이 2007년 12월 15일에 최종 확정 발표되었다.

이렇게 해서 절대로 불가능하다고 하던 일을 해내게 되었다.

그냥 수용될 뻔한 1,300여 평의 땅을 다시 찾은 것이다. 만일 제척받지 못하고 수용되었다면 나머지 땅의 활용도 또한 크게 떨어져 피정의 집 같은 성지개발을 위한 계획을 세울 수 없었을 것이다.

51

'평화의 모후 왕관의 열두 개의 별' 프로젝트

"지구상에 지속적인 평화를 정립시키는 가장 훌륭하고 가장 확실하고 가장 효과적인 길은 지속적인 성체조배의 위대한 힘을 통해 이루어집니다."

— 성 요한 바오로 2세

2008년 폴란드에서 창설된 평화의 모후 협회는 세계 평화를 위한 기도와 성체조배를 장려하기 위해 세계 열두 곳—무력 충돌, 국가 간·종교 간 상호 이해가 결핍된 곳, 평화와 화해의 원천을 갈망하는 사람들이 있는 곳에 지속적인 성체조배가 이루어지게 하는 '평화의 모후 왕관의 열두 개의 별' 프로젝트를 진행하고 있다.

평화의 모후 왕관의 열두 개의 별 프로젝트를 시작한 '평화의 모후 기도회'를 한마디로 소개한다면 '평화를 위한 성체조배 사도직'이라 할 수 있을 것이다. 평화의 모후 기도회는 성체 앞에서 평화를 위해 기도하는 것을 확산시키기 위해 최선의 노력을 다하고 있다. 진정한 평화를 주시는 분은 오직 예수 그리스도뿐이시기 때문이다.

이스라엘 베들레헴의 수유동굴 성당을 시작으로 카자흐스탄 오즈노예에 위치한 평화의 모후 성지와 보스니아 헤르체고비나 메주고리예에 위치한 성 야고보 성당, 아프리카의 코트디부아르 야무수크로의 평화의 성모 대성당, 르완다 키베호의 성모성지에서 프로젝트가 진행되었다. 그리고 한국의 남양성모성지가 '평화의 모후 왕관의 열두 개의 별' 가운데 여섯 번째 별이다.

'열두 개의 별'이 되는 각 지역에는 평화라는 하나의 일관성 있는 지향을 담고 있으면서도 지역별 특성을 살린 서로 다른 콘셉트의 독창적인 형태를 지닌 성체 현시대가 설치된다.

이 프로젝트의 영적 상징물이라 할 수 있는 성체 현시대와 그 중심이 되는 성모님을 연상시키는 아름다운 성광은 모두 폴란드의 세계적인 작가 마리우시 드라피콥스키(Mariusz Drapikowski)의 작품이다. 다음은 작가 마리우시가 한국 신자들에게 보내온 편지이다. 이 편지 안에서 작가는 평화의 모후 왕관의 열두 개의 별 프로젝트가 어떻게 시작되었는가를 이야기하고 있으며 남양성모성지의 성체 현시대를 제작하게 된 과정을 자세하게 소개하고 있다.

한국의 신자들에게

"오 주님, 당신 안에 모든 악을 밝히는 빛이 있습니다.
당신 안에 죽음을 이기는 생명이 있습니다."

2001년, 제가 병을 앓고 있을 때, 저는 이 지상에서의 삶이 끝났으며, 육체적 고통만이 남아있다고 생각했습니다. 저는 제게 사랑과 가족과 친구들을 주신 주님께 감사를 드리고 싶었습니다. 그래서 야스

나고라 성지의 쳉스트호바 성모님께 성광을 제작해 봉헌했습니다. 때마침 2002년은 성 요한 바오로 2세께서 묵주기도의 '빛의 신비'를 제정하신 해입니다. 그래서 그 성광을 'Rosarium Virginis Mariae'(동정녀 마리아의 묵주)라고 이름 붙였습니다.

저는 성광을 봉헌한 계기로 교황님을 만나 뵙게 되었습니다. 저는 교황님과 제 아내와 아들들과 함께 기도하였고, 덕분에 병에서 치유됐습니다. 제 인생은 거기서 끝나는 것이 아니라, 새로 시작됐습니다. 하느님께서는 저와 제 아들 카밀에게 새로운 임무를 주시고, 많은 체험을 주셨습니다. 너무도 큰 상을 받은 기분이었습니다. 우리 부자는 많은 성미술품을 완성시켰습니다. 우리 스튜디오에서 일하는 많은 장인들은 예술을 일종의 기도로 이해합니다. 성 요한 바오로 2세께서도 '예술가들에게 보내는 서한'에서 이렇게 말씀하셨습니다.

'모든 진정한 예술적 직관은 감각의 인식을 넘어서 실재의 표면을 꿰뚫고 그것의 숨은 신비를 해석하려고 애씁니다. 직관은 인간 영혼의 깊은 곳에서 나옵니다. 인간 영혼 깊은 곳에는 자기 삶에 의미를 부여하고 싶은 열망과, 사물의 아름다움과 신비로운 조화를 허무하게 보는 시각이 함께 결합되어 있습니다.' (Letter to Artists, 6장)

2006년 예수님께서는 우리 부자가 '평화의 모후 협회'의 베드로 쵸우키에비츠 형제와 만나게 해주셨습니다. 주님께서 명하신 사명을 완수하면서 생긴 우정 속에서 우리는 하나가 되었다고 생각합니다. 당시 베드로는 성체조배의 필요성을 저에게 알려주었는데, 저는 그 점에 감사합니다. 성 요한 바오로 2세께서는 '성체는 값을 매길 수 없는 보물이다. 성체를 미사 중에 영하는 것뿐만 아니라, 성체 앞에서 기도하면서 우리는 은총의 원천과 만날 수 있게 됩니다.'(Ecclesia de Eucharistia, 25번)라고 하셨습니다. 그리스도는 우리의 느낌과 상관없이 그곳에 계십니다. 그분의 은총은 우리에게로 흘러넘칩니다. 비를 맞은 사람이 비에 젖지 않을 수는 없습니다. 태양 밑에 있으면 탈 수밖에 없습니다. 마찬가지로, 성체 앞에 서 있으면 흘러넘치는 은총을 받게 됩니다.

베드로는 메주고리예에서 하느님께 다가가는 길을 찾아, 예루살렘의 '주님 무덤 대성전'에 성광을 봉헌하라는 영감을 받았습니다. 베드로는 이 희망을 가슴에 품고 그다인스크에 있는 저를 찾아왔습니다. 우리 두 사람은 이 프로젝트를 함께 성사시키기로 약속하며 '평화의 모후 협회'를 설립했습니다. 그 후 세 폭짜리 병풍 형태의 '예루살렘 성체 현시대'가 완성되었고, 2009년 1월 28일에 베네딕토 16세 교황님께서 축복해 주셨습니다. 같은 해 3월, 그 성체 현시대는 예루살렘의 '십자가의 길' 제4처에 세워졌는데, 그 후 베들레헴의 '성모 수유 동굴'로 옮겨져 '성지 관리회'의 보호 아래 '국제 평화 기도 센터'에서 성체 조배가 이루어지고 있습니다.

가끔 예수님께서는 다른 사람을 통해 우리에게 말씀하시지만, 우리는 그 사실을 뒤늦게 깨닫습니다. 한번은 인터뷰 중에 다양한 나라에 성체조배 장소를 설립해 전 세계에서 평화의 기도가 울려 퍼지게 되기를 원한다는 얘기를 했습니다. 이는 태양을 입은 성모 마리아의 열두 개의 별로 된 왕관을 상징하는 것입니다.(묵시 12,1)

그 후 카자흐스탄의 아스타나 교구장이신 토마스 페타 대주교님께서 오즈노예의 '평화의 모후' 성지에 성체 조배 장소를 설립해달라는 요청을 하셨는데, 마치 주님이 당신 뜻을 확인시켜주시는 것 같았습니다. 이 성체 현시대는 '카자흐스탄의 별'이라고 불리며, 2012년 10월 10일에 베네딕토 16세께서 축복해 주셨습니다. 이 성체 현시대는 2년 동안 폴란드의 다른 성지들을 순례하며 성체 조배를 열었고, 평화의 기도를 많이 받아 충만해졌습니다.

2016년에는 코트디부아르 야무수크로의 '평화의 모후 대성당'에서도 성체조배가 열렸습니다. 교황님께서도 축복하신 이 행사에는 코트디부아르의 주교단도 함께하여 국가적인 행사가 되었습니다. 같은 해 르완다의 키베호를 위한 성체 현시대가 완성되었습니다. 이 성체 현시대도 먼저 유럽 각지의 성지를 순례하였는데, 크라쿠프의 세계청년대회 중 2백만 명의 젊은이들이 이 성체 현시대 앞에서 기도했습니다. 이 성체 현시대는 아프리카 르완다의 '국제 평화 센터'에 놓이게 됩니다.

2011년 메주고리예 성모 발현 30주년에 성체의 모습을 한 예수님을 안고 계신 듯 한 성모님이 새겨진 크리스탈 성광이 저희 스튜디오에서 제작되었습니다. 이 성광은 메주고리예의 성 야고보 본당을 위한 것인데, 그때 저는 베드로 형제와 함께 그 본당 신부님의 특별한 증언을 들었습니다. 그분은 전 세계의 순례자들이 메주고리예를 찾는데, 조국의 통일을 위해 십자가의 길을 바치는 한국의 순례자들에게 특히 마음이 간다고 하셨습니다. 한국 순례자들은 험준한 크리자밧 돌산을 기도하며 무릎을 꿇고 올라가는데 그것은 참으로 감동적인 모습이라고 하시면서, 전 세계를 평화를 위한 기도로 감싸려는 우리 프로젝트에 한국을 포함시켜달라고 부탁하셨습니다.

메주고리예의 성광 봉헌 예식은 전 세계의 순례자들이 함께 한 가운데 2011년 6월 22일 열렸습니다. 나중에 알게 된 사실이지만, 성모님 발현 30주년 행사가 열리던 바로 그 해에 남양성모성지의 이상각 신부님, 그리고 폴란드인 미카엘 제프카와 그의 한국인 아내 아녜스도 각각 메주고리예를 순례하며 그 성광 앞에서 기도를 바쳤다고 합니다.

2년 뒤인 2013년, 미카엘 형제가 고국 폴란드를 찾았는데, 그니예즈노를 순례 중인 '카자흐스탄의 별' 성체 현시대 앞에서 성체 조배를 드린 후, 제가 그날 나눈 체험을 잘 들었다며 저에게 인사했습니다. 대화 중에 그는 앞으로의 협회의 계획에 한국을 포함시켜 줄 수 있겠냐고 물으며, 한국 관계자들을 찾는 것을 돕겠다고 말했습니다.

몇 달 후 미카엘 형제는 저에게 전화를 걸어, 용인에 있는 자신의 본당에 이상각 신부님께서 피정 지도를 하시며 성체조배와 평화를 위한 기도에 대해 강론했다고 했습니다. 그 피정의 주제를 가지고 대화하던 중에 이상각 신부님께 메주고리예에 있는 성광 사진을 보여줬더니, 신부님은 자신도 이 성광을 본 적이 있다고 큰 관심을 보이며, '평화의 모후 협회'에 대해서도 질문하셨습니다. 그 후 베드로와 저 마리우시는 프란치스코 교황님의 2014년 한국 순방 중에 한국을 방문할 수 있는 초대를 받게 되었고, 무척 기뻤습니다.

저는 이 프로젝트 때문에 한국을 두 번 방문했습니다. 첫 번째는 토마스 페타 대주교님과 베드로 형제와 갔는데, 그때 수원교구의 이용훈 마티아 주교님께 '전 세계 평화를 위한 성체조배 사도직'을 소개해 드렸고, 주교님께서는 흥미롭게 저희 이야기를 들어주셨습니다.

두 번째로 한국을 찾았을 때는, 조각가인 제 아들 카밀과 함께 갔고, 이 프로젝트의 구체적인 사안을 논했습니다.

한국에서 감명받은 점이 많습니다. 그곳 교우들은 저희에게 너무도 잘 대해 주었습니다. 한국 신자들은 성당에 올 때 중요한 모임에 갈 때처럼 옷을 잘 차려입고 옵니다. 신자들과 함께 하는 기도는 참 특별했습니다. 제가 한국말을 이해하지 못하지만, 제 귀에 들리는 한국어의 멜로디가 하느님과 대화하는 특별한 감성을 가진 사람들이라는 것을 전해줬습니다. 제 고국인 폴란드는 가톨릭 신앙이 강하고 종교적인 나라이기 때문에, 저는 이런 작은 행동에도 신경을 씁니다.

저는 한국 예술과 더불어 자연과 조화를 이루는 한국의 정원에서도 깊은 인상을 받았습니다. 프랑스의 정원처럼 자연을 왜곡시키지 않고, 그 자연 법칙을 존중하는 정원입니다. 한국 사람들은 자기 주변의 환경에 손을 댈 때에 늘 존경하는 마음으로 작업을 하는 것 같았습니다. 남양성모성지와 그 정원과 성당의 유리창만 봐도 그것을 느낄 수 있습니다. 게다가 성지 주변의 아름다운 자연은 인간의 마음에 평화를 줍니다.

이 모든 느낌과 영감이 성체 현시대를 제작하는 데 도움이 되었습니다. 유리창 밖으로 보이는 자연을 가리는 것이 아니라, 그 아름다움을 이용해 성체 현시대와 조화를 이루는 것입니다. 남양성모성지를 방문하지 않았다면 제가 깨닫고 적용하지 못했을 아이디어입니다.

성지 주변의 모습과 꽃과 나무는 우리가 더 열심히 기도하도록 영감을 줍니다. 이 아름다운 풍경 속을 걸으면, 하느님과 하는 대화가 분명히 드러납니다. 저는 남양성모성지에서 함께 묵주기도를 바치고 성체조배를 한 추억을 오래 간직할 것입니다.

당시 저는 이미 파티마 성모 발현 100주년과 성모님의 메시지를 염두에 두고 있었습니다. 평화와 화해를 위한 기도는 파티마 성모님의 주된 메시지입니다. 성 요한 바오로 2세 교황님은 파티마의 성모님께 특별한 신심을 가지고 이렇게 말씀하셨습니다.

'인류가 겪고 있는 이 극적인 순간에, 우리는 어머니께서 하느님의 구원의 은총을 우리가 받을 수 있도록 중재해주시도록 큰 자신감을 가지고 성모 성심으로 다가가야 할 것입니다. 오늘날 예수님의 제자는 성령의 감도를 받아 세상을 구하는 일에 힘써야 합니다. 왜냐하면 스스로를 파괴하는 위협이 지금만큼 강한 적이 없었기 때문입니다.'

2014년에 프란치스코 교황님도 이렇게 말씀하셨습니다.

'한국의 예수님의 제자들은 이 날을 준비하도록 합시다. 바로 이 고요한 아침의 나라에 화해와 평화의 넘치는 은총이 내리는 날입니다. … 하느님께 평화와 화해의 은총을 간구합니다. 이러한 기도는 한반도 안에서 하나의 특별한 공명(共鳴)을 불러일으키게 됩니다. … 오늘의 미사는 첫째로, 또 무엇보다도 중요하게, 한 가정을 이루는 이 한민족의 화해를 위하여 드리는 기도입니다. 예수님께서는 오늘 복음에서, 우리 가운데 두 사람이나 세 사람이 예수님의 이름으로 함께 모여 무엇인가를 청할 때 우리의 기도가 얼마나 큰 힘을 지니게 되는지를 말씀하십니다(마태 18,19-20 참조). … 화해, 일치, 평화라는 하느님의 은혜들은 이러한 회심의 은총과 분리될 수 없이 연결되어 있습니다. 회심이란, 한 개인으로서 그리고 하나의 민족으로서, 우리의 삶과 우리 역사의 흐름을 바꿀 수 있는 마음의 새로운 변화를 의미합니다.'

52

놀라운 하느님의 섭리와 이끄심

　베들레헴의 수유(授乳) 동굴 성당—카자흐스탄 오즈노예의 국립 성모성지인 평화의 모후 성지—보스니아 헤르체고비나 메주고리예의 성 야고보 성당—아프리카 코트디부아르 야무수크로 평화의 모후 대성당—르완다 키베호 성모성지—한국의 남양성모성지!
　열두 개의 별 가운데 여섯 개의 별로 지정된 이 장소들은 평화를 위한 묵주기도와 성체조배가 끊이지 않게 하는 전 세계 평화의 기지로서의 역할을 하게 될 것이다. 그뿐만 아니라 이 별들은 서로 긴밀하게 연결되어 기도의 네트워크를 형성하게 되고, 각각의 별에서 기도하는 사람들이 점점 더 많아지게 되면 그 한 사람 한 사람의 기도가 날줄과 씨줄이 되어 결국 전 세계를 평화의 기도로 감싸게 되리라 믿는다. 기도의 날줄과 씨줄로 전 세계를 평화로 감싸는 상상, 생각만으로도 가슴이 벅차다.
　그러나 내 가슴을 벅차게 하는 것은 미래의 일만이 아니다. 남양성모성지가 여섯 번째 별이 된 것, 그 자체만으로 나는 이미 가슴이 벅차다. 그동안 성지에서 바쳐왔던 기도들, 그리고 하느님의 섭리와 이끄심이라고 느낄 수밖에 없는 몇 번의 만남이 교차하여 이 일이 이루어졌기 때문이다. 그 첫 번째 만남은 2011년 메주고리예에서 이루어졌다.

첫 번째 만남
"한국 사람들이 열심히 기도합니다."

평화의 모후 협회 회장인 베드로(피오트르 쵸우키에비츠[Piotr Ciolkiewicz])와 작가 마리우시는 메주고리예 성모님 발현 30주년 기념의 해였던 2011년 6월 메주고리예 본당 주임인 당코 신부님의 초대를 받고, 성모님께서 성체 예수님을 가슴에 품고 계시는 모습의 아름다운 성광을 봉헌하기 위해 메주고리예를 방문하였다. 전 세계에서 모여온 수많은 사람이 절실하게 기도하는 모습을 보면서 두 사람은 어느 나라 사람들이 신심이 깊고 열심히 기도하는지 당코 신부님에게 조언을 구했다.

당코 신부님은 처음에는 "레바논 사람들이다."라고 대답하더니 이내 "아니다. 한국 사람들이 열심히 기도한다."고 고쳐 말했다. 당코 신부님의 대답을 들으면서 그들의 마음속에 '한국'이라는 나라가 인상 깊게 자리 잡았고, 한국에 성모님과 함께하는 성체 현시대(聖體顯示臺)를 설치하면 좋겠다는 생각을 하게 되었다고 한다. 그들은 당코 신부님에게 한국 사람을 만날 수 있는 방법을 물었고, 당코 신부님이 한국에 연락할 수 있는 사람과 연결해 주겠다고 약속했으나, 바로 만남이 이루어지지는 않았다.

두 번째 만남
"한국을 위해 평화를 위한 성체 현시대를 만들어 주세요."

두 번째 별인 카자흐스탄에 모셔질 성체 현시대가 폴란드에서 가장 오래된 교회 가운데 하나인 그니예즈노 주교좌 성당(Gniezno

Cathedral)을 순례할 때의 일이다. 한국 여자와 결혼하여 한국에 살고 있는 폴란드인 미카엘(Michał Rzepka) 형제가 우연히 그 성당에 갔다가 성모님과 함께하는 평화를 위한 성체 현시대 앞에서 기도하게 되었다. 그리고 마침 그 성당에 있던 작가 마리우시에게 열두 개의 별 프로젝트에 대한 설명과 그의 신앙 체험을 듣게 되었다.

미카엘 형제는 한국의 정치적 상황과 분단국가라는 현실을 이야기하며 한국이야말로 평화를 위한 기도가 절실히 필요한 곳이라고 강조하면서 마리우시에게 한국을 위해서도 성모님과 함께하는 성체 현시대를 제작해 줄 수 있는지 물었다. 다시 한번 '한국'이라는 이름을 듣게 된 마리우시는 한국에 더욱 관심을 두게 되었고, 미카엘과 서로 연락처를 주고받게 되었다고 한다.

한편, 한국에 돌아온 미카엘은 알고 지내던 신부님들에게 열두 개의 별 프로젝트와 평화를 위한 성체 현시대에 대해 말씀드렸지만, 그의 이야기에 관심을 보이는 분이 없었다고 한다. 그러던 중 자신이 다니는 본당에 피정 강사로 초청받아 갔던 내가 평화를 위한 묵주기도와 평화의 원천이신 성체 안에 계신 예수님께 지속적인 성체조배를 바치자고 이야기하는 것을 듣게 된 것이다.

세 번째 만남
"성모님과 함께하는 성체조배 시간의 아름다움과 감동을 더해 주는 성광을 발견하다."

평화의 모후 협회장인 베드로 형제와 작가 마리우시가 메주고리예를 방문하여 성모님 발현 30주년을 기념하는 성광을 봉헌해 드렸던 바로 그해, 그들이 다녀간 지 두 달쯤 후 나는 세계 젊은이 축제의 강사로 초청받아 메주고리예를 순례하게 되었다. 전 세계에서 모여온 수많은 젊은이에게 어떤 이야기를 하면 좋을까 고민하다가 성모님의 은총 속에 살아온 나의 체험담을 이야기한 뒤, 평화를 위해 봉헌된 남양성모성지를 소개하면서 세계 유일의 분단국가로 남아 있는 한반도의 평화를 위해 함께 기도해 달라고 부탁하였다.

축제 기간 내내 40도에 육박하는 무더운 날씨에도 불구하고 10만 명 가까운 사람들이 한자리에 모여 강연을 듣고 매일 저녁 묵주기도를 바치고 미사를 봉헌하고 성체조배를 하는 모습이 참으로 감동적이었다. 그 가운데서도 내 마음에 깊이 다가온 것은 성체 예수님을 가슴에 품고 계시는 듯한 아름다운 성모님 모습의 성광이었다. 그 성광으로 인해 성모님과 함께하는 성체조배 시간이 더 아름답고 거룩하고 감동적으로 다가왔다. 나는 기도 가운데 '남양성모성지에도 저런 성광이 있으면 참 좋겠다.'라는 생각을 하였다.

네 번째 만남

"성모님의 이끄심을 느끼게 되다."

다음번 만남은 메주고리예 순례 후 2년이라는 시간이 지난 2013년, 피정 강사로 초대받아 갔던 보정(寶亭) 성당에서 이루어졌다.

2011년부터 평화통일을 위한 묵주기도 100단 바치기 운동과 함께 통일 기원 남양 성모 마리아 대성당 건립을 준비하고 있던 나는 그날도 평화를 위한 묵주기도와 지속적인 성체조배를 바쳐야 한다는 내용의 강론을 했다. 강론을 마치고 나왔을 때, 한 자매가 잠시 이야기를 나눌 수 있는지 물었다. 그녀는 자기 남편이 폴란드 사람이라고 하면서 나에게 사진 한 장을 보여주었다. 나는 깜짝 놀랐다. 그녀가 내민 사진 속에 메주고리예 순례 때 보았던 그 아름답고 감동적인 성모님 모습의 성광이 담겨있었기 때문이다.

그녀의 세례명은 아녜스였다. 아녜스 자매로부터 성광 제작의 배경이 된 열두 개의 별 프로젝트에 관한 이야기를 들으면서 이 만남 안에 평화의 모후이신 성모 마리아의 이끄심이 깃들어 있음을 느끼게 되었다. 그 후 지금까지 미카엘 형제와 아녜스 자매 부부는 줄곧 남양성모성지와 평화의 모후 협회를 연결해 주는 중요한 역할을 해 주고 있다.

그다음에 있었던 또 한 번의 결정적인 만남은 프란치스코 교황님께서 한국을 방문하셨던 2014년 8월 16일에 이루어졌다. 폴란드 평화의 모후 협회장과 작가 마리우시, 그리고 열두 개의 별 프로젝트의 영적 지도자인 토마스 페타 대주교님께서 한국을 방문하셨다.

다섯 번째 만남

"한반도의 평화통일을 위해 성모님과 함께 기도하는 성체 현시대를 만들어 주십시오."

한국을 방문한 평화의 모후 협회장과 작가 마리우시, 그리고 토마스 페타 대주교님 일행은 남양성모성지를 순례하며 함께 기도를 바치고 남양성모성지를 관할하는 수원교구청을 방문하여 교구장 이용훈(李容勳) 마티아 주교님과의 만남을 가지게 되었다.

이 만남에서 수원교구장 이용훈 주교님은 "남양성모성지에 평화를 위해 기도하는 제대를 설치해도 좋다."는 허락과 함께 "한반도의 평화통일을 위해 이 제대를 만들어 달라."는 요청 말씀을 하셨다.

그리고, 이듬해인 2015년 3월 25일, 주님 탄생 예고 대축일에 평화의 모후 협회로부터 다음과 같은 확정서를 받았다.

2015년 3월 25일, Radom

이상각 프란치스코 하비에르 신부님

아름답고 자비로우신 우리들의 어머니 로사리오의 남양성모성지

"나는 너희에게 평화를 남기고 간다. 내 평화를 너희에게 준다. 내가 주는 평화는 세상이 주는 평화와 같지 않다"(요한 14,27).

찬미 예수님!
거룩한 성체조배는 현세에서 천상과 지상의 경험입니다.
성체조배는 평화의 선물로서 우리의 마음에서 태어나고 지속되어야 합니다. 사람들과 전 세계의 관계 안에서 정치와 사회 평화의 지속을 위한 토대로서.
수원교구장 이용훈 마티아 주교님께서 우리를 환영해 주시고 우리의 제안을 받아들여 주신 것에 대해 깊은 감사를 드립니다. 우리 협회 "Communita dellla Pace Association"은 아름답고 자비로우신 우리들의 어머니 로사리오의 남양성모성지가 평화의 모후이신 성모님 왕관의 열두 별 기도처 가운데 한 곳으로 지정됨을 확정하고 선언합니다.
요한 바오로 2세의 사목 지표였던 Totus Tuus(저는 온전히 당신의 것)* 를 따르십시오. 우리는 모든 일을 평화의 모후이신 성모 마리아께 맡깁니다. 늘 기도하는 단체로 남아주세요.

---

* 마리아께 대한 강한 신심과 몽포르(Monfort)의 성 루도비코 마리아와 그의 저서에 나타난 마리아 신학에 대한 존중을 표현한 말.

1부 내 삶의 오후 네시

53

그단스크 비르지타 대성당에서의
남양성모성지 성체 현시대 프레젠테이션

2015년 3월 25일, 평화의 모후 기도회로부터 열두 개의 별 가운데 여섯 번째 별로 확정되었다는 연락을 받고 같은 해 12월 10일부터 13일까지 폴란드 그단스크(Gdańsk)를 방문하였다. 남양성모성지에 설치될 성체 현시대의 첫 프레젠테이션을 듣기 위해서였다.

작가 마리우시는 우리를 성녀 비르지타 성당의 한 회의실로 안내해 주었다. 그곳은 동유럽 사회주의 국가 역사상 첫 자유 노조인 '독립 자유 노동조합 연대(솔리다르노시치[Solidarność])'의 시발점이고 중심지였던 곳이라고 했다. 폴란드가 공산주의 체제 시절이었을 때 공산당들에게 탄압과 학대를 받던 조선소 노동자들이 자신들의 일터 옆에 있던 이 비르지타 성당에 모여 회의하고, 국가의 자유를 위해 특별히 기도하고, 법적·의료적 도움도 받았다고 한다. 그리고 거기서 시작된 노동 운동은 동유럽 전체 민주화의 초석을 이루었을 뿐 아니라 베를린 장벽 붕괴, 아웅산 수치, 천안문 사태, 그리고 한국으로까지 이어졌다.

마리우시는 그러한 사실이 이 장소를 한국으로 모시고 갈 성체 현시대의 첫 프레젠테이션 장소로 결정한 이유였다고 하면서 이곳에서 시작된 이 일이 평화를 위하여 널리 퍼져나가기를 바란다는 소망을 이야기했다. 이어서 마리우시는 자신이 구상한 남양성모성지 성체 현시대의 디자인을 큰 전지에 프린트하여 보여주며 각 부분의 의미를 설명해 주었다. 이야기를 들으면서 정말 아름답고 특별한 성체 현시대가 될 것이라는 느낌이 들었다.

남양성모성지의 성광은 특별히 '자비의 성모'라고도 불리는 '블라디미르(Vladimir) 성모 이콘'의 모습을 연상시킨다. 성체의 모습을 한 예수님이 성모님께 안긴 채 빛을 내고 있고, 첫 번째 감실이며 성광인 성모님이 길이며 진리이며 생명이신 예수님을 가리키고 있다. 이러한 성광의 디자인은 폴란드 작가인 마리우시 드라피콥스키(Mariusz Drapikowski)가 한국에 와서 남양성모성지를 순례하면서 보았던 남양성모성지 묵주기도 길의 항공사진에서 영감을 받은 것이다.

성광을 둘러싸고 있는 장미 넝쿨은 묵주기도, 특히 남양성모성지의 묵주기도 길을 상징한다. 또한 평화를 위해 묵주기도를 많이 바치라고 하셨던 성모님 말씀에서 의미를 가져온 것으로, 호박으로 만들어진 다섯 송이의 장미는 묵주기도의 신비를 나타내고, 일곱 송이의 황금 장미는 성모님의 일곱 가지 슬픔(고통)을 뜻한다. 제대 중앙에 조금 더 큰 원의 형태로 가시관이 예수님과 성모님을 둘러싸고 있다. 그것은 한반도 분단의 고통에 예수님께서 함께 하고 계심을 의미한다.

2년여의 제작 기간을 거쳐 완성된 남양성모성지 성체 현시대는 파티마 성모님의 발현 100주년 기념일이었던 5월 13일부터 5월 31일까지 폴란드 쳉스토호바 성모 마리아 성지에 모셔져 있으면서 한반도의 평화를 위한 기도를 이끌어 왔다. 그리고 바티칸으로 옮겨져 6월 7일, 프란치스코 교황님의 축복을 받았다.

54

프란치스코 교황님의 성체 현시대 축복

"하늘에 큰 표징이 나타났습니다. 태양을 입고 발밑에 달을 두고 머리에 열두 개 별로 된 관을 쓴 여인이 나타난 것입니다"(묵시 12,1).

"저는 오늘 '열두 개의 별로 된 관을 쓴 여인'이라는 구절에서 영감을 받아 전 세계 분쟁지역 열두 곳에 평화를 위한 기도 센터를 설치하고 있는 라돈(폴란드)의 '평화의 모후 기도회'를 환영합니다. 저는 이들의 요청에 따라 오늘 한국의 남양성모성지에 보낼 성체 현시대를 축복했습니다."

— 2017년 6월 7일 일반 알현 중 프란치스코 교황님의 말씀

이날 바티칸에서 교황님께서 축복해 주신 성체 현시대에는 "일치와 평화 안에서 주님을 흠숭하라."는 문구가 새겨져 있다.

이 성체 현시대가 설치되면 남양성모성지는 '일치와 평화 안에서 주님을 흠숭'하며 평화를 위해 기도드리는 전 세계 열두 개의 별 가운데 여섯 번째 별로 그 빛을 발하기 시작할 것이다.

아직은 분열의 상징으로 남아있는 한반도가 기도를 통하여 평화

통일을 이룰 수 있기를 소망하고 믿으며, 그때에 이 성체 현시대는 그야말로 일치와 평화의 상징이 되고, 이 앞에서 남과 북이 하나 되어 일치와 평화 안에서 주님을 흠숭하게 되리라 기대해 본다.

교황님의 축복을 받은 성체 현시대는 다시 폴란드로 옮겨져 폴란드 젊은이들이 함께하는 평화를 위한 음악 축제에서 평화를 위해 기도하는 시간에 성체를 현시하는 성광으로 사용되었다. 많은 폴란드 젊은이들이 그 성광 앞에서 한반도의 평화를 위해 특별히 기도했다.

그런 다음 성체 현시대는 배를 통해 한국으로 이송되었고, 9월 29일 대천사 축일에 마침내 남양성모성지에 도착하였다.

워낙 크기도 하고 무겁기도 하고 또 정교한 것이라서 경당까지 옮겨 설치하는 일도 보통 일이 아니었다. 먼저 경당 제대 뒤의 유리를 떼어내고 그 앞에 성체 현시대를 내려놓을 수 있는 플랫폼 같은 것을 설치하였다. 대형 크레인을 불러 로터리에 있는 성체 현시대를 플랫폼으로 들어 올린 다음, 그것을 떼어낸 유리를 통해 경당 안으로 옮겼고, 이후 제대 위에 설치하는 데 이틀이 걸렸다.

그렇게 경당 안에 설치해 놓고 그 앞에 처음 무릎을 꿇었을 때, 그 감동을 뭐라 설명할 수 있을까? 정말 아름답고 특별했다. 교황님 축복을 받기 위해 바티칸 광장에서 처음 보았을 때와 또 다른 느낌으로 다가왔다. 사실 성체 현시대의 바탕도 크리스털이고 경당 제대 뒤편도 통유리라서 자칫 산만하게 보이지는 않을까 하는 걱정이 되었다. 그런데, 막상 설치해 놓고 보니 밤에는 밤대로, 또 아침부터 저녁까지 시시각각 달라지는 빛에 성체 현시대의 느낌이 달라지면서 더욱 신비롭고 아름답게 느껴지는 것 같았다.

특히 밤이 되면 성체 현시대에 새겨져 있는 토리노(Torino) 수의(壽

衣)가 더욱 선명하게 보인다. 원본 크기와 같은 고해상도의 수의 사진은 토리노의 알도 게레스키 교수님께서 보내주신 것이다.

성 요한 바오로 2세는 토리노의 수의에 대해 "많은 학자의 의견을 되새겨 볼 때, 수의는 파스카의 특별한 증언입니다. 그분 수난과 죽음과 부활입니다. 침묵 속에 있지만 아주 설득력 있는 증인입니다."라고 말씀하셨다.

실제로 2011년 12월 로마 근처 파라스카티(Frascati)에 있는 ENEA(이탈리아 신기술 에너지 환경청)는 5년간의 집중적인 연구와 조사 결과로 현대 과학으로는 수의를 복제하는 것이 불가능하다고 결론 내렸다. 과학자들은 수의에 남겨진 자국이 '아케이로포이에토스(Acheiropoirtos)' 즉 인간의 손으로 만든 것이 아님을 확인했다. 연구자들은 수의에 찍힌 이미지를 만들기 위해서는 34조 와트의 진공 자외선이 필요한데, 현대 인간은 약 2조 와트의 진공 자외선을 생산해 낼 기술밖에 없다고 한다.

성체 현시대의 각 부분이 모두 저마다 의미를 지니고 있지만, 작가는 무엇보다 토리노 수의를 새겨 넣은 의미에 대해 강조했다.

"수의에 새겨진 예수님의 모습은 앞모습과 뒷모습 두 가지이지만 예수님은 한 분이십니다. 그것처럼 지금은 남과 북이 서로 다른 모습으로 갈라져 있지만 한반도는 하나입니다. 현시대의 왼쪽과 오른쪽이 가운데 성체를 중심으로 모이고 하나가 되는 것처럼 갈라진 남과 북도 통일을 이루어 하나가 되도록 기도합시다."

작가가 의도하고 부여한 좋은 의미들이 진정으로 실현될 수 있도록 성체 현시대 앞에 무릎을 꿇는 사람들이 정말 많았으면 좋겠다.

55

성체 현시대 안치식

"한국 수원교구 남양성모성지가 평화의 모후 기도회에 의해 '평화의 모후 왕관의 열두 개의 별' 프로젝트에 참가하게 되어 무척 기쁩니다. 수원교구 이용훈 마티아 주교님과 남양성모성지 이상각 프란치스코 하비에르 신부님께 진심으로 축하드립니다. 이제부터 이 성지를 방문하는 순례자들은 성체 현시대가 안치된 다른 성지와 함께 전 세계의 평화를 위해 기도할 것입니다. 그중에 특히 이 나라의 평화와 한국인들의 화합을 위해 기도할 것입니다. 주님께서 여러분 모두에게 풍성하게 강복하시기를 기원합니다. 성체 현시대 앞에서 화합과 평화의 기적을 위한 기도를 멈추지 마세요!"

— 토마스 페타 카자흐스탄 아스타나 대주교, 남양성모성지 성체 현시대 안치식 미사 중

평화의 모후 왕관의 열두 개의 별, 그 가운데 여섯 번째 별인 남양성모성지 성체 현시대의 안치식이 2017년 10월 14일에 있었다. 장소는 로사리오 광장이었다.

경당 안에 설치해 놓은 성체 현시대는 세 폭의 병풍 형태로 여닫을

수 있는데, 열었을 때의 폭이 7.5m, 높이 2.5m, 무게는 1톤에 가깝다. 게다가 크리스털로 만들어졌기 때문에 파손의 위험이 있어 이동이 어려웠다. 그렇다고 경당 안에서 미사와 안치식을 하려고 하니 경당이 너무 비좁았다. 아무리 좁게 앉는다고 해도 250명 정도밖에는 수용이 되지 않았다. 그래서 분리가 되는 성체 현시대의 중심 성광을 모시고 야외, 로사리오 광장에서 미사를 봉헌하고, 미사 후에 성체강복 예식을 한 다음 성광을 모시고 경당으로 행렬하여 성체 현시대에 안치하는 것으로 안치식 예식을 계획했다.

미사는 수원교구장 이용훈 마티아 주교님의 주례와 수원교구 전임 교구장이신 최덕기 바오로 주교님, 평화의 모후 기도회 영적 지도자인 토마스 페타 대주교님과 30명 가까운 신부님들의 공동 집전으로 봉헌되었다. '영성체 후 기도' 후에 함께해 주신 분들을 소개하고 축하의 인사 말씀을 듣는 시간을 가졌다. "성체 현시대 앞에서 화합과 평화의 기적을 위한 기도를 멈추지 마세요."라고 하신 토마스 페타 대주교님의 말씀에 이어 '평화의 모후 기도회' 베드로 회장님의 말씀이 있었다.

베드로 회장님은 "남양성모성지가 평화의 모후 왕관의 열두 개의 별이라는 국제적이고 영적인 프로젝트의 빛나는 별이 되었다는 것은 큰 기쁨입니다. 이는 주님의 어머니, 파티마의 성모님께 드릴 수 있는 아름다운 선물입니다."라고 하시며 "평화를 위한 고리기도에 여러분을 초대합니다."라는 초대의 말씀을 하셨다.

"전 세계를 평화를 위한 우리의 기도로 감쌉시다. 가정에서, 일터에서, 이웃 사이에서 평화의 사도가 됩시다. 살아있는 원천인 성체의 힘으로 평화의 사도가 됩시다. 진정한 평화는 무력을 통해, 정치나 경제 권력을 통해 얻어지는 것이 아니고 우리가 꿇은 무릎을 통해 얻어집니다."

다음으로 성체 현시대를 만들어 봉헌해 주신 작가 마리우시의 인사 말씀이 있었다. 마리우시는 본인의 인사 말씀 안에서 프란치스코 교황님께서 한국을 방문하셨을 때 하신 말씀, "부디 이 고요한 아침의 나라가 화합과 평화를 이루는 가장 풍요로운 하느님의 축복 속에서 참으로 기뻐하는 그날이 오기까지 한국에서 그리스도를 믿고 따르는 이들이 그 새로운 날의 새벽을 준비해 나갈 수 있기를 진심으로 기원합니다."라는 말씀을 다시금 상기시켜 주었다. 이어 "우리는 성체 현시대가 안치된 전 세계의 각 중심 성지에서 한국인들의 화합을 위한 염원의 영적인 지원으로서 한반도의 평화와 화해를 위해 기도합니다."라면서 "예수님께서는 두 사람이든 세 사람이든 모여 어떤 것을 위해 기도한다면 우리의 그 기도가 얼마나 큰 힘을 가지고 있는지 복음에서 강조하셨습니다. 따라서 모든 나라, 심지어 전 세계가 진심에서 우러나 하느님께 기도하면 얼마나 더 큰 효과가 있겠습니까."라는 희망의 메시지를 건넸다.

인사 말씀에 이어 성체강복 예식을 거행한 뒤 경당까지 행렬해 갔다. 십자가, 향, 촛불을 든 복사와 장미 꽃다발을 든 화동이 앞서고 성체 예수님을 가슴에 안으시고 그 예수님과 머리를 맞대고 계시는 듯 보이는 자비로우신 성모님 모습의 성광을 네 명의 사제들이 가마에 모시고 행렬했다. 수많은 신자에게 둘러싸여 그 뒤를 따라 경당까지 행렬해 가는데 뭐라 표현하기 힘든 감동으로 마음이 뜨거워지는 것이 느껴졌다. 함께했던 한 신부님이 예식이 끝난 후 나에게 이런 말을 했다.

"신부님, 성광을 모시고 경당으로 행렬하는 순간 저도 모르게 울컥했습니다. 이렇게 특별하고 감동적인 행사인지 모르고 왔어요. 초대해 주셔서 고맙습니다."

★ 2부

천사가
머무는 시간

01
시와 미, 낭만, 사랑은 삶의 목적

시가 아름다워서 읽고 쓰는 것이 아니다.
인류의 일원이기 때문에 시를 읽고 쓰는 것이다.
인류는 열정으로 가득 차 있다.
의학, 법률, 경제, 기술 따위는 삶을 유지하는 데 필요하다.
하지만 시와 미, 낭만, 사랑은 삶의 목적이다.

— 영화 「죽은 시인의 사회」 중에서

'시가 삶의 목적이다.'라는 말에 전적으로 동의할 수 없다 하더라도 삶에 시가 필요하다는 것, 누구에게나 시가 필요한 순간이 있다는 것에는 동의할 것이다.

영화 「죽은 시인의 사회」에서 키팅 선생님은 말했다. 아름다움을 어디서 찾을까? 대답은 한 가지, 네가 거기에 있다는 것. 생명과 존재가 있다는 것. 화려한 연극은 계속되고 너 또한 한 편의 시가 된다는 것. 그리고 또 누군가는 이렇게 말했다. '시인이 될 수 없다면 시처럼 살라'고!

사람들에게는 힘들고 지칠 때 5분만 상상해도 기분이 좋아지고 마음이 편안해지는 장소가 있다. 그곳이 외할머니와 앉아 있던 시골집 뒷마루일 수도 있고, 어린 시절 친구들과 함께 뛰놀던 뒷동산일 수도 있다. 나는 남양성모성지를 순례하는 사람들에게 남양이 그런 곳이 되었으면 좋겠다고 생각했다. 위로가 필요한 사람에게는 위로가 되어 주고, 휴식이 필요한 사람은 쉬어갈 수 있는 장소…. 남양성모성지에 오면 누구나 편안함을 느꼈으면 했고, 아름다움 속에서 '참 좋다!'라고 말하며, '다음에는 누구랑 같이 와야지.' 하는 생각을 품고 돌아가기를 바랐다.

그래서 꽃이나 나무 한 그루를 심으면서도 '이 나무가 혹은 이 꽃이 누군가에게 유년의 기억을 일깨워주면 좋겠다.'라는 마음으로 어렸을 때 집 마당가나 담장 옆에서 보았던 꽃과 나무들을 기억해 심었다. 사람들에게 고향 또는 유년 시절은 언제나 그립고 돌아가고 싶은 곳이기 때문이다.

또 이곳에서는 누구나 한 번쯤 시인이 되고, 한 편의 시처럼 머물다 가도 좋겠다는 생각을 했다. 일상의 분주함이나 고단함 같은 것에서 잠시 벗어나 꽃과 나무와 새들의 위로를 받으며 치유와 평화를 얻기를….

어쩌면 그래서 춤토르와 그토록 함께 일하고 싶었는지 모른다. '건축의 시인'이라 불리는 춤토르, 그가 만든 공간 안에서 내가 느꼈던 시적인 위로와 치유의 느낌들을 남양에 찾아오는 사람들에게도 경험하게 해주고 싶었던 것 같다. 인류는 열정으로 가득 차 있기에…

누구나 좀 더 분위기 있고 멋진 공간에 머물고 싶어 하는 마음을 가지고 있다. 성지에 짓게 되는 건물을 최고의 건축가들과 함께 작업하여 더 아름다운 공간으로 만들고자 하는 것은 그 공간을 이용하게 될 모든 사람을 존중하고 사랑하는 또 하나의 방식이 아닐까.

건축물, 공간이 지닌 위로와 치유의 힘에 대해 처음으로 강한 인상을 받은 것은 페터 춤토르가 설계한 발스 목욕탕에서였다. 사실 그래서 대성당 건축을 계획하면서 가장 먼저 염두에 두고 함께 일하고 싶었던 건축가는 페터 춤토르였다.

2000년대 초, 페터 춤토르에게 대성당 설계를 부탁하려고 시도한 적이 있다. 그런데, 일을 진행하는 중에 도와주기로 한 교수님이 춤토르의 특별한 작업 스타일 등 현실적인 어려움을 이유로 적극적인 추진을 망설였다. 또 당시에는 성지의 사정상 법적인 문제로 건축 허가를 받기도 어려운 상황이어서 중도에 포기하게 되었다.

그러나 마음속에는 춤토르와 성당을 짓고 싶다는 바람이 계속 남아 있었다. 그래서 기회가 있을 때마다 주변 사람들에게 춤토르의 이야기를 하곤 했다. 어느 날 내 이야기를 관심 있게 듣던 바오로 회장님(전 교보 자산관리담당 부사장)이 말씀하셨다.

"신부님, 춤토르도 훌륭하지만 마리오 보타도 훌륭합니다. 마리오 보타와 함께 일한 경험이 있습니다."

"아! 둥근 안경테와 붉은 벽돌의 건축가 마리오 보타 말이지요? 1995년 르코르뷔지에 건축기행 중에 스위스 루가노에서 그가 설계한 동그란 은행을 본 일이 있습니다. 건축물뿐만 아니라 은행 안의 전등, 의자, 쓰레기통 하나까지 모두 디자인했다는 이야기도 들었습니다. 마리오 보타의 주택과 사무실 밖 골목에 서서 그의 집 모양을 사진으로 담기도 했습니다."

"마리오 보타의 건축물을 보셨네요. 마리오 보타가 성당 건축을 특별히 좋아하는 것으로 알고 있습니다. 나중에 신부님이 마리오 보타와 성당을 짓고 싶으시면 이야기해 주세요."

그렇게 마리오 보타의 이야기를 듣고 또 한참의 시간이 흘렀다. 2011년 남양성모성지 봉헌 20주년의 해를 지내면서 이제는 대성당 건축을 시작해야겠다고 생각했다. 순례자들은 점점 늘어나는데 미사를 봉헌하는 경당은 비좁았고, 건축을 위한 법적인 문제들도 어느 정도 정리가 되었기 때문이다. 마리오 보타의 건축물을 보았던 기억을 되새기며 그에 대한 자료들도 다시 찾아보았다. 마리오 보타를 추천해주셨던 바오로 회장님 말씀대로 보타에 대해 공부할수록 그가 얼마나 훌륭하고 멋진 건축가인지 알 수 있었다. 바오로 회장님께 연락을 드렸다.

"보타에게 설계를 맡기시려구요. 잘하셨습니다. 마리오 보타 정말 괜찮은 사람입니다."

그러면서 바오로 회장님은 보타와의 일화 하나를 들려주셨다.

"마리오 보타(Mario Botta)가 교보타워를 설계할 때, 교보 회장님이 보타에게 이런 모양 저런 모양으로 설계해 봐달라고 하면 그때마다 마리오 보타는 회장님의 요구대로 설계하고 모형을 만들어 가져오곤 했습니다. 그런데 어느 날 회장님이 마리오 보타와 더 이상 함께 일하지 않겠다고 하셨습니다. 당시 어떤 미국 건축가에 관한 이야기를 듣고 그 사람과 작업을 하고 싶으셨던 겁니다. 회장님은 저에게 그 일을 맡겼습니다. 스위스에 가서 마리오 보타를 만나 이렇게 전해 달라고 하셨습니다. '이제까지 당신이 설계한 비용은 모두 지불하겠다. 그리고 그동안 했던 일은 없었던 일로 하자.' 무거운 마음으로 마리오 보타를 찾아갔습니다. 그리고 회장님 이야기를 그대로 전했습니다. 제 이야기를 들은 마리오 보타는 그날 오직 한마디만 했습니다. '미스터 김, 내일 만납시다.' 그리고 다음 날 다시 만났지요. 그날 마리오 보타가 저에게 뭐라고 말했을지 예상하시겠습니까?"

"글쎄요."

보타가 어떤 말을 했을지 조마조마하면서도 기대가 되었다.

"그는 다음과 같이 말했습니다. '미스터 김, 마리오 보타가 이 일을 계속합니다. 그러나 돈은 한 푼도 받지 않겠다고 회장님께 전해 주십시오.'"

"와, 멋지네요!"

나도 모르게 그런 감탄사가 나왔다. 교보 회장의 반응도 나와 크게 다르지 않았던 것 같다. 보타의 이야기를 전해 들은 회장은 마음을 바꾸어 다음과 같이 지시했다고 한다.

"마리오 보타는 진짜 프로다. 보타가 이 일을 마칠 수 있도록 적극적으로 협조해라."

교보타워는 그렇게 지어지게 된 것이라고 했다.

그 이야기를 들으니 보타가 더욱 믿음직스럽고 멋있어 보였다. 그는 자신이 하는 일을 정말로 즐기고 사랑하는 것처럼 보였기 때문이다.

그런 사람이라면 성모님께 봉헌해 드리는 대성당 작업을 맡겨도 좋을 것 같았다. 붉은 벽돌의 동그란 건물들, 동그란 안경테를 쓴 곱슬머리 외국 건축가로만 알고 있던 마리오 보타는 그렇게 함께 일하고 싶은 건축가로 내 마음에 다시 자리를 잡았다.

2부 천사가 머무는 시간

02
마리오 보타에게 대성당 설계를 의뢰하다

얼마 후 스위스 마리오 보타의 사무실에서 근무했고, 교보타워를 건축할 때 한국 파트너로 일했다는 건축가 한만원 소장을 만나게 되었다. 2011년 6월의 일이다.

"마리오 보타의 사무실에서 근무하셨다고 들었습니다."

"네, 1990년부터 1994년까지 있었습니다."

"마리오 보타에게 대성당 설계를 부탁하고 싶은데 도와주실 수 있을까요?"

"보타의 경우 스위스 부자들이 집의 설계를 부탁하면 적어도 2~3년씩 기다리게 합니다. 교보타워도 일을 하겠다고 승낙하기까지 3년인가 시간이 걸렸습니다. 그런데, 성당은 다릅니다. 보타는 성당 건축을 좋아하는 것 같아요. 성당을 지어달라고 부탁하면 대부분 흔쾌히 하겠다고 대답하는 모습을 보았습니다. 물론 연락해 봐야 알겠지만 대성당을 설계해 달라고 하면 아마 좋아하지 않을까 싶습니다. 사실, 세계적인 건축가 가운데 마리오 보타만큼 성당이나 종교 건축을 많이 한 사람을 찾기도 쉽지 않을 겁니다."

한 소장의 예상은 맞았다. 한 소장은 먼저 전화로 마리오 보타에게 성당 설계를 할 수 있느냐고 물었다고 한다.

"오! 성당? 좋아요!"

한 소장은 로사리오의 남양성모성지에 관한 모든 자료들—역사, 개발 과정의 스토리와 대성당 부지의 정확한 측량 도면 등을 준비해서 마리오 보타 사무실로 보내주었다. 그러한 자료들과 함께 몇 명이나 들어갈 수 있는 성당을 원하느냐고 물어서 2,500명이 들어갈 수 있었으면 좋겠다고 답해 주었다. 성지에서 큰 행사를 할 때 보통 2,000명에서 3,000명 정도 모이는데 그 인원을 한 번에 수용할 수 있는 공간이 있으면 날씨에 상관없이 언제라도 좋은 프로그램들을 해나갈 수 있겠다는 기대에서였다.

또한 성모님께 봉헌해 드리는 이 성당을 지으면서 우리나라의 평화통일을 지향으로 하는 기도 운동을 보다 적극적으로 펼쳐나갈 것이라고 덧붙였다. 남양성모성지는 우리나라의 평화통일을 위해 기도하는 곳으로 특별히 봉헌되고 선포된 곳이다. 이곳에서 평화통일을 위한 묵주기도를 계속 바쳐왔다. 2017년 파티마 성모님의 발현 100주년을 준비하면서 성모님께서 우리나라에 평화통일을 선물해 주시도록 더 큰 기도와 희생을 바치는 마음으로 힘을 모아 통일기원 남양 성모 마리아 대성당을 짓기로 한 것이다. 가능하면 파티마 성모님의 발현 100주년이 되는 2017년 5월 13일에 우리나라의 평화통일을 감사하는 미사를 이 성당 안에서 봉헌할 수 있게 되기를 바란다고 전했다.

그 밖에도 나는 건축주로서 마리오 보타에게 특별히 다음의 몇 가지 사항들을 요청했다.

— 기존에 순례자들이 가지고 있던 남양성모성지에 대한 이미지를

파괴해서는 안 된다. 주변 환경과 잘 어울리는 설계를 해 주었으면 좋겠다.

― 대성당 내부가 자연 채광으로 밝았으면 좋겠다.

― 주례자의 소리가 순례자들에게 잘 전달되어야 한다. 또한 미사뿐 아니라 공연이나 연주가 가능한 공간이었으면 좋겠다.

― 건물의 유지 관리가 쉬워야 한다. 자연 친화적인 설계로 효율적인 냉·난방 시스템을 구축함으로써 유지 관리비가 적게 들어가는 구조였으면 좋겠다.

― 남양성모성지가 아니면 느낄 수 없는 특별한 기도 공간을 설계해 주었으면 좋겠다. 무엇보다도 기도하고 싶고 머물고 싶고 따뜻하게 느껴지는 공간을 만들어 주면 좋겠다.

대성당 설계를 의뢰하고, 남양성모성지에 관한 자료들을 보낸 지 두 달 만에 마리오 보타가 현장을 보러 왔다. 2011년 8월 27일부터 28일까지 1박 2일의 일정으로 딸 주디타(Giuditta)와 동행했다. 보타는 성지에 도착하자마자 현장부터 보고 싶어 했다. 현장을 둘러보고 나서 짧은 미팅을 했다. 보타는 자신의 드로잉과 기본 설계안을 보여주었다. 계곡 입구를 댐의 둑처럼 막고 중앙에 두 개의 탑을 세워 빛이 제대 안으로 들어오게 하는 안이었다. 건물이 산과 산 사이에 드러나지 않게 자리 잡아 기존 성지 분위기를 그대로 가지고 갈 수 있을 것 같았다.

규모는 우리가 요청한 것보다는 조금 작았다. 우리가 요청한 규모는 2,500석이었는데 건물이 산과 산 사이에 들어가기 위해서는 최대로 넣을 수 있는 좌석 수가 2,300석이라고 했다.

현장을 직접 확인한 그는 대성당의 지리적 위치가 불리한 측면도 있지만, 적절히 극복하면 꽤 괜찮은 장소가 될 수 있을 거라고 말했다. 짧은 미팅을 마치고 근처에 있는 호텔로 이동했다. 호텔로 들어서며 그가 웃으며 말했다.

"성지에 내 건물이 지어지면 이 호텔 객실을 더 늘려야 할지도 모르겠습니다."

다음 날 아침, 보타는 딸과 함께 성지에 와서 미사에 참례했다. 미사 후에는 대성당 현장뿐 아니라 성지 전체를 천천히 걸으며 둘러보았다. 바로 이날 자비로우신 예수님의 언덕에서 나는 보타에게 페터 춤토르를 소개해 달라고 부탁했고, 이후 보타의 주선과 도움으로 춤토르와 티 채플을 시작할 수 있었다.

보타의 첫 번째 방문은 그렇게 끝이 났다. 딸과 함께 10시간 이상 비행해서 먼 나라에 왔으면 유명한 관광지라도 몇 군데 둘러보고 갈 만한데, 보타는 현장을 보고 또 자신이 설계한 리움(Leeum) 미술관과 교보타워만 딸에게 보여주고 곧바로 스위스로 돌아갔다.

그때부터 지금까지 오랜 시간 함께 일하며, 내가 마리오 보타에 대해서 말할 수 있는 사실은 하나뿐이다. 그는 오직 건축에만 관심이 있는 사람이라는 것!

03

세계적인 건축가는 바쁘다

보타는 스위스로 돌아가자마자 본격적으로 일을 진행시켰다. 보타가 보내온 설계안에는 중간에 움직이는 벽의 설치가 계획되어 있었다. 사람이 적을 때는 대성당 중간 부분을 막아서 사용할 수 있도록 한 것이다. 그리고 아주 큰 규모이기 때문에 외벽뿐 아니라 안쪽에도 기둥이 세워져 있었다.

그런데 아무리 생각해도 안쪽에 있는 기둥들이 시야를 가릴 것 같았다. 지붕을 아치 구조로 바꾸고 안쪽 기둥을 없애 시야를 확보하면 좋겠다는 생각이 들었다. 또 외벽 쪽 기둥과 기둥 사이에 채플을 만들어 여러 나라의 성모상이나 이콘(Icon)을 모셔 놓으면 순례자들이 순례하며 기도를 바치게 될 것 같았다.

이러한 나의 의견을 마리오 보타에게 전달했다. 얼마 뒤 오른쪽과 왼쪽에 각각 세 개씩의 작은 채플이 있는 안이 도착했다.

채플을 넣은 마리오 보타의 새로운 설계안을 검토하다 보니 앞쪽 양쪽 출입구가 지나치게 넓어 보였다. 그곳을 조금 줄이고 정리하면 채플을 하나씩 더 만들 수 있겠다 싶었다. 그 이외에도 엘리베이터와 대성당 정문 입구에 이르는 경사가 있는 긴 통로에 에스컬레이터

마리오 보타

를 설치하면 어떨까 하는 생각을 그의 사무실로 보냈다. 얼마 후 보타로부터 다음과 같은 답변이 왔다.

"성당은 쇼핑센터가 아니므로 에스컬레이터 설치는 고려의 대상이 아닙니다."

그렇게 서로 연락을 주고받으며 설계안을 변경시켜 나가다 보니 직접 만나 이야기를 한 번 나누면 좋겠다는 마음이 들었다. 그러던 중 보타가 중국에 올 일이 있다는 것을 알게 되었다. 그가 중국에서 진행 중인 프로젝트가 6~7개 있는데, 그 일로 중국을 방문한다는 것이었다. 내가 만나고 싶다고 하자 보타는 자신이 중국 일정을 마치고 돌아가는 길에 인천공항에서 회의를 할 수 있을 것이라고 소식을 전해 왔다.

2011년 10월 16일, 인천공항에서 그를 만났다. 우리는 채플에 관한 이야기를 나누었다. 마리오 보타는 드로잉을 하면서 대성당 안에 원형으로 10~12개의 채플을 넣고, 그 원형을 순례자들이 따라 걸으며 기도할 수 있지 않겠느냐는 제안을 했다. 성모님 머리의 화관이 열둘이므로 열두 개의 채플이 좋을 것 같다고 했다.

소성당 규모에 관한 이야기도 나누었다. 매일 미사가 봉헌되는 소성당의 수용인원이 200명으로 되어 있었는데, 아무래도 부족할 것 같아 400명으로 늘려주면 좋겠다고 했다.

그런 이야기들을 나누고 집으로 돌아왔는데, 자꾸 마음에 걸리는 것이 있었다. '옛날 교회처럼 채플이 지금도 필요할까? 그리고 채플 열두 개를 둥그렇게 배치하는 구조라면 대성당 안이 산만하지 않을까?' 나는 대성당이 단순함을 유지하는 가운데 중앙으로 집중되는 구조였으면 좋겠다는 생각을 하고 있었다. 그래서 다시 보타에게 연락해 이러한 내 생각을 전달했다.

보타는 앞쪽 출입문 크기를 줄이고 같은 크기들의 채플을 왼쪽과 오른쪽에 각각 4개씩 넣은 설계안을 보내왔다. 대성당 지붕이 아치 구조로 바뀌었고, 소성당 규모도 200명을 수용하는 것에서 400명까지 수용하는 것으로 커졌다.

그런데, 문제가 있었다. 소성당을 크게 만들기 위해서는 땅을 좀 더 깊게 파야 하는 것이다. 그러자면 그만큼 토목공사 비용이 증가한다. 그 비용을 줄이는 방법으로 바닥을 높일 수가 있는데 또 그렇게 하게 되면 대성당 건물의 높이가 처음보다 많이 높아져 전체적으로 나지막하게 펼쳐져 있는 성지의 기존 경관을 해치는 것이 아닌지 걱정이 되는 것이다.

점점 고민이 많아지기 시작했다. 대성당을 잘 짓는 것도 문제지만 지어지고 나서 어떻게 관리하고 사용해야 할지도 미리 생각해야 했다. 워낙 규모가 큰 성당이므로 기본적인 냉·난방비도 고려의 대상이 되었다. 경제적이고 친환경적인 에너지 절약형 시스템이 꼭 필요하다고 생각했다. 관련된 국내의 여러 사례들을 검토한 결과 에어 터널(air-tunnel) 방식이 냉난방 에너지를 40%까지 절약할 수 있다는 것을 알게 되어 그 분야의 최고 전문 업체(한일엠이씨)와 계약을 맺고 설계를 진행했다. 구조, 전기, 조명(비츠로 앤 파트너스)도 설계자를 선정하여 각각 설계자와 계약을 맺고 작업을 시작했다.

또한 대성당이 잘 지어지고 안 지어지고는 소리가 잘 들리느냐 안 들리느냐, 울림이 좋으냐 나쁘냐로 판가름이 난다고 할 만큼 소리가 중요하기 때문에 오에스디 엔지니어링의 음향 전문가와 함께 마리오 보타의 대성당 설계 도면을 검토하며 건축 음향 작업을 시작했다.

04

의사는 땅속에 남기고,
건축가는 땅 위에 남긴다

2013년 말, 대성당의 음향적인 측면을 논의하기 위해 남산의 한 카페에서 관계자들과 미팅을 가졌다. 음향 설계자가 말했다.

"천장이 낮고 1층에 2,300여 명이나 들어가는 대단히 큰 구조이기 때문에 음향 설계가 무척 어렵습니다. 대성당 길이가 얼마인지 아시지요? 정말 큽니다. 저기 저 아래 가로등 보이시지요? 저기서 지금 우리가 있는 여기까지입니다. 옆으로도 큽니다. 현재의 규모를 유지한다면, 최적의 음향 효과를 위해서는 천장 높이를 더 높일 필요가 있습니다. 그게 아니라면 좋은 소리를 위해서 대성당 규모를 조금 줄이는 것이 좋겠습니다."

한 소장 또한 이렇게 이야기했다.

"신부님, 이 시점에서 다시 한번 진지하게 물어볼 필요가 있지 않을까요? 정말 이렇게 큰 규모가 꼭 필요한가요?"

밤새 고민이 되었다. 대성당의 크기를 가늠해 보고 싶었다. 사무실 앞 잔디광장에 설계 도면에 나와 있는 대로 길이를 재어 빨간 줄로 경계를 만들어 보았다. 그 안에 들어가 보니 엄청나게 넓은 공간이었다.

'이렇게 큰 성당이 정말 필요할까? 앞으로도 계속 순례자가 많을까? 관리비용은 괜찮을까? 음향적인 문제도 크다는데…'

사무실 직원들의 의견을 물어보았다. 성지의 상황을 가장 잘 알고 있는 사람들이기 때문이다.

"얼마나 줄이시려고요?"

"2,300명에서 1,300명으로 바꾸고 싶다."

좁은 경당에서 많은 어려움을 겪어 온 탓인지 직원들은 모두 "신부님, 그럴 거면 왜 대성당을 지어요. 원래대로 2,300명 규모로 지으세요. 그러면 좋겠어요."

사무실 직원들의 말도 맞는 말이다. 사실 나도 그동안 그렇게 생각해서 2,300명 규모로 계속 일을 진행해 왔던 것이다. 그런데, 그런데도 시간이 지날수록 크기를 줄여야겠다는 마음이 점점 크게 들었다.

2014년 4월 1일, 대성당 규모에 관한 논의를 위해 마리오 보타 사무실을 방문했다. 2년 만에 다시 찾은 마리오 보타의 사무실은 앞부분이 조금 바뀌어 있었으며, 중국 선양(瀋陽)의 대학 마스터플랜 작업물로 가득했다.

조감도와 모형을 보고 있는데 마리오 보타가 웃으며 다가왔다. 특유의 둥근테 안경과 흰 곱슬머리, 파란색 셔츠에서 짙은 분홍색 울셔츠로 갈아입은 것만 빼면 2년 전과 똑같은 모습이었다.

먼저 마리오 보타를 위해 준비해 간 선물을 건네주었다. 마리오 보타가 교보타워 작업을 할 때 함께했던 홍승혜 작가의 판화 2점이었다. 판화를 보면서 마리오 보타가 고맙다는 인사를 했다.

본격적인 미팅을 위해 자리에 앉았는데 대성당 크기를 줄이고 싶다는 말이 쉽게 나오지 않았다. 3년 전 건축주로서 마리오 보타에게

2,500명 규모의 설계를 부탁했을 때, 보타가 '크다. 그렇게 큰 규모여야 하느냐?'고 물었었다. 그리고 지난 3년 동안 여러 차례 회의하고 이야기를 나누며 설계를 발전시켜 왔다. 이제 설계 마무리 단계에 와 있다. 그런데 새삼 지금에 와서 규모를 줄여 달라는 이야기를 해야 하는 것이다.

"그려주신 도면을 놓고 성당이 지어졌을 때의 크기와 공간을 상상해 보았습니다. 공간이 크다는 생각을 떨칠 수 없었습니다. 작업이 많이 진행되어 마지막 단계에 와 있지만 크기를 줄여야겠다 싶어 그 이야기를 하러 왔습니다."

마리오 보타의 표정을 살펴보았다. 언짢아할 것이라는 생각에서였다. 그런데 내 생각과는 달리 마리오 보타의 표정이 오히려 밝아지면서 기쁜 목소리로 말했다.

"나도 크다고 생각했습니다. 크기를 줄이면 훨씬 좋아질 것입니다. 그 사이트에 어울리는 작업이 될 것입니다. 아주 좋습니다. 얼마나 줄이기를 원하십니까?"

"지금 규모가 2,300명인데 1,300명으로 줄였으면 좋겠습니다."

마리오 보타는 "더 경제적이고 아름답게 할 수 있을 것 같습니다. 500만 달러는 절약했습니다."라고 하면서 마치 새로운 성당의 디자인을 하는 것처럼 기대감에 부풀어 드로잉해 나가기 시작했다.

"크기를 줄이면 이렇게 할 수 있겠습니다. 처음 출발할 때의 생각처럼 대지를 파내고 건물을 낮춤으로써 자연에 순응하는 건축물, 산처럼 만들어 가겠습니다. 시야에서 건물은 사라지고 두 개의 타워만 보이게 하겠습니다. 산과 건물이 하나이고 두 개의 탑만 서 있는 모양이 될 것입니다. 자연과 하나 되는 건축물이 기대됩니다. 위대한 교회가 될 것입니다. 크기를 줄임으로써 훨씬 인간적인 프로그램이 되었습니다. 지금 시작해도 2개월은 걸릴 것입니다. 처음부터 설계를 다시 해야 하는 일이니까요. 그렇지만 기쁩니다. 크기가 줄면 채플도 줄어드는데 몇 개를 원하십니까?"

"6개 정도면 어떨까요?"

내 대답에 도면 위에 다시 드로잉하면서 말했다.

"좋을 것 같습니다. 채플마다 성모상을 모셔 놓을 생각입니까? 채플의 성모상이나 이콘은 여러 작가가 작업한다 하더라도 건축가로서 일정한 기준을 제시하겠습니다. 채플의 통일성이 없으면 매우 산만하게 느껴질 수 있기 때문에 채플의 디자인 또한 모두 내가 하겠습니다. 지금부터 설계를 다시 시작해서 두 달 뒤인 2014년 5월에 서울에 가겠습니다. 그때 건축 재료들도 보고 싶습니다."

대성당 크기를 줄임으로써 지난 3년간 그가 해 온 작업들이 전부 소용이 없어지고 새롭게 다시 설계 작업을 해야 하는데도 마리오 보타는 조금도 싫은 내색을 하지 않았다. 그뿐 아니라 "당신은 용기 있는 신부입니다."라면서 오히려 나를 위로하고 격려해 주었다.

동행한 한만원 소장이 물었다.

"이런 경우, 보통은 설계 계약을 다시 하자고 하는데, 당신은 아무런 이야기도 하지 않습니까?"

"미국 문화가 다 좋은 것은 아닙니다. 나는 스위스 건축가 협회에서 정해 놓은 것만 받으면 됩니다."

보타는 이후에도 설계 변경과 관련하여 계약을 다시 하자거나 비용을 더 달라는 이야기를 한 번도 하지 않았다.

두 시간여의 회의를 마치고 식사를 하는 중에도 마리오 보타는 식탁보로 깔린 종이 위에 드로잉을 하며 건축에 관한 이야기를 계속했다. 식사를 마치고 이야기가 끝났을 때 마리오 보타는 식탁보 위에 그린 드로잉에 서명을 한 다음 나에게 주었다. 그리고 식사비 또한 자신이 계산했다.

"의사는 땅속에 남기고, 건축가는 땅 위에 남긴다."라는 말이 있다. 건축가의 작업은 땅 위에 오래 남아 사람들에게 영향을 준다는 의미일 것이다. 더 좋고, 더 아름답고, 사람들에게 감동을 주는 성당을 설계하여 땅 위에 남기고 싶은 단순한 마음, 보타는 그런 마음을 가진 진짜 건축가인 것 같다.

05

신부님은 늘 된다고 하네요

대성당 규모를 축소하기로 함에 따라 설계 작업이 다시 원점으로 돌아갔다. 3년 동안이나 고민하며 작업해 온 설계를 처음부터 다시 해야 하는데도 보타는 오히려 새로운 의지와 기대감만을 보여주었다. 보타는 두 달 뒤 새로운 설계도를 가지고 찾아오겠다고 약속했었다.

2014년 5월 31일, 다시 보타를 만난 곳은 상하이 푸둥(浦東)공항이었다. 저녁 8시, 공항에서 만나자마자 카페 한 편에 도면을 펼쳐 놓고 곧바로 회의를 시작했다. 크기와 디자인 모든 것이 바뀐 새로운 안이었다. 대성당 정문 위층 공간에 벽돌 사이로 빛이 들어오도록 디자인한 창을 가리키며 보타가 말했다.

"제대에 서서 여기로 빛이 들어오는 것을 보면 판타스틱한 느낌이 들 것입니다. 매우 멋질 거예요."

마리오 보타는 한국의 벽돌 시공비용이 얼마나 하는가를 알고 싶어 했다. 헤베*당 얼마라고 알려주자, 그렇다면 대성당의 건축 재료를

---

* '제곱미터(m²)'를 말하는데, 일본어 heibei(平米)에서 유래하였다.

벽돌로 하자며 벽돌 건축의 진수를 보여주겠다고 했다. 회의를 마친 다음 자리를 옮겨 간단한 식사와 함께 커피를 마셨다.

보타가 나에게 말했다.

"내가 설계를 하면 정말 지을 수 있습니까? 이탈리아에 짓던 성당이 중단되었습니다. 남양은 그런 일이 없었으면 좋겠습니다."

그는 자신의 설계가 꼭 건축물이 되는 모습을 보고 싶다는 듯이 다시 한번 강조해서 말했다.

"건축은 돈이 많이 드는 일입니다. 모금은 기도만 해서는 안 됩니다. 모금이 잘되기를 바라고, 꼭 성당이 지어지기를 바랍니다."

푸둥공항에서의 미팅 이후 여러 가지 문제들에 대해 메일을 주고받으며 논의를 계속했다. 그러나 파이프오르간의 위치와 채플 디자인 등에 관해서는 서로의 의견이 달랐다. 그러한 문제들에 대해 만나서 좀 더 이야기를 나눠야 할 필요가 있었다. 보타의 일정이 무척 바쁘다고 하여 우리가 보타의 사무실로 가게 되었다.

2015년 2월 2일, 몇 개월 만에 다시 만난 보타는 무척 피곤해 보였다. 피부도 좀 거칠어진 것 같고 가끔 기침도 하는 모습에서 건강이 염려되었다. 중국에 매우 큰 프로젝트를 하고 있어서 중국에 오래 머물다 왔다고 한다. 일도 많고 오랜 출장에 피로가 쌓인 것 같다고 했다. 그런데도 일에 대한 열정은 조금도 줄어든 것 같지 않았다.

그는 곧바로 설계 도면을 펼쳐 놓고 그동안 메일을 통해 의견을 주고받았던 부분들에 대해 하나하나 이야기를 시작했다. 그는 언제나 이야기를 나눌 때면 도면이나 드로잉지에 드로잉하면서 자기 생각을 이야기한다.

"대성당의 채플은 8개가 동일한 크기, 동일한 방법으로 설치되어야 합니다. 신부님이 생각을 바꾸지 않으면 여기서 집에 보내주지 않겠습니다."

보타는 채플에 관한 이야기부터 꺼냈다.

"성모님은 한 분이십니다. 통일성을 이루어야 합니다. 성모상이나 이콘을 세우고 그 옆 원 안에 성모상의 명칭, 설명을 벽돌에 새길 수 있습니다. 그리고 그곳에 의자를 두어 성모상을 바라보며 앉을 수 있고 또 동시에 시선이 성모상만이 아니라 제대를 향하게도 할 생각입니다. 그런데 양쪽 계단을 올라와서 만나게 되는 공간은 채플이라고 보기가 어렵습니다. 그곳은 대성당 안이 아니고 외부입니다. 그곳에 무엇을 하고 싶습니까?"

"남양과 관계되는 것을 해야 하지 않을까요? 남양 성모상이나 남양 순교자들, 아니면 통일에 대한 염원을 표현하면 좋을 것 같습니다."

"너무 많은 것을 놓으려고 하는 것이 아닐까요? 많이 놓지 않았으면 좋겠습니다. 복잡해요. 이 부분은 나에게 맡겨주면 고민해 보겠습니다. 그리고 예술 작품들을 지금 어떻게 설치하겠다고 결정하기보다 먼저 건물을 짓고 그때 가서 어떻게 놓으면 될까를 생각하는 것이 좋을 것 같습니다."

대성당에 남양 순교자들을 기억하는 장소도 있었으면 좋겠다는 생각이 들어서 내 의견을 말씀드렸다.

"대성당 정문 앞에 있는 큰 원형 아치 계단들을 순교자의 정원으로 만들면 어떻습니까?"

"그것도 좋겠네요. 가운데 중앙으로 올라가기보다는 옆으로 해서 계단 끝까지 길게 가는 것이 좋겠습니다. 안전 문제가 있기 때문에 난간을 설치해야 하는데, 그렇게 되면 미관상 좋지 않습니다. 그렇다고 난간을 설치하지 않으면 위험할 수 있습니다. 이곳은 생각을 더 해야 할 것 같습니다. 어쩌면 원형을 없애고 경사면으로 조경하는 것이 더 좋을 것도 같습니다. 더 연구하면서 방법을 찾아보겠습니다."

이어서 보타는 파이프오르간에 대한 자신의 의견을 말했다.

"파이프오르간 설치는 앞쪽이 좋다고 생각합니다. 왜냐하면 연주자의 모습을 볼 수 있고 앞에서 이루어지는 것들을 다 볼 수 있기 때문이지요. 많은 성당이 앞에 설치하고 있습니다. 나는 앞에 놓기를 권합니다."

하지만 파이프오르간의 위치에 대해 나는 다른 생각을 하고 있었다. 나는 파이프오르간이 뒤에 설치되어야 하는 이유에 대해 다음과 같이 말씀드렸다.

"파이프오르간을 앞에 설치하면 제대로 모아져야 할 시선이 분산되고 자칫 복잡하게 느껴질 수 있습니다. 또 천장의 자연 채광이 파이프오르간의 관리를 어렵게 할 수 있습니다. 그뿐 아니라 음향적인 문제 또한 발생하게 됩니다."

제대가 중심이 되어야 한다는 말에 마리오 보타는 자기 생각을 즉시 내려놓았다. 하지만 그러면서도 성당 뒤편의 멋진 디자인을 포기하는 게 쉽지 않아 보였다. 상하이 푸둥공항에서의 미팅 때 성당 뒤편의 디자인을 보여주며 '정말 멋질 것'이라고 이야기했던 기억이 났다. 사실 나도 그 아름다운 설계안이 파이프오르간 때문에 없어진다는 것이 아쉽긴 했다.

제대 바닥은 대성당 벽돌과 같은 벽돌로 작업하겠다면서 제대 위의 성물들은 이제부터 많이 고민하며 그려야 한다고 했다.

대성당 조명 설계자인 '비츠로 앤 파트너스'의 대표 고기영 씨가 마리오 보타에게 설명하자 조명에 대해 만족스러워했다. 회의를 마치고 대성당 모형을 카메라에 담고 있는 내 옆에 서더니 두 팔을 벌리는 큰 제스처로 보타가 말했다.

"큰 구조이기 때문에 나에게도 어려운 일입니다. 이런 크기의 공간이 처음입니다. 까다로운 작업이에요. 대성당은 디테일이 생명입니다. 서두르지 말고 천천히 해야 합니다."

06

어제 잠은 잘 잤나요?

다음 날 아침, 보타가 웃으며 물었다.

"밤사이에 많은 영감을 얻었습니다. 종을 없애야겠습니다. 조명 때문에 안 되겠어요. 종은 야외에 따로 설치해야겠습니다. 조명이 위에서 내려오는 것은 별로 좋은 생각이 아닌 것 같습니다. 명상의 공간이어야 하는데, 교회적이지 않습니다. 그리고 글씨로 벽을 만들겠습니다. 긴 기도문 하나가 아니라 여러 가지 기도문이 들어가는 것이 좋겠습니다. 색깔도 다양하게 들어가게 하고, 여러 나라말로 표현하면 좋겠네요. 기도 책에서 보는 것보다 교회 건물 자체에 새겨져 있는 기도문을 보는 것은 더 감동적일 것입니다. 돌로 해야겠습니다. 굉장히 정성이 많이 드는 작업일 것입니다. 한국어와 라틴어로 작업해 주세요. 영감이 떠오르는 중인데 구체적으로 발전시켜 나가겠습니다. 어제 제대 바닥을 벽돌로 하자고 했는데 바닥도 돌로 하는 게 좋겠습니다. 벽돌과 같은 사이즈의 돌들을 사용해서 해 봅시다. 어떻습니까? 돌로 해도 되겠습니까?"

"네, 그렇게 하시지요."

"나는 집에서는 아내에게 늘 안 된다는 소리만 들었는데 신부님은 늘 된다고 하네요. 정말입니까? 이거 다 될 때쯤 돈이 없어서 스위스로 도망쳐 와야 하는 것 아닌가요?"

우리는 다 함께 웃었다. 회의를 모두 마치고 보타는 "여행하는 데 돈을 많이 쓰지 말고 공사하는 데 쓰십시오."라고 하면서 자기 차로 루가노(Lugano)까지 태워다 주었다.

07

대성당은 디테일이 생명이다

2015년 4월 2일(성목요일)에 드디어 화성시청으로부터 건축 허가를 받았다. 성모님을 사랑하고 또 평화를 바라는 많은 이들의 기도와 봉헌 덕분이다. 빠듯한 일정이긴 하지만 바로 착공하면 원래 계획대로 파티마 성모님의 발현 100주년 기념일인 2017년 5월 13일에 대성당 봉헌식을 할 수도 있겠다는 생각에 마음이 설레고 기뻤다.

그런데 예상치 못했던 난관이 또 있었다.

'모금액이 총 공사 금액의 50%가 안 되면 공사를 시작할 수 없다.'는 게 수원교구의 원칙이었기 때문이다.

마리오 보타가 설계를 시작한 지 벌써 4년이 지났다. 그동안 여러 차례 설계가 변경되는 과정에서 그는 아마도 수많은 밤들을 고민하여 지새웠을 것이다. 그러면서도 그는 돈도 많이 요구하지 않았다. 설계비를 청구하면서 이렇게 말했다.

"이것은 내 설계비가 아니라 이번에 일하느라 사무실에서 사용한 경비밖에 안 됩니다. 보통 스위스에서 주택 하나 설계하는 데 드는 정도의 비용입니다. 다만 신부님이 내가 천국에 갈 수 있도록 기도해 주시면 좋겠습니다."

그렇게 이야기하면서 오직 대성당이 지어지는 것을 꼭 보고 싶다는 소망을 비쳤다. 그런데 다시금 착공이 미루어졌다는 안타까운 소식을 전하게 된 것이다.

2015년 6월 2일, 멘드리지오(Mendrisio)*에서 마리오 보타를 만나 대성당의 건축(착공)을 좀 더 미루게 되었다는 상황을 설명했다.

"건축이 시작되기 전에 1년이라는 시간을 벌게 되어 더 잘됐습니다. 대성당은 디테일이 생명이기 때문에 꼼꼼하게 하나하나 체크하고 살펴보는 게 중요합니다."

보타는 이렇게 이야기하고는 곧바로 대성당 도면을 펼쳐서 또다시 설계를 고치기 시작했다.

"지난번 파이프오르간을 뒤쪽으로 보냈는데 다시 앞으로 가져와야겠습니다. 뒤쪽에 놓는 것은 17~18세기 방식이에요."

그는 아무리 생각해도 파이프오르간은 앞쪽에 놓이는 것이 좋겠다며 다시 앞쪽에 놓는 것으로 설계를 변경하자고 했다. 두세 시간 동안 도면을 하나하나 점검하면서 이 부분은 이렇게, 저 부분은 저렇게 바꿔야겠다고 하며 작업을 멈추지 않았다. 보타 스스로 자기 작품의 완성도를 높이기 위한 노력을 멈추지 않는다는 것을 느낄 수 있었다. 더 좋은 작품, 더 좋은 공간을 만들기 위해 그는 고치고 또 고쳤다. 아마도 대성당이 지어지기까지, 아니 지어지는 동안에도 더 좋은 작품을 위한 그의 노력은 계속될 것이다.

---

* 스위스 남부 티치노(Ticino)에 있는 도시로, 이곳에 유명한 건축학교가 있다.

08

남양 성모님이 일으키신 첫 번째 기적

"대성당 위치로 정말 이상적인 장소입니다!"

보타는 위치를 정말 잘 선택했다며 '판타스틱!'이라는 말을 몇 번이나 되풀이했다. 대성당 자리는 성지 전체로 보면 끝 쪽에 위치하면서도 산들이 주변을 병풍처럼 둘러싸고 있는 꽤 넓은 공간이다.

사실 그동안은 많은 돌이 쌓여 있고 칡넝쿨이 뒤엉켜 있을 뿐 아니라 여러 잡목까지 들어차 있어서 그렇게 넓어 보이지 않았다. 그런데 기공식을 위해 돌들을 다 치우고 나무를 베어내고 높은 곳은 깎고 낮은 곳은 메워서 광장을 만들어 놓고 보니 그야말로 시원하고 넓은 공간이 생겨났다. 나 역시도 '이곳이 이렇게 넓은 곳이었나?'라는 느낌이 들 정도였다.

2016년 5월 27일 금요일 오후, 마리오 보타가 그의 부인 마리아 보타와 함께 대성당 기공식 준비 현장을 찾았다. 긴 비행으로 무척 피곤할 텐데도 호텔로 가기 전에 현장을 먼저 보고 싶다고 한 것이다. 잘 닦여 있는 대성당 터를 보면서 보타도 그 자리에 지어지게 될 대성당에 관한 기대감에 다시금 마음이 설레는 듯 보였다.

다음 날 있을 기공식 미사를 봉헌하기 위해 제대 설치하는 것을 보고 있던 나를 발견하고는 무척 반가워하며 말했다.

"이제 정말로 대성당이 지어지게 되었군요. 언제 할 수 있을지 생각만 했는데 정말 시작하게 되어 무척 기쁩니다. 건축비는 어떻게 모금했나요? 남양 성모님께 바치는 대성당이라고 했는데, 이것이 남양 성모님이 일으키신 첫 번째 기적 같습니다. 앞으로 두 번째, 세 번째 기적이 계속 이어지기를 바랍니다."

보타는 나와 같이 제대 위에 올라서서 닦아 놓은 대성당 터를 바라보며 또 한 번 감탄사를 말했다.

"와우! 신부님이 이렇게까지 준비하고 있는 줄 몰랐습니다. 정말 판타스틱하군요."

그날 호텔에서의 저녁 식사에는 조명 디자이너이며 '비츠로 앤 파트너스' 대표인 고기영 씨와 건축가 강석원, 국립 현대미술관의 김용주, 디자이너 홍 박사, 조각가 장범석, 한만원 소장이 함께했다. 마리오 보타와 건축가 강석원은 오랜 친분이 있는 것 같았다. 두 사람은 이런저런 이야기를 많이 나누었다.

보타는 음식을 조금 가져다 그것만 먹고 디저트도 조금, 포도주도 조금만 먹고는 식사를 마쳤다. 식사를 마친 보타는 엽서 크기의 흰 카드를 꺼내서 식탁에서 드로잉을 시작했다. 그러고는 날짜와 서명을 한 후 함께 식사하고 있는 한 사람 한 사람에게 나누어주었다. 드로잉은 섬세했다. 받는 사람이 특별한 느낌과 고마운 마음을 갖게 하기에 충분했다. 모두들 뜻밖의 선물에 너무 감사해했다. 그렇게 식사를 마치고 이튿날 만나자며 헤어졌다.

2016년 5월 28일 토요일, 드디어 통일 기원 남양 성모 마리아 대성당 기공식 날이 밝았다! 미세먼지가 걷히고 모처럼 파란 하늘이 드러났다. 그동안 잘 준비한다고 회의도 많이 하고 두 번 세 번 점검도 했는데, 막상 기공식 당일이 되니 또 마음이 분주했다. 이것저것 체크를 하고 있는데 화성시청에서 전화가 왔다.

"신부님, 마리오 보타 선생님께서 몇 시쯤 행사장에 오시나요?"

"10시 조금 지나서 출발하시는 것으로 알고 있는데요."

"그러면 오시는 길에 시청을 잠시 들르실 수 있을까요? 시장님께서 만나 뵙길 원하셔서요."

"그건 제가 뭐라고 말씀드리기 어렵네요. 보타를 모시고 오는 한만원 소장님의 전화번호를 알려 드릴게요. 한 소장님과 말씀을 나눠 보세요."

전화를 끊고 기공식 현장으로 가며 어제 오후 성모님께 드렸던 말씀을 떠올렸다.

"성모님, 몇 명이나 올까요? 많은 사람이 오게 해 주세요. 사람들이 많이 오면 이 대성당을 당신이 원하시는 것으로 알아듣겠습니다."

기공식을 준비하면서 의자를 몇 개나 놓아야 할지 결정하는 일이 쉽지 않았다. 여러 차례 회의를 거쳐 최종적으로 2천 개의 의자를 놓기로 했다. 그런데 그 의자들을 모두 깔아놓고 보니 무척 많게 느껴졌다. '저 많은 의자들이 다 채워질까? 교황 대사님과 교구장님, 도지사를 비롯한 여러 인사를 초청했는데, 좌석이 비어있으면 더 썰렁해 보일 텐데…' 걱정이 되었다. 그래서 성모님께 말씀드렸었다. 많은 사람이 왔으면 좋겠다고.

여전히 걱정스러운 마음으로 대성당 현장에 가까이 다가갔을 때 '사람들이 너무 적게 오면 어떻게 하지?'라는 생각이 쓸데없었다는 것을 알게 되었다. 이른 시간임에도 많은 분이 와 계셨고, 계속해서 올라오고 계신 분들이 보였다. 기공식이 시작되기 훨씬 전에 2천 개의 의자는 모두 채워졌고, 나무 아래, 비탈면과 도로에까지 신자들이 앉아 있거나 서 있어야 했다. 태양 빛이 강하게 내리쬐었지만 움직이는 사람도 없었다. 그렇게 많은 사람이 기도하기 위해 모여온 것을 보니 어릴 적 미리내 순교자 현양대회에서 보고 느꼈던 감정들이 떠올랐다. 왠지 벅찬 느낌이었다.

최덕기 주교님과 교황 대사님, 이용훈 교구장 주교님, 화성지구 신부님들이 기공식 미사에 함께하셨다. 그리고 내빈으로는 경기도지사, 화성시장, 국가건축위원회 위원장 등이 함께했다. 미사를 봉헌하고 내빈들의 축사가 있은 뒤 기공식을 가졌다.

'통일 기원 남양 성모 마리아 대성당 기공식'이라는 글자가 새겨진 플래카드 뒤로 기념 시삽을 위한 흙더미가 쌓여 있고, 역사적인 첫 삽을 뜨기 위해 한 분 한 분 준비된 자리를 채워갔다. 교황 대사님과 교구장 주교님, 최덕기 주교님, 설계자 마리오 보타와 여러 내빈들….

그러나 진짜 주인공은 이 일을 위해 기도와 희생을 봉헌해 주고 계신 대성당 후원회원들 한 분 한 분이었다. 평화와 통일을 염원하는 많은 이들의 기도와 희생이 이 성당의 튼튼한 기초가 되어 줄 것이다. 그 의미를 분명히 하고 또 기억하기 위해 대성당 봉헌을 하면서 나에게 편지를 보내주었던 몇몇 분을 특별히 후원회원 대표로 초대하여 그분들과 함께 첫 삽을 떴다. 큰 박수와 환호, 기쁨과 감격 속에서 오랜 시간 준비해 왔던 '통일 기원 남양 성모 마리아 대성당' 건립의 첫걸음이 시작되었다.

기공식이 끝난 후 보타는, "성당이 들어설 땅을 둘러싸고 앉은 4,000여 명의 신자들이 내가 짓고자 하는 성당의 의미를 가르쳐 주었다."라며 '거기 모인 신자들의 몸이 이미 성당 자체'였다고 말했다. 당신의 역할은 그저 그들이 눈비를 맞지 않도록 지붕을 덮어주는 것뿐이라고…. 나 역시 그러한 마음이 들었다.

대성당 터를 가득 메운 신자들의 모습이 이미 너무나 아름다운 성당처럼 보였다. 따가운 햇살 아래서도 모두의 표정이 평화로웠고 만족스러웠다. 아마도 성모님께서 한 사람 한 사람이 바친 기도와 희생을 소중하게 받아주시고, 대신 각자에게 필요한 은총과 넉넉한 사랑을 보태어 주셨기 때문은 아닌지….

점심시간에 화성시장이 미사 전 마리오 보타를 잠깐 만나 매향리(梅香里) '평화공원' 설계를 부탁했다는 이야기를 하였다. 매향리에 보타의 건축물이 들어선다면 성지의 대성당과 함께 시너지 효과가 있을 거란 생각이 들어서 잘 추진이 되길 바랐다.

점심 식사 후 보타는 화성시장과 함께 매향리를 둘러본 다음 성지로 돌아와 조명팀과 미팅하며 조명 설계에 대해 논의하였다. 그리고 벽돌 샘플 몇 가지를 보고 그 가운데 하나를 골랐는데, 내가 골랐던 것과 같은 벽돌이라 보타와 내 느낌이 통하는 것 같아 좋은 마음이 들었다.

마지막으로 보타는 『서울신문』과 『중앙일보』 기자들과 경당에서 1시간여의 인터뷰를 가진 후 이튿날 아침 일찍 스위스로 돌아갔다. 기공식 참석이 목적인 방문이었으므로 목적한 기공식이 끝나자마자 곧바로 다시 돌아간 것이다.

늘 느끼는 것이지만 보타는 오직 건축만을 생각한다.

09

인테리어 회의

2017년 3월 4일 토요일 오후 6시, 인천공항 하얏트 호텔에서 보타를 만났다. 저녁 식사를 마친 다음 커피숍으로 자리를 옮겨 대성당 내부 인테리어에 관한 회의를 시작했다. 본격적으로 공사가 진행되기 전에 변화의 가능성이 있는 내부 인테리어들 또한 미리 체크를 해야 한다고 했다. 그는 하나하나 내 의견을 묻기 시작했다.

보타는 전 세계에서 가장 많은 종교 건물을 지은 건축가다. 성당 내부에 무엇이 필요한지 구체적으로 알고 있었다. 그래서 그런지 질문 하나하나가 아주 정확하고 날카로웠다.

"제대는 고정식입니까? 이동식입니까?"

"독서대는 두 개입니까? 하나입니까? 아니면 이동식인가요?"

"제대 위의 좌석은 왼쪽 몇 개, 오른쪽 몇 개입니까?"

"십자가는 어떻게 하기를 원합니까?"

"신자석의 의자는 어떻게 할 것입니까? 장의자인가요? 따로따로 떨어져 앉는 의자인가요?"

"8개의 채플이 있는데 성모상의 크기와 의자, 벽체의 모델을 만들어 본 다음 구체적인 제안을 하겠습니다."

"제대 옆에 비어있는 두 공간이 있습니다. 하나는 준비실로 그리고 다른 하나는 창고로 하겠습니다."

"대성당 앞쪽에 고해소가 오른쪽과 왼쪽에 있습니다. 양쪽 다 그대로 두면 되겠습니까?"

"제대 양옆 벽에 새겨 넣을 성경 말씀을 빨리 뽑아주길 바랍니다."

"세례당은 뒤쪽과 앞쪽에 있습니다. 세례당은 성당 안에 두어야 합니다."

"유아실은 이렇게 했습니다."

그렇게 하나하나 꼼꼼하게 체크한 다음, 음향 소장과 음향에 관한 이야기를 나누었다. 음향 소장은 우리 대성당이 장 누벨(Jean Nouvel)이 만든 루체른(Lucerne) 음악당과 같은 규모이고, 그 루체른 홀과 같은 음향 효과와 잔향 시간을 목표로 하고 있다며 세계적으로 손꼽히는 음향 공간을 지향하고 있다는 말로 이야기를 시작했다.

음향 소장은 성당 문들이 유리로 되어 있고 평평하다면서 음향을 위해 성당 문 쪽을 들쑥날쑥하게 해 줄 수 있는가와, 채플 벽면과 소성당 제대 위쪽도 평평한 부분들을 음향이 좋게 해 줄 수 있는지 물었다. 또 의자의 앉는 자리와 등받이에 패브릭(fabric)을 덧대어 줄 수 있는지도 물었다.

보타는 지금까지 어느 성당에서도 그런 것을 요구한 적은 없었지만 필요하다면 체크해 보고 말해 주겠다고 했다. 다른 모든 부분에 대해서도 좀 더 연구하고 디자인을 다시 해서 제안하겠다는 것이다.

그러한 이야기들을 나누다 보니 어느덧 9시 30분이 되었다. 보타는 다음 회의 때까지 내부 인테리어 작업을 다시 해서 제안서를 만들어 오겠다고 했다. 인테리어에 대한 논의를 하면서 보타가 종교 건축물을 얼마나 많이 지었는지 그 경험의 깊이를 새삼 느끼지 않을 수 없었다. 그는 내가 미처 생각지 못한 디테일한 부분까지 하나하나 챙기고 있었다.

 헤어지기 전 그는 공사비 모금 상황에 대해 물었다. 내가 공사비의 반을 모금했다고 하자 놀라며 기뻐했다.

10

신부님, 내가 천국 가게 해줘야 합니다

2017년 5월, 드디어 공사를 시작했다.
"에엥~" 하는 사이렌 소리와 발파를 알리는 카운트다운.
"5, 4, 3, 2, 1 발파!"
"쾅! 와르르르르… 쾅! 와르르르르…"
시도 때도 없이 들려오는 소음과 진동에 깜짝깜짝 놀라기도 했지만, '아, 이제 정말 공사를 하는구나!'라는 생각에 가슴이 벅차오르곤 했다. 대성당이 들어설 자리에 단단한 암반이 자리 잡고 있어 화약을 이용해 발파하고 돌을 걷어내는 작업이 석 달 가까이 계속되었다.
터파기가 끝난 다음에는 접지 공사와 콘크리트 타설 작업이 이어졌다. 바닥 콘크리트 타설에 사용된 콘크리트 양만 해도 25톤 레미콘 135대 물량이었다. 콘크리트를 타설하는 날 공사 현장부터 외곽도로, 그리고 주차장까지 길게 늘어선 레미콘 행렬을 보는 것도 큰 볼거리였다.
그리고 얼마 후 45m 높이의 타워크레인이 설치되어 가동되기 시작했다. 성지 어느 곳에 있든지 크레인이 움직이는 것이 보였다. 커다란 시곗바늘처럼 생긴 크레인이 공사 현장을 돌고 도는 동안 대성당

마리오 보타

이 조금씩 그 모습을 드러내기 시작했다.

보타를 다시 만난 것은 2017년 6월 29일, 대성당 토목공사 현장에서였다. 보타는 돌 깨는 브레이커(뿌레카) 소리와 돌을 모으고 상차(上車)하는 포크레인 소리, 덤프트럭 소리로 소란한 현장을 돌아보며 현장에 있는 사람들의 손을 잡고 인사를 나누고 있었다. 내가 다가가자 나에게도 손을 내밀며 반갑게 인사를 건넸다. 보타는 기쁜 표정으로 칭찬부터 했다.

"나는 종이에 그림을 그렸을 뿐인데 신부님은 실제로 두려움 없이 공사를 시작했습니다. 놀라운 용기입니다. 건축가는 땅을 파는 것을 보면 기쁩니다. 그리고 바빠지지요. 그 안을 채워야 하기 때문입니다. 볼수록 대성당 터를 참 잘 잡았습니다. 성지 전체에서 아주 좋은 장소입니다."

현장을 둘러본 다음 현장 사무실에서 1차 회의를 했다. 벽돌, 바닥, 천장, 가구 등의 샘플과 재료들을 보면서 꼭 비싼 재료일 필요는 없다고 이야기하며 어떤 것이 좋을지를 선택하는 시간을 가졌다.

이어서 도면을 리뷰하면서 하나하나 짚어보고 새로운 생각들 또한 이야기하였다. 실제로 공사가 시작되는 것을 보아서인지 다시금 대성당에 대한 열정을 보이며 "이 부분은 이렇게", 또 "여기는 이렇게 하는 것이 더 좋겠다."라는 이야기와 함께 스케치해 나갔다. 대성당 문도 스케치하고 단순히 벽돌로 쌓기로 되어 있던 타워도 돌과 함께 쌓는 것이 좋겠다며 생각을 발전시켜 나갔다.

점심 식사 후에는 화성시 매향리 평화박물관 관계 미팅을 하고, 잔디광장에서 한양대학교 건축과 교수와 인터뷰하기도 했다. 한국에서 열리는 세계 건축가 대회 때 세계적인 건축가가 한국 건축을 어떻게 생각하는가에 관한 이야기를 듣는 시간이 있는데, 그때 상영하게 될 인터뷰라고 했다.

다음 날 아침 8시에 호텔에서 함께 식사를 하고 커피숍에서 바로 미팅을 시작했다.

음향에 관한 이야기를 시작으로 제대 십자가를 바닥에 놓을 것인지, 천장에 매달 것인지, 주례자석과 복사들의 의자는 몇 개나 놓을 것인지, 독서대 위치는 어디가 좋은지, 타워 사이에 있는 유리 부분은 밖이 보이는 게 좋은지 아니면 불투명이 좋은지에 대해 먼저 내 의견을 묻고 자신의 의견을 말했다.

파이프오르간을 뒤에 설치하는 것에 대해서도 다시 논의했다.

"뒤편에서 소리가 울려온다면 소리 이상의 소리, 생명을 주는 소리로 다가올 수 있을 것입니다. 소리는 귀로만 듣는 것이 아니라 눈으로 보기도 하는 것입니다."

세 시간 가까이 계속해 온 회의를 마치며 보타는 말했다.

"이제부터 해야 할 일이 많고 또 어려운 일입니다. 신부님은 나를 위해 기도해 주세요. 천국에 가게 해 줘야 합니다."

11

거장의 소개로 거장을 만나다

2017년 11월 22~23일, 마리오 보타가 1박 2일의 일정으로 다시 대성당 공사 현장을 방문했다. 현장에서 마지막으로 체크해야 할 재료들을 확인하고, 성물과 예술 작품들에 대해 논의하기 위해서였다.

이번에는 특별히 보타에 대한 다큐멘터리를 촬영 중인 스위스 국영 방송국 PD와 촬영팀도 함께 왔다. 그들은 보타와 내가 이야기를 나누는 장면과 공사 현장을 둘러보는 장면 등 계속해서 보타를 따라다니며 많은 순간을 렌즈에 담았고 인터뷰도 했다.

이번 방문의 목적대로 보타와 나는 이탈리아의 조각가 줄리아노 반지(Giuliano Vangi)와 제대 위의 예술적인 작업을 어떻게 할 것인가에 대해 긴 시간 논의했다. 줄리아노 반지는 '우리 시대의 미켈란젤로'라는 평가를 받으며 2002년 예술계의 노벨상으로 간주되는 프리미엄 임페리얼상 조각 부분을 수상한 작가다.

치마부에(Chimabue)나 조토(Giotto)의 프레스코화 같은 옛 시대의 거장을 연상시키는 우리 시대의 작가 줄리아노 반지와 어떻게 작업할 수 있을까를 고민했고, 그런 생각 중에 제대 상부에 길이 14m, 높이 3.7m의 유리 박스를 매달고 그 유리에 투명한 재료로 (흰색, 검은색,

베이지색) 그림을 그리면 되겠다 싶은 마음이 들었다.

반지를 만나 이야기를 나눴다. 반지는 그림 작업을 하게 된다면 동양인의 얼굴, 그리고 과거의 예수님이 아닌 오늘의 예수님과 예수님을 믿고 따르는 오늘의 평범한 사람들로 작업을 하겠다고 했다. 오늘의 시점에서 복음을 해석하는 그림을 그리겠다는 것이다.

보타는 반지의 이러한 작업이 다 이뤄지면 그 자체로 하나의 미술관이 될 것이라며 기대를 표현했다. 보타 선생님의 이야기를 듣고 "그런데…비용이 얼마나 들까요?" 하고 물어보았다.

"돈에 대해서는 생각하지 않았지만, 재료비와 설치비만도 많이 들 것 같다."라는 대답이 돌아왔다.

"박스가 제대 상부에 있으면 음향에도 문제가 있을 수 있지 않을까요?"

이렇게 물어보자 보타는 가져온 도면 위에 드로잉을 하기 시작했다. '이렇게 하면 어떨까?' 또 '저렇게 하면 어떻게 될까?' 열정적으로 스케치하며 떠오르는 안들을 정리해 갔다. 그러고는 십자가를 중앙에 달고 그 밑에 기다란 두 장의 유리판을 매달아 그것에 그림을 그리는 것으로 반지와 다시 이야기를 나누겠다며 회의를 마쳤다.

저녁 식사 중에 보타는 이탈리아의 반지와 전화 통화를 하며 나와 반지가 서로 인사를 나누게 했다.

보타는 나에게 "오늘 엄청난 제안을 받았기 때문에 어쩌면 밤에 잠을 이루기 힘들 것 같다."며 웃었다.

이튿날 아침 미팅에서 보타가 말했다.

"잠은 잘 주무셨나요? 지난밤, 밤이 나에게 문제의 답을 주었습니다. 일직선이 아니라 가운데 십자가를 놓고 왼쪽과 오른쪽에 대각선으로 유리를 매달고 작업을 한다면 박스보다 흐름을 깨뜨리지 않고 타워의 빛과 함께 잘 어울리는 멋진 작업이 될 것 같습니다. 그렇게 하면 음향 문제도 해결할 수 있을 것입니다. 돌아가서 반지와 함께 이야기를 나누고 생각을 발전시켜 보겠습니다. 나 또한 생각이 많습니다. 반지에게 조각을 하게 할 것인지 그림을 그리게 할 것인지 더 고민해 보겠습니다. 2월에 반지의 작업실을 함께 방문하는 스케줄을 잡아 봅시다."

그러한 계획에 대해 어떻게 생각하느냐고 묻는 보타에게 나는 '판타스틱하다!'고 대답했다.

마리오 보타와 2011년부터 작업을 진행해 오며 그가 왜 세계적인 건축가인지 생각하게 하는 일들이 많았다. 이번 줄리아노 반지와의 일도 그렇다. 이것은 순전히 마리오 보타와 작업하기 때문에 가능한 일이 아닌가 싶다. 내 개인적으로 반지가 누군지도 전혀 알지 못했고, 또 안다고 해도 함께 작업할 생각을 하지는 못했을 것이기 때문이다. 그리고 손님으로 온 보타가 14명의 저녁 식사 비용도 지불했다. 내가 하려 하자 다음에 하라며….

설계안을 크게는 여덟 번인가 아홉 번, 작게는 열세 번… 지금까지 계속 고치고 업데이트하는 동안 보타는 돈에 관한 이야기는 단 한 번도 하지 않았다. 앞으로 보타가 어떻게 대성당 안의 작품들을 만들어 나가게 될지 나 역시 기대가 되었다.

2018년 2월 25일 페사로(Pesaro)에서 줄리아노 반지를 만났다. 볼로냐(Bologna)에서 9시 40분 기차를 타고 페사로에 10시 40분에 도착, 택시로 호텔에 도착했다. 우리가 도착한 지 10여 분이 지나자 보타가 도착했다. 보타는 12시경 반지와 스위스 국영 방송팀이 도착할 것이며 점심 식사 후 반지의 작업실로 가게 될 것이라고 말했다. 그러니 그 전에 회의를 하자며 3개월 동안 제작했다는 대성당 모형도와 도면을 펼쳐 놓고 이야기를 시작했다.

"반지와의 작업은 이미 많이 진행되었고 굉장히 만족스럽습니다. 아주 좋은 작업이 될 것 같습니다. 중앙에 십자가상이 있고 십자가상 한쪽에는 '최후의 만찬' 드로잉을 그리고, 다른 한쪽에는 주님 탄생 예고와 엘리사벳 방문을 드로잉하려고 합니다. 세로 3m 20cm, 가로 10m의 드로잉을 5개의 유리 조각에 그리게 될 것입니다. 반지의 스튜디오에 유리 샘플이 준비되어 있습니다. 실제 제작된 샘플을 볼 수 있을 것입니다. 판타스틱할 거예요. 서울에서 작업이 가능한지 검토가 필요합니다."

보타는 반지의 작업에 대해 먼저 이야기하고 나서 대성당에 대한 사항을 점검했다.

"대성당 제대 양옆 벽에 성경 구절을 정해주면 벽돌로 모자이크하려고 합니다. (한글, 영어, 라틴어) 3개 언어로 적어주시면 좋겠습니다. 그리고 제대 부분 양옆의 LED는 그대로 가면 될 것 같습니다. 말려 올리는 것으로 하면 처음에는 좋지만 시간이 지나면 고장이 날 수 있습니다. 그냥 해도 LED를 껐을 때 검은색이라 괜찮을 것입니다. 그대로 하는 게 좋겠습니다."

보타와 호텔 로비에서 그런 이야기를 나누고 있을 때, 스위스 방송국 팀과 반지가 도착해 함께 회의하며 영상을 촬영하였다. 보타의 설명을 들으면서 반지가 말했다.

"아름다움은 돈이 듭니다. 간단히 한 번 해서 전시하고 말 것이 아니라 오랫동안 갈 것을 제작하기 때문입니다. 로마 시대 것이 지금까지 남아 있는 것처럼 이것도 1,000년 가까이 가도록 만들어야 합니다."

그 말이 끝나자 마리오 보타가 말했다.

"이탈리아에서는 먹는 게 최우선입니다. 먼저 점심을 먹고, 그다음 스튜디오에 가서 작업한 것을 보고, 지역 미술관과 박물관 등을 봅시다."

호텔에서 나와 점심 식사를 하기 위해 레스토랑으로 이동했다. 이제까지 보아 온 메뉴판 중 제일 큰 신문 크기의 메뉴판을 거기서 보았다. 점심 식사로 바닷가 물고기 요리와 스파게티를 먹으며 함께 이야기를 나눈 다음 레스토랑에서 그리 멀지 않은 반지의 스튜디오로 갔다.

집 현관문을 열자 곧바로 반지가 스케치한, 십자가에 못 박혀 계신 예수님상이 왼편 벽에 걸려 있는 것이 보였다. 그리고 2층 계단을 오르기 전 복도에 또 한 점의 십자가에 못 박힌 예수님 그림이 걸려 있었다. 2층 서재에서 웃옷을 갈아입은 반지가 우리를 작업장으로 안내했다. 작업장 전체 벽면과 작업장 곳곳이 최후의 만찬, 주님 탄생 예고와 엘리사벳 방문 드로잉으로 가득했다.

사실 처음 보타를 통해 반지의 스케치를 보았을 때 조금은 낯선 느낌이 들었다. 그런데, 어느 정도 작업이 진행된 지금 다시 보니 '정말 특별하겠다. 멋지다. 좋다'는 마음이 들었다. 유리와 유리 사이에 드로잉한 그림이 들어 있었고 그림의 앞면과 뒷면의 모습이 달랐다.

스위스 국영 방송팀이 나와 반지 그리고 보타가 작품에 관한 이야기들을 나누는 모습을 촬영했다.

12
우리 시대의 미켈란젤로

"지난 6개월 동안 반지 선생님이 해 온 작업입니다. 처음 사각 박스로 작업했을 때부터 발전해 와 지금 설치하려는 모습으로 작업을 진행해 왔습니다. 신부님이 비평가가 되어 그림을 본 첫 느낌이 어떤지, 있는 그대로 이야기해 주면 좋겠습니다. 지금까지 반지 선생님 혼자만의 생각으로 작업을 진행해 왔기 때문에 비평해 주면 작업에 도움이 될 것입니다."

보타의 이러한 말로 회의가 시작되었다.

"먼저 그림의 주제에 대해서는 어떻게 생각하십니까? 최후의 만찬과 주님 탄생 예고, 엘리사벳 방문에 관한 것입니다. 괜찮습니까?"

"괜찮습니다. 모두들 아는 주제이며 특별하게 말할 수 있는 것은 없습니다."

보타가 내 의견을 다시 한번 확인한 다음, 부연 설명을 하였다.

"그럼, 그냥 이 주제로 계속 작업해도 되겠습니까? 여러 작가들이 「최후의 만찬」을 그렸습니다. 그들은 각자 그들이 사는 시대의 사람들과 복장으로 표현했습니다. 반지가 그리는 그림도 반지 스타일의 최후의 만찬입니다. 지금 우리 시대의 사람들과 부활해서서 지금 우리와 함께 살아계신 예수님의 모습을 그리는 것입니다. 과거의 모습이 아닙니다. 지금 한국 사람의 모습과 서양 사람들의 모습으로 복음을 재해석해서 그리게 될 것입니다."

이어서 줄리아노 반지가 말했다.

"처음에는 낯설게 느껴질 수도 있지만 점차 느끼고 찾아볼 수 있게 될 것입니다. '아, 이런 것이구나.' 하고 말이지요. 식탁 위 그릇 속의 음식들, 식탁 아래 식탁에 앉아 있는 사람들의 발들—포개어 있는 발, 툭 치는 발—하나하나 이야기를 넣어 그리게 될 것입니다. 작업 과정이 고됩니다. 바닥에 무릎을 꿇고 머리를 아래로 하여 그림을 그려야 하기 때문이지요. 지금은 주님 탄생 예고와 엘리사벳 방문을 함께 그리고 있습니다."

보타가 다시 말했다.

"나무에 목탄을 간 것으로 그림을 그리고자 합니다. 그림의 크기가 가로 10m, 세로 3m로 흰색, 검은색, 노란색으로만 드로잉한 작품입니다. 색이 칠해진 그림보다 단순하지만, 느낌은 오히려 강렬합니다. 그리고 유리 사이에 그림이 들어있습니다. 이 유리가 천장에 매달리면 그림과 그림이 걸려 있는 유리 안에 대성당의 천장이 또한 함께 비쳐 보일 것입니다. 어떤 모습일지 기대가 됩니다. 이러한 드로잉은 한 번도 시도되어 본 적이 없습니다. 판타스틱할 거예요. 반지는 우리 시대 최고의 작가이며 그의 드로잉은 훌륭합니다. 유리에 비친 대성당의 천장, 빛 그리고 드로잉, 특별한 세 가지를 만나게 될 것입니다. 그런데도 비용은 드로잉 하나면 됩니다. 어떻게 생각하십니까?"

"좋습니다. 작가는 가보지 않은 길을 보여주는 사람입니다. 작가에게 맡기고 싶습니다. 작가가 원하는 대로 표현하며 작업하면 됩니다."

내 대답에 보타가 또 말했다.

"그렇게 이야기해 줘서 고맙습니다. 그렇다면 계속 연구하면서 작업을 진행해 나가겠습니다. 아마도 1년은 걸리게 될 것입니다. 이 작업을 끝내고 난 다음 현장을 보고 타워와 타워 사이 빛이 들어오는 유리 부분 그리고 제대와 독서대를 어떻게 할 것인지 이야기합시다. 십자 처가 야외에 있는데, 대성당 안에 또 십자 처를 해야 하는지 모르겠습니다. 먼저 반지의 작업이 끝나면 생각해 봅시다. 지금은 이 작업부터 집중하기로 하죠. 십사처를 한다면 만들어서 파는 것을 가져다 놓을 수는 없습니다. 그리고 소성당 제대 뒷벽 부분에 모자이크를 하려는 생각도 내가 현장을 방문한 다음, 모양과 느낌을 본 뒤에 이야기합시다. 모자이크를 할지 말지 지금 서둘러 결정할 필요는 없습니다."

이런 이야기를 나눈 다음, 반지가 「최후의 만찬」 그림 속의 인물 중에 어떤 모습의 모델이 되고 싶은지를 물어왔다. 우리를 모델로 그려주겠다는 것이다. 한 사람 한 사람 원하는 그림 속 인물처럼 포즈를 취하고, 그 모습을 사진으로 찍어 달라고 했다. 먼저 보타는 '나는 유다와 유다 주변에 있는 사람'이라고 하며 포즈를 취하고 사진을 찍었다. 나에게는 예수님을 바라보고 있는 사람의 자세를 취하게 했다. 그러더니 방 안에 함께 있던 사람들 모두에게 그림 속 인물의 포즈를 취하게 하고는 사진을 찍었다. 마지막으로 모두 다 함께 기념 촬영도 했다.

반지의 드로잉을 엮어 출판한 커다란 책, 요한 바오로 2세 교황님과 프란치스코 교황님의 책을 보여주었다. 드로잉 하나하나가 특별했다. 그런 다음 반지의 스튜디오를 나와 그의 드로잉과 작품들이 전시되고 있는 페사로의 미술관을 방문했다.

반지가 미술관에 들어서자 미술관에 있던 직원이 "마에스트로!" 하며 반가움과 존경의 표시를 했다. 그의 안내로 반지의 작품과 다른 작가의 작품들을 둘러보며 설명을 들었다. 동네 아이들이 반지와 사진을 찍고 싶어 해 아이들과 사진을 찍어주었다.

그렇게 미술관을 둘러본 다음, 보타가 다음 날 학교 개강이라 다시 멘드리지오로 돌아가야 한다고 해서 저녁 6시경 서로 인사를 나누고 헤어졌다. 호텔이 멀지 않은 곳에 있어 걸어서 호텔로 갔다.

원래는 보타도 호텔에서 투숙하고 이튿날 그의 차로 멘드리지오에 함께 가기로 되어 있었다. 그런데 일정상 부득이 먼저 가게 되어 미안하다며 호텔 숙박비를 다 지불해 주었다. 별 5개 호텔이라 비용도 꽤 나왔을 텐데….

페사로는 한국의 강원도 강릉이나 삼척과 같은 바닷가 휴양 도시라 할 수 있을 것 같다. 라파엘로와 로시니(G. Rossini)가 태어난 마을이라고 한다. 바람이 얼마나 부는지 모른다. 에게해가 흰 포말을 일으키며 밤새 거세게 다가왔다.

2018년 2월 27일, 멘드리지오에 있는 보타 사무실에서 다시 회의가 이어졌다.

"반지에 대해 먼저 이야기합시다. 작업에 따른 재룟값이 2만 유로입니다. 유리판 10조각과 운송비, 설치비를 포함하는 값이에요. 예술 비용은 제외입니다. 유리 회사에서 반지와 이 작업을 하고 싶어 해서 아주 싼 값에 주는 것입니다. 반지가 아닌 사람이 구입한다면 더 많은 돈을 주어야 할 겁니다. 그림과 그림 사이 가운데의 나무 십자가는 아직 가격을 알 수 없어서 지금은 상세하게 이야기할 수 없습니다. 예술가가 알아서 하게끔 공간을 주는 것이 중요합니다. 반지는 이 작업에 만족하고 있습니다."

줄리아노 반지와 마리오 보타

13

현장에서 열정적으로 일하는 두 거장, 보타와 반지

"어젯밤에 잠을 이루지 못했습니다. 똑바른 벽에 어떻게 울퉁불퉁 배가 부르게 벽돌을 쌓을 수 있습니까? 건축가는 건물 전체를 보지만 보통 사람들은 눈에 들어오는 것만 보고 그것에 대해 '좋다, 나쁘다'를 판단합니다. 벽돌을 이렇게 쌓으면 사람들은 자기가 본 그 부분만을 보고 판단합니다. '잘못되었다'고. 그러니 잘못 쌓인 이 부분은 다시 쌓아야 합니다."

보타는 전부터 "대성당은 디테일이 생명이다."라는 말을 여러 번 했다. 특히 이번에 와서는 "꼼꼼하게 현장을 살펴야 한다. 지금 잘못하면 돌이킬 수 없다."고 하면서 1월에 또 와서 이번에 잘못 쌓은 벽돌 부분을 다시 확인하겠다고 했다.

2018년 11월 1일부터 4일까지, 대성당 설계자 마리오 보타가 3박 4일의 일정으로 대성당 공사 현장 확인과 설계 회의를 위해 다녀갔다. 보타는 언제나처럼 인천공항에서 곧바로 성지로 와서 공사 현장을 둘러보고 말했다.

"여기 현관을 대성당 광장이라고 생각할 수 있습니다. 광장을 지

나머 창을 통해 소성당이 살짝살짝 기분 좋게 보일 것입니다."

보타는 이탈리아 현장보다 작업이 더 좋다며 흡족해했다. 그런데 소성당에서 대성당으로 올라가는 계단 부분에 이르러서 벽돌이 배부르게 쌓인 것이 보이자 무척 언짢아했다. 그는 다음 날 아침 10시쯤 다시 확인하겠다며 빛이 들어올 때 어떻게 보이는지 볼 수 있도록 작업 발판을 치워 달라고 요청한 뒤 다시 작업해야 한다면 시공사에서 어떤 계획을 갖고 있는지 이야기해 달라고 말했다. 짧은 시간에 잘된 부분, 잘못된 부분을 정확하게 파악하고 자기 생각을 표현했다.

대성당 구석구석을 꼼꼼히 보면서 '이 부분은 이렇게 하는 게 더 좋겠다.'며 때때로 멈추어 서서 수첩에 즉시 드로잉과 메모를 남겼다. 스위스로 돌아가 다시 작업을 해서 보내겠다는 이야기와 함께….

열정! 보타를 만날 때마다 열정에 대해서 생각한다. 75세라는 적지 않은 연세인데, 이번에도 역시 사흘 내내 현장 확인과 회의만 계속했다. 회의가 길어지는 날에는 햄버거로 식사를 대신하며 일을 계속했다. 보타와 함께 일한 지 8년째인데, 8년간 한결같은 모습이다. 보타는 '어떻게 하면 더 좋은 성당을 지을 수 있을까' 오직 그것만 생각하는 사람 같다.

이번 보타의 대성당 현장 방문에는 90세의 줄리아노 반지도 함께했다.

"굉장히 웅장하고 거대한 대성당입니다. 그런데 대성당 안에 들어갔을 때는 가족적이고 정신적으로 느껴집니다."

대성당 현장을 처음 방문한 반지가 이야기했다. 현장에서 그 누구보다 열정적으로 일하는 두 거장의 모습을 보면서 그들에게 있어 나이는 그야말로 숫자에 불과하다는 생각이 들었다.

이번 방한 중 또 하나의 중요한 일정은 교구장 주교님을 만나 뵙는 일이었다. 보타와 반지 내외분이 함께 교구청을 방문하여 교구장 주교님을 뵙고 화기애애한 분위기 속에서 환담을 나누고 대성당에 설치하게 될 작품에 관한 이야기도 나누었다. 주교님께서도 깊은 관심을 보이셨다. 함께한 일행은 주교님과 함께 기념 촬영을 하고 강복도 받았다.

다시 대성당 현장으로 와서 현장을 둘러보고 나오면서 보타가 나를 향해 손을 내밀며 말했다.

"땡큐! 땡큐! 나는 종이에 그림을 그렸을 뿐인데 이렇게 지어지고 있습니다. 땡큐! 땡큐!"

보타는 당신의 설계가 건물로 지어지고 있다는 것에 대해 정말로 고마워하고 감사해했다. 보타와 반지 내외분은 대성당 벽돌에 소망을 적어 봉헌하는 곳에 들러 벽돌에 이름을 적어 봉헌했다.

이후 반지는 미술관 관계자들과의 미팅을 위해 떠나고, 보타는 롤링힐스 호텔로 이동해 저녁 식사를 마친 다음 『서울신문』 함혜리 기자와 함께 대성당에 관한 인터뷰를 가졌다. 인터뷰 내용 중 일부를 소개한다.

유럽에서도 프랑스 에브리 대성당을 비롯해 종교적인 건축물을 많이 했다. 유럽의 성당과 이곳의 차이점이 있다면?

– 각각의 교회는 다를 수밖에 없다. 그 장소와 문화, 역사가 작용하기 때문에 건축가는 '대지의 기억'에 대해 작업해야 한다. 글로벌한 세상의 미로에서 그것을 찾아야 한다. 그러기에 건축가도 지나간 큰 역사들을 생각하고 피카소, 자코메티, 폴 클레와 같은 위대한 예술가

들처럼 역사를 생각하면서 작업해야 한다. 내면적이고 깊은 가치들을 파고들수록 건축에 힘이 생긴다. 건축의 역사는 곧 교회의 역사였다. 지역도 다르지만 시대별로 다르다. 시간과 공간, 빛을 통해 장소의 기억을 보여주는 것이다. 성당 건축을 통해 다른 문화, 지역의 역사를 보여주려고 한다.

건축 철학의 지향점은?

- 나는 사람들에게 더욱 삶의 기쁨을 줄 수 있는 건축적인 표현을 추구한다. 삶의 기쁨에는 여러 가지가 있지만 또한 그가 살아가는 공간에 영향받는다고 생각한다. 건축가는 좋은 공간을 통해 좋은 삶의 질을 찾도록 도와주는 역할을 한다. 사람을 중심에 두고 24시간 살고, 일하고, 살아나가는 과정 속에서 사람을 생각해야 한다.

이번 프로젝트에 대해 어떤 기대를 갖고 있는가?

- 어떻게 완성될지 기다려진다. 건축이란 항상 리스크가 존재한다. 최선을 다하고 접근하는 과정의 결과물이 건축이다. 성당 건립은 내게 중요한 프로젝트가 될 것이다.

이상각 신부님이 이러한 장소를 가꾸어온 것은 매우 드문 일이다. 멋진 언덕과 계곡이 있고, 그곳에 이런 아름다운 일들을 만들어가는 것이 놀라울 뿐이었다. 이곳은 변두리 지역에, 외곽선이 지나가고, 쓰레기 더미 속에서 피어난 아름다운 꽃과 같다. 기도하고, 사색하고, 휴식하는 공간, 그리고 아이들이 뛰어놀 수 있는 공원에 랜드마크를 만든다는 계획에 동참하는 것은 건축가로서 의미있는 있이다.

40m나 되는 타워를 세우며 성당과 함께 이곳을 전체 지역의 상징

물로 만들어가는 것은 건축가로서는 하나의 커다란 도전이 될 것이다. 지형적인 요소, 소비적인 현대사회를 부정하고, 인간에게 희망을 주는 긍정적인 요소도 있는 곳이다. 슈퍼마켓이나 쇼핑몰을 했다면 아마 덜 기뻤을 것이다. 이곳은 고요하게 기도하면서 신을 찾는 인간의 공간이 될 것이다. 상품을 파는 것이 아니라 다른 가치를 주는 것이기 때문에 기쁘다.

—『서울신문』 함혜리 선임기자

14

마리오 보타 영화 상영회 및 강연회 개최

2019년 4월 7일부터 9일까지 2박 3일의 일정으로 보타가 방한했다. 이번에도 어김없이 대성당 공사 현장을 먼저 방문했다. 보타는 매번 현장을 방문할 때마다 현장에서 새로운 영감을 얻어 '이곳은 이렇게 하는 것이 더 좋겠다.'며 설계안을 발전시켜 왔다.

방한 첫날, 소성당 제대 벽면을 어떻게 하는 것이 좋을지 이야기를 나누었다. 보타는 파도바(Padova) 아레나 경당에 있는 조토(Giotto)의 「카나 혼인 잔치」 프레스코화를 현대화시켜 모자이크 작업을 해 보면 어떨까 하는 제안을 했다. 그는 천 년 동안 생명력을 가지고 살아 있는 중세의 프레스코화를 현대화해 놓을 때 과거와 현재가 공존하는 좋은 작업이 될 수 있을 것이라고 말했다.

그런데 다음 날 아침 소성당의 비계를 털어냈다. 소성당의 공간이 온전히 드러나자 그 공간을 본 보타의 생각이 바뀌었다.

"정면은 비워두는 게 좋을 것 같습니다. 조토의 「카나 혼인 잔치」보다는 측벽(側壁)에 이콘화를 놓는 것이 좋겠어요. 반지와 다시 협의해 봐야겠습니다."

보타는 성당 안에 놓일 예술 작품들은 건물을 준공하고 천천히 더 주의 깊게 생각해 보고 작업하자고 했다.

비계를 털어낸 소성당의 공간감이 무척 좋았다. 내가 소성당의 느낌이 아주 좋다고 하자 보타가 말했다. "대성당은 더 좋을 것입니다."

사실 보타의 이번 방한에는 또 다른 중요한 일정이 있었다. 보타의 작품에 대한 예술적 여정을 담은 다큐멘터리 영화 시사회와 강연회가 그것이었다.

행사는 2019년 4월 9일(화) 저녁 6시, 종로3가 서울극장에서 열렸다. 여러 건축가와 학생들이 참석했다.

시사회가 끝나고 이탈리아에서 공부하고 근무한 경험이 있는 '이손건축' 손진 대표의 통역으로 진행한 보타와의 대화도 인상적이었다.

그날 행사에 관해 보도했던 『연합뉴스』 기사를 덧붙인다.

경기도 화성시 남양읍 너른 언덕에 자리한 남양성모성지. 153년 전 병인박해 당시 수많은 천주교 신자의 피가 뿌려진 이곳에 두 개의 붉은 탑이 우뚝 섰다. 스위스 출신 건축가 마리오 보타(76)가 설계해 연내 완공을 앞둔 '통일 기원 남양 성모 마리아 대성당'이다.

"건축은 미래를 가지고 가는 것이 아니라 위대한 과거를 담는 것입니다. 위대한 과거에는 우리가 현재 안고 있는 문제(해법)가 들어 있어요. 파블로 피카소 그림이나 헨리 무어 조각 같은 모든 위대한 예술은 위대한 과거에 뿌리를 둔다는 것을 잊지 말아야 할 것입니다."

9일 저녁 서울 종로구 서울극장을 찾은 보타는 수백 명의 관중을 향해 "건축은 그 자체가 기억의 영역이어야 한다."라고 강조했다. 이날 서울극장은 남양 성모 마리아 대성당을 비롯한 보타 작업을 기록한 다큐멘터리 영화 「마리오 보타, 더 스페이스 비욘드」와 보타 강연을 들으려는 사람들로 발 디딜 틈이 없었다. 보타는 단순한 외관의 건축물에 전통과 지역적 특색을 담아내는 것으로 유명하다. 그가 이날 강연에서 내세운 건축의 필수 요소도 '기억'과 '중력'이었다. 보타는 영화 제작진과의 인터뷰에서 남양 성모 마리아 대성당의 역사적·종교적 맥락을 언급하면서 "이러한 땅에 (건축물을) 짓는 데 더 책임감을 느낀다."라고 털어놓았다.

'중력'도 건축의 존재 이유다. "아무리 하늘로 치솟고 날아갈 듯해도 건축물이란 결국 땅에 발을 붙인 존재라는 점도 중요합니다. 중력은 고대 건축에서도 매우 중요했던 요소입니다."…보타는 빛과 그림자를 적절하게 활용하는 것으로도 유명하다. 보타는 "빛은 공짜여서 빛을 활용해 공간을 만들고 형태를 빚어내는 일은 항상 즐겁다."라면서 "빛이야말로 공간을 장악하는 진정한 요소"라고 강조했다.

"이탈리아 로마 판테온의 진정한 기적은 하늘을 향해 뚫려 있는 구멍(돔)에 있습니다. 이 구멍을 막으면 판테온은 존재하지 않는 것이나 마찬가지죠."…

―『연합뉴스』 정아란 기자

15
공사 진행 일지

　한여름 내리쬐는 뙤약볕과 한겨울 쌩쌩 불어대는 찬바람에도 쉬지 않고 공사가 계속되었다. 그러면서 대성당은 조금씩 그 모습을 드러내고 공간을 보여주기 시작했다.
　공사가 진행되면서 마리오 보타도 더 자주 현장을 찾아왔다. 다음은 중간중간 마리오 보타가 다녀갔던 때의 기록들이다.

　2019년 7월 27일.
　눈에 직접 보이기 시작한 지붕 구조물과 천창과 빛이 빚어내는 환상적인 장면들…. 3개월 만에 현장을 다시 방문한 보타는 전반적으로 매우 흡족해한다.
　특히 고심했던 루버 사이로 비치는 천창의 빛과 내부 구조물의 어렴풋한 모습은 오히려 거대한 지붕 구조물의 무게를 감소시키며 어떤 환영처럼 보이는 모습이 기대 이상이라고 했다. 또한 예기하지 못했던 특정 시간대에 내부에 비치는 햇빛이 빚어내는 패턴은 하늘이 주는 선물이라며 좋아했다.

2019년 7월 31일.

"나는 건축에서 장소성을 아주 중요하게 생각합니다. 장소란 단순히 건물이 세워지는 대지란 의미뿐 아니라, 그곳에서 살아가는 사람의 추억이나 기억을 담고 있습니다. 사람이 길을 찾을 때, 추억을 떠올릴 때 그곳에 있는 건물이 기억의 중심이 되기도 합니다. 난 그 사실을 염두에 둡니다."

"건축적 작업은 어느 장소에 건설하는 기회가 아니고, 그 장소를 건설하는 기획입니다."

"건축이란 그 장소를 설계하는 것이며, 장소를 변경시키는 행위입니다."

보타의 말들이다. 그의 말대로 보타의 대성당은 성지에 새로운 그림을 그려내고 있다.

성지로 들어서는 입구에서부터, 성지 전체의 모든 장소에서 대성당 타워가 보인다. 성지의 모든 길이 대성당을 향하고, 또 모든 길이 대성당으로부터 시작되는 느낌이다. 산과 산 사이의 계곡에 솟아오른 대성당 타워의 높이가 절묘하다. 보타가 타워의 높이까지 계산했는지 모르지만, 너무 높지도 낮지도 않다. 아마 더 높거나 낮았다면 어정쩡한 느낌이었을 것이다.

2019년 8월 6일.

대성당 비계를 철거했다. 대성당의 지붕 구조물과 천창, 기둥, 그리고 측면 채플들과의 관계들이 보인다. 좋은 균형과 조화를 이루고 있다.

2019년 9월 28일.

보타의 열정에 다시금 감동을 받는다.

중국 진안(晉安)의 진시라는 곳에 가기 위해 인천공항에 오후 4시에 도착했다. 진안행 비행기는 오후 11시 40분이다. 비행기를 갈아타기 전에 짬을 내어 대성당을 찾았다.

공항에서 남양으로 오는 차 안에서 타워 상부 십자가에 하얀 칠을 한 사진을 보여주었다. 하얗게 칠을 한 이유는 빛을 잘 받아들이게 하기 위해서였다. 사진을 본 보타는 하얀색이 좋아 보이지 않는다며 현장에 가서 직접 보겠다고 했다.

오후 6시 10분, 대성당 현장에 도착한 보타는 50m 높이의 동바리 철 계단을 걸어 올라가 타워 꼭대기 바로 밑 십자가를 직접 확인했다. 그러고는 흰색 페인트 부분이 아무래도 보기에 좋지 않다며 벽돌을 얇게 잘라서 주변에 쌓인 벽돌과 똑같이 맞추라고 했다. 높은 철 계단을 오르며 그는 '이것이 건축가의 십자가의 길'이라는 말을 했다.

타워에서 내려온 보타는 소성당을 둘러보았다. 자연 채광 창 부분과 몇 가지를 점검한 후 '이렇게 했으면 좋겠다.'고 수첩을 꺼내 드로잉을 하며 설명했다. 그다음 한 시간가량 줄리아노 반지의 작업과 성물 작업에 관해 회의한 후 오후 8시 20분에 다시 공항으로 출발했다. 공항에 도착한 보타가 전화를 했다.

"벽돌을 잘라서 붙이면 혹시라도 떨어질지 모르고 그러면 사람이 다칠 수 있습니다. 벽돌을 잘라 붙이지 말고 벽돌색으로 페인트 칠을 하는 게 좋겠습니다."

77세의 젊은이가 열정적으로 현장을 둘러보고 갔다. 작품의 완성도를 높여가는 보타의 모습이 감동적이다.

줄리아노 반지

16

줄리아노 반지의 십자가, 나에게 예수님은

2019년 9월 28일, 대성당 공사 현장을 방문한 보타가 반지의 십자가 조각 사진을 보여주며 말했다.

"아홉 가지 형태가 있습니다. 작게 흙으로 만들어 놓았습니다. 오래 있으면 흙이 마르고 깨질 수 있으니 가능한 한 빠른 시일 내 반지의 작업실을 방문해 주면 좋겠습니다."

보타의 말을 들으며 아홉 가지 모양 중에서 하나를 선택해야 3.5m 크기로 키우는 흙 조각 작업을 진행할 수 있나 보다 생각했다. 그러나 반지의 아틀리에를 방문하고 나서야 깨달았다. 내가 십자가의 모양이나 형태, 얼굴 모습을 생각하고 있었다면, 반지는 십자가의 본질과 의미를 그의 십자가 작업에 담고자 한다는 것을 말이다. 반지에게 중요한 것은 예수님의 얼굴 모습이나 형태가 아니었다. 그는 내게 말했다.

"십자가의 예수님 모습이 대부분 죽은 모습으로 조각되어 있습니다. 나는 십자가에 매달려 살아 있는 그분의 모습을 작업하고 싶습니다. 십자가에 달려 죽어 있는 그분의 모습이 아니라 십자가에 못 박혀, 일으켜 세워지는, 고통스러운 순간의 그분, 모든 사람을 당신께로 이끄는 그분을 조각하고 싶습니다. '내가 십자가에 매달리게 될 때 모든 사람이 나에게 이끌려 오게 될 것이다.'라고 요한 복음에 기록되어 있습니다. 어느 위치, 어느 각도에서나, 순례자가 십자가를 바라볼 때 고통받고 있는 예수님의 눈과 자신의 두 눈이 마주치게 될 것입니다. 그분은 죽은 분이 아니라 살아있는 분이십니다. 부활하신 분이십니다. 나에게 십자가의 예수님은 빛이십니다."

십자가상 조각을 부탁하는 사람이나 작업을 하는 조각가들은 예수님의 얼굴과 몸체를 어떻게 표현할까 하는 형태들을 대부분 생각한다. 그러나 반지는 모양이나 형태가 아닌 십자가의 의미와 본질을 이야기했다.

줄리아노 반지는 프리미엄 임페리얼상을 수상한 작가이다. 그의 작품은 비싸다. 반지가 내게 이야기했다.

"내가 작품료를 청구한다면, 신부님은 이 십자가 작업을 할 수 없을 것입니다. 나는 잘 알고 있습니다. 신부님이 어떤 성당을 짓고 있는지, 그리고 건축가 마리오 보타와 작업하고 있다는 것도 잘 알고 있습니다. 그래서 돈 이야기를 꺼내는 것이 어렵고 힘들지만, 작업에 들어가는 최소한의 비용을 이야기하려고 합니다. 몸체만 3.5m 크기의 예수님을 조각하려면 비계를 매야 하고, 비계를 오르내리며 작업해야 합니다. 먼저 흙으로 조각하고, 3.5m 크기의 목각으로 옮겨야 합니다. 십자가의 못 자국, 손과 발의 구멍을 크리스털로 해야 하는지, 금으로 해야 하는지는 작업을 진행해 나가며 생각해 봐야 합니다. 나에게 십자가에 매달린 예수님은 빛이시기 때문입니다."

그의 나이가 92세이다. 그런 노인이 비계를 오르내리며 작업하는 일은 쉽지 않은 일이다. 예술의 노벨상이라 할 수 있는 프리미엄상을 수상한 그가 돈 이야기를 해서 미안하다며 청구한 금액은 내가 그동안 성지개발을 하며 작가들과 작업해 온 경험에 비추어 볼 때 놀라울 만치 적은 금액이었다. 보타가 말했다.

"반지가 친구를 위해 주는 선물입니다."

나도 반지에게 말했다.

"고맙습니다. 우리나라 교회에 선생님이 주시는 선물이라고 생각하겠습니다. 감사합니다."

"돈 이야기를 해서 부끄럽습니다. 많은 재료비와 많은 노동을 해야 하므로 어쩔 수 없이 이야기했습니다. 그 정도 금액이면 재료 사고, 세 명의 손주들에게 맛있는 것을 사줄 만큼의 돈이 남습니다."

'우리 시대의 미켈란젤로'라고 불리는 회화와 조각의 거장 줄리아노 반지의 십자가 조각상은 마리오 보타의 대성당 건축과 함께 중요한 상징이 될 것이다. 십자가에 매달려 고통 중에 살아있는 예수님의 눈과 내 눈이 마주치게 될 때, (나는 그런 십자가의 예수님상을 이제까지 만난 일도, 본 적도 없다.) 아마도 큰 감동의 눈물을 흘리게 될지도 모르겠다.

다음은 줄리아노 반지와 만나 이야기했을 때 녹취한 파일을 정리한 내용이다.

요한이 십자가에 못 박혀 있는 예수를 봤을 때 "저 십자가가 일어설 때 예수는 모든 인류를 부둥켜안을 것"이라고 이야기했었습니다. 그래서 그 내용을 표현한 게 이 작업입니다. 살아있는 예수.

"십자가가 세워졌을 때 예수는 모든 인류를 껴안을 것이다."

실제로 크게 만들어졌을 때 어느 각도에서 보든지 예수가 자기를 쳐다보고 있는 것 같은 느낌을 주려고 하였습니다. 모든 사람은 예수가 자기를 쳐다보고 있는 것처럼 느낄 것입니다. 바람이 불고 머리카락이 휘날리니 정말 예수가 살아있는 느낌일 것입니다.

어떤 형상을 해야 할지 일고여덟 가지로 만들어 보았으며, 어떤 것들은 고통받고 있는 것들이고, 어떤 건 아닌데, 이건 굉장히 고통받고 있는 것입니다. 예수님의 머리카락도 마찬가지이지만 수염 같은 걸 표현할 때도 나무에 금색 뭔가를 넣어서 사람들에게 시각적으로 계속해서 흔들리는 것처럼 보일 것입니다. 그렇게 해서 좀 더 생동감 있는 걸 표현하려 하였습니다.

나에게 예수는 빛과 같습니다. 그래서 빛을 이용하려 하였습니다. 초기에는 '무엇인가를 하자' 또는 형상적인 얘기를 많이 나누었다면 이제는 이 형상이 어떤 존재감을 가질 것인가가 조금 더 명확해진 상태입니다. 이 커다란 교회에서 공간 자체도 굉장히 큰데 그 뒤에 있는 십자가가 빛으로 표현되어 있기 때문에 그것의 존재감은 이 교회의 존재감 못지않을 것입니다.

지금껏 많이 표현되어 오던 방식에서 십자가의 못은 항상 고통이고 구속을 의미했었는데, 내가 표현하고 싶은 건 빛입니다. 보잘것없는 철이나 못에 예수님이 구속되어 있는 게 아니라 거기에서 빛이 나오게 함으로써 십자가가 더 이상 죽음이 아닌 부활을 의미하는 것으로 조각하고 싶었습니다.

많은 작업이 이 교회 안에서 2차원적인 그림으로 존재하는데, 예수님은 3차원적인 형상이기 때문에 굉장히 강한 존재감을 줄 것입니다. 이 십자가는 그 자체로 이 교회의 상징이 될 것입니다. 십자가는 강한 이미지의 카본 소재인 반면에, 예수님은 굉장히 섬세하게 다듬어진 나무여서 이 두 가지의 대비가 우리에게 주는 느낌은 굉장히 다를 것으로 보입니다.

이 십자가는 모두 조토의 스타일에서 영감을 받은 것입니다. 제단이 중심에 있으며, 최후의 만찬은 그 옆쪽에 있게 됩니다. 고대 교회처럼 짓는 것이 저의 흥미를 유발케 했습니다. 큰 예수님상은 이탈리아 교회처럼 사람과 성직자를 분리하는 요소가 있습니다. 제 목표는 예수님을 현대로 환생시키는 것입니다.

저는 그림으로서는 최후의 만찬과 성모 마리아의 일생이 들어가면 좋겠다고 생각했습니다. 성모 마리아와의 만남으로부터 수태 고지를 분리하였고, 최후의 만찬은 유다가 본인이 저지른 일에 대해 부끄러워하고 있는 그림입니다. 그가 얼굴을 숨기고 있죠. 예수를 시작으로 밖으로 이동하죠. 그들은 스스로에게 물어봤죠.

"이거 누가 했어요?"

"저는 아니에요!"

"당신이에요? 아니면 그예요?"

"이거 봐요."

그가 그에게 말하고 있어요.

"누가 예수를 배신했죠?"

그들이 말하지요. 이 그림에 아시아인들도 있어요. 아시아인들의 특성이 있어요. 최후의 만찬에는 여기에 모든 세상이 존재한다는 것을 그들이 확인할 수 있도록 동양인들과 있는 신부님의 초상을 그리고 싶었습니다.

인류를 통해 발전된 신성함을 논하지 않고서는 신성함을 말로 표현하는 것은 불가능합니다. 조토를 시작으로 현대 예술가까지 모두 비전문적이고 비기능적인 것을 표현한다는 이 역사적 신비라는 주제에 직면했었고, 극복했습니다.

17

대성당 종소리, 아베 아베 아베 마리아!

파티마나 루르드, 바뇌(Bagneux) 같은 성모 마리아 성지들을 순례할 때, 30분마다 한 번씩 울려 나오는 "아베 아베 아베 마리아"의 종소리가 참 듣기 좋았다. 대성당을 지으면 꼭 하고 싶었던 일 가운데 하나가 종탑 같은 것을 만들고, 거기서 "아베 마리아"의 종소리가 성지 전체로 울려 퍼지게 하고 싶었다.

대성당 설계 단계에서 마리오 보타에게 부탁했다.

"선생님, 저는 '아베 아베 아베 마리아'라는 노래가 한 시간에 한 번씩 이 성지에 울려 퍼지게 하고 싶습니다."

그러한 나의 소망은 실현되었고, 지금 성지에는 아침 여덟 시부터 저녁 여섯 시까지 매 시간마다 한 번씩 "아베 아베 아베 마리아"라는 종소리가 울려 퍼지고 있다. 대성당의 종탑으로부터 종소리가 울려 퍼지기 시작하면 대부분의 순례자는 잠시 가던 걸음을 멈추고 대성당 쪽으로 몸과 귀를 기울인다. 그러고는 종소리에 맞춰 "아베 아베 아베 마리아"를 따라 부르곤 한다. 때때로 두 손을 높이 들고 성모님을 찬양하는 순례자를 만나기도 한다.

"도, 레, 미, 파, 솔, 라, 시"

서로 다른 크기와 소리를 내는 일곱 개의 종들은 이탈리아 트레비노(Trebino)사에서 제작한 것이다. 종 한쪽에는 남양 성모상이 조각되어 있고, 다른 한쪽에는 종을 봉헌한 사람들의 이름이 새겨져 있다.

최고 높이가 50m 가까이 되는 높은 종탑에 매달려 있어 별로 크게 느껴지지 않지만, '도' 음을 내는 가장 큰 종은 직경이 750mm이고, 무게는 258kg이나 나간다. '레' 음을 내는 두 번째 종은 직경 670mm에 무게 187kg, 가장 작은 종이 '시' 음을 내는데, 직경 440mm에 무게는 50kg이다. 가장 작은 종이라고 해도 사람이 혼자서는 들기 어려울 만큼 커다랗다.

이 종들은 2018년 6월에 계약하고, 1년여의 제작 기간을 거쳐 2019년 11월에 한국으로 들어왔다. 종탑에 매달기 전 대성당 종탑 앞에서 종 축복 예식을 거행했다.

  세상의 소리로 가득 찬 이 세상에
  영원함을 알려주고
  깨어있게 하며
  하느님께 드리는 찬미와 기도로
  우리의 마음을 모으게 하는
  종이 되게 하소서.

종 설치 작업은 사흘 정도 걸려서 2019년 11월 27일, 종소리 테스트를 거쳐 다음 날인 11월 28일부터 매 시간마다 종소리가 성지 곳곳으로 울려 퍼지고 있다.

18

대성당의 빛, 하느님의 선물

　24절기 중 열 번째 절기이며, 북반구에서는 1년 중 낮의 길이가 가장 길고, 정오의 태양 높이가 가장 높은 날. 바로 하지(夏至)이다. 태양의 높이가 가장 높다는 것은 대성당 제대의 천창을 통해 빛이 대성당 안으로 가장 깊숙이 들어온다는 의미이기도 하다.
　2020년 하지는 6월 21일 주일이었다. 그날 빛이 대성당 안으로 들어오는 모습을 촬영했다. 대성당의 방위와 태양 고도가 정확하게 일치하는 시간—오후 12시 25분, 제대 위로 쏟아져 내린 빛이, 제대 양쪽에 아름다운 모습을 보여주었다.
　그것은 마치 하늘에서 내려와 잠시 날개를 쉬고 있는 천사의 뒷모습 같았다!
　마리오 보타는 빛을 '하느님의 선물'이라고 했다. 그가 설계한 대성당, 어느덧 남양성모성지의 상징으로 자리잡고 있는 거대한 두 개의 타워 천창으로부터 들어온 하느님의 선물이 제대 위에 아름다운 천사의 날개를 드리운 것이다.
　보타는 빛과 그림자를 적절하게 활용하여 아름다운 공간을 만들어 내는 것으로 유명하다.

"빛은 공짜여서 빛을 활용해 공간을 만들고 형태를 빚어내는 일은 항상 즐겁습니다."

대성당 안에서 미사를 봉헌하는 동안 제대 벽에 아름다운 천사의 날개를 그리며 지나가는 빛을 보면 그의 명성이 헛된 것이 아님을 느끼게 된다. 제대 벽뿐만 아니라 오후가 되면 천창을 통해 신자석으로도 빛이 들어온다. 태양의 움직임에 따라 여러 가지 패턴을 그리며 지나가는 빛의 향연은 대성당에서 누릴 수 있는 또 하나의 행복이다.

공간을 더욱 빛나게 하는 빛, 보타의 말대로 빛은 공짜지만 공간은 결코 공짜로 만들어진 것이 아니다. 수많은 사람의 기도와 희생을 빚어 만든 것이다.

빛이 아무리 좋아도 그 빛을 품어줄 공간이 없었다면 그 안에서 미사를 봉헌하며 우리가 누리는 그 아름다움은 경험할 수 없었을지 모른다. 하느님의 은총도 공짜지만 우리가 무언가를 내어놓을 때 더 아름답게 경험할 수 있지 않나 하는 생각을 해 본다.

19
천사가 머무는 시간

"좋은 나무를 찾아낸 뒤, 그 좋은 나무를 들여오더라도 5년에서 10년 정도는 재워둬야 한다. 또한 조립을 끝내고 적어도 3개월은 품질 조정실에서 음악을 들려주며 숙성시켜야 한다. 나는 이 과정을 '천사가 머무는 시간'이라 부른다. 이렇게 만들어진 기타에서는 좋은 소리가 나온다."

— 도쿠마 서점 취재팀, 『평생 일할 수 있는 즐거움』 중

멋진 기타를 만들어 수많은 뮤지션을 매료시킨 기타 장인 야이리 가즈오는 나무를 숙성시키는 과정을 '천사가 머무는 시간'이라고 불렀다.

대성당 건축공사는 끝난 지 한참 되었지만, 대성당 안에서 미사를 봉헌하기 위해서는 의자도 놓아야 하고 감실, 제대, 독서대 등 설치해야 할 것도 많았다. 또한 성당 안에 모시게 될 성상이나 성미술품들은 시장에 가서 사 올 수 있는 것들이 아니어서 완공까지 얼마의 시간이 더 남았다고 말할 수 있는 상황도 아니었다. 기도하면서 천천히 정성을 다해 채워 나가야 할 것이다. 그래서 나도 그 시간을 '천사가 머무는 시간'이라 부르며 조바심 내지 말고 기다려야겠다고 마음먹었다.

그런데 전혀 뜻밖의 이유로 생각보다 더 빨리 대성당으로 들어가 미사를 봉헌하게 되었다. 2020년 1월 20일, 우리나라에서도 코로나19에 감염된 첫 번째 환자가 발생했던 것이다.

미사가 중단되고 성당이 폐쇄되는 초유의 사태 이후 미사가 재개되기는 하였지만, 반드시 지켜야만 하는 '방역 수칙'이 생겼다. 마스크를 써야 하고 성가를 불러서는 안 되며 성당 안에 들어갈 수 있는 인원에도 제한이 생겼다.

경당은 그리 넓은 공간이 아니어서 방역 수칙을 제대로 지키자면 불과 40명 남짓만 입장할 수 있었다. 하는 수 없이 야외 미사를 봉헌하기 시작했다. 야외에서는 더 넓게 넓게 떨어져 앉을 수 있었고, 아무래도 실내보다는 야외가 감염 위험도 적기 때문이다.

야외에서 하늘을 보고 바람을 느끼며 미사를 봉헌하는 일은 무척 아름다운 일이었다. 그러나 어려움도 많았다. 여름이 시작되면서 햇살은 점점 뜨거워지고 공기는 습하고, 모기와 벌레들은 또 얼마나 많은지… 게다가 비가 오는 날이면 어쩔 수 없이 경당 안으로 들어가 비를 피할 수밖에 없었다. 비가 오락가락하여 경당과 야외 두 곳에 미사 준비를 해 놓고 미사 직전까지 왔다 갔다 해야 하는 날도 있었고, 미사 중에 갑작스러운 비를 만나 당황했던 날도 있었다.

힘들게 보낸 여름이 지나고 가을이 왔다. 가을이 아름다운 날도 그리 길지 않았다. 가을이 깊어갈수록 추위 때문에 미사를 봉헌하기 힘든 상황이 되었다. 숲 그늘이 추위 아래 광장으로 옮겨 미사를 봉헌했다. 광장으로 나가니 햇살을 받아 따뜻하기는 했는데 문제는 눈이 너무 부셨다. 더 큰 문제는 바람이었다. 문방구에 가서 무거운 문진을 사다 경본이며 제구들을 꾹꾹 눌러놓아도 사방에서 제멋대로 불어오는 바람을 감당하기 힘들었다. 어떤 날의 바람은 독서대로 사용하던 보면대(譜面臺)까지 넘어뜨릴 정도로 거셌다. 그러다 11월에 접어들며 기온이 갑자기 낮아져 더 이상 야외에서 미사를 봉헌하는 것이 불가능하게 되었다.

사실 이러한 이유 때문에도 대성당을 지어야 했다. 성모님께 기도하러 오는 분들이 많았으면 좋겠는데, 많은 분이 오면 함께 미사를 봉헌할 장소가 없었던 것이다.

야외 미사가 어렵게 되자 다시금 결단을 내려야 했다. 경당으로 들어갈 것인가, 아니면 대성당으로 갈 것인가? 경당은 음향이나 난방 등 모든 시설이 갖추어져 있어 바로 미사를 봉헌하는 데 아무런 문제가 없었다. 하지만, 수용할 수 있는 인원이 너무 적었다. 경당에서 미사를 봉헌한다고 하면 매 미사 때마다 선착순으로 입장을 제한해야 하는데, 성지 특성상 먼 곳에서 일부러 미사를 봉헌하기 위해 오신 분들을 입구에서 돌려보낼 수는 없는 일이었다.

그렇다면 대성당은 어떤가?

대성당은 그야말로 공간만 덩그러니 만들어져 있는 상태였다. 벽과 지붕만 덮여 있는 비어있는 공간… 당장 미사를 차릴 제대도 없고 의자도 없었다. 그래도 미사를 봉헌하기 위해 온 순례자들을 다시 집으로 돌려보내는 것보다는 조금 불편해도 넓은 대성당 안에서 모든 순례자와 함께 미사를 봉헌하는 게 더 좋을 것 같았다. 야외 미사 때 사용하던 제대와 제구들, 그리고 야외에서 사용하던 의자들을 그대로 챙겨 들고 대성당으로 이사를 하게 되었다. 그리고 2020년 11월 4일부터 대성당 안에서 미사를 봉헌하기 시작했다.

20
팬데믹 종식을 위한
전 세계 성모성지들의 묵주기도 마라톤

2021년 4월 21일 오후 문희종(文熙鍾) 요한 세례자 보좌 주교님으로부터 전화가 왔다.

"신부님, 아마도 교황청에서 바실리카와 관련하여 연락할 게 있나 봐요. 신부님 이메일과 핸드폰 번호 가르쳐 줄게요."

"네, 그러세요."

그날 저녁 산책 중에 '발신자 정보 없음' 표시의 전화가 왔다. 모르는 번호이기에 전화를 받지 않았다. 산책을 마친 다음 이메일을 확인해 보았다. 바티칸에서 메일 한 통이 도착해 있었다. 바실리카*에 대한 것인가 하고 확인해 보았는데, 무척 특별한 내용이었다.

프란치스코 교황님께서 전 세계 30곳의 성모성지를 선정해서 5월 한 달 동안 팬데믹 종식을 위한 묵주기도를 각 성지마다 돌아가며

---

* 오늘날 바실리카(Basilica)란 교황에 의한 특권을 누리고 있는 특별한 성당들만을 일컫는 말이며, 대·소로 나뉜다. 로마 교회에는 4개의 대 바실리카가 있는데, 라테란(교황을 위한 바실리카), 바티칸의 성 베드로, 성 바오로, 그리고 산타 마리아 마조레 바실리카 등이다. 로마와 전 세계에는 수많은 소 바실리카가 있다. [출처 : 가톨릭대사전]

바치길 원하시며, 그것을 로마 시간 저녁 6시에 교황청 채널을 통해 방송하여 모든 교회가 함께 같은 마음으로 기도하고자 하신다는 내용이었다.

그리고 우리 남양성모성지를 30곳 가운데 하나로 선정하려고 하고 있다는 것이었다. 그러면서 우리 성지가 방송할 수 있는 능력이 되는지 기술적인 것을 묻고 있었다.

먼저 문희종 주교님께 말씀드렸다. 주교님께서도 "기쁜 소식이다!"라고 말씀하셨고, 그날 밤 바로 '우리가 할 수 있다.'는 내용의 메일을 작성하여 보내기로 했다. 첨부 파일로 성지 소개 영상과 대성당 사진도 첨부했다.

4월 22일 오전 11시 미사를 마치고 막 메일을 보내려고 하는데 또다시 '발신자 정보 없음' 전화가 왔다. 전화를 받으니 교황청의 마틴 몬시뇰이었다.

"어제 전화하니 받지 않으셨습니다. 방송할 수 있겠습니까?"

"네, 할 수 있습니다. 그리고 우리 교구 주교님께도 말씀드렸습니다."

"좋습니다. 그럼 회의를 하고 결정 사항을 월요일이나 화요일에 알려 드리겠습니다."

"감사한 마음으로 기다리겠습니다."

4월 23일 오후에 메일을 확인하니 벌써 바티칸에서 공문 형식의 정식 메일이 와 있었다. 새 복음화 촉진위원회 피시첼라 추기경 명의로 발송된 메일이었다.

우리 성지가 최종적으로 선택되었다는 내용이었고, 우리가 담당할 날짜와 지향, 가이드라인 등이 명시되어 있었다.

"전 세계 성지들 가운데 남양성모성지도 선택되었으며 아래와 같이 함께 로사리오를 바칠 수 있기를 바랍니다."

일시 : 5월 5일 오후 6시(한국시간)

지향 : 전 세계의 모든 어린이와 청소년들

주교님들께 말씀드리니 모두 기뻐하시며, 남양성모성지에서 묵주기도를 많이 바쳤기 때문에 선택되었다고 하셨다. 주교님 말씀처럼 24시간 묵주기도 고리운동을 벌이며 끊임없이 묵주의 기도를 바쳐왔고, 매일매일 성지에서 묵주기도를 바치는 수많은 순례자의 기도가 있었기 때문에 이런 영광스럽고 기쁜 일이 있는 게 아닌가 싶었다.

처음 연락을 받은 것이 4월 21일 오후였고 확정되었다는 공식 문서를 받은 것은 그로부터 이틀 뒤인 4월 23일. 준비할 시간이 2주도 채 안 되었다. 무척 놀랍고 기쁜 소식이었지만, 시간이 촉박해서 제대로 준비할 수 있을까 하는 걱정도 많았다. 감사하게도 수원교구 문희종 요한 세례자 주교님께서 적극적으로 도와주셔서 5월 5일 저녁 6시에 묵주기도를 잘 바칠 수 있었다.

생방송 직전까지 이것저것 체크하느라 바쁘게 뛰어다녔던 탓인지 묵주의 기도를 시작할 때까지만 해도 그냥 '묵주기도를 바치는구나!' 싶었다. 그런데 조용한 가운데 기도가 이어지면서 점차 마음에 표현하기 어려운 감동과 감사의 마음이 밀려들었다.

2021년은 남양 순교지를 평화를 위해 기도하는 로사리오의 성모 성지로 성모님께 봉헌해 드린 지 꼭 30년이 되는 해이다. 성지 봉헌 30주년에 전 세계 30곳의 성모성지 가운데 한 곳으로 선정되어 묵주기도를 바치고 있다는 것이 새삼 감격스러웠다.

아기 예수님이 매달려 계신 남양 성모님의 모습이 묵주기도 소리와 함께 전 세계 교회에 소개되는 순간이었다. 묵주기도를 드리는 사이사이에 커다란 돌 묵주 알들이 놓여있는 아름다운 성지의 모습도 소개되었다.

이번 묵주기도 마라톤에 함께하는 30곳의 성모성지에는 나자렛(Nazareth), 과달루페, 루르드, 파티마, 바뇌, 로레토(Loreto), 쳉스토호바 같은 세계적인 성모성지들이 다 포함되어 있었다. 그 가운데 한 곳이라니! 너무나 감사한 마음으로 성모송 한 번 한 번에 정성을 더했다.

하늘에 계신 이름 없는 순교자들께 감사했다. 30년 동안 성지에 찾아와 기도해 주고 도와주신 후원회원 한 분 한 분께도 감사한 마음이 들었다. 묵주기도 5단을 바치는 시간이 너무나 빨리 지나가는 것처럼 느껴졌다. 감사하고 기쁜 시간이….

/ 21 /

대성당에 설치된 줄리아노 반지의 십자가와 성화

2021년 11월 1일부터 3일까지 사흘 일정으로 마리오 보타가 대성당을 방문했다. 2년 만의 방문이었다. 코로나19로 길이 막혀 오고 싶어도 올 수 없었던 것이다. 보타는 코로나 검사를 받고 5시쯤 대성당에 도착했다. 2년여의 시간 동안 대성당의 가장 큰 변화라고 한다면 제대에 십자가와 성화가 설치된 것이었다.

보타는 직접 공간을 설계하고 줄리아노 반지의 작업실을 몇 차례 방문해 십자가와 성화 작업이 완성되는 과정도 보았지만, 실제로 대성당에 설치된 십자가와 성화는 처음 보는 것이었다. 보타의 반응은 '좋다'와 '나쁘다'가 반반이었다.

"제대의 그림과 공간은 잘 어우러지고 있네요. 벽돌과의 조화도 좋습니다."

일단, 성화에 대해서는 만족스러운 반응을 보였다. 하지만 십자가와 예수님은 조금 아쉬워했다.

"십자가와 예수님이 따로따로 노는 것 같습니다. 예수님상이 혼자 고립되어 있는 느낌입니다."

보타는 그러한 문제를 '어떻게 해결하면 좋을까'라며 그 자리에서 이런저런 의견을 내놓았다.

"십자가에 색을 칠해 보는 것은 어떻겠습니까? 나무색이나 벽돌색이 좋지 않을까요?"

보타는 십자가가 작가(줄리아노 반지)의 의도대로 표현되지 못하고 있는 것 같다며 많이 안타까워했다. 그는 빛의 밝기를 조절하며 1시간 넘게 그 앞을 떠나지 못했다. 그런데도 끝내 만족스러운 결론에는 도달하지 못했다. 보타는 컴퓨터 작업으로 십자가 색을 바꾸어 프린트로 출력한 상태를 보면서 나중에 다시 이야기를 나누자고 하였다.

그런데 사실, 십자가와 성화는 작품을 완성하는 데도 많은 시간과 노력이 들었지만, 설치하는데도 그에 못지않게 많은 비용과 시간, 노력이 들었다. 성화와 십자가 모두 크기도 크고 또 높은 곳에 설치를 해야 하다 보니 특수한 장비와 인력이 동원되어야 했다.

반지가 이탈리아의 작업실에서 작품을 완성한 후, 그것을 한국으로 옮겨오는 데 6개월 이상의 시간이 걸렸고, 제대에 비계를 설치하고 성화와 십자가를 거는 데 또 한 달여의 시간이 걸렸다. 그렇다 보니 실제로 십자가에 색을 칠한다는 것은 그렇게 쉬운 일이 아니었다.

다음 날 다시 제대 앞에 선 보타가 말했다.

"어제 십자가를 다른 색으로 칠해 보면 어떨까라고 했는데 색을 바꾼다고 해결될 문제가 아닌 것 같습니다. 빛의 밝기 조절을 통해 문제점을 해결해 보면 좋겠습니다. 조명팀에서 해결해 주기를 바랍니다."

"제가 보기에는 예수님의 몸에 칠한 색이 주는 느낌이 죽은 사람의 느낌인 것 같습니다. 그것 때문에 십자가가 더 마음에 다가오지 않는 것 같습니다."

십자가에 대한 내 느낌도 조심스럽게 이야기해 보았다.

"그 문제는 반지와 이야기를 나눠 봐야 할 것 같습니다. 그의 작업이기 때문입니다."

그렇게 대성당 제대의 십자가와 성화에 대한 문제는 일단락을 지었다. 다음으로 보타는 채플에 모셔 놓은 파티마 성모님을 보면서 말했다.

"채플의 성모상은 이 파티마 성모님처럼 대중적인 신심이 그대로 드러나게 하는 것이 좋겠습니다. 현대 작가에게 부탁해도 어려울 겁니다. 이미 '파티마 성모님' 하면 발현한 모습 그대로 조각되어 있는 성모상이 있기 때문에 그 모습을 현대 작가가 바꿔 조각하기도 어렵고, 바꿔서 조각한다 해도 대중이 그것을 받아들이기가 쉽지 않을 것입니다. 그러므로 대중이 알고 있는 성모님의 모습대로 잘 조각된 기존의 성모상을 채플에 그대로 모셔놓는 것이 좋겠습니다. 그리고 입구 쪽에 그 성모님에 대한 설명을 여러 언어로 표시해 놓는 것이 좋겠습니다. 그리고 채플에 놓는 의자는 내가 디자인한 의자가 있는데 그것을 놓으면 괜찮을 것 같습니다."

말을 마친 보타가 의자 사진을 보여주었다. 그리고 이야기는 의자에 관한 것으로 자연스럽게 이어졌다.

"대성당 의자는 가운데, 왼편과 오른편, 세 부분으로 나누어 앞쪽으로 몇 줄만 장의자를 놓고 나머지는 움직일 수 있는 개인 의자들을 놓는 것이 어떨까요? 그러려면 개인 의자는 디자인이 필요할 것 같습니다. 대부분의 의자가 생활공간과 주택을 위한 것이지 종교를 위해 디자인된 것이 아니기 때문입니다. 그런데 디자인을 새로 하고 제작하려면 비용과 시간이 많이 듭니다."

보타의 이야기를 듣고 나는 덴마크 의자 회사 프리츠 한센(Fritz Hansen)의 건축가 야콥센(A. Jacobsen)의 의자 사진을 보여주었다. 사진을 본 보타는 조형성을 살려서 디자인한 것이 마음에 든다고 했다.

"내일 이 의자를 프리츠 한센에서 가져다 직접 보여드리겠습니다."

보타와 내가 의자에 관한 이야기를 나누는 동안 HANS 건축팀들이 제대 위에 스티로폼으로 제작한 주례자석 의자를 가져다 놓았다. 보타가 디자인한 것을 실물 크기로 제작한 것이었다. 자신이 디자인한 의자의 실물 모형을 보며, 보타는 "너무 큰 것 같다." "이 받침대는 없는 게 더 낫겠다." 등등 수정 사항들을 체크하더니 그렇게 정리한 내용들을 바탕으로 의자를 다시 디자인해 보겠다고 하였다.

그리고 제대 위의 감실을 구석진 자리가 아니라 볼록 튀어나온 부분으로 옮기는 것이 좋겠다며 감실 위치도 다시 정했다. 이런저런 이야기를 나누며 현장을 둘러보느라 꽤 오랜 시간이 걸렸다. 배가 고팠다. 시간을 보니 어느덧 밤 10시가 다 되었다. 회의에 같이 참석한 HANS 건축팀의 젊은 친구들이 말한다.

"와! 대단하세요. 젊은 저희도 이렇게 힘든데 스위스에서 오시자마자 저녁도 안 드시고 지금까지 계속 회의만 하시다니! 정말 열정이 대단하세요!"

22

남양 성모님께 바치는 특별한 소성당

어떤 일을 하다가 잘 풀리지 않을 때는 그 일로부터 떠나거나 그 일을 덮어 두는 것이 좋다는 말이 있다. 한동안 그렇게 있다 보면 그 일을 새로운 각도에서 바라보게 되거나 풀리지 않던 문제에 대한 해답을 뜻밖의 방법으로 얻게 되기 때문이다.

2년 만에 한국에 왔던 첫날, 마리오 보타는 현장에 도착하여 제일 먼저 소성당부터 둘러보며 소성당을 어떻게 사용할 것인지 물었다. 원래는 소성당에서 매일 미사를 봉헌할 생각이었는데, 코로나19 감염병의 확산 예방을 위해 좀 더 넓은 공간인 대성당에서 매일 미사를 봉헌하고 있기 때문이다. 만일 소성당을 성체조배를 위한 공간으로 사용하기를 원한다면 공간의 디자인을 그에 맞춰 바꿀 필요가 있을 것 같다는 의견을 주고받았다.

첫날은 대성당 제대의 십자가와 성화를 점검하느라 소성당에 관한 이야기를 더 오래 나누지 못했다. 이튿날 다시 현장을 찾은 보타는 소성당의 사용과 마감에 관해 마저 이야기를 나누고 싶다고 했다. 다 같이 소성당으로 이동했다.

소성당 강론대 자리에는 1m 20cm 크기의 남양 성모상이 모셔져 있었다. 소성당에 들어선 보타는 그 남양 성모상에 눈길을 주었다.
"아름답습니다. 친근감이 느껴집니다."

보타의 말을 들으며 순간 웃음이 나왔다. 2년 전 보타는 남양 성모상을 보고 그저 "젊은 아기엄마에게 아기가 매달려 있는 것 같다."고 이야기했기 때문이다. 똑같은 남양 성모상인데, 코로나로 발이 묶여 있던 2년이라는 시간이 보타에게 새로운 시각을 만들어 준 것 같다.

남양 성모상만이 아니라 공간에 대해서도 그런 것 같았다. 2년 전 보타는 강론대가 있는 제대 오른쪽 벽면에 금박을 붙이고 거기에 이콘 같은 성모상을 그리는 것이 좋겠다고 말했다. 그리고 그 그림을 그릴 작가를 선정하는 일은 신중을 기해야 한다면서 나에게 이렇게 이야기했다.

"만약 지금 신부님이 함께 일하고 싶은 작가나 눈여겨보고 있는 그림이 있다면, 그 그림이 5년 후에도 좋을까? 10년 후에는 어떨까? 50년 후, 100년 후, 그리고 500년 후에도 여전히 좋을까? 1,000년 후에는 어떨까? 생각해야 합니다. 서두르지 마세요. 조토는 1,000년 전에 그림을 그린 사람이지만 지금도 여전히 유럽의 문화에 영향을 미치고 있습니다."

그런데 2년 만에 다시 와서는 강론대에 서 계신 남양 성모상에 시선을 빼앗겨 그 뒤 벽에 이콘을 그려야겠다던 생각을 완전히 잊어버린 것 같았다. 갑자기 이렇게 이야기했다.

"성모상을 들어서 오른쪽 벽에 더 가까이 놓아보면 좋겠습니다."
함께 있던 사람들이 보타의 말대로 성모상을 벽 가까이 옮겼다.
"조금 더 벽으로 가까이… 오! 좋습니다!"
보타는 무척 만족한 듯 계속해서 자신의 계획을 말했다.

"강론대 옆으로 성모님이 벽 쪽으로 설 수 있도록 멋진 좌대를 만들겠습니다. 좌대 윗부분을 금 테두리로 장식할 수 있을지 모르겠네요. 그리고 벽은 파란색으로 칠하겠습니다."

마침 현장에 파란색 티셔츠를 입고 온 친구가 있었다. 보타는 그 친구에게 티셔츠를 벗어서 벽에 대봐 달라고 부탁했다. 그 친구가 보타의 요구대로 티셔츠를 벗어 벽에 대 보았다.

"느낌이 좋네요. 성모상을 좌대에 올려놓으면 사제가 강론대에 섰을 때 성모님 옆에 서게 됩니다. 성모님과 사제가 같이 서 있는 모습이 보기에 좋고, 사제가 성모님 옆에 서서 강론하는 것도 좋을 것입니다."

보타는 2년 만에 완전히 바뀐 생각을 이야기하며 무척 마음에 들어 했다.

"성모님이 서 계신 강론대 앞쪽 신자석에만 장의자를 한 줄로 놓고 나머지는 비워두도록 합시다."

그렇게 함으로써 이곳은 남양 성모님께 바치는 특별한 경당이 될 것이라고 했다. 그리고 아직 마감이 덜 된 제대 뒷벽은 검은색이나 회색으로 칠하고 빛이 들어오는 곳에 오래된 십자가를 구해서 걸어 놓겠다고 했다.

소성당에 관한 이야기는 일단 그렇게 마무리를 지었다. 그리고 첫날, 사진으로 보았던 야콥센 의자를 프리츠 한센 매장에서 가져다 직접 보여주었다.

"괜찮군요. 조형성이 있네요. 유럽의 디자인을 보여주고 있습니다. 이것으로 해도 되겠습니다. 하지만 수납이 두 개밖에 안 되면 어려움이 있습니다. 의자를 포개 쌓을 수 있는 방법을 찾아 봐야 합니다. 수납 문제를 해결한 다음에 또 이야기 나눕시다."

로비로 온 보타는 메모지에 드로잉을 하며 말했다.

"이 로비 공간을 어떻게 사용할 수 있을지, 가구를 어떻게 놓을지 그림을 그려보겠습니다."

다른 때와 마찬가지로 보타는 2박 3일의 일정 동안 일만 했다. 그리고 다시 스위스로 돌아가기 전에 조심스럽게 비용 청구에 관한 이야기를 꺼냈다.

"나와 내 가족들은 대성당을 짓는데 특별한 비용 청구를 하지 않으려고 했습니다. 그런데 코로나로 인해 어려움이 많았습니다. 중국에서 진행하는 일들도 어려워졌고요. 어쩔 수 없이 최소의 비용을 청구해야 할 것 같습니다. 내가 청구하기 전에 신부님이 먼저 얼마를 주겠다고 이야기해 주시면 더 좋겠습니다."

사실, 보타는 처음에 했던 계약금의 잔금도 아직 다 청구하지 않고 있었다. 내가 바로 뭐라 이야기하지 못하자, 그가 이어서 말했다.

"가구들의 최종 디자인은 이탈리아 가구 회사에서 올리브나무로 제작하겠습니다. 가구들을 제작하기 위해서도 시간이 많이 들어가야 합니다. 신부님이 어려워하시면 제가 최소한의 비용만을 청구하겠습니다."

그런 이야기와 함께 보타가 요구한 비용은 그렇게 큰 금액이 아니었다. 나는 그저 "감사합니다."라고 말씀드렸다.

"내가 아직 이곳에 여러 번 더 와야 합니다. 그럼 또 만납시다."

설계 계약 후 10여 년 만에 처음으로 약간의 비용을 겸손하게 청구하는 보타의 모습에서 고마움을 느꼈다. 보타는 처음 말한 대로 그의 명성에 따른 비용은 전혀 청구한 일이 없다. 단지 사무실에서 순수하게 일하는 비용만을 청구했다.

23
대성당은 섬세하고 예민한 악기

"심포니 연주가 가능한 공간이 되었으면 좋겠습니다."
"성당입니까? 음악당입니까?"
"성당입니다. 전례가 우선입니다. 하지만 대성당에서 오직 미사만 봉헌하고 비어있다면 안타까운 일이 아닌가 싶습니다. 문화의 시대에 지역 주민들과 함께하는 문화적인 일들이 그 안에서 이뤄질 수 있다면 더 좋겠습니다."
"미사와 음악, 두 가지를 다 만족시킬 수 있는 훌륭한 성당과 콘서트홀을 한 공간에서 이루어내는 것은 어렵습니다. 둘 다 100% 충족시킬 수는 없습니다. 여기 제대 앞 계단이 있습니다. 5개의 계단인데 계단의 넓이가 1m 20cm입니다. 오케스트라 단원이 서서 연주하고 노래하기 위한 계단이지요. 제대와 신자석 사이에 무대가 있는 셈입니다. 어느 하나의 우선점을 찾아야 합니다. 어떤 것을 더 우선으로 할 것인가요?"
"미사가 우선이고 전례가 우선입니다."
"그렇다면 계단의 폭을 60cm로 줄입시다. 그러면 신자들을 두 줄 앞으로 당기게 되고 그만큼 사제와 교우들이 가까워집니다. 그리고 음악회를 한다면 별도의 무대를 만들어 놓으면 됩니다. 둘 다를 위해서 계단을 넓게 해 놓으면 제대와 교우들 사이에 너무 먼 거리가 생겨서 좋지 않습니다. 먼저 전례에 충실하도록 합시다."

사실 나는 설계 도면을 받고 나서도 이 부분에 대해 그렇게까지 구체적으로 생각해 보지 않았다. 계단을 1m 20cm로 하면 계단을 활용하여 오케스트라 단원 100여 명이 공연할 수도 있겠다는 장점만 생각했다. 그런데 마리오 보타는 음악회가 없을 때 사제와 교우들 사이의 거리가 너무 먼 것이 전례를 위해 옳지 않다는 생각을 한 것이다. 보타는 먼저 종교적인 것에 충실하면서 음악적인 부분은 따라올 수 있게 하자고 했다. 그러면서도 좋은 음향을 위해 계속해서 함께 고민해 주었다.

"음향은 신비롭습니다. 미리 모형을 짓고 컴퓨터 실험을 하는 방법도 있지만, 그런 것은 돈도 많이 들고 100% 신뢰하기도 어렵습니다. 차라리 골조가 다 이뤄지면 그때 현장에서 컴퓨터 실험을 합시다. 실제로 오케스트라를 불러 연주하면서 음향을 점검한 일도 있습니다."

24

목소리를 주먹으로 쥐고
집어던지는 느낌

    해마다 1월 1일 새해 첫날을 남양성모성지에서 천주의 성모 마리아 대축일 미사를 봉헌하며 시작하는 분들이 많다. 그런데 경당이 좁아 다 들어오지 못하므로 추운 밖에서 미사를 봉헌해야 하는 분들이 많았다.

    2020년 새해 첫날을 맞이하며 고민이 많았다. 이번에도 경당에서 미사를 봉헌하면 밖에서 떨며 미사를 봉헌해야 하는 분들이 분명 있을 것이다. 대성당이 아직 완공은 되지 않았지만, 대성당에서 미사를 봉헌하면 모두 한꺼번에 들어갈 수 있으므로 적어도 밖에서 떨며 미사를 봉헌하지는 않아도 될 것이다.

    그래서 결심했다. 2020년 새해 첫날, 천주의 성모 마리아 대축일 미사는 대성당에서 봉헌하기로 말이다.

    제대 왼편에는 제대 바닥을 까는 대리석들이 쌓여 있는 상태였고, 비계도 놓여있었다. 의자도 없으므로 순례자들은 대성당 바닥에 휴대용 방석을 깔고 앉아 미사를 봉헌했다.

    공사 중에 갑작스럽게 봉헌하는 미사였기 때문에 마이크 시스템을 갖추지 못했다. 야외에서 사용하던 앰프와 스피커, 마이크를 가져다 사용했다. 임시 마이크였다.

"안녕하세요!" "성부와~" 하는 순간, 내 목소리를 주먹으로 쥐고 뭉쳐서 제일 뒤편으로 집어던지는 느낌이었다. 내가 말하는 소리가 내 귀를 울리는 동시에 저 뒤까지 뻗어나갔다. 온 대성당이 소리로 가득해지는 놀라운 느낌이었다. 소리의 전달이 너무 좋았다. 그러니 말하는 사람도 편안했다.

대성당에서 처음으로 봉헌된 이날의 미사는 잊을 수 없는 경험이었다.

25
대성당을 완성하는 소리

종교 건축에 있어 소리의 중요성은 아무리 강조해도 조금도 지나치지 않는다.
"in the middle of sound"
좋은 소리란 소리 속에 내가 있는 듯한 느낌이다.
성가 소리가 육체적 자극을 주어 기분을 좋게 하는 것인지, 정신적 승화를 시켜 기분을 좋게 하는 것인지?
양쪽 모두이다. 좋은 육체적 느낌으로 얼굴에 미소를 머금는다면 이는 하느님 목소리를 들을 준비가 된 것이다.

2020년 11월 첫 주, 추위로 더 이상 야외에서 미사를 봉헌할 수 없게 되었다. 고민 끝에 대성당 안에서 미사를 봉헌하기로 하였다. 야외 미사 때 사용하던 제구들과 야외 미사 때 사용하던 의자들을 챙겨 들고 대성당으로 이사를 했다.
아직은 벽과 지붕만 덮여 있는—그야말로 비어있는 공간인 대성당, 그런데 그 안에 들어가 미사를 봉헌해 보니 '실내는 거대한 악기와 같다'고 했던 페터 춤토르의 말이 실감났다.

대성당은 악기 중에서도 무척 예민하고, 살아 있는 악기와 같은 공간이다. 어떠한 자극도 새롭게 해석하여 들려주는 것 같다.

뮌헨에 있는 독일 박물관에는 독특한 악기가 전시되어 있습니다. 겉보기에는 여느 피아노와 별다를 것이 없어 보이지만, 사실은 천공 카드에 의해 자동으로 연주되는 피아노입니다. 악기 내부에서 도르래 바퀴가 돌고, 전반은 역학적으로 풀려 자동으로 움직입니다. 단추를 누르면 전반이 저절로 움직이며, 미리 입력된 멜로디를 반복하지요. 완벽한 연주입니다. 그러나 영감이 없습니다. 언뜻 악기가 생명을 지닌 듯 보이지만 사실은 생명이 없습니다. 그럴싸하지만 진짜 악기는 아니라는 뜻입니다. 살아있는 악기는 다릅니다. 살아 있는 악기는 자극을 해석합니다. 그러려면 일어나는 일들을 보고 들어야 합니다. 영감과 해석, 듣고 행동함. 이것이 우리 삶에 음악을 흐르게 합니다.

— 마틴 슐레스케, 「가문비 나무의 노래」 중에서

아직 미완성의 공간인 대성당, 이것저것 부족한 것이 많다. 그럼에도 한 가지 분명하게 느낄 수 있는 건 그곳이 살아있는 공간이라는 것이다. 어떠한 소리도 자극도 예민하게 받아들이고 특별한 울림으로 되돌려 주는 걸 보면, 그곳에서 봉헌하는 미사와 우리가 바치는 모든 기도 또한 하느님께 그렇게 전달되지 않을까 하는 기대를 품게 된다. 그리고 그것은 마침내 우리 삶에 음악과도 같은 기쁨과 평화가 흐르게 할 것이다.

26
대성당 광장 공사

"노란 끈과 붉은 끈을 나무에 매어 놓았습니다. 노란색은 캐서 옮길 나무이고 붉은색은 베어 내야 하는 나무입니다. 아깝지만 너무 굵고 큰 나무는 베어 내는 것이 좋겠습니다. 이식 비용이 많이 들고 살리는 일 또한 쉽지 않기 때문입니다."

서안 조경의 전 실장이 나에게 권한 이야기다. 지난 30여 년 동안 성지개발을 하며 논, 밭을 메꾸고 야산을 깎아 내어 나무를 옮겨심었다. 여기저기 좋은 나무만 있다고 하면 달려갔었다. '아깝지만 큰 나무는 베어 내야 합니다.'라는 말을 들으며 혼자 가만히 나무들을 바라보았다. 나무 한 그루 한 그루에 얽힌 이야기들이 떠올랐다.

'이 느티나무는 마도 지곡리 마을회관 앞에서 캐온 건데…'

나무를 캐서 쓰러뜨려 놓았을 때 훈련을 마치고 돌아오던 예비군들과 싸움이 붙었다. 쓰러진 나무가 길을 막았다는 이유에서였다. 실랑이를 벌이다 동네 이장님 머리가 깨지고, 경찰까지 출동하는 등 우여곡절 끝에 옮겨심은 나무다.

'저 나무는 강남 단독 주택에서 다세대 주택 신축을 한다며 가져가라고 해서 옮겨온 것이고, 이 나무는 용인 동백 야산에서 숨어서 캐온 층층나무고…' 사실 그때 층층나무를 꽤 여러 그루 캐왔었다. 그런데 몰래 캐 온 거라 그런지 좋은 것들은 다 죽고 어린 묘목 하나가 간신히 살아남아서 볼 때마다 그때의 추억을 떠올리게 해 주곤 했었다.

'이 단풍나무는 하느님 나라로 가신 바오로 회장님 댁 마당에 서 있던 나무인데…'

마음속으로 나무들의 이력서를 하나씩 펼쳐보다 보니 내 젊은 날의 열정과 추억, 그리고 그때 함께 했던 사람들의 얼굴도 자연스럽게 떠올랐다. 여기저기서 옮겨다 내 마음대로 심어놓은 나무들이지만, 30년 넘는 시간 동안 서로 어깨동무하며 숲을 이루어 좋은 분위기와 그늘을 만들어 주었다. 순례자들이 많을 때면 그 그늘 아래서 야외미사도 봉헌하고, 피정이나 음악회도 열었다. 단풍 명소로 이름이 나서 가을이면 단풍을 보기 위해 찾아오는 관광객들도 많았다.

하지만 대성당이 건립되고 나서 순례자들의 동선이 바뀌니 대성당 앞 광장과 주변 숲을 정비해야 할 필요가 생겼다. 가장 큰 목적은 경사도 조정이었다. 대성당으로 오르는 길의 경사도가 심해 순례자들이 힘들어했다. 특히 나이 드신 분들은 대성당까지 오려면 중간에 몇 번씩 쉬면서 숨 고르기를 해야 한다고 했다. 경사도를 낮추고 조금은 산만해 보이는 조경도 정리해야 할 필요가 있었다. 로터리에 섰을 때 대성당이 보이면 좋을 것 같았다.

그런데, 그러자면 30여 년 동안 심고 가꿔 온 나의 정원과 이별을 해야 한다. 많은 이야기와 추억들이 담겨 있는 나무들과 헤어지는 일은 쉽지 않았다. 선뜻 결정을 내릴 수 없었다. 그러나 내가 하지 않으면 아무도 할 수 없는 일이기에 작업을 결정했다.

조경공사는 2022년 12월 나무를 베어내는 일부터 시작했다. 예상은 했지만 나무가 하나하나 베어져 없어질 때마다 마음이 슬펐고 무언가 모를 감정이 일었다. 살릴 수 있는 나무들은 캐서 위쪽 광장으로 옮겨 놓았다. 나무를 캐고 흙을 실어다 땅을 돋우다 보니, 대성당 앞 전체가 시뻘건 흙으로 덮였다. 30여 년 전 남의 산을 허물던 때의 일들이 떠올랐다. 그때도 이랬는데… 젊은 시절에는 이런 일을 계획하고 추진하는 일이 마냥 가슴 뛰고 힘든 줄 몰랐던 것 같다.

그런데 나이가 든 지금은 그렇게 마냥 기쁘지만은 않다. 건축을 하거나 조경을 한다는 것은 그동안 내가 가꿔 왔던 모든 익숙한 공간들과 이별을 해야 한다는 의미이기도 하고 또 이 일들이 다 이뤄지고 나면 나는 더 이상 이곳에 없을 것이기 때문이다. 그럼에도 내가 계획한 일들을 하나하나 이루어갈 것이다. 이 멋진 일들이 이루어지면 남양성모성지는 교회를 넘어 감동과 위로, 치유를 선물하는 놀라운 문화공간으로, 이곳을 찾는 사람들에게 선물이 될 것이라 믿기 때문이다.

2023년 3월, 대성당 앞 광장을 조성하며 토목공사를 하고, 5월에는 입구에 소나무를 심고 소나무 숲으로 예수님상을 옮겨 모셨다. 여러 차례 회의를 통해 2023년 7월 설계 도면을 수정하여 기존에 있던 로터리 광장을 살리고 로터리 안에 타원형의 수변 공간을 만들고 그 안에 예수님을 모시고 물이 흘러넘치는 소리가 나는 공간을 만들기로 했다.

조경공사는 그렇게 단순하고 쉬운 일이 아니다. 땅을 팠을 때 그 안에 묻어야 하는 것들, 전기, 통신, 음향, 보안시설 등 모든 것을 다 해야 하기 때문이다. 대성당 전기를 담당했던 회사와 음향을 맡았던 음향팀, '비츠로 앤 파트너스' 조명에서 서안 조경과 협업을 하며 공간의 완성도를 높여 가고 있다.

27

몬테 타마로 그리고 대성당 의자

2022년 7월, 대성당 의자 디자인을 부탁하기 위해 보타를 만났다.
"내가 어떤 일을 맡으면 10년이 걸린다."

그의 말대로 10년이 넘었다. 68세의 마리오 보타를 만나 같이 일을 시작했는데, 어느덧 그는 79세다. 그의 모습이 수척해 보였다. 지난해 성지를 방문했을 때만 해도 괜찮아 보였는데 건강이 안 좋아 보였다. 성지에 다녀간 다음 코로나 3차 주사를 맞았는데 그 후유증으로 한동안 건강이 좋지 않았다고 한다.

나는 보타에게 몬테 타마로(Monte Tamaro)에 다녀온 이야기를 들려주었다.

"멘드리지오에 올 때마다 몬테 타마로에 가보고 싶었습니다. 갈 때마다 곤돌라가 운행을 하지 않아 못 올라갔는데, 드디어 이번에 다녀왔습니다."

몬테 타마로에는 보타가 지은 성당(Cappella Santa Maria degli Angeli)이 있다. 그곳에 가서 보타가 지은 성당을 보니 사람들이 보타에 대해서 하는 이야기를 더 잘 이해할 수 있었다.

"마리오 보타는 건축물이 지어지는 장소를 중요하게 여기며, 장소에 대한 탁월한 해석과 이해로 건축물의 완성도를 높이고 있다."

십자가 전망대에 섰을 때, 눈앞에 펼쳐지는 알프스의 풍광이 너무 멋졌다! 장소에 대한 보타의 놀라운 해석이 감동적으로 다가왔다.

전망대까지 이어지는 긴 파사드, 다리를 걸어가면서 그가 한 말이 생각났다.

"건축의 힘이란 그 규모나 물리적인 형태가 아니라 주변 환경, 즉 풍경과 건축이 이루는 공간적 관계성에서 온다."

작지만 힘 있는 건축, 건축물이 거기 있음으로 해서 그 장소가 더욱 특별한 곳으로 바뀔 수 있다는 것을 눈으로 확인할 수 있었다.

작은 성당 안에 설치되어 있는 엔초 쿠키(Enzo Cucchi)의 십사처와 못 자국이 선명한 예수님의 손 또한 인상적이었다. 그곳에 머무는 몇 시간 동안 어린이와 청소년들을 포함해 다양한 계층의 많은 사람들이 보타의 성당을 드나들며 바라보고 건축물 주변에 앉아 이야기를 나누거나 사진을 찍는 모습을 보았다.

"몬테 타마로에 있는 당신의 성당은 사람들을 끌어당기는 보이지 않는 힘, 무언가가 있는 것 같았습니다. 그것처럼 50m 높이의 두 개의 탑을 세워 평범한 골짜기를 특별한 곳으로 바꾸고 새로운 풍경을 만들어낸 남양 성모 마리아 대성당 또한 사람들을 끌어당기는 힘이 있고 많은 사람들이 그 안에서 감동을 받게 될 것이라 생각합니다. 몬테 타마로에서 당신이 엔초 쿠키와 함께 했다면 남양에서는 줄리아노 반지와 함께 했습니다. 반지의 십자가와 「최후의 만찬」 또한 엔초 쿠키의 못에 박힌 손처럼 강렬한 인상을 줍니다. 당신과 함께 일할 수 있어서 저는 참 행복합니다."

나의 이야기에 보타는 환하게 웃으며 좋아했다.

이어서 대성당 의자에 대한 이야기로 화제를 옮겼다.

대성당 건축은 처음부터 남양 성모님께 바치는 바실리카로 봉헌되기를 바라며 시작했다. 그런데 교황청으로부터 바실리카로 승인받기 위해서는 이동이 가능한 개별의자를 놓아야 한다는 이야기를 들었다. 개별의자를 놓는 것은 대성당 내부 공간의 활용을 위해서도 효과적일 것 같았다. 대성당은 의자가 있을 때와 의자가 없을 때의 느낌이 마치 다른 공간처럼 느껴지는데, 개별의자는 이동이 용이해서 필요에 따라 의자를 넣거나 뺄 수 있기 때문이다. 그래서 대성당 의자를 고를 때 성당에서 일반적으로 사용하는 장의자가 아닌 개별의자만을 염두에 두고 골랐다.

알리아스와 프리츠 한센(Fritz Hansen) 같은 회사의 제품들 가운데서 몇 개를 샘플로 가져다 대성당에 놓고 사용해 보기도 하고, 그 가운데 마음에 드는 것을 보타에게 보여주며 그의 의견을 묻기도 했다.

그러는 중에 바실리카로 승인받는 데 개별의자가 필수조건은 아니라는 것을 알게 되었다. 또 공간의 활용성 측면에서는 개별의자가 좋지만 대성당의 전례적 측면과 분위기에는 아무래도 장의자가 좋지 않겠냐는 의견이 많았다.

마리오 보타에게 대성당 의자를 장의자로 하기로 최종결정했다고 이야기하며 디자인과 제작을 부탁했다.

마리오 보타가 에브리나 토리노 등의 성당에 디자인한 장의자들은 등받이가 모두 직각이다. 보기는 좋았지만, 앉았을 때 약간 불편하다는 느낌을 받았다. 그래서 등받이 각도를 5~7도 정도 눕혀주면 좋겠다는 이야기를 조심스럽게 했다. 보타는 내 의견을 적극적으로 수용하며 가구 회사와 이야기해서 인체공학적으로 편안한 디자인의 의자를 만들어 보겠다고 했다.

2023년 5월부터 9월까지 대성당 파이프오르간 설치가 진행될 거라는 일정을 알려주며, 9월 전에 의자가 들어와 파이프오르간 보이싱을 했으면 좋겠다고 하자 가능하면 그 일정에 맞춰보겠다고 했다.

2023년 1월, 등받이 각도 등을 조정한 1차 샘플이 항공으로 왔다. 느낌은 좋았지만, 대성당 공간이 워낙 커서 그런지 좀 작다는 생각이 들었고, 약해 보였다. 몇 가지를 더 수정해서 2023년 3월에 2차 샘플을 보내왔다. 2차 샘플에서도 방석과 등받이 높이, 각도 등 더 수정했으면 하는 내용들이 있었다. 그러한 내용을 모두 반영한 보타의 최종 디자인으로 2023년 5월 10일, 이탈리아 가구 회사인 제뉴플렉스와 계약을 맺고 제작에 들어갔다.

28

대성당 가구

반지의 작품집을 보다가 천사가 제대를 떠받치고 있는 모습을 보았다.

마리오 보타에게 "대성당의 제대를 이렇게 반지에게 부탁하면 어떨까요?"라고 말했더니 "신부님, 그것은 고딕이나 바로크에 어울리는 스타일입니다. 대성당의 제대와 의자, 독서대와 감실의 디자인은 모두 내가 하겠습니다."라고 대답했다.

2023년 2월 9일, 대성당 제대와 감실 등의 가구를 모두 설치했다. 나무로 된 가구들이 대성당과 조화롭게 어울렸다.

특히 옥스퍼드 스타일의 주례자석은 설계 도면을 보고, '과연 잘 어울릴까?' 걱정이 되었는데, 대성당과 절묘하게 어울린다. 제대와 감실뿐 아니라 강론대와 해설대, 세례대, 성수대까지 모두 보타가 직접 디자인했다.

"신부님, 필요하다고 아무거나 갖다 놓고, 사다 놓으면 안 됩니다. 조화와 균형이 중요합니다. 필요한 곳에 어울리도록 디자인된 것들이 놓여있어야 합니다."

그의 말이 맞다. 건축가는 건물만 설계하는 줄 아는 사람들이 많은

데, 공간에 어울리는 가구나 소품은 '화룡점정'처럼 건축물을 완성하는 중요한 기능을 하는 것 같다. 보타는 자신이 설계한 대성당에 애정을 가지고 작은 것 하나하나까지 세심하게 신경 쓰며 완성도를 높여가고 있다.

/ 29 /

축성된 남양 성모 마리아 대성당

마지막으로 나는 나의 묵주를 축복해 주십사고 신부님께 내밀었다. 그러고 나서 나는 가볍고 즐거운 마음으로 고해소를 떠났다. 이전에 나는 한 번도 그렇게 기쁜 감정을 느껴 본 적이 없었다. 그때는 저녁때였다. 나는 어느 가스등 옆에 서서 방금 축복받은 묵주를 주머니에서 꺼내어 이리저리 살펴보았다.

"무엇을 보고 있니, 데레사?"

어머니가 물었다.

"축복받은 묵주가 어떻게 생겼는지 보려는 거예요!"

이 순진한 대답에 그녀는 몹시 재미있어했다. 나로 말하면, 오랫동안 나는 그때 받은 은총에 젖어 있었다.

소화 데레사 성녀의 일화이다. 축복받은 묵주가 어떻게 생겼는지 이리저리 살펴보았다는 그녀의 모습이 무척 인상적이었다. 봉헌식이 있은 다음, 대성당에 들어서는데 문득 이 이야기가 생각나 다시금 미소를 짓게 되었다. 축성된 대성당은 어떻게 생겼을까?

2023년 3월 25일, 주님 탄생 예고 대축일에 대성당 봉헌식을 거행했다. 공사가 다 끝나지 않았고 갚아야 할 대출금도 남아 있는 상태에서 봉헌식을 서두르게 된 것은 소바실리카 칭호 획득을 위해서였다.

남양 성모 마리아 대성당은 계획 단계에서부터 소바실리카 인준을 받기 위해 준비했다. 대성당이 완공되면 봉헌식과 소바실리카 선포식을 같이 하면 좋겠다고 생각해서 건축 공사가 어느 정도 진행된 2020년 교황청에 소바실리카 인준 신청서를 접수했다. 오래전부터 계획하고 준비해 온 일이기 때문에 인준이 날 거라 기대했지만 서류를 반려받았다. 소바실리카 신청을 하기 위해서는 봉헌식을 먼저 해야 한다는 것이었다.

먼저 봉헌식을 하고 나서 남은 공사와 해야 하는 일을 계속해 나가며 교황청에 바실리카 신청서류를 다시 접수하고 바실리카 인준이 나면 그때, 성대한 바실리카 선포식을 거행하기로 계획을 수정했다. 그래서 봉헌식은 조용히 하기로 했다. 초대장도 만들지 않았고, 홍보도 거의 하지 않았다.

대성당을 설계한 마리오 보타와 십자가를 조각하고 최후의 만찬과 주님의 탄생 예고, 엘리사벳 방문 성화를 그린 줄리아노 반지도 초대하지 않았다.

그럼에도 생각보다 많은 사람들이 참석했다. 교구장 이용훈 마티아 주교님의 주례와 전임 교구장 최덕기 바오로 주교님, 화성지구 사제단과 동창 신부들, 그리고 평소 대성당에 관심을 갖고 있던 신부들과 교우들의 참여로 뜻깊은 봉헌식을 거행했다.

봉헌식 축복 예식의 하이라이트라 할 수 있는 도유 예식 때 주교님께서 제대와 성전 벽에 축성 성유를 바르셨다.

"저희가 성유를 바르는 이 제대와 성당을
주님께서 친히 거룩하게 하시어
그리스도와 교회의 신비를 드러내는 표지가 되게 하소서."

성유 바르는 예식을 통해 남양 성모 마리아 대성당이 세상에서 성별되어 거룩한 곳으로 축성되고 또 제대가 그리스도의 상징이 되었다. 봉헌식 때 성유 바르는 예식이 중요한 만큼 이후에도 기념할 수 있도록 성유 바른 자리에 특별한 표시를 하는 게 좋겠다고 생각했다.

제대와 채플에 있는 여덟 개의 기둥에 축성 성유를 발랐는데, 성유를 바른 자리마다 예루살렘에서 수집된 거룩한 돌로 표시를 해놓았다. 그 거룩한 돌들은 프란치스코회 사제로 1977년부터 35년간 이스라엘 성지 소임을 담당했던 안선호 베다(1924~2012) 신부님이 이스라엘 성지의 중요한 장소들을 수리할 때 나온 것을 수집해 간직하고 계시다 성지에 기증해 주신 것이다.

나자렛 성모 영보 동굴, 베들레헴 (예수 탄생) 동굴, 겟세마니 동산, 골고타, 예수님 무덤과 성모님 무덤에서 나온 돌들이고, 돌을 담은 액자에 그 돌이 수집된 장소에 대한 설명을 간략하게 적어 놓았다.

'지어진' 파이프오르간

파이프오르간 만드는 것을 '짓는다'라고 표현합니다. 설계부터 완공까지의 단계가 건축물을 짓는 과정과 비슷하거든요. 먼저 설계도를 제작하고 자재를 주문하는데 나무를 비롯해 금속, 가죽, 섬유, 전자 계통 부속 등 각종 재료를 확보해야 합니다. 그런 뒤 외관과 내부를 제작하는데 특히 내부는 고도의 정밀함이 요구되기 때문에 신중을 기하죠. 내부에는 모터, 바람통, 연주대, 레기스터, 윈체스터, 파이프 등의 구성물이 들어가는데, 이 중 한 부분이라도 어긋나면 소리에 치명적인 영향을 줍니다.

그다음에는 파이프의 기본 정음 작업을 해요. 파이프의 크기는 5mm부터 10m까지 다양한데 수천 개에 달하는 파이프의 정확한 음색을 만드는 작업입니다. 이렇게 완성하면 제작실에서 첫 시연을 한 후, 모든 것이 완벽하다면 이제 해체를 합니다. 작은 부품까지 일일이 이름표를 붙이고 나서 실제로 파이프오르간이 들어설 공간에다가 처음부터 다시 지어요. 이런 일련의 건축 과정이 대략 1년에서 3년 가까이 걸립니다.

— 오르겔바우 마이스터 홍성훈

파이프오르간은 단순히 '악기'라기보다 건축물의 일부라고 할 수 있다. 설치되는 장소가 울림통이 되기 때문에 건축물을 설계할 때부터 규모나 위치를 잡고 시작한다. 재료나 공간의 크기에 따라 잔향과 공명이 달라지므로 파이프오르간 소리는 건축물을 만났을 때 비로소 그 울림을 완성한다고 할 수 있다.

대성당의 파이프오르간은 마리오 보타의 디자인으로 2019년 12월 18일부터 독일 후고 마이어사에서 건축되기 시작했다.

3년여의 건축 공사가 끝난 다음, 파이프오르간이 잘 지어졌는지 확인하고 축복해 줄 것을 요청하여 2022년 11월 23일부터 27일까지 독일 후고 마이어사를 방문했다. 파이프오르간 건축에 참여한 25명의 직원들이 파이프오르간 건축 현장에 식탁을 차리고 음식을 함께 나누며 건축이 완성된 것에 감사하고 축하하는 시간을 가졌다.

후고 마이어사 사장이 크고 멋진 파이프오르간을 건축하고 설치할 수 있게 되어 기쁘다는 감사의 인사와 함께 파이프오르간을 연주하며 주님께 감사와 찬미를 드리는 시간을 가졌다.

이후 일정은 2022년 12월 말 배에 선적하여 2023년 4월 대성당에 도착하고 9월 말까지 설치와 보이싱 작업을 하는 것으로 이야기를 나누고 돌아왔다.

파이프오르간은 예상보다 한 달여 늦은 2023년 5월 10일, 성지에 도착했다. 커다란 컨테이너 두 개에 가득했다. 25톤 크레인으로 파이프와 부품들을 내려 대성당 안으로 옮겼다. 모두 옮기는 데 4~5일을 예상했는데, 생각보다 일의 진행 속도가 빨라 이틀 만에 하역작업을 마쳤다.

그런데 일의 속도가 빨라 방심한 탓인지 마지막 순간, 독일에서 온 후고 마이어사 직원 한 명의 새끼손가락이 짐에 끼는 사고가 일어났다. 걱정이 컸다. '손가락을 절단하면 안 되는데…' 다행히 뼈와 신경은 다치지 않아 가까운 병원에서 봉합 수술을 하고 깁스를 했다.

파이프오르간 건축 공사에 꽤 많은 시간이 걸릴 것으로 예상했었다. 그런데 작업 공간이 넓고 여러 조건이 좋아 설치 속도가 생각보다 빨랐다. 5월 15일부터 설치 작업을 시작해 2주 만에 전면의 파이프를 모두 설치했다.

5월 26일, 설치된 파이프 4개의 스탑만을 사용하여 처음으로 연주해 보았다. 저음의 진동음이 대성당 전체를 꽉 채우는 느낌이었다. 파이프가 다 설치되지 않았고 보이싱도 하지 않은 상태였지만 소리에서 힘이 느껴졌다.

그렇게 대성당에서의 1차 작업을 마치고 5월 27일 4명의 후고 마이어사 직원들이 독일로 돌아갔다. 그 가운데 한 명은 이번 남양에서의 작업을 끝으로 40여 년 동안 근무해 온 후고 마이어사에서 은퇴한다고 한다. 아마도 그에게 남양 성모 마리아 대성당의 파이프오르간 작업은 더욱더 잊을 수 없는 순간들이었을 것이다. 손가락을 다쳤던 직원도 돌아가기 전 실밥을 풀었는데, 수술이 잘되어 다행이었다.

6월 초에는 두 명의 직원이 와서 3주에 걸쳐 전기공사와 보이싱 작업을 했다. 그리고 7월 24일부터 8월 21일까지 작은 파이프 부품들을 넣고 보이싱하는 작업을 진행했다.

대성당 의자가 설치되고 11월에 또다시 보이싱 작업을 하고 2025년 봄 제대 양 옆에 각각 5개씩의 파이프를 추가 설치하는 것으로 오르간 건축 공사를 마감할 예정이다.

"성당 미사를 놓쳤을 때 허전한 느낌이 드는 이유는 장대하고 청량한 파이프오르간의 진동 소리를 듣지 못했기 때문이다. 진동음은 각 세포를 정화하여 기분을 좋게 한다."

— 작자 미상

31

오, 춤토르 좋지요!

"좋은 사람과의 만남, 그리고 오랫동안 꿈꿔 오던 일의 실현을 기다리는 일은 사람을 행복하게 만듭니다. 그 기다림의 시간 동안 기대와 설렘이 함께하기 때문입니다. 당신을 만나고 돌아올 때, 그리고 돌아와 당신의 연락을 기다리는 동안 내 마음이 바로 그러했습니다. 나는 기대와 설렘 속에서 행복한 마음으로 당신을 위해 기도했습니다."

다시 보니 정말 연애편지 같다. 이 편지를 번역해 주신 분이 나에게 말했었다.

"신부님, 연애편지 같습니다. 춤토르 선생님도 이 편지를 받으면 마음을 열지 않을 수 없겠어요."

"이렇게 말해도 될지 모르겠지만 어쩌면 그것은 사랑과 관계가 있을지도 모른다. 나는 건축을 사랑한다. 주변을 둘러싼 건물들을 사랑한다. 사람들이 건물들을 사랑하면 나도 사랑하게 된다. 솔직히 말해서 사람들이 사랑하는 대상을 만드는 것이 나를 행복하게 한다."

— 페터 춤토르

나는 그를 만나기 전에 그가 만든 건물을 먼저 만났고, 그 안에서 큰 감동과 위로, 평화를 느꼈다.

1995년 여름 르코르뷔지에 건축 기행과 1998년 늦가을 알바알토 건축 기행을 다녀왔다. 요즘엔 워낙 건축에 관심 있는 사람들이 많고, 스타 건축가와 함께 떠나는 건축 기행 프로그램 같은 것도 보편화되어 있지만 당시에는 그런 분위기는 아니었다.

당시 나와 함께 떠났던 분들은 건축사무소 소장님들과 건축과 교수님들이었다. 건축에 관심이 있기는 했지만 문외한이나 다름없는 내가 최고 전문가들이라 할 수 있는 분들을 따라다니면서 보고 듣는 모든 것이 새롭고 신기했지만, 유난히 마음에 남아 있는 곳이 몇 군데 있다. 그 가운데서도 춤토르의 건물은 가장 특별했다. 그의 말대로 어쩌면 나는 그의 건물을 사랑한 만큼 그도 사랑하게 되었는지 모르겠다. 첫눈에 반했다고 할까?

"나는 첫인상을 믿지 말고 기회를 주어야 한다고 생각했다. 그런데 세월이 흘러 나이가 들고 보니 다시 첫인상을 신뢰하는 사람이 되었다."

― 페터 춤토르

중요한 문제를 판단하고 결정하는 데 있어 첫인상만으로 충분할 때가 있다. 이렇게 저렇게 따져보고 신중에 신중을 기하고 나서 결국에는 첫 느낌이 가장 정확했다는 것을 확인했던 경험이 꽤 있다. 나이가 들수록 나도 춤토르처럼 첫인상을 더욱 신뢰하게 되는 것 같다.

그의 건물을 보고 나서 나는 곧바로 '나중에 성지에 성당을 짓게 되면 이러한 건축가와 함께 일하면 좋겠다.'는 꿈을 품었다. 막연했지만 쉽게 흔들리지 않을 확고한 꿈이기도 했다. 나는 성지가 상처받고 힘겨워하는 사람들에게 치유와 위로가 되어 주는 공간, 힘들 때 가장 먼저 생각나고 찾아와 기도하며 평화를 느낄 수 있는 곳이 되면 좋겠다고 늘 생각해 왔다. 그런데 그가 만든 건물에서 그러한 치유의 힘과 위로, 평화로움을 느꼈다.

그곳은 발스(Vals)라는, 이름도 들어본 적 없는 알프스 산골짜기에 위치한 목욕탕이었다. 입구에서부터 특별했다. 똑바로 서서 들어가는 것이 아니라 마치 빠져들 듯 몸을 낮추어 물속으로 들어가야 했다. 노천탕으로 나갈 때까지 몇 개의 탕을 거쳐야 했는데, 탕으로 떨어지던 푸르스름한 빛과 물소리…. 그것들이 어우러져 만들어 내는 그곳의 분위기는 단순히 목욕이 아니라 영적인 의식을 치르는 것 같은 느낌이 들게 했다. 노천탕으로 나갔을 때 눈 앞에 펼쳐지던 풍경은 또 얼마나 아름답던지! 흰 눈을 이고 있는 알프스산의 모습은 두고두고 보고 싶은 아름다운 엽서처럼 마음에 남아 있다.

'그곳에 다시 갈 수 있을까?'

어느 순간 내가 그곳을 그리워하고 있다는 것을 알았다. 허리 수술을 받고 병원에 누워 있을 때였다. 허리가 아파 제대로 눕지도 못하고 이리 뒤척 저리 뒤척거리면서 그곳을 생각했다. 왠지 그곳에 가서 따뜻한 물속에 몸을 담그고 그 신비한 빛과 소리 속에 머물면 아픈 허리가 나을 것 같았다.

누구에게나 생각만 해도 마음이 편안해지는 곳, '영혼의 쉼터' 같은 곳이 있다. 어떤 책에서 한 여인이 출산할 때 시골 마룻바닥에 엎드려 낮잠 자는 상상을 했다는 글을 본 적이 있다. 한옥 마루 특유의 냄새가 기억나고, 따뜻한 한낮에 마루에 엎드려 그 냄새를 맡는 상상은 출산의 고통을 조금이나마 덜어주었다고···.

보통은 유년 시절의 추억이 켜켜이 쌓여 있는 고향마을 뒷동산이나 옛집 아랫목 같은 곳이 그러한 그리움의 대상이 되지 않나 싶다. 그런데 낯선 땅의 목욕탕을 그리워하게 되다니!

그러한 체험은 나로 하여금 건축이 가지고 있는 힘에 대해 다시 생각하게 했다. 그리고 성당을 짓게 되면 꼭 춤토르 같은 건축가와 함께 일해야겠다는 결심을 굳히는 계기가 되었다. 춤토르가 지은 성당이라면 틀림없이 많은 사람에게 위로와 치유와 감동을 줄 것으로 생각되었기 때문이다.

나는 춤토르에 대해 공부했다. 그는 알수록 더 멋진 사람이었다. 사람들은 그를 '건축가들이 존경하는 건축가'라고 불렀다. 2009년 건축계의 노벨상으로 불리는 '프리츠커(Pritzker) 건축상'을 수상하기도 했다.

성지에 성당을 지어야 할 때가 되어 나는 그와 연락할 방법을 찾았다. 미국의 한 건축회사를 통해 그의 이메일 주소를 알아냈다. 성지가 어떤 곳이고 어떤 목적으로 성당을 지으려고 하는지, 그리고 내가 왜 다른 사람이 아닌 그에게 성당을 지어 달라고 부탁하게 되었는지 그 이유를 적어가며 이메일 내용을 작성했다.

하지만 마지막에 가서 보내지 못했다. 왜냐하면 그 일을 도와주기로 했던 한국의 건축과 교수님이 춤토르와 일을 할 경우 큰 비용이 들어갈 것이고 그 비용을 감당하기 어려울 것이라며 적극적으로 나서는 것을 꺼리셨기 때문이다.

아쉬웠지만 나 혼자서는 할 수 없는 일이었기 때문에 어쩔 수 없이 마음을 접어야 했다. 그러나 완전히 포기한 것은 아니었다.

여러 해가 지난 후, 대성당 건축을 마리오 보타와 하게 되었다.

2011년 8월, 마리오 보타가 남양성모성지를 방문했을 때의 일이다. 성지의 기도 길들을 둘러보던 중 자비로우신 예수님 채플 터를 닦아 놓은 곳에 잠시 머물게 되었다.

"이곳에는 자비로우신 예수님께 바치는 작은 채플을 지으려고 합니다. 저는 그 채플을 춤토르에게 부탁하고 싶습니다."

얼떨결에 춤토르라는 이름이 나왔다. 내 말이 끝나자마자 보타는 "오! 춤토르 좋지요!"라고 했다. 나는 한술 더 떠 "혹시 춤토르를 만나게 해 줄 수 있습니까?"라고 물었다. 잠시 생각한 보타는 흔쾌히 그러겠다고 대답했다.

시간이 지난 후에 다시 그 순간을 되돌아보니 보타에게 큰 실례를 범한 게 아닌가 하는 생각이 들었다. 건축가와 건축주로 처음 만나는 자리에서 다른 건축가의 이름을 꺼내고 그를 만나게 해달라고까지 했으니….

그런데도 보타는 언짢은 내색을 전혀 하지 않고, 실제로 내가 춤토르와 만날 수 있도록 약속을 잡아주었다.

32
나는 '싫소.'라고 말한다

    2012년 11월 21일, 보타의 주선으로 할덴슈타인(Haldenstein)에 있는 춤토르의 사무실에서 춤토르를 만나기로 했다.
    "내일 춤토르를 만나러 가지요? 11시 약속이니까 11시 전에도 가지 말고 11시 후에도 가지 말고 정확하게 11시에 가세요."
    가기 전날 보타가 해 준 말이다.
    '춤토르는 아무나 만나주지 않는 까다로운 사람이라고 하더니 정말 그런가 보다. 내일 이야기가 잘되어야 할 텐데…'
    전날, 우리는 최대한 춤토르의 사무실 가까이 가서 그 근처에 있는 호텔에 머물기로 했다. 산길을 따라 한참을 달렸다. 산이라 그런지 밤이 일찍 찾아왔다. 시간은 8시밖에 안 되었지만, 한밤중처럼 깜깜했다. 흰 눈을 이고 있는 봉우리들 사이로 초승달이 뜨고 별들이 무리 지어 반짝이고 있었다.
    간신히 호텔을 찾아 문을 열고 들어서니 할아버지와 손자로 보이는 젊은이가 맥주를 마시고 있다가 우리를 맞이했다. 열쇠를 받아 방으로 올라가려는데 엘리베이터가 없다. 2층, 3층까지 가방을 들고 올라갔다. 호텔이라기보다는 산장이라고 하는 게 더 어울릴 것 같았다.

방에는 계곡을 따라 흐르는 물소리가 가득 고여 있었다. 창문을 여니 찬바람과 함께 계곡 물소리가 더욱 크게 들어왔다. 어둠에 가려 다른 건 아무것도 보이지 않았다.

대충 짐을 정리해 놓고 잠을 자려고 누웠는데 침대가 푹 꺼져 몸을 움직일 때마다 한없이 가라앉는 기분이 들었다. 잠이 오지 않았다. 낯선 곳, 바뀐 잠자리 때문만은 아니었다. 오랫동안 마음에 품고 있던 꿈이었다. 그런데도 내가 춤토르를 정말로 만나게 되리라는 생각은 별로 해 보지 않았던 것 같다. 그런데 내일 그를 만나러 간다!

그를 만난다는 사실만으로 설레고 기뻤지만 '이야기가 잘되어야 할 텐데.' 하는 걱정도 되었다. 설렘과 걱정이 뒤엉킨 마음으로 이리저리 뒤척이다가 어느 순간 잠이 들었던 것 같다. 꿈을 꾸다가 깼다. 시계를 보니 새벽 4시였다. 굉장히 까다로운 어떤 사람을 만나 이야기를 나누는 꿈이었다. 꿈이라고 하기엔 너무나 생생했다. 설렘보다 걱정이 조금 더 컸던 모양이다.

"당신은 나에게 한 점의 건축물도 주문할 수 없다. 그것은 쇼핑과도 상관이 없는 일이고 나에게 돈을 얼마나 주느냐의 문제도 아니다. 나는 그런 식으로 일할 수 없다."

— 페터 춤토르, 로브 그레고리와의 인터뷰, 『건축리뷰』, 2009년.

"나는 그 프로젝트에 대한 진정한 흥미를 느껴야 한다. 따라서 어떤 부자가 나에게 와서 '난 스키장에 멋진 집을 짓고 싶소. 돈은 얼마든지 들어도 좋소. 난 나와 내 친구들이 와서 머물 멋진 집을 가지고 싶소. 당신이 해 줄 수 없겠소?' 하고 말한다면, 비록 그가 좋은 사람일지라도 나는 '싫소.'라고 말한다. 나에게는 그것이 내 생애의 4년을 의미할 것이고, 그에게는 어딘가에 있는 주말 별장에 불과할 것이므로 이 둘이 함께 갈 수는 없다."

— 페터 춤토르, 패트릭 린치와의 인터뷰, 『건축가 저널』, 2009년.

"나는 '싫소.'라고 말한다."

춤토르는 그런 건축가로 알려져 있었다. 이번 만남에서 나도 그에게 '싫소.'라는 대답을 듣게 되면 어쩌나 걱정이 되었다. 그러나 한편으로 내가 그에게 원하는 것은 쇼핑과 전혀 상관없는 일이고, 돈의 문제와는 더더욱 거리가 먼 것이다.

그가 말하는 '내 생애의 4년'이란 어떤 의미일까? 그것에 대해 어렴풋이 짐작이라도 할 수 있다면 좋으련만… 그러나 내가 그에게 이야기할 수 있는 것은 그동안 그가 만들었던 목욕탕과 채플, 미술관 등을 찾아다니며 그 안에서 느꼈던 감동과 위로, 그리고 앞으로 그가 만들게 될 건축물들에 대해 가지고 있는 기대감, 그것이 전부였다.

특히 그가 만든 목욕탕에서 느꼈던 위로와 치유의 힘은 매우 강한 인상으로 내 마음을 사로잡았고, 성지에서 지치고 상처받은 사람들을 만날 때면 성지에도 그러한 공간이 있어서 거기서 그들을 쉬어 가게 하면 좋겠다는 생각을 하곤 했었다.

돈이 많아서도 아니고, 누가 들어도 고개를 끄덕일 만한 대단한 포부가 있어서도 아니다. 그렇다고 세계적인 건축가의 건축물이 들어설 만한 좋은 입지 조건을 갖추고 있는 것도 아니다. 남양은 그야말로 작은 시골 동네, 그것도 이제 막 도시화가 진행되고 있어 여기저기 공사판이 벌어지고 있는 어수선한 시골 동네일 뿐이다.

그럼에도 불구하고, 아니 바로 그러한 이유 때문에 춤토르가 이 일에 대해 흥미를 느끼고 자신의 생애 4년을 바칠 만한 가치가 있다고 생각해 준다면 얼마나 좋을까! 얼마나 멋질까!

2012년 11월 21일, 드디어 춤토르와 만나기로 한 날이 밝았다.

일찍 일어나 씻고 짐 정리를 한 다음 마을을 좀 둘러보고 싶어 호텔 밖으로 나왔다. 어둠에 가려 물소리밖에 들리지 않던 밤의 마을과는 달리 여명에 모습을 드러낸 산골 마을은 무척 아름답고 평화로웠다. 바로 눈앞에 흰 눈을 이고 있는 산봉우리가 솟아있고 계곡 옆으로 달력 사진에서 본 듯한 그림 같은 집들이 서로서로 기대어 있었다. 집집마다 굴뚝에서 연기가 피어오르고, 학교에 가는지 버스 정류장으로 걸어가는 아이들의 모습도 보였다.

산에는 밤만 일찍 찾아오는 게 아니라 아침도 일찍 찾아오는 것 같다. 다시 호텔로 돌아와 보니 호텔 식당에 동네 어른들이 모여 커피를 마시며 이야기를 나누고 있었다.

9시쯤 호텔을 나서 춤토르의 사무실이 있는 할덴슈타인을 향해 출발했다. 양옆으로 시야에 들어왔다가 멀어지는 차창 밖 풍경이 너무 아름다워 때때로 차를 세우고 더 바라보고 싶은 마음이 들기도 했지만, 우리는 멈추지 않고 계속 달렸다.

"형, 내가 가끔 만나 차도 마시고 식사도 함께하는 건축가들이 있거든. 그 친구들에게 '이번에 춤토르를 만나러 간다.'고 이야기했더니 모두들 '그분이 정말 만나준다고 합니까?', '정말 약속했느냐?'고 되묻더라고. 그래서 정말이라고, 만나기로 약속했다고 했는데도 여전히 못 믿겠다는 듯이 나를 바라보는 거야. 춤토르 선생님을 만나면 그분과 함께 꼭 사진을 찍어서 보여줘야 될 것 같아. 그분을 만나는 게 그렇게 쉽지 않은 모양이야."

동행한 동생이 이야기했다.

"그렇지. 발스 목욕탕에서 목욕한 지가 10년은 된 것 같지?"

"그러고 보니 10년이 넘은 것 같네."

동생과 함께 춤토르의 목욕탕에서 목욕했던 일, 베네딕토 채플에서 감동받았던 일들을 떠올리며 이런저런 이야기를 나누다 보니 어느덧 춤토르가 사는 마을에 도착해 있었다. 10시였다. 1시간이나 빨리 도착했다. 보타가 더 빨리 가지도 말고 늦지도 말고 정확히 11시에 가라고 했으니 정확히 1시간이 남았다.

산 밑에 자리잡고 있는 춤토르의 마을은 아름다웠다. 마을 입구에 성 같은 하얀 집이 한 채 있고, 그 안쪽에 마을을 방문하는 이들을 위한 주차장이 있었다. 주차장에 차를 세우고 마을의 집들과 골목을 카메라에 담았다. 세계적인 건축가의 작업실이 이렇게 작은 마을 주택가에 있다는 것이 새삼 놀라웠다.

10시 40분, 통역을 해 주기로 한 자매를 주차장에서 만나 인사를 나누고 마을 입구에 있는 레스토랑에서 차를 마시며 오늘 어떤 이야기를 나누면 좋을지 잠깐 이야기했다. 아트디렉터로 일하고 있다는 그 자매는 현지인과 결혼해 그곳에서 계속 살고 있기 때문인지 우리나라 사람인데도 우리말보다 영어나 독일어를 더 잘 이해하고 편하게 생각하는 것 같았다. 짧은 미팅 후 마을 안쪽에 위치한 춤토르의 작업실로 갔다.

우리는 정확히 11시에 건물 안으로 들어갔다.

33
나는 테마파크 같은 작업은 하지 않습니다

한 기자가 춤토르에게 물었다.
"건축가로서 세계적 명성을 얻고도 여전히 산골 마을인 할덴슈타인에서 작업하고 있는 이유가 무엇입니까?"
그때 춤토르는 이렇게 대답했다.
"내가 그곳을 지키고 있는 첫 번째 이유는 우연입니다."
이 말을 하고 춤토르는 웃었다고 한다. 그러고는 다음과 같은 이야기를 덧붙였다.
"어쩌다 보니 그곳에 살게 됐고, 그곳에서 아내를 만나 아이를 키우며 살아왔습니다. 나는 원래 할덴슈타인 출신은 아닙니다. 지금 와서 보니 그곳에서 일하기 시작한 것은 우연이었지만 결과적으로 굉장히 잘한 일인 것 같습니다. 무엇보다 평화롭고 조용한 환경에서 작업할 수 있는 게 장점입니다. 또 사람들이 내게 설계 의뢰를 하기 위해서는 이곳까지 찾아올 결심을 먼저 해야 합니다. 우리 아틀리에는 대가족과 같습니다. 상업적 건축 사무소라기보다는 (전문가가 재능이 뛰어난 학생들을 가르치는) 마스터클래스에 더 가깝습니다. 다들 모여 함께 생활하며 작업을 하다 보니 예술가 같은 생활입니다. 작은 작업실이기에 나를 도와주는 사람들과 함께 매우 밀접하게 일할 수 있습니다. 프로젝트를 할 때마다 아주 세밀한 것까지 내 손길이 닿지 않는 것은 없습니다. 내 작업이라면 끝까지 내가 하는 것이어야 합니다."

그의 말대로 설계 의뢰를 하기 위해 이곳까지 찾아왔다. '춤토르'가 아니라면 평생 이름도 들어볼 일이 없을, 스위스의 산골 마을 할덴슈타인까지 말이다.

초행길이다 보니 작업실을 찾지 못해 약속 시간에 늦을까 염려가 되었다. 마을 입구 주차장에 차를 세우고 마을 풍경도 구경할 겸 걸으며 작업실의 위치와 동선을 미리 파악해 두기로 했다. 골목을 따라 걷다 보니 2층으로 된 목조 건물과 낮은 담장 너머로 젊은이들이 잔디밭에 나와 이야기를 나누고 있는 모습이 보였다. 언젠가 건축 잡지에서 본 기억이 났다.

"이 건물인 것 같지요?"

"네, 맞는 것 같아요. 그런데 학교처럼 보이네요. 저 젊은이들의 모습도 학생들 같고…"

잔디밭에 나와 있는 젊은이들의 모습에서 춤토르가 자신의 작업실을 왜 '마스터클래스' 같다고 했는지 그 이유를 알 것 같았다. 실제로 그 건물이 춤토르의 작업실이 맞았고, 그의 작업실에는 전 세계에서 모여온 젊은 건축가들이 함께 모여 공부하며 일하고 있다고 한다.

춤토르의 작업실은 두 개의 건물로 되어 있었다. 큰길에서 우리가 보았던 그 목조 건물과 좁은 골목을 사이에 두고 왼쪽에 있는 야트막한 노출 콘크리트 건물. 대부분의 직원들은 목조 건물에서 일하고, 춤토르의 집과 연결되어 있기도 한 노출 콘크리트 건물에서는 주로 춤토르가 작업을 하는 것 같았다.

한 직원이 우리를 맞이하며 회의 장소로 안내해 주었다. 회의 장소는 콘크리트 건물 안에 있었는데, 입구에서 안으로 길게 따라 들어가다 보면 왼쪽으로 꺾여서 춤토르의 집과 연결되는 것 같았다. 위에서 보면 ㄱ자 모양인 그 건물의 꺾어진 지점쯤에 회의 장소가 마련되어 있었다.

준비된 탁자 위에는 우리가 보내준 성지 자료들이 놓여있었고, 벽에는 춤토르가 최근에 작업하고 있는 제법 규모가 큰 미술관 모형도와 거기 전시될 작품들 사진이 가득 붙어 있었다. 그것들을 들여다보며 춤토르를 기다렸다. 우리나라의 반가사유상처럼 보이는 형태로 예수님이 가시관을 쓰고 턱을 괴고 앉아 계신 모습의 조각상이 눈에 띄었다.

회의실에서 밖을 내다보면 가운데 중정을 사이에 두고 유리창 너머로 맞은편에 춤토르의 집이 보였다. 나무가 심겨 있는 중정이 마음을 조금 편안하게 해 주는 것 같았다. 그래도 여전히 긴장되고 조심스러워 '사진을 찍어도 될까?' 하는 마음이 들었다.

"유명한 사람들은 사람을 기다리게 만들더라고요."

한만원 소장이 말했다. 한참을 그러고 있을 때, 유리창 너머로 집을 나서 우리에게 걸어오는 춤토르의 모습이 보였다.

건축 잡지에서 보았을 때는 굉장히 샤프한 느낌이었는데 조금은 헐렁한 와이셔츠와 회색 바지를 입고 있었다. 생각보다 훨씬 더 키가 크고 풍채가 좋았다. 오뚝한 코와 하얗고 긴 눈썹 아래 부리부리하게 빛나는 눈은 사진에서 보던 그대로였다. 약간은 고집스러워 보이는 할아버지의 모습이었지만, 미소를 지으며 인사를 건넬 때는 온화한 표정이 되기도 하였다. 그러나 일 이야기를 시작하자 이내 진지한 표정으로 돌아왔다.

춤토르는 남양성모성지 사이트와 우리가 보낸 글을 보았다며 이야기를 더 듣고 싶다고 했다. 한 소장이 이야기했다.

"현재 마리오 보타가 대성당을 설계하고 있습니다. 그리고 성지에 작은 채플을 두 개 더 작업하고자 하는데 그 가운데 하나를 선생님께 부탁하고 다른 하나는 또 다른 건축가와 작업을 하려고 합니다."

한 소장의 이야기를 들은 춤토르는 웃으면서 이렇게 말했다.

"나는 테마파크 같은 작업은 하지 않습니다."

내가 얼른 다시 설명했다.

"우리가 하고자 하는 일은 테마파크 같은 작업이 아닙니다. 유명 건축가들을 끌어들여 사람들을 모아들이려는 것이 아닙니다. 우리가 짓고자 하는 채플 두 개는 성지에 꼭 필요한 건축물들이고, 그 채플들 안에서 순례자들이 영적으로 좀 더 특별한 경험을 할 수 있기를 바라는 소망을 가지고 있을 뿐입니다."

나는 계속 이야기했다.

"내가 일하는 곳은 상처받은 사람들이 찾아오는 성지입니다. 나는 그들에게 특별한 위로와 치유를 경험하게 하고 싶습니다. 10년 전 나는 당신이 만든 베네딕토 채플과 발스의 목욕탕을 다녀왔습니다. 그곳에서 큰 감동을 받았습니다. 그 후에 허리 수술을 받게 되었습니다. 수술하고 병원에 누워 있을 때 이상하게 당신의 목욕탕이 생각났습니다. 그곳에 가면 아프지 않을 것 같고 치유를 받을 것 같은 마음이 들었습니다. 나는 가톨릭 사제입니다. 수많은 치유의 기적들이 일어난 성모님 성지들을 알고 있지만, 이상하게도 그 순간 당신의 목욕탕이 생각났습니다. 그러한 경험은 건축물이 가지고 있는 특별한 분위기와 힘에 대해 다시 생각하게 해 주었고, 당신의 건축물이 성지에 지어지면 많은 이들이 그 안에서 위로받고 치유를 경험하지 않을까 하는 생각을 하게 되었습니다. 그래서 당신을 만나러 온 것입니다. 우리나라 사람들은 전쟁을 겪었고, 또 급격한 경제 성장 과정에서 과도한 경쟁 등으로 인한 좌절과 상실감, 상처를 안고 살아가는 경우가 많습니다. 그리고 우리 성지는 특히 그러한 사람들이 많이 찾아오는 곳입니다. 내가 여기에 온 것은 당신이라면 틀림없이 그들을 위로하고 치유해 줄 수 있는 공간을 만들어 줄 수 있을 거라고 믿고 기대하기 때문입니다."

내 이야기를 들은 춤토르의 표정이 조금 전보다는 너그러워진 것 같았다.

"한국에 한 번 갔던 일이 있습니다. 송도였습니다. 나에게 미술관을 부탁했었는데 그 성격이 상업적이었습니다. 그래서 그 미술관의 설계를 하지 않겠다고 했습니다."

춤토르는 자신이 할 일을 결정하는 데 있어 공공성과 의미를 무척 중요하게 생각하는 것 같았다. 하지만 그렇다고 돈을 받지 않고 일하는 사람도 아니다. 내가 보타에게 춤토르를 소개해 달라고 이야기했을 때, 보타는 웃으면서 이렇게 말했다.

"춤토르 좋지요! 그런데 춤토르는 비쌀 텐데…."

춤토르는 나에게 직접 묻기도 했다.

"건축주로서 돈을 얼마나 가지고 있습니까?"

내가 그저 웃음으로 답하자 한 소장이 대신 이야기했다.

"선생님이 작업을 하시겠다고 하면 스폰서를 구하게 될 것입니다."

전 세계의 수많은 사람이 춤토르에게 설계를 의뢰하기 위해 이곳으로 찾아오고 있다. 그 가운데 춤토르가 '오케이'를 하는 일은 손에 꼽을 정도다.

나중에 이와 관련된 이야기를 춤토르에게 들을 기회가 있었는데, 자신이 의미 있다고 느끼고 좋아하는 일을 골라 하면서 작업실을 운영할 수 있는 것이 축복이고 감사한 일이라고 했다.

춤토르와의 첫 만남에서 느낀 것은 그가 무척 신중한 사람이라는 것이었다. 춤토르는 이야기를 나누는 동안 자신의 속마음을 잘 드러내 보이지 않았고, 마지막 인사를 나눌 때까지 우리의 요구를 받아들이지도, 거절하지도 않았다. 다만 다음과 같이 말했다.

"지금 진행 중인 프로젝트들이 많습니다. 내년쯤에 한 번 연락하고 방문하겠습니다. 먼저 사이트를 직접 본 다음에 내가 그 작업을 맡을 것인지 맡지 않을 것인지에 대한 리포트를 제출하겠습니다."

34

마음을 먹기까지

"내년쯤에 한 번 연락하고 방문하겠습니다."

한 시간여의 만남 후에 춤토르가 우리에게 약속한 것은 이것이 전부였다.

'먼저 사이트를 직접 본 다음에 결정하겠다'는 것.

춤토르와 이야기를 나누는 동안 얼마나 긴장했었는지 밖으로 나와서야 기념사진을 찍어야겠다는 생각이 들었다. 문 앞에서 사진을 찍으면서 나는 춤토르의 손을 잡고 말했다.

"내년에 꼭 다시 만나 뵙게 되기를 바랍니다."

그렇게 인사를 마치고 골목을 빠져나와 아침에 차를 마셨던 마을 입구 레스토랑에서 점심을 먹었다. 통역을 해 주었던 자매가 자신의 느낌을 이야기했다.

"이번 미팅은 잘 이루어진 것 같습니다. 춤토르도 예술가잖아요. 제가 예술 하는 사람들을 만나 이야기 나눌 때처럼 그렇게 표현하며 이야기를 전달했습니다. 제 느낌으로는 춤토르가 싫어하지는 않았습니다."

아트디렉터로 일하고 있다는 그 자매는 춤토르가 거절하지 않고 내년에 찾아오겠다는 약속을 한 것만으로도 이번 미팅이 매우 성공적인 것 같다며 긍정적인 이야기를 해 주었다.

이제 내가 할 수 있는 일이 뭐가 더 있을까?

아무 말도 하지 말고
꼼짝도 하지 말고
때로는 새가 빨리 오기도 하지만
마음을 먹기까지에는
오랜 세월이 걸리기도 하지요

용기를 잃지 마세요
기다리세요
그래야 한다면 몇 년이라도 기다려야 해요
— 자크 프레베르(Jacques Prevert), 「어느 새의 초상화를 그리려면」 中

그로부터 기다림이 시작되었다. 꽃 피는 봄이 지나고 싱그러운 여름도 어느덧 저물어 가을이 시작되고, 춤토르를 처음 만났던 계절로 다시금 접어들 무렵 나는 조바심이 나기 시작했다. '이러다 영영 연락이 오지 않으면 어떡하지?'

춤토르는 분명 '내년'이라고 이야기했었다. 그런데 그 '내년'이 다 지나가려고 하는데 아직 연락조차 없으니….

'이렇게 끝나버리는 건가? 그냥 포기해야 하나?'

하지만 너무나 아쉬웠다. 얼마나 오래된, 또 간절한 꿈이었나?

나는 좀 더 '적극적으로' 기다리기로 했다. 춤토르에게 편지를 썼다.

좋은 사람과의 만남, 그리고 오랫동안 꿈꿔 오던 일의 실현을 기다리는 일은 사람을 행복하게 만듭니다. 그 기다림의 시간 동안 기대와 설렘이 함께하기 때문입니다.

당신을 만나고 돌아올 때, 그리고 돌아와 당신의 연락을 기다리는 동안 나의 마음이 바로 그러했습니다. 나는 기대와 설렘 속에서 행복한 마음으로 당신을 위해 기도했습니다.

지난번 만남 때 당신은 '내년에' 나를 만나러 오겠다고 했습니다. 내가 있는 남양성모성지를 방문하여 이곳을 둘러보고 작업을 할 것인지 안 할 것인지를 결정하고 만일 하지 않겠다면 그 까닭은 무엇인지 나에게 이야기해 주겠다고 약속했었지요. 그 약속의 날을 기다리는 내내 나는 행복했고 무엇보다 기도했습니다. 당신이 이곳에 찾아와서 보고 작업을 맡아주기를, 그래서 상처 입은 사람들을 위로하고 치유할 수 있는 영적인 공간이 여기에 만들어지고 그것을 자비로우신 예수님께 봉헌할 수 있게 되기를 기도했습니다.

그런데, 여름이 지나고 가을이 되면서 조금씩 걱정이 되기 시작했습니다. 우리가 약속했던 시간이 거의 다 채워져 가고 있는데, 당신에게서 아무런 연락도 오지 않았기 때문입니다. 나는 혼자서 초조한 마음을 키우는 대신 당신에게 다시 한번 확인하고 싶습니다.

"남양성모성지에(내가 있는 곳에) 한 번 방문해 줄 수 있겠습니까?"

당신이 찾아와 준다면 저에게는 큰 기쁨이 될 것입니다.

하지만 당신이 찾아오지 않는다 하더라도 또 이 작업을 맡지 않는다 해도 내가 당신의 베네딕토 채플과 발스 목욕탕에서 받았던 감동, 그리고 당신의 작업에 대해 가지고 있는 존경의 마음은 여전히 변함이 없을 것입니다. 당신이 이 시대의 문화유산을 만들어 가는 뛰어난 건축가임을 잘 알고 있고, 또 얼마나 바쁜지도 잘 알기 때문입니다.

이제 나는 이 글을 마치면서 다시 한번 당신의 방문을 기다리고 또 당신이 이곳에 아름다운 건축물을 지어주기를 기도하며 행복한 기다림의 시간을 만들어 갈 것입니다.

2013년 가을
당신의 연락을 기다리며
이상각 신부

마음속에 꾹꾹 눌러왔던 이야기라서 그런지 나는 단숨에 써 내려갔다. 그런데 이 편지가 춤토르에게 전달되기까지는 꽤 오랜 시간이 걸렸다. 보내는 것이 좋을지 아니면 그냥 좀 더 기다려 보는 게 더 좋을지 판단이 서지 않아 편지를 손에 쥐고 여러 날 혼자 고민하기도 하고, 또 다른 사람들의 의견도 들어보았다.

그러다 해가 넘어가고 2014년이 시작되자 '더 오랜 시간이 지나 후회하지 말고 이왕 써 놓은 편지이니 한번 보내보자.' 하는 마음이 들었다. 첫 만남 때 통역을 해 주었던 미키 씨에게 번역을 부탁했다. 그렇게 해서 춤토르에게 이메일을 보낸 날짜가 2014년 1월 6일이었다.

일주일 뒤, 춤토르에게서 답장이 왔다. 춤토르는 먼저 자신에게 편지를 써 주어 고맙다는 인사와 함께 지난해 한국을 방문하겠다는 약속을 지키지 못했던 것에 대한 사과를 받아달라고 했다. 예상치 못했던 너무 많은 일들이 있었다는 것이다.

춤토르는 자신의 작업 계획을 다시 세우고 있는 중이라면서 우리가 하고자 하는 일에 대한 서면(paper) 자료를 다시 한번 보내달라고 요청했다. 채플의 개요와 내용, 규모, 위치, 예상 건축비용, 그리고 일정 등등. 춤토르에게서 받은 첫 번째 이메일이었다.

나는 그가 말한 자료들을 정리하여 바로 답장을 보냈다. 그리고 또 한 달쯤이 지난 2014년 2월 17일, "Great news"라고 시작되는 미키 씨의 이메일과 함께 춤토르의 두 번째 이메일을 받았다. 거기에는 남양성모성지 채플에 대한 자료를 보내주어 고맙다는 인사와 함께 다음 문장이 쓰여 있었다.

"요구 사항을 연구한 끝에 이 신부님의 (남양성모성지) 채플을 설계하고 건축하기 위한 시도를 하기로 결정했습니다."

35

다른 듯 같은

2014년 8월 13일 오후 5시 30분, 춤토르가 인천공항에 모습을 드러냈다. 프란치스코 교황님의 한국 방문으로 뜨거웠던 그때, 춤토르는 교황님보다 하루 일찍 한국에 도착했다. '직접 사이트를 보는 일부터 시작하겠다.'는 약속에 따른 방한이었다.

연이틀에 걸쳐 두 명의 외국 손님을 맞았다. 만나기 전부터 그들의 이름은 너무나 잘 알고 있었지만, 그들은 내 존재조차 알지 못했다. 차이가 있다면 한 사람은 직접 얼굴을 맞대고 시간을 나누었지만, 다른 한 사람은 신문과 방송을 통해 일방적으로 만났을 뿐이다. 그런데도 그들은 다른 듯 같은 종류의 감동을 주었고, 그 여운은 쉽게 사라지지 않는다. 한 분은 건축가 페터 춤토르이고, 다른 한 분은 프란치스코 교황이다.

교황의 한국 방문은 우리 사회에 깊은 울림을 남겼다. 그는 세월호 유족을 비롯해 쌍용차 해고 노동자, 위안부 피해자, 장애우, 새터민 등을 만났다. 우리 사회에서 가장 슬프고 힘없는 약자들이었다. 그들의 안타깝고 절실한 형편을 개선하는 데 딱히 교황이 해 준 것은 없다. 단지 그들의 아픔을 들어주고, 기억하겠다고 말했을 뿐이다. 그러나 그 소박한 행위가 당사자들에게는 너무나 큰 위로가 됐고, 온갖 참사로 만신창이가 된 국민에게는 한 줄기 희망의 빛이 됐다.

같은 시기에 한국을 방문한 춤토르는 세계 건축계가 가장 존경하고 주목하는 현역 대가다. …춤토르는 여러 가지 면에서 예외적이고 독특하다. 일흔을 넘긴 이 대가는 스위스 산골 출신으로 아직도 고국의 산골에 있는 자신의 사무실에서 설계 작업에 몰두하고 있다. 세계적 명성과 연륜에 비해 그가 설계하고 완공한 건물들은 열 손가락에 꼽을 정도로 희소하다. 작품들은 대부분 스위스에 산재하며, 외국이라고 해야 인접국인 독일에 세운 한두 점 정도다. 지방 도시의 미술관이나 시골의 교회이니 규모도 크지 않다. 작품의 수나 규모, 활동 지역으로만 본다면 영락없는 지역 건축가에 불과하다.

그럼에도 불구하고 그의 작품들은 모두 세계적 명작 반열에 올라 현대 건축의 순례지가 됐다. …그가 말하는 좋은 건축이란 인간에게 감동을 주는 것이다. 거대하고 화려한 건축은 인간을 소외시키지만, 춤토르의 작은 건축들은 감동을 통해 인간을 치유한다. 프란치스코 교황은 인류 사회의 낮은 곳을 쳐다보고 빈자와 약자들을 위로한다. 그 위로는 개인의, 세계의 영혼을 치유한다. 보석은 작기 때문에 빛을 발하고, 물은 낮은 곳에 머물기에 생명을 준다. 춤토르의 작고 아름다운 건축이 혼돈의 도시와 환경을 밝히는 빛이라면, 교황의 낮은 곳을 향한 고귀한 위로는 탐욕으로 황폐한 영혼을 치유하는 생명수다. 한 줄기의 아름다운 빛과 한 모금의 고귀한 생명수를 만난 이틀이었다.

— 김봉렬, 「김봉렬 칼럼」, 『한국일보』, 2014년 8월 19일 자.

춤토르는 예전에 한국에 한 번 다녀간 일이 있다고 했다. 송도 신도시의 미술관 설계를 부탁받고 온 적이 있었다고. 이번 방한이 사실상 두 번째라고는 하지만 춤토르에게 한국은 여전히 멀고도 낯선 나라였다. 3박 4일의 길지 않은 여정이었지만, 춤토르에게 단순히 현장만 보여주는 것이 아니라 한국의 문화를 소개하고 체험하게 하면 좋겠다는 마음으로 일정을 잡았다.

인천공항에 도착한 춤토르와 함께 우리가 제일 처음 간 곳은 진관사(津寬寺)였다. 한국의 문화를 체험하고 이해하는 데 불교가 도움이 될 거라는 생각에서 첫날 템플 스테이(temple stay)를 하기로 한 것이다.

"절에 가서 명상하고 잠을 자고 나와서 내 마음이 바뀌면 어떡합니까?"

공항에서 진관사로 이동하는 차 안에서 춤토르가 이런 농담을 했다. 그러고 보니 누구라도 이상하게 생각할 수 있는 일이었다. 성당(채플)을 지어 달라고 초청해 놓고 성당이 아니라 절로 먼저 갔으니 말이다. 그럼에도 춤토르는 템플 스테이가 무척 기대된다며 좋아했다.

진관사는 비구니 스님들이 계신 곳이다. 진관사에 도착하자 스님들이 입구에서부터 환영해 주셨다. 스님들은 먼저 부처님께 공양을 드리게 했고, 절하는 법도 가르쳐주었다. 그리고 주지 스님과 함께 차를 마셨다. 스님들은 절의 큰방(법당)과 새롭게 짓는 절의 문화관도 보여주었다.

그런 다음 사찰 음식을 먹었다. 춤토르는 모든 음식을 맛있게 즐기며 "절 음식이 가톨릭교회 음식보다 맛있습니다."라고 이야기해서 모두를 웃게 했다. 무척 까다롭고 어려운 분일 거라고 생각했던 것과

달리 춤토르는 유머가 있고 모든 상황에서 주변 사람들을 편안하게 해 주는 분이었다.

춤토르와 우리 일행은 다음 날 새벽 5시에 일어나 명상을 하기로 하고 일찍 잠자리에 들었다. 좀처럼 잠이 오지 않았다. 뒤척거리는 내 귀에 조용한 산사의 물소리가 크게 들렸다.

4시 30분에 일어나 샤워를 하고 5시부터 명상을 시작했다. 결가부좌법(結跏趺坐法)과 호흡, 그리고 절하는 법을 배웠다. 춤토르는 누구보다 절을 배우고자 하는 마음이 적극적인 것 같았다. 빨간색 양말을 신고 넘어질 듯 말 듯 하면서도 열심히 절을 배우는 모습이 인상적이었다. 법당에서 잠깐 명상하고 툇마루로 나와 30분쯤 더 명상을 이어 나갔다. 그런 다음 걷기 수행을 하고 아침 식사를 했다. 식사는 주지 스님과 스님들이 직접 준비를 해주셨는데, 올해 처음으로 자연 송이 죽을 끓였다고 했다. 스님들이 온 마음을 다해서 환대해 주시는 것을 느낄 수 있었다.

스님들은 춤토르의 긴 눈썹과 깊고 그윽한 얼굴에서 풍기는 이미지가 오랫동안 수행을 한 수행자의 이미지와 같다고 했다. 특히 나반존자(那畔尊者)라는 불교의 유명한 스님 모습과 비슷하다며 사진을 보여주었다. 춤토르는 나반존자의 사진을 보며 크게 웃었다. 그러면서 다음 생에는 불교 스님이 되고 싶다는 말을 하기도 했다.

다음 날 아침 창덕궁으로 향했다.

그날은 프란치스코 교황님이 방한하시는 날이었다. 차가 많이 막혔다. 가다 서다를 반복하는 차 안에서 춤토르는 "교황님이 오시는데, 신부님은 여기 있어도 괜찮습니까?"라며 유머 있는 이야기로 편안한 분위기를 만들었다. 춤토르는 요한 23세 교황님을 특히 좋아하는데, 프란치스코 교황님도 좋아하고 있다며 기회가 되면 만나 뵙고 싶다고 했다.

한국예술종합학교 김봉렬 총장이 창덕궁 안내를 해 주었다. 춤토르는 오랜 비행과 이른 새벽부터 시작된 일정에 피곤할 텐데도 큰 관심을 가지고 주의 깊게 둘러보며 이것저것 묻기도 하였다. 나중에 한 인터뷰에서 춤토르는 '그곳이 궁궐의 정원이라고 해서 굉장히 화려하고 양식적일 거라고 예상했는데, 그렇지 않았다.'며 '정원이 궁궐의 뒤편에 있다는 것도 흥미로운 부분이었다.'고 이야기했다.

춤토르에게 창덕궁 안내를 한 김봉렬 총장은 "예전에 국내 모 대기업에서 춤토르 선생님에게 거대한 프로젝트를 제안했다가 거절당한 이유가 허리가 좋지 않아 장거리 프로젝트를 감당할 수 없기 때문이라고 들었는데, 직접 뵈니 건강은 아주 좋으신 것 같습니다."라며 "확실히 춤토르 선생님이 자신의 프로젝트를 선택하는 기준은 따로 있는 것 같습니다."라고 말했다.

창덕궁에서의 일정을 마치고 점심 식사를 한 후 남양으로 출발했다. 오후 3시쯤 남양에 도착했을 때는 비가 내리고 있었다. 춤토르의 방한 기사가 신문에 나서 그런지 몇몇 기자들과 건축과 학생들이 성지 입구에서 그를 기다리고 있었다.

주차장에 차를 세우고 입구에서부터 천천히 걸어 자비로우신 예수님의 언덕까지 함께 갔다.

36
'대지가 내는 소리'를 듣고 싶다

사실 나도 내가 어떻게 해서 춤토르의 '예스'를 이끌어냈는지 모르겠다. 춤토르가 현장을 보러 오겠다고 했을 때는 이미 이 일에 어느 정도 관심이 있다는 의미였지만, 그는 분명히 말했다. '현장을 보는 일부터 시작하겠다'고. 현장을 보고 나서 얼마든지 '노'를 할 수도 있는 상황이었다.

자비로우신 예수님의 경당을 짓기로 한 장소에 도착하자 춤토르는 일행과 떨어져 혼자 이곳저곳을 둘러보았다. 광장 안쪽에서 주변을 살피던 춤토르가 갑자기 무엇을 발견한 사람처럼 철쭉이 심겨 있는 화단을 밟고 급히 자비심의 기도 길로 내려가는 모습이 보였다.

그는 잠시 동안 가만히 서서 귀를 기울였다. 그러고는 천천히 몇 걸음 옮기며 여전히 무언가에 집중하는 모습을 보이더니 "소리가 들린다."라고 했다. 우리도 조금 다가가 함께 숨죽이고 귀를 기울이니 아래쪽 마을과 도로에서 차들이 지나다니는 소리가 들렸다.

그동안 여러 건축가를 이곳에서 만났지만 어떤 건축가도 외부에서 들려오는 그 소리에 반응을 보인 적은 없었다. 춤토르가 얼마나 소리에 민감한지 알 수 있었다.

그러고 보니 발스의 목욕탕 입구 복도에 떨어지던 물소리, 클라우스 경당 안에서 들었던 종달새 소리가 떠올랐다. 베네딕트 채플을 설계하면서 '대지가 내는 소리'를 듣고 싶다고 했던 춤토르이다. 그에게 소리가 얼마나 중요한 건축적 요소인지를 다시금 생각하게 하는 부분이었다.

춤토르의 첫 번째 남양성모성지 현장 방문은 여러 사람과 함께해서 조금은 산만한 분위기였는데도 춤토르는 순간순간 집중력을 발휘하며 꼼꼼하게 현장을 분석하고 있는 것 같았다. 현장에서의 모습은 지금까지 함께했던 모습과 사뭇 달라 보였다. 표정은 진지했고 눈빛은 날카로웠다. 짧은 시간이었지만 현장에서 보여준 그러한 태도와 눈빛은 그가 자기 일을 얼마나 사랑하고 또 큰 열정을 쏟아붓고 있는지 느끼기에 충분한 시간이었다.

37

나는 티 하우스를 제안합니다

"나는 장소를 좋아합니다. 사진을 보고 나서, 직접 가보면 또 다릅니다. 어제 남양성모성지를 다녀왔고, 오늘 아침에 내가 무엇을 보았는지 분석했습니다. 나에게 결정의 시작은 먼저 보는 것입니다. 나는 무엇을 할 수 있고, 무엇을 할 수 없는지 강한 느낌을 받았습니다."

— 춤토르, 2014년 8월 15일 남양성모성지 현장 방문 후 가진 기자회견

남양성모성지 방문 첫날, 여러 사람과 함께 현장을 둘러보고 근처 호텔에 짐을 푼 춤토르는 다음 날 아침 식사 후 함께 온 글로리아와 단둘이 작업할 수 있는 조용한 공간이 필요하다고 했다. 호텔에 부탁해 이탈리아 식당 한쪽 홀에서 조용히 작업할 수 있도록 자리를 마련하였다. 1시간 30분 정도 후에 춤토르가 성지로 와서 이야기했다.

"혼자 현장을 보고 싶습니다. 아무도 따라오지 않았으면 좋겠습니다."

춤토르는 내가 미사를 마칠 때까지 두 시간 넘게 현장에 머물며 이곳저곳을 꼼꼼하게 살펴본 것 같다. 미사가 끝나고 사무실에서 미팅을 가졌다. 춤토르는 "어쩌면 내 말이 충격적으로 들릴지도 모르겠

습니다."라는 말로 이야기를 시작했다.

"내가 보기에 이곳은 더 이상 종교적인 건물을 지을 수 없는 곳입니다."

미리 예고한 대로 그 이야기는 나에게 무척 충격적으로 다가왔다. '종교적인 건물을 지을 수 없다니? 무슨 말씀이지? 제안을 거절한다는 뜻인가?' 춤토르는 이어서 말했다.

"성지에는 이미 너무나 많은 종교적인 그림들이 디자인되어 있습니다. 내 생각에 종교적인 건물은 조용한 곳에 위치해야 합니다. 너무나 많은 이야기가 있는 이곳에는 더 이상 종교적인 건물이 들어설 자리가 없는 것 같습니다."

춤토르의 말이 틀린 것은 아니었다. 주차장에 차를 세우고 거기서부터 자비로우신 예수님의 경당을 짓기로 한 자비의 언덕까지 걸어간 길을 머릿속으로 다시 따라가 보았다. 광장과 초 봉헌실을 지나 예수님상을 만났고, 또 누워 있는 십자가, 요셉 성인 상, 남양 성모님 상, 그리고 묵주기도 길을 걸어가다가 다시 자비의 언덕까지 이어지는 십자가의 길을 걸었다. 제각각 의미를 지니고 있고 조금씩 다른 모습을 하고 있지만 모든 곳이 종교적인 공간이고 기도의 장소인 것은 맞았다. 춤토르는 이 모든 것을 하나도 놓치지 않고 정확하고 보고 듣고 느꼈던 것 같다.

아무런 대답도 하지 못하고 당황스러워하는 내 마음을 읽었는지 춤토르는 다음과 같이 자기 생각을 설명했다.

"영적인 체험을 꼭 경당과 같은 종교적인 건물 안에서만 할 수 있는 것은 아니라고 생각합니다. 하늘을 바라본다든지, 바람을 느끼는 것과 같은 아름다운 자연 안에서, 그리고 훌륭한 건축물이 만들어

내는 특별한 공간 안에서 얼마든지 하느님을 만날 수 있고 영적인 체험을 할 수 있다고 생각합니다."

그리고 이어서 특별한 제안을 했다.

"내가 당신을 도와 이곳에서 할 수 있는 일이 있다면 그것은 티 하우스(tea house)가 될 것입니다. 나는 티 하우스를 제안합니다."

전혀 예상하지 못했던 말이었다. 무척 고민이 되었다. 춤토르가 남양에 오기까지 모든 순간이 얼마나 꿈만 같고 어려운 일이었나? 여기서 그만두기에는 너무나 아쉬웠다. 하지만, 티 하우스라면 차를 마시는 집, 찻집이 아닌가? 교회의 정서나 순례자들의 반응을 생각해 보지 않더라도 당장 내 느낌만으로도 성지에 경당을 짓는 것과 찻집을 짓는 것은 그야말로 하늘과 땅 차이처럼 느껴졌다. 나도 이렇게 당황스러운데, 다른 사람들에게는 어떻게 다가갈까?

당장 뭐라고 대답하기가 어려웠다. 다소 무겁고 불편한 분위기 속에서 미팅을 마치고 점심 식사를 함께했다. 춤토르는 수목원 같은 곳에 가보고 싶다고 했다. 국립수목원을 알아보았지만, 시간이 맞지 않아 처음 계획했던 대로 국립중앙박물관으로 가게 되었다.

국립중앙박물관에서는 「산수화, 이상향을 꿈꾸다」 특별전이 열리고 있었다. 서울시립미술관의 선승혜 박사가 안내해 주었다. 춤토르는 선 박사의 설명에 진지하게 귀를 기울이며 그림을 유심히 들여다보다가 이따금씩 "오! 티 하우스!" "티 하우스!"라며 산수화 속에 자리 잡고 있는 찻집들을 찾아냈다. 춤토르가 그렇게 티 하우스에 관심을 보이자 선승혜 박사는 일본과 우리나라의 차 문화는 조금 다르다는 것과 일본에는 훌륭한 티 하우스가 여럿 있다는 설명을 덧붙이기도 했다.

춤토르와 함께 시간을 보내면서 머릿속으로는 계속 '왜 그가 그런 말을 했을까?' '왜 하필 차를 생각했을까?' 곰곰이 생각해 보았다. 그러고 보니 그가 한국에 도착했을 때부터 지금까지의 여정 가운데 차를 마시는 시간이 곳곳에 중요하게 배치되어 있었다는 것을 알 수 있었다. 공항에 도착한 춤토르와 함께 우리는 곧바로 진관사로 갔었다. 거기서 인사를 나누자마자 맨 처음 한 일이 차를 나누어 마시는 일이었다. 우리는 차를 마시면서 보다 깊은 인사를 나눴고 식사를 한 후에도 함께 차를 마시며 이야기를 나누었다. 잠을 자기 위해 숙소로 이동을 해서도 차를 마셨다. 그리고 다음 날 헤어지기 전에도 차를 마시며 작별 인사를 나누었다. 우리가 차를 나누어 마셨던 것은 단순히 음료를 마시는 것과는 다른 의미였다.

춤토르는 그것을 정확하게 느끼고 있었던 것 같다. 차를 마시는 것은 사람과 사람이 만나는 것이고, 종교와 종교를 넘어서는 것이며, 자연과 인간이 교감을 나누는 것임을….

생각이 거기에 이르자 춤토르가 제안한 티 하우스라는 것이 단순히 음료를 마시는 장소적인 의미가 아니라 차를 우리고 나누어 마시는 과정을 통해 서로 마음을 열고 소통하는 영적인 여정을 포함하는 것으로 이해하게 되었다.

많은 현대인은 자신의 이야기를 들어줄 누군가를 필요로 하고 있다. 그래서 돈을 지불하면서까지 자기 이야기를 들어줄 상담자를 찾아가기도 한다. 교회 안에는 고해성사라는 아름다운 전통이 있지만, 고해성사와는 또 다른 형태의 만남을 원하는 신자들도 분명히 있다. 그들은 얼굴을 맞대고 눈을 마주치며 자신의 삶의 슬픔과 고통, 어려움들을 이야기하고 싶어 한다. 차는 그러한 만남을 원하는 사람들의 마음을 부드럽게 열어주는 윤활유 역할을 하는 동시에 따뜻한 위로의 의미도 될 수 있겠다는 생각이 들었다.

또한 티 하우스가 지어질 장소는 대부분의 순례자가 순례를 마치는 지점에 마련되어 있다. 순례자들은 따뜻한 차 한 잔을 마주하고 앉아서 그날의 순례 여정을 돌아보며 자기 생각과 결심을 내면화하는 시간을 가질 것이고, 비신자들은 특별한 분위기 안에서 차를 마시며 이제까지 느껴 보지 못한 영적인 것과 접할 수 있는 기회를 만나게 될 수도 있을 것이다. 이러한 식으로 신자이든 비신자이든 그 안에서 치유와 위로, 평화를 얻을 수 있다면 그것이 꼭 '경당'이라는 이름을 가질 필요는 없을 거라는 생각이 들었다.

처음부터 내가 춤토르와 함께하고 싶었던 일은 사람들의 마음을 치유하고 위로와 평화를 주는 공간을 창조하는 일이었다. 그렇다면 춤토르가 제안한 내용은 내가 처음에 기대했던 것보다 오히려 확장되고 심화된 영역일 뿐 조금도 다르지 않다는 것을 이해하게 되었다.

춤토르는 한 인터뷰에서 다음과 같이 이야기했다.

"어려운 건 사회적 연결 관계를 이해하는 것입니다. 사람을 이해하고, 그들이 무엇을 원하고, 왜 그것을 원하는지, 그들이 원한다고 말하는 것은 무엇이고 또 원치 않는다고 말하는 것은 무엇인지, 그 바닥에 깔린 진짜 소망은 무엇인지…. 그것을 이해하고 연결하는 작업 말입니다."

춤토르가 나의 의도와 남양을 찾아오는 사람들의 소망을 정확하게 읽었고 제대로 이해하고 있다는 확신이 들었다. 그러한 확신을 갖게 되니 더 이상 망설일 이유가 없었다. 특히나 춤토르의 목욕탕에서 받았던 감동과 영적인 느낌을 오랫동안 간직하고 있던 나로서는 그가 만들어 낼 티 하우스라는 공간이 더욱 기대가 되었다.

그날의 일정이 모두 끝나고 헤어지기 전, 나는 춤토르에게 이야기했다.

"당신의 제안을 받아들이겠습니다. 티 하우스를 작업해 주십시오."

내 이야기를 들은 춤토르는 티 하우스라는 말을 처음 들었을 때 내가 그랬던 것처럼 조금은 놀란 표정으로 "정말입니까?"라고 되물었다. 내가 정말이라고 하자 그가 대답했다.

"그렇다면 함께 작업해 봅시다."

얼마 후 티 하우스에 대한 나의 생각을 정리하여 춤토르에게 편지를 보냈다.

> 페터 춤토르 건축가님께
> 당신이 티 하우스를 작업할 수 있다고 이야기한 다음부터
> 티 하우스에 대해 생각하기 시작했고
> 동시에 그 안에서 일어날 수 있는 일들을 생각해 왔습니다.
> 동양에 있어서 차를 마시는 것은 단순히 음료를 마시는 것이
> 아니기 때문에 경당 대신에 티 하우스를 할 수 있겠다고 했을 때
> 그것도 괜찮겠다 싶었습니다.
> 차를 마시는 것은 서로가 서로에게 마음을 여는 것이고
> 나누는 행위이기 때문에
> 또 다른 의미에서 영적인 여정이 될 수 있기 때문입니다.
> 현대인들의 커다란 욕구 가운데 하나는
> 누군가 자기의 이야기를 들어주기를 바라는 것입니다.
> 마음을 열고 자기 얘기를 들어줄 사람을 필요로 합니다.

나는 당신이 티 하우스를 이야기할 때
"아, 그래. 이 집은 들어주는 집.
들음을 나누는 그런 특별한 집이 될 수 있을 것이다."라는
마음을 가져왔습니다.
그러나 누구나 자기 이야기를 하기에 바쁘고
들어주는 사람을 찾기가 어렵습니다.
그 때문에 돈을 지불하고 자기 얘기를 들어줄 심리상담사를
찾아가기도 합니다.
가톨릭교회 안에는 고해성사가 있습니다.
이것은 좁고, 얼굴이 가려진 공간에서 자신이 잘못한 것을
고백하고 그럼으로써 용서의 기도를 받는 종교적인 행위입니다.
그런데 점점 많은 사람들이 고해성사와는 다른 형태의 만남을
원하고 있습니다.
그것이 현실입니다.
얼굴을 맞대고 자신의 삶의 슬픔과 고통, 어려움과 눈물을
털어놓기를 바랍니다.
오늘도 저는 한 가족과 2시간가량 함께 이야기를 나누었습니다.
고해성사와는 분명히 다른 것이었고 필요한 시간이었고
서로 마음을 열고 대화하며 눈물을 흘리기도 했습니다.
그리고 마지막에는 함께 기도를 바쳤습니다.
당신과 「산수화, 이상향을 꿈꾸다」 전시회를 보았을 때,
그 전시회의 그림 속에서 티 하우스가
그렇게 크지 않다는 것을 볼 수 있었습니다.
그리고 저는 당신의 작업이 티 하우스라 할지라도

그렇게 크지 않을 것이다, 라는 생각을 해왔습니다.
그래서 저는 티 하우스를 이렇게 생각해 왔습니다.
고해성사가 아니라 사제를 만나 이야기를 나누길 원하는 사람과
서로 시간을 약속하고 티 하우스에서 만나
차를 마시며 이야기를 나누는 집으로 해야겠다.
많은 사람이 들어갈 수 없으므로 미리 약속 시간을 잡아야겠다.
그리고 사제만이 아니라 재능을 기부할 수 있는
심리치료사, 정신과 의사, 상담사, 변호사 같은 사람을 만나
도움을 줄 수 있는 사람도 시간을 정해 그곳에서 차를 마시며
서로 마음을 열고 대화를 나눌 수 있겠다 싶었습니다.
그리고 차를 마신 다음에는 그냥 헤어지는 것이 아니라
함께 나눈 이야기를 심화할 수 있고 내면화시킬 수 있는
침묵이 가득한, 그것이 가능하다면
당신이 클라우스 경당에서 만들어 내는 것과 같은
그런 작은 빛과 어둠 침묵의 공간에서 잠깐이라도 머문 다음
모든 여정을 마치고 자신의 집으로 돌아가는 시간이 된다면
이 티 하우스는 들음을 깨치는 집이요 위로받는 집이요,
치유가 이루어지는 집이 될 것이라는 생각을 가져봤습니다.
당신이 이야기한 것처럼 티 하우스는 종교적이지 않지만,
종교적인 행위가 일어나지는 않지만,
사람들의 필요성에 응답하고 필요성을 채워주며
사람들을 위로하고 치유할 수 있는
영적인 기능을 할 수 있을 것이라 기대하고 있습니다.

야뽁 건널목

"바로 그 밤에 야곱은 일어나, 두 아내와 두 여종과 열한 아들을 데리고 야뽁 건널목을 건넜다. 야곱은 이렇게 그들을 이끌어 내를 건네보낸 다음, 자기에게 딸린 모든 것도 건네 보냈다. 그러나 야곱은 혼자 남아 있었다. 그런데 어떤 사람이 나타나 동이 틀 때까지 야곱과 씨름을 하였다"(창세 32,23-25).

"티 하우스를 작업해 주세요."

춤토르에게 그렇게 말하고 나서 내 마음에서는 두려움과의 씨름이 시작되었다. 에사우를 만나러 가는 야곱의 마음이 이렇지 않았을까?

춤토르에게 일단 작업을 해 달라고 말하긴 했지만, 사실 이 일은 나만 좋다고 해서 할 수 있는 일이 아니었다. 이 일을 계속하기 위해서는 주교님께 그동안의 과정과 진행 상황에 대해 말씀드리고 주교님 허락을 받아야 했기 때문이다.

이러한 상황을 알 리 없는 춤토르는 3박 4일의 방한 일정을 마치고 스위스로 돌아가자마자 곧바로 작업을 시작한 것 같았다. 이메일을 통해 '건물이 들어설 대지의 옛날 콘타(contour)*가 있는가?' '개발되기 전의 사진을 보내줄 수 있는가?' '그곳의 바람이 어떻게 부는지 알려 달라.' 등등 여러 가지 질문을 보내오기 시작했다.

특히 춤토르는 이곳의 기후에 대해 매우 자세하게 알고 싶어 했다. 우리는 가지고 있는 자료들을 최대한 찾아서 보냈고, 현장에 인터넷과 연결된 기후 측정 장치와 CCTV를 설치했다. 그 장치를 통해 측정된 데이터들은 매일 오전 9시와 오후 4시에 이메일을 통해 춤토르의 사무실로 전송되고 있다.

그뿐만이 아니었다. 시간이 지날수록 질문은 점점 더 구체화되었다. '티 하우스가 지어지면 차를 팔 거냐, 무료로 줄 거냐?' '침묵 중에 마시도록 할 거냐?' '다른 서비스도 함께 제공할 거냐?' '운영은 어떻게 할 생각이냐?' 등등…. 그러한 질문들을 받을 때마다 '주교님께 말씀부터 드려야 하는데…' 기도하는 성지에 경당이 아닌 티 하우스를 짓겠다니! 그것에 대해 주교님께서 어떻게 생각하시고 받아들여 주실지, 만약 반대하신다면 나는 또 어떻게 그분들을 납득시킬 수 있을지…. 걱정이 쌓여만 갔다. 그것이 제아무리 세계적인 건축가와 함께 짓는 건물이라 하더라도, 경당이 아니라 티 하우스라는 이유 하나만으로 부정적인 시각으로 바라보며 한마디씩 하기에 충분하다는 생각이 들었기 때문이다.

'춤토르의 작업은 이미 진행 중인 것 같은데, 만약 주교님께서 짓지 말라고 하시면 어떻게 하지?' '이제 와서 춤토르에게 뭐라고 말해야 하나?'

---

* 콘투어(contour)의 일본식 발음으로, 등고선 지도를 말한다.

하루하루 걱정스럽고 복잡한 마음이었지만, 걱정만 하고 있을 수는 없었다. 나도 무엇이든 내가 할 수 있는 일을 찾아야 했다. 나는 차에 관한 공부를 시작했다. 차에 관한 여러 가지 책들을 찾아서 읽고 직접 차를 마셔 보면서 차의 맛과 차를 마시는 의미에 대해서도 공부했다. 그러면서 차를 나누는 시간들 속에서 사람들이 얻고자 하고, 또 얻을 수 있는 여러 가지 점들에 대해서 조금씩 더 이해하게 되었다. 그리고 춤토르가 말했던, 이곳을 찾는 사람들이 '무엇을 원하고', '왜 그것을 원하는지'에 대해서도 다시 생각해 볼 기회를 가졌다.

20년 넘게 성지에서 일하며 이곳에 찾아오는 수많은 사람을 만나면서 내가 느꼈던 것은 모두가 저마다의 상처를 안고 살아간다는 것이다. 사람들은 보통 자신의 상처를 드러내는 것에 대해 부끄럽게 여기면서도 어딘가에서, 또 누군가에게는 그것을 드러내 보이고 싶어 하고 위로받고 싶어 한다는 것도 알게 되었다.

많은 순례자가 다른 곳이 아닌 성지를 순례하는 동안 때때로 마음껏 울기를 원하고, 또 자신의 이야기를 들어줄 사제를 만나고 싶어 한다는 것을 알았다. 그래서 성지의 기도 길 가운데 조용히 무릎을 꿇고 울면서 기도할 수 있는 공간을 따로 만들어 두기도 하고, 매주 목요일마다 수도회 신부님들을 초대하여 원하는 사람은 누구나 편안하게 고해성사를 볼 수 있도록 하였다.

그러나 그럼에도 여전히 부족한 부분들은 있었다. 그것이 무엇이 없는지, 또 그것을 채워줄 수 있는 것이 무엇인지, 나는 춤토르를 통해 비로소 알게 된 것 같았다. 차였다! 차 공부를 하면서 그것이 차일 수 있다는 것을 분명하게 깨닫게 되었다.

사실 그동안 필요하다고 생각하면서도 기도와 순례의 분위기를 흐트러트릴 수 있다는 염려 때문에 성지 공간들 안에서 배제해 놓았던 것이 있다. 그것은 휴식, 쉼의 공간이었다. 나는 성지 안에 의자 하나를 놓는 일에도 무척 신중했다. 의자에 앉아서 쉬거나 이야기를 나누는 행동이 기도하는 사람들에게 분심을 줄 수도 있겠다는 걱정 때문이었다. 그런데 차를 공부하면서 차를 마시는 일은 기도에 방해가 되지 않도록 예의를 갖추는 동시에 휴식도 줄 수 있다는 것을 알게 되었다.

한 일간지 기자는 남양성모성지에 대해 '천주교 신자보다 신자가 아닌 사람들이 더 많이 찾아오는 성지'라고 쓰기도 했다. 그만큼 성지에는 신자 아닌 사람들도 많이 찾아온다. 그런 사람들에게 춤토르의 티 하우스는 그야말로 특별한 공간이 되어 줄 것이다.

"내 건물은 믿을 수 없을 만큼 기쁨을 줍니다."

어느 인터뷰에서 춤토르가 이야기한 것처럼 그 건물은 신자들에게는 물론 비신자들에게도 큰 기쁨을 주는 건물이 될 것이다. 아름다운 공간에서 따뜻한 차를 마시는 일은 누구에게나 특별한 순간으로 다가갈 것이며 위로와 평화를 주기에 충분할 것이기 때문이다.

춤토르는 성지가 더 열린 공간이기를 바란다고 하였다. 춤토르는 경당보다는 티 하우스가 누구에게나 열려있는 공간일 수 있다고 생각했던 것 같다. 그리고 그 열려있는 공간 안에서 믿는 사람이든 믿지 않는 사람이든 모두가 평화를 가지고 집으로 돌아가게 되기를 바란 게 아닐까.

한국의 차를 세계에 알리는 일에 공헌한 안선재 수사*의 인터뷰에

---

* 안선재(Brother Anthony[앤서니 수사], 본명: Anthony Graham Teague, 1942년 출생)는 번역가, 영문학자, 떼제 공동체 소속 회원으로서 영국에서 출생하여 한국으로 귀화했다.

도 다음과 같은 내용이 있다.

차와 종교, 종교와 차. 그 핵심은 뭔가.
 - 핵심은 삶이다. 종교가 아니다. 종교는 시스템이고, 이데올로기고, 형식일 뿐이다. 예수께선 종교를 위해 오신 것이 아니다. 사람들이 진짜로 살 수 있도록 하기 위해 오신 거다.

시간이 갈수록 내 마음 안에서는 어떻게든 티 하우스를 지어야겠다는 마음, 짓고 싶다는 마음이 커져 갔다. 하지만, 그럼에도 이 일에 대해 주교님께서도 좋아하실지 문득문득 두려움이 밀려오는 것은 어쩔 수 없는 일이었다.

그러는 사이 춤토르의 관심은 구들장의 구조나 옻칠하는 방법에 관한 것으로까지 심화되었다. 또 춤토르는 한국을 방문했을 때, 국립중앙박물관의 「산수화, 이상향을 찾아서」라는 전시의 안내를 맡았던 선승혜 박사에게 자신의 사무실로 한 번 와 달라고 부탁하였다. 그녀와 한국의 미(美)에 대해 더 많은 이야기를 나누며 한국의 미를 이해하는 시간을 가지고 싶다는 것이 이유였다.

두려움은 더 큰 두려움을 낳을 뿐이며 걱정은 걱정일 뿐이다.
마침내 야곱이 에사우를 만났던 것처럼 나도 두려움이라는 야뽁 건널목을 건너야겠다 싶어 교구장 주교님을 찾아뵙고 말씀을 나누었다. 주교님이 건네주는 차를 마시면서 주교님께 말씀드렸다.
"주교님, 주교님이 저를 만나시면서 '차 한잔해요.' 하셨습니다. 차는 마음을 열고 서로 이야기하는 도구가 됩니다. 제가 춤토르에게 경당을 설계해 달라고 부탁했는데, 그가 저에게 티 하우스를 제안했습니다. 꼭 경당에서만이 아니라 종교적이지 않은 장소에서 하느님을 강하게 체험할 수 있다고 말입니다. 저는 이 일을 추진하고 싶은데, 그렇게 해도 괜찮을까요?"

"차… 차를 마시는 것도 수행의 한 방법이지요. 좋아요. 신부님이 잘 추진해 보세요."

야곱이 두려움에 떨었던 것과 달리 에사우는 야곱을 보자마자 달려와서 그의 목을 끌어안고 입맞추었다. 나의 걱정과 달리 주교님께서도 흔쾌히 허락해 주셔서 티 하우스를 계속할 수 있게 되었다.

티 하우스는 단순히 차를 마시는 집과는 다를 것이므로 티 채플이라고 부르기로 했다.

39

최종 프레젠테이션은 암 투병 아내 앞에서

2015년 2월, 설 연휴를 이용해 선승혜 박사가 춤토르의 사무실을 방문했다. 춤토르를 만나고 돌아온 선승혜 박사는 나를 보자마자 약간은 흥분한 표정으로 "신부님, 대단해요! 정말 멋질 것 같아요!"라며 엄지손가락을 들어 보였다. 선 박사는 춤토르와 주고받았던 한마디 한마디를 가능하면 그대로 전해 주려고 노력했다. 자신이 보고 느꼈던 춤토르의 사무실 모습과 분위기도 생생하게 전달하려고 노력했다.

짧은 시간이었지만 춤토르의 작업실을 방문해 그의 작업 과정에 참여했던 선 박사가 특히 감동스러워하며 나에게 전해 준 이야기는 춤토르가 최종 프레젠테이션을 암 투병 중인 아내 앞에서 하는 모습이었다. 그 이야기를 들으며 내 마음에도 뭉클한 감동과 따스함이 전해져 왔다. 춤토르가 만든 공간에서 사람들이 위로와 감동을 받고 특별함을 느끼는 것은 아마도 작업을 하는 과정에 함께하는 사람들에 대한 그러한 사랑과 배려가 녹아있기 때문이 아닌가 하는 생각이 들었다.

다음은 춤토르를 직접 만나고 돌아온 선승혜 박사가 한 일간지에 게재한 글이다.

…춤토르의 아틀리에는 몇 개의 작은 건물로 나뉘어 있었다. 회의는 주거 공간과 연결된 건물에서 이틀간 진행되었다. 빛이 잘 들고 바깥의 산과 나무가 보이는 유리 창문이 인상적이었다. 진행 중인 프로젝트가 벽면을 빼곡히 채우고 있었다. 미국 로스앤젤레스 카운티 미술관(LACMA)의 리노베이션 설계도 눈에 띄었다. 인근 동네 포도밭의 와인 저장고 설계 모형을 보며 훈훈한 마음이 됐다. "왜 이렇게 외진 곳에 사시나요?"라고 묻자 춤토르는 "동네가 더 집중하기에 좋다."며 웃었다. 위대한 예술은 물리적 중심에 있지 않아도 된다. 중심은 세상에 있지 않고 내 마음에 있다.

회의를 위해 넓은 테이블에 앉았다. 서울에서 출발하면서 준비할 사항을 확인하자 "오면 물어볼 것이 많다."는 회신이 왔었다. 그는 질문과 대답으로 회의를 이어갔다. …질문은 대개 "직관적으로 어떤가?"였다. 그가 내게 원하는 대답은 한국적 미감, 그 땅에서 자라서 생긴 자연스러운 미적 직관이라는 인상을 받았다.

춤토르는 대화 중에 트레이싱지를 펼치고 파스텔을 들었다. 쓱싹쓱싹 자기 생각을 그려 나갔다. 오후엔 스태프도 바닥에 둘러앉았다. 마치 한국 대학생들의 MT처럼. 8명 정도가 신발을 벗고 동그랗게 앉은 채 자유롭게 말하는데 웃음이 끊이지 않았다. 춤토르는 설계할 경당이 "한국 문화의 맥락에서도 자연스러웠으면 한다."고 말했다. 경당의 방이 몇 개일지 정할 때도 한국 미학의 기본 개념에 대한 나의 설명에 귀를 기울였다. 준비해 간 한국의 고건축·공예·회화의 이미지를 함께 봤다. 병산서원 사진에는 "아, 이 빛이 건물에 내려오는 모습을 보라."며 한참 들여다봤다. 자신의 건축을 타국에 전달하는 게 아니라 그 장소의 미감에 자신을 녹이려는 모습이었다. 회의 후 저녁 식사를 마치며 춤토르는 "새벽에 일어나 생각을 정리할 것"이라고 했다.

둘째 날 아침, 춤토르가 틀어 놓은 첼로 선율이 온 아틀리에에 퍼졌다. "오후에 가장 중요한 프레젠테이션이 남아 있다. 이걸 통과해야 한다."고 했다. 암으로 몸이 불편한 부인 앞에서 이번 한국 프로젝트 계획을 직접 발표할 거라 했다. 그는 부인에 대해 "암이 뇌를 손상시켜 발음을 제대로 할 수 없고 걸음이 불편하다. 하지만 생각과 마음은 언제나처럼 맑다."고 말했다. 남편은 모형과 스케치를 보이며 정성껏 설명했고, 아내는 귀 기울이고 고개를 끄덕이며 좋다고 표현했다. 아내는 "너무 건물이 크지 않은가, 더 아담하면 좋겠다."고 했다. 남편이 "음향시설이 필요하지 않을까?"라고 하자 아내는 "자연의 소리"라고 답했다. 아픈 아내를 감싸는 거장의 따뜻함이 동석한 이들에게 전달되었다. 우리는 바쁘다는 이유로 가까운 이들에게 소홀하지 않았을까. 아픔을 기쁨으로 바꾸는 준비 과정이 이 건물의 디자인에 녹아들었다. 드디어 부인이 "좋아요."라며 엄지손가락을 치켜올렸다. 나도 모르게 눈물이 핑 돌아 부인에게 "고맙습니다."라고 했다. 부부는 환한 웃음으로 화답했다.

춤토르는 결과만으로 승부하는 건축가가 아니었다. 나는 일을 하러 출장 왔다는 사실을 잊었다. 종교 순례를 온 듯했다. 회의를 마치고 나는 그가 설계한 발스 온천으로 갔다. 스위스 그라우뷘덴 지역 내 발스 온천(1996)은 온천 수맥을 따라 건축 구조물을 감추는 방식으로 설계한 '겸손한 건축'으로 유명하다. 건물이 주인공 노릇을 하지 않고, 물을 담는 역할을 충실히 수행한다. 이곳에서 목욕재계하기 위해 연간

4만 명 이상이 찾는다. 쇠락한 오지는 건축 순례지가 됐다.

  춤토르와 보낸 이틀간, 미적 가치는 중앙에서 화려한 스포트라이트를 받지 않고도 충분히 돋보인다는 것을 느꼈다. 그가 '건축가들이 가장 존경하는 건축가'로 꼽히는 이유는 수상 경력 때문만이 아니다. 본질과 원칙에 충실하기 때문이다. "무엇을 할 것인가?"라는 질문에 그는 "무엇을 배려할 것인가?"라고 반문한다. 그 배려심의 따뜻함이 의연한 아름다움으로 전달된다.

페터 춤토르

40

티 채플 모형 앞에서

2015년 6월 초, 춤토르가 자신의 아틀리에로 나를 초대했다. 6월 초라고 날짜를 정한 것은 '롤렉스 멘토 & 프로테제 아트 이니셔티브(Rolex Mentor & Protege Arts Initiative)' 프로그램이 끝나는 시점이 바로 그때이기 때문이었다. '롤렉스 멘토 & 프로테제 아트 이니셔티브'는 스위스 명품 시계 브랜드 롤렉스의 글로벌 문화 예술 후원 프로젝트로, 재능 있는 젊은 예술가들이 같은 분야의 거장들로부터 1년 동안 1대1 지도를 받는 프로그램이다.

춤토르는 2014년 6월에서 2015년 6월까지 진행되는 이 프로그램의 건축 예술 분야 멘토였다. 그리고 그의 프로테제(제자)로 선발되었던 파라과이의 젊은 건축가 글로리아가 지난번 춤토르의 방한 때도 동행했었고, 그동안 우리의 프로젝트에 함께 해 왔다. 춤토르는 글로리아가 롤렉스 프로그램을 마치고 자기 고향으로 돌아가기 전에 내 앞에서 그동안 함께했던 우리 프로젝트에 대한 그녀의 느낌에 관해 이야기할 기회를 주고 싶어 했던 것 같다.

우리가 춤토르의 아틀리에를 두 번째로 방문한 것은 그 프로그램이 끝나기 하루 전날이었다. 전에 한 번 왔던 일이 있어서인지 동네가 낯설지 않았다. 꽃들로 가꾸어진 정원과 나지막한 울타리, 오래된 주택들 사이로 난 골목이 정겹게 다가왔다. 춤토르의 아틀리에 안에도 정원이 있었다. 야생화와 초록의 식물들이 예쁘게 자라고 있는 정원 중앙에는 탁구대가 놓여있고, 나무에 매어 놓은 그네와 해먹(hammock, 그물침대)도 보였다. 넓은 탁자와 의자도 놓여있어서 휴식 시간에 나와 차를 마시며 이야기를 나누기에 좋아 보였다.

춤토르와 함께 성지에 다녀갔던 글로리아가 우리를 안내하며 그동안 있었던 일들에 대해 이런저런 이야기를 들려주었다. 그러는 동안 춤토르가 나왔고, 얼굴 가득 인자한 미소를 지으며 반갑게 우리를 맞아주었다. 그리고 우리를 당신의 작업실로 안내했다. 2011년 11월 처음 춤토르를 찾아와 인사를 나누고 얘기를 나누었던 작업실이었다. 거기서 잠깐 인사를 나누고 난 후 춤토르는 다시 뒤뜰로 우리를 안내했다.

나무로 둘러싸여 있는 뒤뜰의 한쪽 외벽에 2015년도 남양성모성지 달력 사진 열두 장과 커다랗게 출력된 여러 장의 티 채플 도면들이 걸려 있었다. 그리고 그 아래 놓여있는 큰 탁자에서 여러 명의 젊은 건축가들이 분주하게 일하고 있었다. 그들은 톱으로 나무토막을 자르기도 하고 막대에 색을 칠하기도 했다. 그리고 마당 가운데 티 채플의 모형이 놓여있었다. 그 모형은 실제 크기의 10분의 1로 줄여서 만든 것이었다. 모형을 본 순간, 가슴이 턱 막히는 듯 감동이 밀려왔다.

"와, 대단하다! 어떻게 이렇게 생각하셨지?"

모형은 검은색 나무로 만들어져 있었고, 지붕은 유리로 되어 있었다. 유리로 된 지붕을 통해 빛이 실내로 유입되는 모습이 환상적이었다. 젊은 건축가들이 방문과 창문 부분을 비닐 같은 것으로 엮어 보이며 그 부분은 패브릭(fabric)으로 하게 될 거라고 이야기해 주었다.

춤토르가 모형의 기둥들에 빨간색, 파란색, 노란색 칠을 했다. 햇빛에 더욱 선명해지는 색들을 보면서 '아! 단청을 이렇게 해석하고 계시는구나!' 하는 느낌을 받았다.

춤토르는 긴 나무 하나를 들고 모형 옆에다 대며 젊은 건축가들에게 건물로 올라가는 슬로프와 걸터앉을 수 있는 부분을 이렇게 하고자 한다고 설명했다.

'함께 일하는 건축가들과 이렇게 소통하며 가족처럼 일하시는구나.' 유명 건축가로서 기본 설계만 하고 나머지는 스텝들에게 시키고 마는 것이 아니라 처음부터 끝까지 하나하나 직접 챙기고 확인하며 작업하고 있다는 것을 볼 수 있었다. 모형 안을 들여다보면서 그의 꼼꼼함과 치밀한 계산에 감탄하지 않을 수 없었다. 모형 안에는 축소된 모형 사이즈 비율에 맞게 축소해 놓은 찻주전자와 찻잔 그리고 사진을 오려서 만든 나와 글로리아의 인물 모형까지 놓여있었다. 집을 지을 때 문고리를 붙잡았을 때 어떤 느낌인지까지 계산하고 자신이 직접 챙긴다고 하는 춤토르의 철저함이 느껴졌다.

오전 10시 30분부터 12시 30분까지 두 시간 동안 이어진 첫 번째 미팅은 시간이 어떻게 갔는지 모를 만큼 빠르게 갔다. 점심 식사 후 오후에 다시 미팅하기로 하고 아틀리에를 나와 동네 입구 성 앞에 있는 작은 레스토랑에서 점심 식사를 했다. 식사 후에는 성 안쪽 정원을 산책했다. 덩굴장미로 가꾸어진 정원은 아름답고 훌륭했다.

오후 미팅도 티 채플 모형 앞에서 계속되었다. 티 채플의 빛은 오전과 또 달랐다. 실내로 떨어지는 빛들이 오전보다도 더 강렬했다. 건축에 대해서 전혀 관심이 없는 사람이라도 시시각각 변화하며 쏟아져 내리는 이 빛에는 감동을 느낄 수밖에 없겠다는 생각이 들었다. 옆에 있던 선승혜 박사도 나와 같은 생각을 했는지 내게 이렇게 말했다.

"신부님, 앞으로 이 건물 때문에 성지에 더 많은 사람이 올 것 같습니다. 신부님, 축하합니다."

모형 앞에서 한참 이야기를 나눈 후 춤토르는 우리를 작업실과 자기 집 사이에 있는 중정으로 안내했다. 중정에는 단풍나무와 수많은 야생화가 한껏 어우러져 있었다.

한국에서 준비해 간 차 도구들과 우전(雨前)*을 꺼내어 그곳에서 우려 함께 마셨다. 차를 마시면서 춤토르는 티 채플 작업 계획에 대해 다음과 같이 말했다.

"앞으로 1년은 디자인을 더 발전시키는 데 보내게 될 것이고, 세부 디테일을 정하는 데 또 1년이 걸릴 것입니다. 아마도 이때 한국의 법규나 허가 문제 같은 것 또한 검토하게 될 거예요. 그리고 그것이 다 끝나면 건물을 실제로 짓게 되는데, 모든 재료를 준비해 가서 현장에서는 조립만 할 것입니다. 조립하는 데도 6개월 정도 걸릴 것 같습니다."

그리고 그는 차를 준비해 주는 '티 엔젤(tea angel)'에 관해서 이야기하면서 차를 내주는 자원봉사자가 필요할 것이라고 말했다.

차를 우려 마시며 이야기를 나눈 다음 다시 티 채플의 모형 앞으로 가니 오후의 햇빛 각도에 따라 또 다른 빛으로 가득 찬 건물 내부의 모습을 볼 수 있었다. 시간에 따라 변화하는 빛과 그림자가 그 공간 안에 머무는 사람의 마음을 신비로움으로 채워주는 장소가 될

―――

* 곡우경에 수확하는 차로, 이른 봄 가장 처음에 나온 어린 찻잎으로 만들어 맛과 향이 일품이다.

2부 천사가 머무는 시간

것이라는 느낌이 들었다. 아침에 처음 보았을 때의 감동과 경이로움, 낮에 보았을 때, 그리고 또 시간이 조금 더 흐른 오후에 보았을 때…. 모두가 이제까지 보아 온 일이 없는 강렬한 빛과 어둠의 조화를 보여주었다. 분명 같은 건물인데도 볼 때마다 매번 새로운 체험이었다. 경당을 부탁한 나에게 춤토르가 티 채플을 제안하며 한 이야기가 떠올랐다.

'하느님을 꼭 십자가가 있는 경당 안에서만 만날 수 있는 것은 아닙니다. 자연 안에서 그리고 훌륭한 건축물 안에서 그분을 만날 수 있습니다.'

'그래, 선생님 말씀처럼 정말 그럴 수 있을 거야. 쏟아져 들어오는 빛과 그 빛과 함께 드러나는 어두움 속에서, 그리고 그 안에 고요히 머물며 마음을 열고 차 한 잔을 마실 때 영적인 무언가를 체험하고 거기서 하느님을 만나게 될 수도 있을 거야.'

티 채플 모형 앞에서 그런 생각을 하고 있을 때 춤토르가 우리 일행을 향해 웃으며 말했다.

"오늘 저녁 여러분을 식사에 초대하고 싶습니다."

우리는 일곱 시에 쿠어스(Coors)의 올드 타운에 있는 레스토랑에서 다시 만나기로 하고 헤어졌다.

41
적절한 순간에 적절한 것을 선택하는 것

춤토르와의 저녁 식사는 즐겁고 행복한 시간이었다. 3시간 넘게 함께하는 동안 춤토르는 유머러스한 할아버지처럼 우리를 편안하게 해 주었고, 개인적인 이야기부터 건축에 관한 이야기까지 많은 이야기를 들려주었다. 분위기가 한창 무르익었을 때, 내가 그에게 물어보았다. 채플을 지어달라고 부탁한 나에게 티 하우스를 제안한 까닭에 대해서 말이다.

"선생님으로 하여금 티 하우스를 제안하도록 만든 결정적인 이유는 무엇입니까?"

"한국이라는 나라의 전통과 깊은 관계가 있습니다. 내가 틀릴 수도 있지만 그것은 천주교라는 종교보다 오래된 전통일 거라고 생각했습니다."

춤토르는 이어서 이야기했다.

"어떤 새로운 차원이 될 수도 있지요. 아름다움의 차원 말입니다. 나는 2000년에 하노버(Hanover)에서 열린 세계 박람회에서 스위스를 대표할 기회가 있었는데, 그곳에서 스위스와는 전혀 상관없는 것을 보여주었습니다. 하노버의 '스위스 파빌리온'은 스위스 대사가 총괄

하는 것이었고, 나는 이후에 라디오 방송에 나갔습니다. 거기서 진행하는 사람이 물었습니다. '이 파빌리온*이 스위스와 무슨 연관이 있는 거죠?' 나는 이렇게 대답했습니다. '아무것도 없어요. 아마 오스트리아 파빌리온이었어도 똑같이 했을 거예요.'"

그의 말에 우리는 모두 웃었다. 그는 계속해서 말했다.

"모든 것이 그저 내가 스위스인이라는 사실 때문이었습니다. 티 하우스도 같은 맥락이라고 할 수 있습니다. 내가 추구하는 것은 그런 것입니다. 친절함, 또는 환대를 보여주는 주인이 되는 것이 좋습니다. 그 파빌리온에서는 음악 감상과 커피를 마실 수 있지만 아무도 '스위스가 최고'라고 하지 않습니다. 이것이 바로 내가 가톨릭 성지에 차 파빌리온(Tea Pavilion)을 제안한 이유입니다. 오직, '천주교! 천주교! 천주교!'를 외치는 것이 아니라, 다른 것으로 확대하는 것 말입니다. 겸손은 한국 전통에서 가장 좋은 미덕입니다. 또한 겸손한 행위는 인류애를 보여줍니다. 겸손한 환대는 인류가 추구하는 보편적 가치이기도 합니다. 보편성이야말로 가톨릭의 참된 특징이 아닌가요? 티 파빌리온은 인류의 보편적 가치—환대, 친절함과 위로, 따뜻함을 나누는 그런 집이 될 것입니다. 내가 티 하우스를 제안한 이유를 이런 차원에서 생각해 보면 쉽게 이해가 될 것입니다. 우리는 마음을 열어야 합니다. 더 열려있어야 해요."

따뜻함, 환대, 친절, 겸손, 부드러움…. 이것은 모든 사람이 그리워

---

* 파빌리온(Pavilion)의 사전적 의미는 박람회 등의 전시관에 일시적으로 세워지는 건축물이다. 따라서 장소와 공법이 일반 건축물에 비해 비교적 자유롭고 실험적이다. 1900년 파리 만국 박람회를 위해 세워진 '수정궁'이 대표적인 파빌리온이다. 오늘날 파빌리온은 임시 전시장의 영역을 넘어 인간에게 감동을 주는 예술 공간으로 주목 받고 있다.

하고 원하는 것들이다. 이러한 것들을 나눌 때 삶은 더 아름답고 풍요로워지며, 상처는 치유되고 평화를 얻게 될 것이다. 천주교, 천주교만을 부르짖고 천주교, 천주교만이 최고라고 주장하면서 천주교인이 아닌 사람에 대한 배려가 없다면 그것은 부족한 것이고 사실상 가톨릭 정신에도 어긋나는 것이다.

더구나 남양은 성모님의 성지가 아닌가? 성모님은 예수님의 어머니이시며, 모든 인류의 어머니이시기도 하다. 어머니는 당신의 자녀들을 친절하고 따뜻하고 부드럽게 환대하는 분이시다. 당신을 찾아오는 모든 사람에게 따뜻한 위로를 건네는 분이시다. 어머니의 집인 이곳에 모든 사람이 머물며 위로와 치유, 평화를 얻을 수 있는 집이 지어지고, 그 집 안에서 누구나 따뜻한 위로와 환대를 경험할 수 있다면 얼마나 멋지고 아름다운 일인가?

'내가 할 수 있다면 티 하우스를 제안하겠습니다.'

처음 춤토르에게 이 말을 들었을 때 무척 충격적이고 당황스러웠다. 그런데 그때 만일 경당이 아니라 티 하우스라는 이유 때문에 거절했다면 어쩔 뻔했나? 그 제안을 받아들이는 것이 나로서는 쉽지 않은 결정이었지만, 그때 그의 제안을 받아들이길 정말 잘했다는 생각이 들었다. 정말 멋지고, 기분 좋은 저녁 식사였다. 우리는 이튿날 10시에 다시 아틀리에에서 만나기로 하고 헤어졌다.

다음 날 춤토르의 아틀리에에 갔을 때, 십여 명의 기자들이 티 채플 모형 앞에 모여 있었다. 그들은 지난 1년 동안 진행된 롤렉스 프로젝트의 결과물을 취재하기 위해 여러 나라에서 모여 온 기자들이었다. 글로리아의 멘토로서 춤토르가 지난 1년 동안 함께 작업한 작품이 바로 남양의 티 채플이었던 것이다. 춤토르의 티 채플 작업에 관한 이야기를 들으며 기자들은 많은 관심을 보였다. 가톨릭 성지에 기도하는 채플이 아니라 차를 마시는 채플을 작업한다는 것에 대해 그들도 새롭게 받아들이는 것 같았다. 춤토르는 기자들에게 그동안의 과정을 설명하며 어떻게 해서 당신이 이 일을 하게 되었고, 어떤 생각과 마음으로 이 작업을 하고 있는지 이야기했다.

기자들과의 이야기가 끝나갈 즈음 춤토르의 부인이 휠체어를 타고 모형 쪽으로 왔다. 춤토르는 아내를 부축해서 일으켜 세우고 모형 가까이 가서 그 안을 들여다볼 수 있도록 도와주었다. 큰 병을 앓고 있는 그의 부인은 말을 잘 못하였고, 말을 한다고 해도 알아들을 수 있는 사람이 춤토르뿐이라고 했다. 투병 중에 있는 아내를 부축하고 작품 앞에서 하나하나 설명하는 모습이 아름다웠다.

지난번 선승혜 박사가 방문했을 때에도 최종 프레젠테이션을 부인 앞에서 했다고 한다. 오늘 그 모습을 직접 보면서 선 박사를 통해 그 이야기를 전해 들으며 받았던 감동이 또 한 번 잔잔하게 내 마음에 전해져 오는 것을 느꼈다. 수십 년을 함께 살며 사랑하는 것이 어떤 것인지, 몸이 아픈 상대방을 어떻게 배려하는지를 볼 수 있었다. 또한 춤토르에게 가족이 어떤 자리를 차지하고 있는지를 알게 해 주었다. 성지를 방문했을 때에도 그는 성모님 앞에 촛불을 봉헌하면서 그 사진을 찍어 아내에게 보내며 '당신을 위해서 불을 밝혔다.'고 전했다. "나에게 첫 번째는 가족이고 그다음이 건축이다."라고 한 그의 말이 진심으로 느껴졌다.

춤토르의 부축을 받으며 설명을 듣고 모형을 들여다본 그의 부인은 다시 휠체어에 앉으며 춤토르와 기자들과 우리를 향해 양손 엄지손가락을 높이 들었다. 그 모습에 춤토르 또한 환한 미소로 답하며 좋아했다.

　기자들 앞에서 프레젠테이션을 진행하는 춤토르의 모습에서 대가로서의 카리스마와 아우라를 느낄 수 있었다. 그리고 얼마나 꼼꼼하고 치밀한 사람인지 알 수 있었다. 그는 자신이 프레젠테이션하는 동안 스텝들로 하여금 참나무가 인쇄되어 있는 천으로 모형 주변을 빙 둘러 감싸고 있게 했다. 그것은 티 채플이 지어졌을 때 그리고 티 채플 안에 들어갔을 때 시야에 들어오는 풍경이 참나무 숲이 될 것이라는 사실을 기자들에게 보여주기 위한 것이었다. 작은 것 하나까지도 놓치지 않는 사람이라는 것을 다시금 알 수 있었다.

　기자들의 이런저런 질문이 이어졌고 그에 대한 답변이 끝난 다음, 춤토르는 기자들과 우리를 입구 쪽에 따로 마련해 놓은 가든 파티장으로 데리고 갔다. 그곳에서 음식과 음료를 나누며 못다 한 이야기를 계속 나누었다.

　기자들은 글로리아에게 춤토르와 함께 보내며 무엇을 배웠느냐고 질문했다. 글로리아는 다음과 같이 대답했다.

　"춤토르 선생님과 보낸 지난 1년 동안의 경험은 다음의 두 가지 단어로 압축됩니다. 그것은 '세련됨'과 '우아함'입니다. 우아함이란 적절한 순간에 적절한 것을 선택하는 것입니다. 현명함이란 내적인 우아함 같은 것입니다. 지성(Intelligence)과 우아함(Elegance)을 합하여 'Intelli-gance'라는 단어로 말하고 싶습니다."

　글로리아의 대답은 정말 멋졌다. 춤토르가 작업하고 있는 티 채플을 보았던 나는 그녀의 말이 무슨 뜻인지 알 수 있었다.

　춤토르의 작업실에서 티 채플 모형과 처음 만났을 때, 그 순간을 나는 선명한 영상으로 기억하고 있지만 감탄사 이외에 어떠한 말로 표현해야 할지 몰랐다. 굳이 말을 만들어 보자면, 드러나게 멋을 내고 있지 않은 것 같은데도 무척 멋이 있다는 정도! 그러한 점을 우아함이라는 단어로, 적절한 순간에 적절한 것을 선택하는 것이라고 표현한 글로리아의 대답은 그야말로 적절했다.

두 번째 방문 1
티 세리머니

2016년 4월 24일부터 26일까지 춤토르의 두 번째 방문이 있었다. 한국의 문화와 건축에 관심이 많은 그를 위해 영주 부석사(浮石寺)와 병산서원(屛山書院), 하회마을 방문 일정을 잡아두었다. 그곳들을 먼저 보고 성지에 왔다. 현장을 보기 전에 점심 식사를 함께했는데 한식이 좋겠다고 해서 한정식집으로 장소를 골랐다.

춤토르는 한식을 정말 좋아한다. "이거 드실 수 있을까요?" 하며 김치, 돼지고기, 홍어를 넣어 삼합을 만들어 주었다. 처음에는 맛이 무척 강하다고 하더니 다 먹고 나서는 고개를 끄덕이며 '좋다'고 했다. 그는 새로운 음식에 대한 두려움이 별로 없는 것 같다. 청양고추 조각을 먹고는 "오우" 하면서 물을 달라고 해 모두 웃었다.

식사를 하면서 일에 관한 이야기도 자연스럽게 나누게 되었다. 춤토르는 지난 1년 동안 티 채플을 더 이상 진행하지 않고 그대로 두었었다며 미안하다고 말하더니 이제 돌아가서 또다시 시작할 거라고 했다. 그래서 내가 "어떤 일을 하다가 멈추고 그대로 두었다가 시간이 지난 다음 다시 보고 생각할 때 더 좋아지기도 하는 것 같습니다."

라고 말했더니 '건축가와 같은 생각'이라고 하며 "땡큐!"라고 답했다.

춤토르는 티 채플에 사용되는 나무는 꼭 한국 나무여야 한다며 나무를 구하는 일에 신경 써 달라고 부탁했다. 또 옻칠하는 방식이나 지붕의 색깔, 벽을 처리하는 방식 등에 대해서도 이야기를 나누었다. 그는 자신의 의견을 이야기하면서 "원하는 것이 있으면 무엇이든 말해 달라."며 내 의견도 적극적으로 물었다. 지난번에 내가 '지붕을 유리로 하면 시간이 지남에 따라 먼지가 쌓일 텐데 청소가 걱정된다.'고 이야기한 것에 대해서는 보완책을 마련해 놓았다고 했다.

점심 식사를 마치고 성지로 왔다. 그는 카페라테를 한 잔 마시고 싶다고 했다. 커피를 준비해 주자 가방에서 모자를 꺼내더니 "이제부터 나와 로사(함께 온 직원)만 사이트를 보러 가겠습니다. 빨리 오지 않으면 어려워서 생각하고 있는 것이니 기다려주세요."라고 하고는 현장으로 갔다. 한 시간 반이 지났는데도 내려오지 않았다.

"우리도 한번 가볼까요?"

한 소장과 몇몇이 조금 멀리 떨어져서 지켜보자며 천천히 사이트로 올라가 보았다. 자비로우신 예수님상이 모셔져 있는 광장에서 로사와 이야기를 나누고 있던 춤토르가 우리의 모습을 발견하고는 우리 쪽으로 내려오더니 이야기했다.

"지금 이 자리가 좋겠습니다. 여기에 티 채플을 짓고 싶습니다."

뜻밖이었다. 지금까지는 예수님상이 서 계신 광장에 티 채플을 짓기로 하고 모든 일을 진행하고 있었던 것이다. 춤토르는 손을 펼쳐 한 바퀴 빙 돌아보며 말했다.

"자동차 소리가 들리기는 하지만 사방이 숲으로 둘러싸여 나무밖에 보이는 것이 없으니 이곳이 좋습니다. 이곳에 짓게 되면 티 채플이 작아지기는 하겠지만 작은 티 채플이 오히려 더 좋을 것입니다. 저기가 아니라 여기에 작은 티 채플을 짓겠습니다."

갑자기 사이트가 바뀐 것이다. 그런데 그것은 나에게 더없이 기쁜 소식이었다. 처음 왔을 때 예수님상이 서 계신 자리를 보고 그곳이 좋겠다고 해서 티 채플을 짓기 위해 예수님상을 옮길 계획이었다. 사실 그것이 나에게는 근심거리였다. 춤토르의 건물이 들어서는 것은 좋은 일이지만 그것 때문에 예수님상을 옮겨야 한다면 이곳에서 기도를 바치던 순례자들은 아쉬워할 수도 있을 것이기 때문이다. 게다가 예수님상이 서 계신 광장 둘레로 하느님 자비를 구하는 5단 기도 길이 조성되어 있는데 예수님상을 옮기게 되면 기도 길도 함께 옮겨야 하니 간단한 문제가 아니었다.

처음에 내가 춤토르에게 부탁한 것이 자비로우신 예수님께 봉헌해 드릴 작은 경당이었기 때문에 자비로우신 예수님상 근처에 사이트를 선정했다. 그런데, 일이 진행되면서 그것이 티 채플로 수정되었다. 이런 과정에 대해 자세히 알지 못하는 순례자들이 볼 때 자비로우신 예수님께 기도를 드리는 장소가 어느 날 갑자기 차를 마시는 장소로 바뀌었다고 느낄 수도 있을 것이었다.

내가 의도한 것은 아니지만 그것이 성지를 사랑하고 특히 자비로우신 예수님께 대한 신심을 가지고 있는 분들에게 상처가 될 수도 있는 일이었기에 춤토르에게는 말하지 못했지만 내심 걱정하고 있던 중이었다. 그런데 그 문제가 이렇게 해결된 것이다.

차를 마시며 잠시 쉬었다가 다시 현장을 보기로 하고 다 함께 내려왔다. 춤토르가 작업하고 있는 것이 티 채플인 만큼 다도(茶道)를 경험해 보는 것이 도움이 될 것 같았다. 경당 옆에 있는 집무실에 긴 탁자를 놓아 다실처럼 꾸미고 다도를 가르치는 선생님(티 마스터)을 초대했다. 춤토르가 현장에 머문 시간이 생각보다 길어서 티 마스터가 기다리는 동안 차를 미리 준비해 두었다. 춤토르가 방에 들어오자 티 마스터가 찻잔을 데워 준비해 둔 차를 내왔다. 그 모습을 유심히 바라보며 차를 받아 한 모금 마신 다음 춤토르가 물었다.

"절에서 스님과 차를 마실 때 차를 숟가락으로 떠서 물을 붓는 모습을 보았는데, 이번에는 그렇게 하지 않습니까?"

그를 기다리는 동안 미리 준비해 둔 것이라고 이야기하자 차를 만드는 과정을 처음부터 보고 싶다고 했다. 그러면서 질문을 이어갔다.

"방(다실[茶室])에 들어올 때 티 마스터가 먼저 앉아 있습니까? 아니면 손님과 함께 들어옵니까?"

"티 마스터의 자리는 어디입니까? 가운데인가요, 아니면 사이드입니까?"

"손님들은 모두 아는 사람들입니까? 자리 배치나 차를 대접할 때 이름을 불러야 하나요?"

티 마스터가 하나하나 대답했다. 티 마스터는 손님들을 먼저 방으로 안내하고 따라 들어온다. 손님들의 자리는 정해져 있지 않고 각자 편한 자리에 앉도록 하며 이름을 부를 필요는 없다. 티 마스터의 자리 또한 특별히 정해져 있지 않고 다구가 준비되어 있는 곳에 앉는다.

티 마스터는 답변에 이어 차를 만드는 과정을 처음부터 보여주기 위해 전기 포트에 물을 끓였다. 포트에서 "파르르" 물이 끓는 소리가 들리자 춤토르는 "오~ 노!"라고 하며 전기로 물을 끓이는 소리가 차와 어울리지 않는 것 같다고 했다. 그러면서 찻물을 끓일 때 화로 같은 것을 이용하면 좋겠다고 말했다. 차를 우리는 동안 춤토르의 질문이 또 이어졌다.

"차는 몇 잔을 마십니까?"

"기본적으로 3잔을 마십니다."

"3잔을 마신다고 하면 시간은 얼마나 걸립니까?"

"20분 정도입니다."

"차를 마실 때 몇 명이 마시는 것이 가장 좋습니까?"

"보통 두세 명, 많게는 6명입니다."

"차를 마시는 가장 적은 인원은 어떻게 됩니까?"

"혼자입니다."

"오, 혼자 마시는 차!"

티 마스터가 "그것이 차의 수행입니다."라고 하자 춤토르는 "아!"라고 하며 고개를 끄떡인 후 이번에는 나에게 질문을 했다.

"몇 개의 방이 필요합니까? 다섯 개면 되겠습니까?"

내가 좋다고 하자, 알겠다고 했다.

"탁자의 높이나 넓이는 어느 정도가 적당할까요? 지금 앉아 있는 이 탁자가 적당한가요?"

이 질문을 하면서 춤토르는 일어나 자로 탁자의 높이와 폭 등을 직접 재보며 티 마스터의 의견을 꼼꼼히 기록했다. 앉아 있을 때 뒤의 공간은 어느 정도 남아 있는 게 좋은지, 또 차 도구를 탁자 위에 놓아두는지 바닥에 놓아두는지, 그것들을 넣어두는 장이 필요한 지 등등….

차를 마시는 동안 춤토르는 '질문 아닌 질문'이라고 하며 이런 것들을 하나하나 물어보았다. 그리고 마지막으로 "티 마스터로서 티 채플에 꼭 해 주기를 바라는 것이 있습니까?"라고 물었다.

티 마스터가 대답을 찾는 사이 "빛, 소리, 색, 어떤 것인가요?"라며 다시 물었다. 티 마스터가 여전히 가만히 있자, 춤토르가 웃으며 대신 대답했다.

"티는 분위기입니다. 이 모든 것을 담을 분위기! 남양의 티 채플은 최고의 분위기를 담는 집이 될 것입니다."

춤토르는 티 마스터에게 차와 이야기에 감사하다고 인사했다. 그러고는 다시 현장에 가보고 싶다고 했다. 그는 혼자 그곳에서 오래 머물다 해가 진 다음에야 내려왔다.

43

두 번째 방문 2
일흔세 번째 생일에 시작!

해가 진 뒤에야 현장에서 내려온 춤토르에게 잠시 인터뷰하고 싶다고 이야기했다. 피곤할 텐데도 기분 좋게 인터뷰에 응했다. 자리는 경당에 미리 준비를 해 놓았고, 한양대학교 남성택 교수가 진행했다. 20여 분에 걸친 질의응답이 이어졌다. 춤토르는 여유 있고, 친절하고, 따뜻하게 모두를 대했다.

인터뷰를 마치고 (롤링 힐스) 호텔로 이동해서 체크인하고 함께 저녁 식사를 했다.

춤토르는 와인을 좋아한다. 그를 위해 와인을 준비했다. 와인을 따르자 역시 "오~ 굿!"이라며 즐거워했다. 그러고는 이내 "이거 비싼 것 아닌가요?"라며 "내가 비싼 것을 마시면 가톨릭에서 너무 많은 돈을 쓰게 되지 않습니까?"라는 유머를 했다.

저녁 식사에 특별한 손님이 함께했다. 세계적인 설치 미술가 최재은 씨였다. 최재은 씨와 춤토르는 2016년 5월 28일부터 11월 27일까지 개최되는 베니스 비엔날레 건축전 본전시에 나란히 초청받았고, 특별히 바로 옆자리에 전시를 하게 되는 인연이 있었다. 두 사람은 서로 반가워하며 이야기를 나누기 시작했다.

최재은 씨는 춤토르에게 '당신은 나의 영웅'이라며 지난 2011년 춤토르가 서펜타인(Serpentine) 갤러리에 설치했던 파빌리온을 보면서 큰 감동을 받고 눈물을 흘렸다고 이야기했다. 또 나에게 '너무 잘하셨다.' '축하드린다.' '무척 기대가 된다.'라는 말을 여러 번 거듭하며 춤토르를 선택한 내 안목을 칭찬해 주기도 했다. 그는 춤토르에 대해 '사물을 한 번 비틀어서, 새롭게 보여주는 사람으로는 아마도 우리 시대의 최고일 것'이라면서 '신부님이 어떻게 춤토르 선생님 같은 분을 알아보고, 또 같이 작업하게 되었는지 놀라울 뿐'이라고 했다.

춤토르와 대화를 나누는 중에 티 채플의 재료가 한국 소나무라는 말을 듣고는 당신도 소나무를 구할 수 있는지 알아보겠다며 적극적으로 나섰다. 이번 베니스 비엔날레에서 일본 건축가 반 시게루(坂茂)와 함께 DMZ「꿈의 정원」을 전시하게 되는데 국립중앙박물관에서 협조받은 것이라고 이야기하며 우리나라 곳곳의 목조 건물과 탑들의 사진을 보여주었다. 특별히 소나무로 된 것들을 모두 보여주고 나서 베니스 비엔날레에서 보신 후 원하는 사진을 이야기하면 되겠다고 하자 춤토르는 웃으면서 "다 원합니다."라는 재치 있는 대답을 했다.

식사를 마친 다음 그들은 좀 더 이야기를 나누고 싶다며 함께 바(Bar)로 갔고, 나는 먼저 집으로 돌아왔다.

다음 날 아침, 한 소장에게 전화가 왔다.

"신부님, 오늘 춤토르 선생님 생신이세요. 춤토르 선생님이 현장을 보고 내려오시면 케이크에 불 켜고 축하 노래를 불러드리면 어떨까요?"

"아, 그래요? 그럼 준비해야지요."

케이크를 사기 위해 제과점에 다녀와야 했다.

"체크인하고 출발하셨어요."

"그럼 카푸치노를 준비할게요. 카푸치노를 좋아하시니까요."

커피를 준비해서 기다리고 있었는데, 차가 현장으로 바로 올라가는 모습이 보인다.

"현장에 빨리 가고 싶으신가 봅니다. 카푸치노를 가지고 따라가 봐야겠어요. 같이 갑시다."

카페의 로사와 함께 카푸치노를 챙겨 경당 뒷길로 해서 자비심 언덕에 올라가자 춤토르 일행도 현장에 막 도착해 있었다.

커피를 건네자 무척 고마워하며 이내 "한 소장님은 이 자리, 까페 로사는 저 자리, 스위스 로사는 저기, 신부님은 여기"라고 자리를 정해준다. 아마도 그것은 티 채플의 네 기둥이 될 자리인 것 같았다.

춤토르는 각자 정해준 자리로 가서 두 손을 높이 들어 올리고 잠깐 그대로 서 있으라고 했다. 그러고는 이곳에서 저곳으로 성큼성큼 옮겨 다니며 멈춰 서서 보고, 또 이쪽으로 몇 미터 저쪽으로는 얼마만큼 움직여 보자고 한다. 길도 없는 비탈을 오르내리며 빠르게 움직이는 모습을 보면서 '저러다 넘어지시면 어쩌나?' 하는 걱정이 들기도 했다.

이쪽에서 보고 저쪽에서 보고…보고 또 보는 그의 모습에서 아름다운 열정이 느껴졌다. 춤토르가 어느 인터뷰에서 했던 이야기가 생각났다.

"건축가에게는 보는 것이 중요합니다. 나는 봄으로써 알게 됩니다. 내가 설계를 한다기보다 설계도가 나에게로 온다고 해야 할까요.

2부 천사가 머무는 시간

내가 그 공간 안에 있는 것입니다. 그리고 '벽이 이곳에 있는 것은 좋지 않아.'라고 말하기도 합니다. 그러나 안타깝게도 80%의 건축가들이 보지를 못합니다."

그러고 보니 이리저리 움직이며 저쪽으로 조금, 이쪽으로 조금 움직여 보라고 이야기하는 모습에서 그는 이미 어떤 것을 보고 있는 것 같은 느낌을 받기도 했다. 한참을 그렇게 움직이던 춤토르는 각자가 서 있던 자리에 표시를 하게 한 다음 우리 모두를 모이게 하고는 자신의 계획을 이야기했다.

"예수님은 움직이지 않을 것입니다. 예수님은 티 채플을 내려다보십니다. 티 채플은 전보다 규모가 작아지고, 아래로 내려갑니다. 방도 5개가 아니라 3개나 2개가 될 것입니다."

춤토르는 자신이 작업한 모델의 실제 크기대로 기둥을 세워 놓은 것을 보면서 그것이 사이트에 비해 커 보인다는 것을 알았다. 그는 더 좋은 사이트를 찾았고, 자신의 작업도 새롭게 수정하겠다고 말했다.

"내 73번째 생일에 티 채플을 새롭게 시작하게 되어 기쁩니다. 클라우스 채플과는 다른, 그러나 멋진 채플이 될 것 같습니다."

정말로 그의 얼굴에는 기쁜 표정이 가득했다.

사이트에서 내려와 준비한 케이크에 촛불을 켜고 생일 축하 노래를 다 같이 부르자 무척 기뻐했다. 함께한 이들에게 고마움을 표현하며 케이크를 맛있게 먹는 춤토르의 얼굴 표정에서 할아버지의 인자한 미소를 볼 수 있었다.

춤토르는 쓰고 있던 모자를 벗어 나에게 건네주며 다음에 올 때 다시 쓸 것이니 잘 보관해달라고 하고는 공항으로 출발했다.

세 번째 방문 1
아파트가 보입니다

2017년 2월 2일, 춤토르에게 메일을 보냈다. 그가 작업하기로 한 사이트의 주변 환경에 변화가 생겼기 때문이다. 얼마 전까지만 해도 그 자리에서 보이는 환경은 산과 숲뿐이었는데, 주변 아파트가 높이 올라가면서 산 뒤로 솟아있는 아파트가 보이기 시작한 것이다.

사진을 찍어서 보냈다. 그는 그 아파트와 보타가 설계한 대성당이 어떻게 보이는지 합성을 해서 다시 보내달라고 했다. 그가 요청한 대로 합성사진을 만들어 보냈다.

얼마 후 그의 답장이 왔다. 춤토르는 우리가 보낸 사진을 보고 충격을 받았다고 했다. 그리고 티 채플은 자연 속, 조용한 공간에 지어져야 한다며 다른 장소를 찾아달라고 했다. 여기저기 적당한 장소를 찾아보았다. 어느 곳도 만족스럽게 느껴지지는 않았지만, 몇 군데 후보지를 정해 보았다.

대형 십자가 뒤쪽 계곡과 20단 묵주기도가 끝나는 지점, 남양 성모상이 모셔져 있는 뒷부분 등이었다. 그러던 중 오랫동안 사고 싶었지만 살 수 없었던 땅을 사라는 연락을 받았다. 춤토르의 건물이 들어서기로 되어 있던 곳 바로 아래 있는 땅이었다. 성지에서 필요한 땅이었는데, 주인이 팔지 않겠다고 해서 사지 못했던 땅이다.

그런데 그 땅을 팔겠다고 주인이 먼저 연락을 해 온 것이다. 그 땅은 지대가 낮아 거기서는 아파트가 그렇게 많이 보이지 않았다. 하느님께서 함께하고 계시다는 생각에 정말 감사하지 않을 수 없었다. 어려움을 만날 때마다 이렇게 뜻하지 않은 방법으로 도움을 주시다니!

몇 군데 후보지를 선정했다고 연락하자 춤토르가 직접 사이트를 확인하기 위해 다시 왔다. 2017년 4월 30일, 춤토르의 세 번째 남양성모성지 방문은 그렇게 해서 이루어졌다.

오랜 비행으로 피곤할 텐데도 그는 호텔로 가지 않고 바로 성지로 왔다. 1년 동안 사무실 한쪽에 보관해 놓았던 모자를 가지고 나가니 춤토르가 벌써 입구 게이트를 지나서 올라오고 있었다. 손을 흔들며 인사를 하자 그도 손을 들어 반가워한다. 이번에는 젊은 일본인 건축가와 함께였다. 좋아하는 카푸치노를 건네자 웃으면서 받아 들고 원래 작업하기로 했던 사이트의 상황을 먼저 보고, 그다음에 후보지로 선정한 세 군데 위치를 보자고 했다.

경당 앞길로 해서 과달루페 성모님 상을 지나 언덕을 오르다가 뒤를 돌아보게 했다. 뒤로 돌아서면 언덕 위의 산 너머로 솟아있는 아파트가 보이기 때문이다. 잠깐 돌아선 그는 아파트가 보이자 놀라는 표정을 지었다. 이어 자비심의 언덕에 도착해 작업하기로 한 사이트에서 다시 한번 산 너머로 솟아있는 거대한 아파트를 보는 순간 춤토르는 "후~" 하는 한숨을 내쉬며 어깨를 들어 올리고는 "이곳은 안 되겠습니다."라고 한다.

꼭 1년 전 이곳에 왔을 때 젊은 사람처럼 뛰어다니며 "이곳으로 길을 내고, 길이는 이만큼이면 되겠습니다."라며 자를 꺼내 길이까지 쟀 있는데 "후~" 하는 한숨과 함께 실망스러운 표정을 지으면서 이곳에 짓기로 한 계획을 바꿔야겠다고 하는 것이다.

"선생님, 바로 아래에 있는 저 땅은 어떠신지요? 이곳보다 낮으니까 더 나을 것입니다. 아래로 내려가 보시지요."

아래로 내려온 그는 "여기에 저기서부터 벽을 세우면 되겠습니다."라고 한다. 그러고는 이렇게 저렇게 거리를 가늠해 보더니 괜찮은 공간을 만들 수 있을 것 같다고 했다.

"3년 전인가 이 땅에 관심을 가졌었는데 그때는 성지 땅이 아니라고 했습니다."

"네, 그랬는데, 이제는 성지 땅이 되었습니다."

춤토르는 최종적으로 "이곳은 괜찮습니다."라고 하고는 다음 두 곳은 어디인지 보자고 했다.

십자가의 길을 걸어 내려가 새로 만든 '평화의 기도 길' 중간 부분의 물 있는 곳을 가리키며 "이곳입니다."라고 이야기하자 "이곳은 아닌 것 같습니다."라고 한다. 더 아래로 내려가 묵주기도 길이 끝나는 지점, 남양 성모님이 서 계신 곳을 보여주며 "다른 한 곳은 이곳입니다."라고 하자 "이곳도 아닙니다."라고 했다.

춤토르는 "처음 본 그곳이 좋습니다. 그곳에 새롭게 작업하겠습니다."라고 이야기하고는 호텔로 갔다.

저녁 7시 30분, 호텔 로비에서 한만원 소장과 황두진 건축가를 만나 인사를 나누고 8시에 이탈리안 레스토랑에서 춤토르와 식사를 하며 이야기를 나누었다. 피자와 파스타 그리고 와인을 마시며 이야기를 나누는 가운데 그에게 말했다.

"작업하시는 사이트에서 아파트가 보이는 걸 보고 걱정이 되었습니다. 선생님께서 설계를 그만두시겠다고 하면 어쩌나 하고 말입니다."

내 말에 춤토르의 표정이 순간 굳어지며 언짢은 듯 말했다.

"그렇지 않아요. 그만두지 않습니다. 나쁜 문제가 생겼을 때 그 문제를 극복하려고 하는 과정에서 오히려 더 좋은 결과가 나올 수 있습니다. 문제를 극복해 내려고 해야 합니다. 설계를 그만두는 일은 없습니다. 제 어머니가 그러셨어요. '어떤 문제가 생기면 기다려 보자, 하느님의 뜻이 있을 것이다. 기다리면 어떤 길이 열릴 것이다.' 기다림으로 좋은 결과가 나옵니다."

그의 이야기가 끝난 다음, "사실 제가 그런 걱정을 하고 있을 때, 오랫동안 사기 힘들었던 땅임자가 먼저 찾아와 땅을 팔겠다고 해서 놀랍고 기뻤습니다. 아까 좋다고 하신 땅이 바로 그 땅입니다."라고 말해 주었다. 덧붙여 "아마도 성모님의 도우심이며 하느님의 섭리인 것 같습니다."라고 하자 그도 웃으며 좋아했다.

사실 춤토르가 처음 성지를 방문하고 사이트를 검토할 때 춤토르는 그 땅이 마음에 든다고 했었다. 그런데 당시에는 그 땅이 성지 소유가 아니었다. 하지만 이제 그 땅이 성지 소유의 땅이 되었고 다시 시작하게 된 것이다. 그동안 설계가 2년, 3년 늦어진 것도 이렇게 일이 되려고 그랬던 것이 아닌가 하는 생각이 들었다.

식사를 하는 중에 대단위 아파트 단지화로 재개발되기 전 옛 문화가 살아있던 서울 시내 몇 곳의 모습이 담긴 흑백사진을 춤토르에게 건넸다. 그것을 본 춤토르는 "왜 이렇게 높은 아파트가 계속 지어집니까? 그 이유는 무엇인가요?"라며 안타까워했다.

나도 내 생각을 이야기했다.

"10여 년 전의 남양도 지금 같지 않았습니다. 야트막한 야산과 집들이 있는 작은 동네였습니다. 그런데 지금은 모든 것이 사라지고 아파트가 되었습니다. 요즘 아이들은 아파트를 떠도는 유목민입니다. 그들에게는 고향이 없습니다. 서울로, 서울로 집중되는 문화에 대항하여 남양과 같은 중소 도시에도 문화를 만들어 줌으로써 프라이드를 심어 주고, '나는 남양 사람입니다.'라는 정체성을 갖게 해주고 싶습니다. 그래서 공공의 건축물이 중요하다고 생각합니다. 선생님의 작업이 이곳에 문화를 만들어 낼 거라고 믿습니다."

45

세 번째 방문 2
이 자리가 좋겠습니다!

"이 신부님에게 물어보고 싶습니다. 신부님에게 불교는 무엇입니까? 불교를 한마디로 얘기한다면 뭐라고 하겠습니까?"

이런저런 대화 중에 춤토르가 갑자기 나에게 이런 질문을 했다. 뜻밖의 질문에 조금 당황스러웠지만, 평소 생각하고 있던 대로 대답했다.

"자비라고 생각합니다."

그러자 최근에 어떤 불교의 교수님을 만났었다고 하며, 같은 질문에 대해 오랫동안 '하모니(harmony, 조화)'라고 생각해 왔는데 지금은 '자비'라고 생각하고 있다는 대답을 들었다고 했다. 그러고는 이어서 로마 가톨릭이 가장 중요하게 여기는 것은 무엇인지 또 물었다.

"로마 가톨릭은 용서와 자비에 바탕을 둔 사랑입니다. 제가 선생님께 맨 처음 부탁드렸던 것이 자비로우신 예수님의 경당이었습니다. 자비의 예수님께서 '인류가 내 자비를 깨달아 알기까지 평화를 얻지 못할 것이다.'라고 하셨는데 지금 인류에게 꼭 필요한 것이 자비입니다. 자비가 없으면 평화도 없습니다."

"그러면 자비는 무엇인가요?"

식사 중에 나누는 대화의 주제로는 좀 무겁게 느껴지기도 했지만 계속해서 진지한 이야기들을 나누게 되었다.

이번에는 파트너로 온 일본의 젊은 건축가가 한국은 왜 가톨릭이 성장해 있느냐는 질문을 했다. 그 질문에 춤토르 선생님도 관심을 보이셨다. 나는 한국 가톨릭교회의 시작과 전파 과정을 짧게 설명하면서 순교자 황일광의 이야기를 예로 들었다. 그가 백정 집안의 아들로 태어나 사람들에게 멸시받으며 어렵게 살다가 천주교 교리를 접하고 세례를 받은 후 신자들이 자신을 너무나 점잖게 대해 주자 "나에게는 천당이 둘입니다. 살아서 천주교가 첫 번째 천당이요, 죽어서 가는 곳이 두 번째 천당입니다."라고 했다는 이야기였다.

"아마도 그러한 것들이 당시 사람들에게 좋게 다가가지 않았을까 싶습니다."

이런 이야기를 나누다 보니 어느덧 10시가 다 되었다. 식당을 나오면서 춤토르가 말했다.

"내일 아침 8시에 사이트를 방문하겠습니다. 혼자 조용히 사이트를 보고 싶습니다."

"그럼, 제가 아침 8시에 카푸치노를 들고 성지 입구에서 기다리고 있겠습니다."

그렇게 이야기하고 우리는 헤어졌다.

다음 날, 약속대로 아침 8시에 성지에 도착한 춤토르는 조용히 혼자 걸었다. 그러다 40분쯤 지난 후에 멀리 있는 한 소장과 나를 불렀다. 그의 얼굴에는 어떤 기쁨이랄까? 무언가를 발견했을 때의 흥분된 표정이 담겨있었다.

"이 자리가 좋겠습니다!"

우리가 가까이 다가가자 춤토르는 자신이 서 있는 자리를 가리키며 말했다. 그곳은 어제 "이곳은 아닌 것 같습니다."라고 하며 그냥 지나갔던 자리 근처였다.

내가 "땅 문제가 어떨지 모르겠습니다."라고 대답했다. 아직 사지 못한 다른 사람 소유의 땅이 포함되어 있을 것 같아서였다. 춤토르는 "한번 노력해 주십시오."라고 했다. 그는 또 "이곳에 차를 나누는 집이 아니라 물을 마시는 집을 만들면 좋을 것 같습니다."라는 이야기를 했다. "건축이 건축 같지 않은 건축을 하고 싶습니다."라는 수수께끼 같은 말과 함께. 그러고는 "오전 11시에 다시 이곳으로 와서 명상을 하겠습니다."라는 말을 남기고 호텔로 돌아갔다.

춤토르가 호텔로 간 다음 나는 곧바로 땅 문제를 확인했다. 주변에 묘 두 기가 있기는 하지만 땅 주인이 전에 그 땅을 팔기를 원한 적이 있었으므로 노력해 보면 될 것 같았다. 그리고 다행스럽게도 건물이 들어설 가운데 자리는 우리 땅이었다. 다만 그 옆에 한 필지 문제가 되는 부분이 있었는데 크기는 100평 정도지만 소유주가 열 명이나 되었다. 쉽지 않은 도전이 될 것 같은 느낌이었지만 그것도 매입이 가능하다는 생각으로 작업에 임하기로 했다.

호텔에 갔다가 다시 성지로 돌아온 춤토르는 이번에 선택한 새로운 사이트에 자신이 구상한 건물의 위치, 높이, 크기 등을 직접 눈으로 볼 수 있도록 기둥을 세우고 줄을 늘어 보기를 원했다. 우리 성지의 최 소장과 김 기사에게 급하게 각목과 줄을 준비해 달라고 이야기하고 대성토목 변 소장에게 연락하여 성지로 와 줄 것을 부탁했다.

춤토르가 새롭게 선정한 그 사이트는 우리가 두 번째 후보지로

페터 춤토르

보여주었던 장소 근처로, 평화의 기도 길 중간 부분의 골짜기였다. 우리가 보여준 땅보다 그는 좀 더 깊숙한 자리를 원했다. 그곳은 움푹 꺼진 계곡에 잡풀과 잡목들이 우거져 있어 쓸모없는 땅이라고 생각했었다. 더구나 묘가 두 기나 있는 남의 땅이었기 때문에 그동안 그곳에 어떠한 계획도 세울 생각을 하지 않고 있었다.

늘 밖에서 그 안을 들여다보는 입장이었지, 그 안에서 바깥을 내다볼 생각은 한 번도 못 했던 것 같다. 그런데 춤토르를 따라 그곳으로 들어가 성지 쪽을 바라보니 느낌이 완전히 달랐다. 나무와 숲, 숲 사이로 보이는 하늘, 그리고 새 소리…. 평화로웠다. 평화롭고 아늑한 공간이었다. 새소리를 배경으로 순례자들의 기도 소리가 들려오고 기도하는 모습도 바라볼 수 있었다. '여기서 이런 느낌을 받게 될 줄이야!' 가만히 서서 그러한 분위기에 젖어 있다 보니, '이곳은 마치 성지의 심장과 같은 장소'라는 느낌까지 들었다.

아침에 춤토르는 이곳에서 차가 아니라 순례자들이 물을 마시고 쉬었다 가는 집으로 하고 싶다고 했는데, 나는 성지를 찾는 순례자들이 순례의 여정 마지막에 이곳에 들러 조용히 '나에게 쓰는 편지'나 '가족들에게 쓰는 편지', 또는 성모님께 편지를 쓰면서 순례를 마무리하게 해도 좋겠다는 마음이 들었다.

각목과 줄 등이 준비되자 춤토르는 먼저 성지 땅의 경계가 어디까지인지 알아볼 수 있도록 사람들을 경계점마다 서 있게 했다. 그러고는 그 경계를 기준으로 이쪽저쪽으로 조금씩 움직이게 하여 건물이 놓일 위치를 정해 나갔다. 춤토르는 폴대도 있었으면 좋겠다고 했다. 폴대와 경계 표시 테이프를 준비하자 사람들이 서 있던 위치에 못을 박아 표시한 다음 사람들에게 폴대를 나눠주며 위치를 잡아주고 또 폴대를 높이 들라고 하면서 높이까지 체크했다.

　길도 없는 곳을 이리저리 뛰어다니다 넘어지면 어쩌나 지켜보는 마음이 불안하기도 했지만, 그런 것은 그에게 전혀 문제가 되지 않는 것 같았다. 그는 사다리까지 가져오게 해서 건물이 나무들 사이에서 어느 정도 높이까지 들어서게 될지 가늠해 보았다. 그가 얼마나 열정적으로 움직이는지 함께 일하는 사람들도 시간 가는 줄 몰랐다.

　예약해 놓은 식당에서 언제 오실 거냐고 연락이 왔다. 시간을 보니 어느새 두 시가 다 되었다. 조금만 더 기다려 달라고 양해를 구하고 현장을 정리했다.

세 번째 방문 3
건축 같지 않은 건축 작업

오전 작업을 마무리하면서 춤토르가 말했다.

"오늘 아름답고 좋은 사이트를 발견할 수 있어서 정말 좋습니다. 지금까지 3년 동안 티 채플 작업을 진행해 왔습니다. 저 위쪽 사이트에서의 설계 작업을 이곳으로 그대로 옮겨올 수도 있지만, 이곳은 철저하게 자연과 함께하는 곳이 되게 하고 싶습니다. 이곳에 좀 더 건축 같지 않은 건축 작업을 하고 싶습니다. 더 철저하게 자연 속에서 자연과 함께 머물며 생각하고 자신을 찾고 만나는 곳이 되게 하고 싶습니다. 이곳에는 전기를 사용하지 않겠습니다. 기술적인 어떤 것도 없을 것입니다. 그냥 자연이 있고, 자연 속에서 자연을 느끼며 머물 수 있는 공간이 존재할 것입니다."

춤토르는 계속 말했다.

"빌딩, 빌딩, 콘크리트, 콘크리트, 높게, 높게 짓고 또 짓고 하는 곳에서 사람들은 자연을 이야기합니다. 자연을 이야기하면서 자연을 그 자체로 두지 않습니다. 기술적인 것으로 다 채우려 합니다. 나는 이곳에 어떠한 인공적이고 기술적인 것도 사용하지 않으려고 합니다.

나무와 나무를 연결하는 볼트, 지붕을 덮는 철, 그리고 패브릭만을 이용해서 집을 세울 생각입니다. 추우면 옷을 더 입고 더우면 벗는 그런 장소로 만들 것입니다. 이것은 철학적인 문제입니다. 이것이 지금의 내 생각입니다. 앞으로 작업을 진행해 나가면서 함께 이야기하며 더 좋은 곳으로 만들어 나갈 수 있을 것입니다."

춤토르는 각각의 포인트와 줄을 쳐 놓은 부분, 높이 등을 정확하게 측량해서 알려달라고 했다. 그러고는 모두에게 수고했다는 인사를 전했다. 마지막으로 그 자리에서 기념 촬영을 하고 늦은 점심 식사를 하러 식당으로 이동했다.

춤토르는 한식을 정말 좋아한다. 홍어 삼합도, 된장찌개와 김치도 맛있게 먹는다.

함께 일하기 위해 온 디자이너 김 크리스티나가 현장에서부터 함께 했는데, 식당에서 내 옆에 앉아 서로 이야기를 나누게 되었다. 어릴 적 명동 성당 옆에 살다가 열다섯 살에 미국으로 갔다고 한다. LA에 살고 있지만 6개월은 외국에 머물며 작업을 하고 있다고 했다. 안도 타다오(Ando Tadao, 安藤忠雄) 등 유명 건축가들과 함께 작업을 했고, 그런 인연으로 이 작업에도 참여하게 되었다고 했다.

이런저런 이야기를 나누는 중에 내가 "춤토르 선생님이 냉·난방이 하나도 안 되는, 오직 자연만이 있는 집을 짓겠다고 하는데 여름이면 너무 덥고 습해서 걱정이 된다."라는 이야기를 했더니, "그런 문제들은 그저 신부님이 그를 믿고 기다려주면 될 것이다."라고 이야기해 주었다. 자신이 아는 한 춤토르 선생님은 머리가 정말 비상한 분이시기 때문에 놀랍고도 특별한 방법으로 그런 문제들까지 모두 해결할 것이라고 했다.

점심 식사가 늦어져 오후 3시에 하기로 했던 회의를 5시로 미뤘다. 춤토르는 좀 쉬기를 원했는데, 티 마스터가 차를 준비하고 있어서 경당 옆 내 집무실로 자리를 옮겼다. 차가 준비된 방 안에서 바닥에 앉아 있는 모습이 많이 피곤해 보였다. 녹차와 연잎차와 다식을 주었더니 피곤이 가신다며 좋아했다. 그는 차를 마시면서 새롭게 정한 작업 현장에서 말했던 것을 다시 한번 이야기했다.

"어떤 테크니컬한 것도 사용하지 않겠습니다. 전기도 없을 것입니다. 예수님 시대에는 전기가 없었습니다. 여기도 그냥 자연 그 자체로 있을 것입니다. 태양이 비쳐 들어오는 지붕과 바람, 나무와 숲만이 있을 것이며 건물 밖의 우물과 물길에서 떨어지는 물소리가 있을 것이고, 그곳에서 물을 마시게 될 것입니다. 차가 필요하다면 외부에서 방으로 가지고 들어와서 마실 수 있습니다. 여기는 작은 방이 3개 있는 채플이 될 것입니다. 요즘은 한옥에도 모두 그 안에 전기 설비, 냉·난방 설비로 가득합니다. 자연을 이야기하지만 기술적인 것이 가득합니다. 나는 철저하게 자연 에너지와 사람의 마음에서 나오는 에너지만이 있는 집을 만들고 싶습니다."

그는 티 세레모니를 준비해 준 티 마스터에게 감사의 인사를 전한 다음 머리와 수염을 좀 깎고 싶다며 이발관을 소개해 달라고 했다. 이발관에 다녀와서 프레젠테이션을 하겠다는 것이다. 이발을 하고 돌아온 그는 짧아진 머리를 만져 보였다. 좋아 보인다고 이야기해 주었다. 피로가 훨씬 풀린 느낌이었다.

그러고는 경당에 준비된 많은 프레젠테이션 자료들을 하나하나 설명해 주었다. 1년 이상 발전시켜 나온 도면들이다. 먼저 그는 오늘 새로운 사이트를 발견할 수 있어 기쁘다고 했다. 이 사이트는 지금까지 해왔던 모든 작업들을 그대로 가져갈 수 있는 곳이며, 처음의 장소보다 오히려 좋은 곳 같다고 이야기했다. 그러면서 그동안 당신이 진행해 온 설계에 대해 하나하나 도면을 보여주며 설명했다. 구조와 지붕, 벽체 등을 어떻게 생각하고 있는가에 관해서도 이야기했다.

프레젠테이션 끝에 그는 무량수전(無量壽殿)은 몇 년이나 된 건축인지 물으면서 "이 건물도 아주 오랜 시간이 지나도 그대로인 건물로 짓게 될 것입니다."라고 말했다. 그리고 다시 한번 어떤 테크니컬한 것도 사용하지 않을 것이라는 점을 강조하며 "만일 건물이 완성되고 난 후에도 전기 같은 것이 보이면 내가 와서 다시 모두 다 없애버릴 것입니다."라는 말까지 했다.

프레젠테이션을 마치고 몇 가지 질문을 받은 다음 나와 개인적으로 업무에 관해 이야기를 나누자고 했다. 우리는 사무실에서 따로 만나 이야기를 정리했다.

먼저, 오늘 줄을 쳐 놓은 현장의 측량 도면을 만들어 보내준다.

둘째, 땅을 산다. 땅을 산 다음에 작업을 시작할 것이다.

셋째, 그동안 일한 비용을 청구한다.

호텔로 이동해 전날처럼 이탈리안 식당에서 가벼운 식사를 함께했다. 식사 중에 다시 한번 땅 문제를 이야기하며 땅만 사면 곧바로 작업을 시작하겠다고 했다. 그리고 이튿날은 성지를 방문하지 않고 곧바로 공항으로 이동하기로 했다.

2017년 5월 2일 아침, 춤토르는 세 번째 현장 방문 일정을 모두 마치고 스위스로 돌아갔다.

47
나는 일관성 있는 사람입니다

춤토르와의 만남은 언제나 약간 긴장이 된다. 사실은 유머러스하고 사람을 편안하게 대해 주는 사람인데 큰 키와 긴 눈썹, 부리부리한 눈매에서 풍겨 나오는 카리스마 때문인지 나도 모르게 긴장하게 되는 것 같다.

2018년 2월 28일 오후 3시, 할덴슈타인에서 춤토르를 만나기로 했다. 내가 그의 작업실을 방문한 것은 이번이 세 번째다. 지난번 방문 때는 '롤렉스 멘토 & 프로테제 아트 이니셔티브' 프로그램이 끝나는 시점에 맞춰 왔었다. 춤토르가 그 프로그램 안에서 멘토로서 남양의 티 채플 작업을 함께했고, 결과물을 발표하는 자리에 나를 초대해 주었기 때문이다.

이번에는 통일 기원 남양 성모 마리아 대성당 안에 모실 십자가와 제대 미술품을 작업하고 있는 세계적인 조각가 줄리아노 반지(Giuliano Vangi)와의 미팅이 있어 이탈리아 페사로에 온 길에 그동안 진행된 성지 상황에 관해 이야기하고, 춤토르의 작업 진행 상황도 볼 겸 만나게 되었다. 그사이 춤토르의 작업실이 새로 지어져 있었다.

새 작업실의 문을 열고 춤토르가 들어온다. 제일 먼저 나를 향해

"파더 리!" 하며 손을 내밀어 반갑게 인사를 건네고는 이어서 함께 간 일행 모두와 일일이 인사를 나눈다. 그러고는 곧바로 티 채플 모형 앞으로 갔다. 모형 앞에서 그는 제일 먼저 "열 명 소유의 땅은 샀습니까?"라고 묻는다. 지난번 성지에 왔을 때 티 채플을 짓기 위해 새로 선정한 사이트의 땅을 샀는지 묻는 것이다.

"아직 사지 못했습니다. 땅 주인들과 대화가 잘 안 됩니다. 계획을 조금 바꿔 그 땅을 피해서 작업하면 좋겠습니다."

그러자 춤토르는 벽에 붙어 있던 커다란 도면을 떼어 책상 위에 놓고 사야 할 땅의 크기를 재고 그 옆에 있는 성지 소유의 땅에 그것보다 조금 크게 표시를 한 다음 "이 땅과 저 땅을 서로 바꿔 달라고 이야기해 보면 어떻습니까?"라고 말했다. 그건 우리도 이미 생각하고 제안해 봤던 내용이었다. 어려운 상황이라고 답했다.

그는 지금의 건물 배치가 가장 좋다며 무척 안타까워했다. 하지만 상황이 그렇다면 어쩔 수 없으니 움직여 보자고 했다. 그는 다시 모형 앞으로 가서 티 채플 모형을 들고 조금씩 움직이며 원하는 높이와 위치, 방향을 잡아 나갔다. 아래쪽에 있던 모형을 조금 위로 올리자 앞이 답답한 느낌이 들었다. 계단만 없어도 조금 괜찮을 것 같았다.

"지금 (건물 앞에) 있는 계단은 철거해도 좋습니다. 그리고 그곳의 조경을 다시 계획하는 게 좋겠습니다."

내 의견을 들은 춤토르가 말했다.

"그럼 계단은 철거합시다."

모형을 제작할 때 그곳의 지질을 조사한 샘플을 보내달라고 했는데 모형의 땅 색을 현장 땅 색으로 제작하기 위해서였던 것 같다. 그는 모형에 있는 계단을 철거하고 흙을 밀어내어 높이를 맞추고 모형의 위치를 새로 잡았다.

티 채플 밖에 우물을 만들고 물이 떨어지게 할 생각이라고 했다. 또 주변에 불을 피울 수 있는 자리를 만들어 그 불을 담아 티 채플 안으로 가져가서 차를 우려 마실 수 있게 하면 어떨까 하는 계획도 가지고 있다고 이야기했다.

"방은 하나만 만들 것입니다. 패브릭으로 단단한 느낌, 텐트와 같은 느낌의 방이 될 것이고, 여름에는 천을 들어 올려 천장에 매달 수 있게 할 것입니다."

봄, 여름, 가을, 겨울 계절별로 각각의 천 세트가 있을 수 있다고도 했다. 그리고 지난번 성지를 방문했을 때 했던 이야기를 또 한 번 강조했다. "에너지는 사용하지 않을 것입니다. 이 건물에 어떠한 테크니컬한 것도 사용하지 않겠습니다."

그는 나에게도 다시 한번 확인했다.

"어떻습니까? 그렇게 해도 괜찮겠습니까?"

"좋습니다."

내 대답에 만족스러운 표정을 지었다.

"지붕이 열려 빛과 바람이 들어오지만 해가 직접 들어오지는 않을 것입니다. 그래서 좋은 결과가 있을 겁니다. 빛, 바람, 소리, 자연으로만 이루어진 공간이 될 것입니다."

그리고 이어서 이야기했다.

"사람들이 '춤토르가 무엇을 하나?' 기대하고 있겠지요. 나는 특별한 무엇이 아니라 아주 단순한 작업을 할 것입니다."

그와의 미팅이 끝난 다음 구조 기사와 구조에 관한 이야기를 따로 나눴다.

그날 춤토르는 우리를 저녁 식사에 초대했다. 저녁 식사를 함께 하며 춤토르에게 웃으며 말했다. "선생님의 옷은 봄, 여름, 가을, 겨울 같은 스타일이십니다."

"사실 그렇습니다. 봄이고 여름이고 가을이고 겨울이고 비슷한 옷을 입습니다. 그리고 사람도 같아요. 나는 일관성이 있습니다."

식사를 하는 동안 궁금했던 것들을 하나하나 물어보았다.

"선생님의 사무실에는 몇 개국에서 온 건축가들이 일하고 있습니까?"

"현재 15개국의 젊은 건축가들이 함께 일하고 있습니다."

이 대답에 덧붙여 그는 그들과 일하는 것이 기쁘고 행복하다고 말했다.

"지금 몇 개의 프로젝트를 진행하고 계십니까?"

"8개의 프로젝트가 진행 중입니다. 8개가 많다고 생각할 수도 있지만, 그렇지 않아요. 8개의 프로젝트를 37명의 건축가가 함께 진행하고 있습니다. 8개 모두 공공의 문화적인 프로젝트들입니다. 사실 많은 사람이 내게 이것을 해 달라 저것을 해 달라 이야기하지만, 하고 싶은 일을 하기 위해 모두 거절하고 있습니다. 상업적인 일들은 거절하고 있어요. 내가 해야 할 일과 하지 말아야 할 일에 대해서 나는 알고 있고, 하지 말아야 할 일에 대해서는 분명히 거절합니다. 나는 행복한 사람이에요. 하고 싶은 일만 하면서 사무실을 운영하고 있으니 말입니다."

이야기를 듣고 보니 사계절 같은 스타일의 옷을 입는 것처럼 그는 일에 대해서도 일관성 있는 원칙을 가지고 그것을 지켜나가는 사람이라는 것을 더욱 분명하게 알 수 있었다.

"무슨 운동을 하십니까?"

"테니스를 매일 칩니다. 테니스를 시작한 지 15년 되었어요. 함께 운동하는 코치들이 2명 있는데, 젊은 여자 코치가 이기면 칭찬을 하고 젊은 남자 코치가 이기면 욕을 해줍니다."

그의 농담에 우리는 다 함께 한바탕 웃었다. 잠시 후 그는 다시 진지하게 이야기를 이어갔다.

"테니스를 칠 때는 오직 공에만 집중해야 하므로 다른 생각들을 잊어버릴 수가 있습니다. 내 머릿속에는 수많은 생각들이 떠나지 않는데 테니스를 칠 때 그것들을 잠시나마 내려놓을 수 있어서 좋습니다. 테니스는 공을 따라 이리저리 쫓아다니는 운동이지만 공을 치는 자세는 부드러워야 하고 한결같아야 합니다. 일관성이 필요한 운동인 것이지요. 나는 일관성이 있는 사람이에요."

테니스를 치기 전에는 오보에를 연주했다고 한다. 다음 날(2018년 3월 1일), 다시 만난 자리에서 춤토르는 다음과 같은 이야기를 했다.

"티 채플을 세우고 난 다음 조경을 해야 합니다. 조경 디자인도 내가 할 것입니다. 그곳에서 자랄 수 있는 나무나 꽃 등 식물에 관해 이야기해 줄 수 있는 전문가를 소개해 주면 좋겠습니다."

"티 채플은 신발을 벗고 들어가도록 디자인할 것입니다. 슬리퍼 디자인도 내가 하겠습니다."

48

잘 익은 포도주

춤토르와 일을 시작한 지 어느덧 8년의 시간이 흘렀다. 하나의 프로젝트에 대해 '내 생애의 4년'이라고 말한 걸 글자 그대로 해석하면 8년은 티 채플을 두 개는 지었을 시간이다.

하지만, 현실은 아직 공사를 시작도 못 하고 있다. 춤토르와 일하며 느낀 것은, 그는 자신이 계획하고 생각하는 것들이 투명해질 때까지 치밀하게 계산하고 분석하며 기다리는 사람이라는 것이다. 그래서 그의 작업 기간은 언제부터 언제까지라고 계산하거나 예측하기가 힘든 것 같다. 때는 오직 그가 '이제 되었다.'라고 느끼는 바로 그 순간이다.

그가 만들어 내는 분위기―그의 작품들이 가지고 있는 특별한 느낌―은 일시적인 충동이나 감상으로부터 오는 것이 결코 아니다. 그의 작품, 그리고 그가 하는 작업의 밑바탕에는 치밀한 계산과 분석이 깔려있다.

코로나가 시작되기 전인 2019년 11월, 대성당 성화 작업을 하고 있는 줄리아노 반지의 작업실 방문을 위해 나선 길에 춤토르의 작업실도 방문했었다.

그때 내가 본 것은 춤토르 작업실 1층 오른쪽 벽면을 가득 채우고 있던 도면과 자료들이었다.

　티 채플이 들어설 장소인 남양성모성지 사이트에 봄, 여름, 가을, 겨울 햇빛이 어떻게 들어오는지를 분석해 놓은 자료, 강수량과 바람이 어떤 영향을 미치는지를 계산한 것, 목재의 수축과 팽창에 따른 움직임, 옻칠했을 때와 명유(明油)*를 칠했을 때의 차이점을 분석한 것, 그리고 각각의 칠을 한 목재들을 야외에 놓고 햇볕에 노출시켜 변화 과정을 분석해 놓은 것 등등….

　춤토르는 그러한 치밀한 분석과 구조 계산을 통해 가장 단순한 조합을 이루고자 했다. 그리고 그런 과학적인 바탕 속에서 설계되고 만들어진 모델 앞에서 나에게 설명했다.

　"이 구조물은 세 개의 요소로 이루어져 있습니다. 첫째 목조 기둥(수직적인 요소), 둘째 단순한 패턴이 반복되는 목재들(수평적인 요소), 셋째 목조 기둥과 반복되는 목재들을 연결하는 철심입니다. 나는 세 가지 요소로만 이루어지는 이 구조물에 대해 만족스럽게 생각합니다. 이 신부님, 안내하며 기다려주어서 고맙습니다. 그동안 주변을 맴돌았습니다. 명확하고 투명해지지 않았습니다. 이제 분명해졌습니다. 지금부터는 앞으로 달려갈 때입니다. 속도를 내어 시작할 수 있게 되었습니다."

　LA 뮤지엄 등 그의 작업실에서 진행 중인 여러 대규모 프로젝트들 속에서 200제곱미터밖에 되지 않는 티 채플 작업은 어쩌면 아무것도

---

* 단청의 마감재로 사용한 발수 코팅제로, 곰팡이와 습기로부터 단청을 보호했다. 남아 있는 자료로 추측하건대, 명유 제조를 위해서는 들깨를 볶지 않고 짜서 생들기름을 원료로 사용하고, 무명석, 황단 및 백반을 넣어 뭉근한 불에서 끓여 제조하는 것으로 보이나 그 정확한 제조 방법에 대한 기록은 찾을 수 없다(한호규, 「전통, 과학을 입다 '옻칠'과 '명유'」, 『문화재 사랑』 참조).

아닌지 모른다. 티 채플은 규모만 작은 게 아니라 돈도 되지 않을뿐더러, 처음 계획했던 장소 앞쪽으로 아파트가 들어서 중간에 장소도 다른 곳으로 옮겨야 했다.

그러한 이유로 춤토르가 그만두겠다고 해도 어쩔 수 없다고 생각했다. 하지만 춤토르의 작업 과정을 가까이서 지켜본 내 느낌은 그가 이 일에 자신의 시간과 에너지와 마음을 온전히 담고 있다는 것이다. 그에게는 결코 대충이란 게 없다. 그는 스스로 만족스럽고 투명해질 때까지 작업을 계속하는 사람이다.

내가 보기에 춤토르는 단순히 목구조물을 만드는 것이 아니라 예술 작품을 완성해 가고 있는 것처럼 보인다. 아마도 그렇기 때문에 그 누구라도 춤토르에게 '얼마를 줄 테니 얼마 동안 나를 위해 이런 집을 지어 주시오.'라고 말할 수 없는 게 아닌가 싶었다.

그렇게 춤토르를 만나고 오고 나서 얼마 후 코로나 감염병이 유행하기 시작했다. 코로나19의 긴 터널을 지나오며 또 2년이 넘는 시간이 훌쩍 흘러갔다.

2022년 7월 1일, 오랜만에 춤토르의 작업실을 다시 찾았다.

나를 만난 춤토르는 기뻐하며 말했다.

"내게 있어 이 프로젝트는 잘 익은 포도주 같습니다. 처음 봤을 때 이후로 몇 번이고 다시 들여다보며 여러 감정과 생각을 거쳤습니다. 나는 이 프로젝트가 마음에 듭니다."

우리는 프로젝트가 시작되었던 2014년으로 거슬러 올라가, 티 채플의 적절한 바닥 높이에 대한 것부터 다시 논의하였다. 높으면 빛을 많이 들일 수는 있지만 접근이 어렵고, 낮으면 접근은 쉬워지지만 주변 나무들에 가려 빛이 충분치 않을 것이다. 수없이 고민했을 사안인데도 춤토르는 여전히 온몸으로 제스처를 만들며 적극적으로 이야기했다.

또한 우리는 티 채플에 접근하는 방법에 대해서도 이야기했다. 춤토르는 현황을 다시 한번 면밀히 검토하여 높이와 접근로 등 세부적인 사항을 확정하겠노라 약속했다. 그리고 다음 이야기로 넘어갔다.

"다음으로, 크기는 어떻습니까? 더 작게 만들고 싶다면 얼마나 줄이고 싶은가요? 원한다면 그렇게 할 수 있습니다. 하지만 이 계획은 이미 완성되어 있습니다. 모든 계산이 끝났습니다. 이대로 작동하게 될 것입니다. 그런데도 더 작게 변경하는 것은 나에게나 건축학적으로는 문제가 되지 않을 것 같습니다. 다만 변경을 원한다면 올해 착공을 하기는 어려울 것입니다."

다시 한번 확답을 받고자 하는 춤토르에게 나는 지금까지 작업한 대로 진행해 달라고 말했다.

우리는 이어서 기초, 토목 및 조경 공사에 관한 이야기를 나누고, 어떤 목재를 사용할 것인지에 대해서도 논의했다. 처음에 춤토르는 한국산 나무를 사용하겠다고 했다. 한국산 중에서도 소나무를 구해달라고 했었다. 그런데 비용도 비용이지만 좋은 소나무를 구하는 일 자체가 너무 어려웠다. 그래서 목재는 튼튼한 유럽산 낙엽송을 쓰기로 했다. 표면에는 무광의 먹색을 칠했다가 시간이 지날수록 자연스럽게 나이 들어가는 나무의 색을 지켜보기로 했다.

춤토르는 회의 내내 웃는 모습이었고 만족스러워했다. 오랜 시간 계획안을 들여다보고 변경하고 또다시 변경하는 과정을 거치면서 이제 더할 나위 없이 꼭 맞는 느낌이라고 했다.

일 이야기를 모두 마치고 춤토르는 자신이 지금 하고 있는 작업들을 보여주고 싶다며 새 작업실로 우리를 데리고 갔다. 춤토르의 작업실을 방문할 때마다 보고 느낀 것이지만 그의 작업실 벽과 바닥에는 도면과 모형과 재료들이 가득하다.

춤토르는 치밀한 사람이다. 그가 만들어내는 어떤 것도 치밀하게 계산되지 않은 것이 없다. 그의 감성, 그의 분위기는 치밀한 계산을 통해서 이루어지는 것이다. 그리고 그의 곁에는 그를 뒷받침해 주는 최고의 기술을 가진 파트너 엔지니어들이 있다.

춤토르는 층마다 다니면서 현재 진행하고 있는 프로젝트의 모형을 보여주며 설명해 주었다. 층마다 하나씩의 프로젝트가 진행되고 있었다. 바이엘러(Beyeler) 재단 미술관 증축공사 프로젝트에 사용하기 위해 여러 차례 테스트하고 있다는 부드러운 베이지색 콘크리트 벽 샘플은 마치 대리석처럼 보였고 느낌이 좋았다.

'와! 저런 콘크리트가 있구나!'

한 번도 본 적이 없는 부드러운 결을 지닌 콘크리트였다. LA 라크마(LACMA) 미술관 모형을 보여주면서 전시실 내부에서 새어 나오는 불빛을 보여주었다. 벽에 빨간색이 칠해져 있는 것 같았다. 강렬했다. '나중에 미술관에 꼭 가 봐야겠다.'라는 마음이 들었다.

마지막으로 들른 층에서는 카타르 도하 프로젝트를 볼 수 있었다. 도하 프로젝트 모형들이 놓여있는 정원에 조그마한 무언가가 있었다. 그것을 보며 "티 채플은 이것보다 작지요?"라고 물었다. 내 물음에 춤토르는 티 채플이 지금 하고 있는 프로젝트 가운데 가장 작다고 대답해 주었다.

나는 "이렇게 작은 작업을 계속해 주셔서 감사합니다."라고 말했다. 거대한 프로젝트들 속에서 그 오랜 시간 동안 멈추지 않고 티 채플 작업을 이어가고 있는 것이 기적처럼 느껴졌기 때문이다.

2부 천사가 머무는 시간

49
티 채플 국비 지원금을 돌려주다

건축의 장인, 건축의 시인, 건축의 형이상학자로 불리는 춤토르는 3D 작업을 하지 않는다.

그는 모형을 제작한다. 1대1 목업(mock-up)까지 만든다. 몇 번이고 계산하고 치밀한 분석과 구조 계산을 해가며 그가 스스로 '이제 나는 이 건물에 대해 알았다.'라고 말할 때까지 작업한다. 그렇기 때문에 그의 설계는 몇 년이 걸릴지 가늠하기가 쉽지 않다. '언제까지, 얼마를 줄 테니 해주시오.'라고 쉽게 말할 수가 없는 것이다. 그래서 춤토르와의 작업은 2014년 8월부터 시작하여 3년 동안 성지에서 단독으로 진행해 왔다.

그런데 대성당 공사가 진행되면서 동시에 티 채플을 짓는 것에 대한 현실적인 걱정이 들기 시작했다. 비용을 어떻게 마련할 수 있을까에 대한 고민이었다. 대성당 건축에 대해서는 교우들에게 말하기가 조금 쉽지만, 춤토르의 티 채플에 대해서는 설명하기도 어렵고 모금이 쉽지 않을 것 같았다.

그렇게 고민하던 중, 2016년 당시 경기도지사와 화성시장의 적극적인 지지로 티 채플과 성 요셉 센터를 국비 사업으로 추진하게 되었다. 예산이 부족하지 않을까 하는 우려도 있었지만 당시에는 설계도 초반이었고 실제로 얼마의 비용이 들지 알 수 없었으므로 진행 경과를 보면서 나중에 증액을 요청할 수도 있지 않을까 하는 기대를 하며 계속 추진하였다.

2021년 말, 춤토르로부터 '이제 설계가 다 되었다.'라는 말을 들었다. 건축가 본인은 이제 이 건물을 '안다'라고 했다.

스위스는 세계적으로 고품질의 목구조 건축으로 잘 알려져 있다. 건축가는 스위스 현지에서 목재를 가공한 다음 국내로 들여와 현장에서 조립하는 방식으로 시공하기를 원했고, 나 역시 그에 동의했다. 그리고 그렇게 할 경우 얼마만큼의 비용이 필요할지 공사비를 산출해보기로 했다. 스위스에서 목구조 공사비 견적을 보내왔고, 국내에서 땅을 정리하고 구조물을 들여오는 비용을 계산하여 더하여 보니 현재 가지고 있는 예산으로는 턱없이 부족하다는 것을 알게 되었다. 그러는 동안 사업계획서상의 완료 예정일도 다가오고 있었다.

2022년 봄, 화성시와 문체부에 증액과 기간 연장을 요청했다. 이 사업은 국가-지자체-남양성지(사업자)가 각각 일정 비율로 돈을 모아 시행하는 매칭 사업이다. 당연히 증액은 국가와 화성시 그리고 성지에서 모두 비용을 더 마련하자는 의미였다.

그리고 춤토르를 찾아가 프로젝트의 빠른 진행을 요청했다. 그는 '그러겠노라' 약속을 했다. 나는 차마 예산이 많이 부족하다는 말은 하지 못했다. 증액을 요청했으니 해결될 수 있을 것이라고 믿었기 때문이다. 춤토르 측에서는 약속한 대로 일에 속도를 내기 시작했다. 춤토르의 스튜디오에서 패브릭 작가 크리스티나 김과 채주아가 만나 티 채플에 사용하게 될 패브릭의 색깔 등에 대한 의견까지 주고받

앉다. 그때까지만 해도 곧 지어지는 분위기였다. 스위스 할덴슈타인에서만큼은…

하지만 국내의 상황은 달랐다. 조달청 가격입찰 방식을 통해 시공자를 선정하는 국내 공공건축 사업방식에 익숙한 공무원들에게 이 모든 것은 너무 낯설고 불가한 것으로 받아들여졌다.

그들은 증액 요청과 기간 연장에 대해 다음과 같은 답변을 보내왔다.

'국가와 지자체의 증액은 불가하니 성지에서 모자라는 비용 모두를 단독으로 자부담하고 2022년 말까지 완성해야 한다.'

코로나와 우크라이나-러시아의 전쟁으로 인한 공사비 상승과 환율 상승 등의 외부적 요인까지 더하여 공사비를 줄이는 것은 매우 어려운 상황이었다. 공사비를 줄이려면 규모를 줄이거나 재료를 바꿔야 할 텐데 오랜 시간 숙고하는 춤토르의 작업 방식을 생각하면 그가 설계 변경을 받아들인다고 해도 설계를 변경하여 2022년까지 완성할 수 있을지 장담할 수 없는 일이었다.

모자란 사업비 전체를 성지에서 모두 떠안은 채 굳이 국가, 지자체와의 사업을 계속해야 할 이유가 있을까? 많은 생각 끝에 국비 지원으로 티 채플을 짓겠다는 생각을 포기했다.

공사비 증액은 불가하다고 하면서 정해진 사업 기한은 지켜야 한다고 하니, 부족한 비용으로 촉박하게 공사를 진행하다보면 티 채플을 제대로 지을 수 없겠다고 판단했기 때문이다.

춤토르에게도 이 사실을 전달해야 했지만 말처럼 쉽지 않았다. 숙제를 마치지 못한 아이처럼 안절부절못하며 시간은 또 흘렀다.

2023년 4월 3일 춤토르에게서 메일이 왔다.

이상각 신부님께

티 채플 진행이 중단되었습니다.

이 프로젝트를 지속할 수 있는 자금이 부족한가요? 티 채플은 지어질 수 있을까요?

내가 지어질 수 없다는 가능성에 대해 우려해야 할 상황입니까?

나는 진심으로 우리가 이 소박하고 단순하며 아름다운 건축물을 실현시킬 수 있기를 바랍니다.

위로가 되는 답변을 주시길 기대합니다.

페터 춤토르

'티 채플은 지어질 수 있을까요?'

금방 지을 것처럼 서두르다가 갑자기 아무런 연락이 없자 그가 먼저 연락을 해 온 것이다.

위로가 되는 답변을 기대하고 있겠다는 그의 말에 나는 그동안의 일을 솔직하게 고백하기로 마음먹었다.

페터 선생님께

잘 지내고 계시지요? 답장이 늦어졌습니다.

당신의 메일을 받고, 죄송스러운 마음과 어떻게 이 상황을 설명하면 좋을지 고민하는 동안 시간이 흘렀습니다.

우선 그간의 일들을 설명하겠습니다.

처음 티 채플을 짓고자 했을 때에는 온전히 저의 힘으로만 실현하려는 계획이었습니다. 그러나 전체 성지를 조성함에 있어서 재정적인 도움이 있었으면 좋겠다는 판단으로 문체부-경기도-화성시와 연계하여 지원을 받고자 했습니다. 정부에서는 해외 설계사에 바로 설계비를 지급할 수 없어 한만원 소장의 이름으로 프로젝트 컴퍼니를 설립하고 계약서를 만들었던 이유입니다.

작년 봄, 당초 예정된 지원금만으로는 공사비가 충분하지 않겠다는 생각이 들어 증액과 기간 연장을 화성시에 요청하였습니다. 화성시에서는 원래 계약대로 2022년에 완료하기를 원했습니다. 이에 작년 여름 급히 할덴슈타인에 방문하여 빠른 시작을 요청했던 것입니다.

또한, 후원금을 모금하고자 전시를 생각해 보기도 하였습니다. 전시를 거절하신 당신의 의사도 존중하고 이해합니다.

안타깝게도 화성시의 후원은 종료되었습니다. 설계비의 지급 등에 대한 정부의 기준을 맞추기도 까다로울뿐더러 건축에 대한 이해가 없는 사람들과 함께 일하는 것도 쉽지 않았습니다. 차라리 원래의 계획대로 제 스스로의 힘으로 티 채플을 꼭 실현시키려고 합니다.

작년 가을 채주아 씨의 방문을 통해 2021년 7월에 작성된 사업비가 물가 상승 등의 이유로 더 증액될 것이라는 얘기를 전해 들었습니다. 우선 당장은 쉽지 않겠지만 방안을 강구하고 있습니다.

우선 올여름에 남양성지 전체 프로젝트를 소개하는 부클릿(booklet)이 출판됩니다. 또한, 지금은 조경공사가 한창 진행 중인데 이것이 마무리되면 동영상을 촬영하려고 준비하고 있습니다. 대성당을 비롯한 성지의 건축 프로젝트들을 소개하려고 합니다. 물론 티 채플에 관해서도 소개하는 영상을 만들고 싶은데 허락해 주시면 감사하겠습니다.

이 모든 홍보작업은 단순히 종교시설이 아니라 도시의 공원으로서 모든 사람들을 반갑게 초대하고 싶은 저의 마음을 알리고, 사람들에게 크고 작은 재정적인 도움을 요청하기 위해서입니다. 선생님의 작품이 한국에 지어지기를 소망하는 저의 친구들이 주변에 있습니다. 이들과 함께 구체적인 실현 계획을 세워보고 있습니다.

한편 저는 작년 가을 채주아 씨를 새로운 로컬 건축가로 정했습니다. 지금은 저와 함께 작은 소책자들을 만들고 영상 제작자를 찾는 일을 도와주고 있습니다. 곧 할덴슈타인에 가서 설계를 마무리 지을 수 있도록 하겠습니다.

저는 처음 선생님을 만났을 때부터 당신이 하신 모든 말씀들을 다 기억하고 있습니다. 그리고 이 프로젝트를 포기하지 않고 꼭 지으려고 합니다.

베르크라움에서의 전시 소식을 들었습니다. 오는 초여름에 찾아가려고 합니다. 가는 길에 할덴슈타인에 들러 아틀리에의 아름다운 정원에서 선생님을 뵙고 차를 한 잔 나누고 싶습니다.

23년 4월 19일
남양에서 이상각 신부

이상각 신부님께,

보내주신 편지 감사합니다. 나는 당신이 티 채플을 짓겠노라 굳건히 다짐하셨다는 사실에 매우 기쁩니다. 티 채플은 멋진 프로젝트입니다. 우리 둘 다 이것이 실현되는 것을 보아야만 합니다.

물론, 나는 당신이 재원을 확보할 때까지 기꺼이 기다릴 것입니다.

다시 일을 시작해도 좋다고 그린 라이트를 보내주실 순간을 고대하겠습니다.

진심으로, 페터 춤토르

춤토르는 말했다.

"나는 이 건물을 안다. 신부님과 나는 이 건물의 완성을 보아야만 한다."

자신의 인생의 9년을 바쳐 완성한 티 채플, 춤토르는 그것에 대해 '잘 익은 포도주' 같다고 했다. 이제 잔을 들어 마시기만 하면 되는데….

도움이 간절히 필요하다.

 3부

제가
이 일을 해도
되겠습니까

01
성 요셉, 이 기도를 들어주시면
성지에 당신을 위한 경당을 짓겠습니다!

　대성당 공사가 진행되면서 하루에도 수 차례씩 덤프트럭과 포클레인, 레미콘 등 대형차들과 장비들이 드나들었지만, 순례자들이 겪은 불편은 전혀 없었다. 주차장 끝에서 성지 외곽으로 돌아들어오는 공사용 외곽도로 덕분이었다. 순례자들이 다니는 길과 공사 차량들이 드나드는 길이 분리되어 있어서 공사가 진행되는 것과 상관없이 순례자들은 조용한 가운데 기도를 계속 할 수 있었다. 요셉 성인의 도움이 아니었다면 이 외곽도로는 만들어지지 못했을 것이다.

　성지를 개발하면서 여러 가지 어려운 일들이 많았지만 그 가운데서도 땅을 사는 일만큼 쉽지 않은 일도 없었던 것 같다. 돈이 없어서도 그랬지만, 땅 사는 일의 어려움은 단지 돈 때문만이 아니었다. 특히 좋은 땅일수록 그랬다. 땅 주인이 팔지 않겠다고 하면 돈을 가지고 있어도 아무런 소용이 없었기 때문이다. 팔지 않겠다는 땅 주인의 마음을 돌리는 일이 그 무엇보다 힘들고 어려웠다.

　지금 빛의 신비 묵주기도 길과 외곽도로가 만들어져 있는 땅의 경우도 그랬다. 성지의 입장에서는 꼭 필요한 땅이었지만, 땅 주인의 입장에서는 하루 종일 해가 드는 양지바른 땅인데다 조상들의 묘까지 모셔져 있어서 굳이 팔아야 할 이유가 없었다.

"이 땅 주인을 아신다구요?"

"네, 제 초등학교 동창입니다."

"그럼, 만나서 팔라고 이야기 좀 해주세요. 이 땅이 성지에서 꼭 필요합니다."

"글쎄요. 만나는 보겠지만 그렇게 좋은 땅을 팔려고 하겠어요? 양지바르고 올라가서 보면 남양 시내도 다 내려다보이고 거기 부모님 묘도 모셔져 있는 것으로 아는데… 잘 계시는 부모님 묘를 이장하는 게 쉽지 않지요. 우리나라 사람들이 묏자리 옮기는 걸 조심스러워하잖아요. 잘못 옮기면 안 좋은 일 생긴다고 믿으니까… 그 친구 지금 일도 잘되고, 아주 잘 나가고 있어요. 경제적으로도 전혀 부족함이 없구요."

"그래도 한번 만나보세요."

토지 대장을 떼어 땅 주인을 확인하고, 초등학교 동창을 보내서 땅을 팔라고 이야기해 보았다. "신부님, 그 친구가 웃어요. 부모님 묘도 모셔져 있는데 왜 파냐고. 그 땅을 파는 일은 결코 없을 거라구요."

그래도 그 땅을 꼭 사야 했기에 이듬해에는 중학교 동창을, 그다음 해에는 고등학교 동창을 또 보냈다. 그렇게 10년 가까운 세월 동안 땅 주인과 친분이 있다는 사람들을 차례로 보내서 땅을 팔라고 이야기했지만 돌아오는 대답은 늘 같았다.

"팔지 않겠습니다. 그 땅을 파는 일은 없습니다."

그러나 그 땅은 내 편에서도 결코 포기할 수 없는 땅이었다. 15단 묵주기도 길을 만들 계획도 가지고 있었고, 무엇보다 외곽도로를 만

들려면 그 땅이 꼭 필요했기 때문이다.

'무슨 방법이 없을까? 그 땅은 정말 꼭 사야 하는데…'

그러나 내가 할 수 있는 일은 다 한 것 같았다. 그렇다면…

'요셉 성인께 도움을 청해 보자!'

어려운 일이 있을 때마다 도와주셨던 요셉 성인이 생각났다.

나는 요셉 성인께 기도를 드렸다.

"성 요셉 도와주세요. 앞으로 성당도 지어야 하고 피정 집도 짓고 싶고… 공사를 하기 위해서는 외곽도로가 있어야 합니다. 그리고 묵주기도 길도 더 연장해서 더 많은 묵주기도가 이곳에서 바쳐지게 하고 싶어요. 그러자면 저 땅을 꼭 사야 합니다. 요셉 성인께서 저 땅을 사게 도와주시면 여기 성모님의 집에 요셉 성인께 기도드리는 경당을 지어드리겠습니다. 아직 우리나라에는 당신의 이름으로 찾아가 기도드릴 수 있는 곳이 없지 않습니까? 당신의 이름으로 찾아가 기도드리는 경당을 제가 지어드리겠습니다. 도와주세요."

그렇게 개인적인 서약을 드리고 얼마 후 요셉 성인 대축일을 맞이했다.

많은 신자들이 요셉 성인의 대축일을 축하하기 위해 성지로 모여왔다. 얼마나 많은 신자들이 왔는지 경당을 꽉 채우고도 자리가 부족해서 제대 위에까지 올라와 앉아야 했다. 미사를 봉헌하면서 신자들에게 이야기했다.

"성지에서 지난 10년 동안 사려고 했지만 사지 못한 땅이 있습니다. 대형 십자가와 마주보고 있는 저 오른쪽 산인데, 저는 그 땅을 사서 묵주기도 길도 연장하고 공사 차량이 드나드는 외곽도로도 만들 계획을 가지고 있습니다. 또 뒤쪽으로 나무도 더 많이 심어서 성지 안에서 밖이 내다보이지 않게 하고 싶습니다. 만약 우리가 사지 못한 그 땅에 주인이 건물이라도 짓게 되면 건물 안에서 성지 전체를 한눈에 굽어보게 될 것이고, 그렇게 되면 기도의 분위기는 물론 성지의 자연경관 또한 훼손될 수밖에 없습니다. 제가 지금까지 그 땅을 사기 위해서 할 수 있는 여러 가지 방법을 시도해 보았지만, 살 수 없었습니다. 오늘 요셉 성인 대축일에 성지에 순례 오신 여러분과 함께 요셉 성인께서 그 땅을 살 수 있도록 도와주시라고 청하고 싶습니다. 요셉 성인은 성모님의 보호자시므로 성모님의 집을 짓고 가꾸는 일에 누구보다 관심이 있으시고, 도와주실 수 있는 힘 있는 분이라고 믿기 때문입니다. 여러분도 모두 그렇게 생각하시지요?"

"네!"

신자들의 힘찬 대답이 돌아왔다.

나는 더욱 힘이 나서 이야기를 계속했다.

"저와 함께 요셉 성인께 기도해 주십시오. 그리고, 여러분! 오늘 여러분 앞에서, 여러분과 함께 요셉 성인께 약속을 드리고 싶습니다. 사실, 제가 개인적으로 요셉 성인께 서약을 드렸는데, 여러분과 함께 하면 더욱 힘이 있을 것 같습니다. 저는 요셉 성인께 약속을 드렸습니다. 요셉 성인께서 그 땅을 사게 도와주시면 성지에 요셉 성인께 기도하는 경당을 지어서 바치겠다고 말입니다. 이러한 저의 뜻에 함께 해주실 거지요?"

"네!"

미사를 봉헌하는 500여 명의 신자들이 다 함께 약속을 드렸다.

그리고 미사 후 몇몇 순례자들과 함께 그 땅에 가서 기적의 메달과 스카풀라를 묻었다. 그러면서 다시 한번 요셉 성인께 말씀드렸다.

"요셉 성인님, 이 땅을 사게 해주시면 성지에 당신을 위한 경당을 꼭 지어드리겠습니다."

그런데 기도의 응답이 그렇게도 빨리 오다니! 나는 정말 깜짝 놀랐다. 바로 그날 저녁, 땅 주인이 직접 만나자고 연락을 해 왔기 때문이다. 그러고는 10년이 넘도록 그렇게 팔지 않겠다고 하던 땅을 팔겠다며 다음 날 바로 계약을 하자고 했다. 어리둥절할 새도 없이 일사천리로 일이 진행되어 얼마 지나지 않아 잔금까지 모두 치르고 진짜로 땅문서를 넘겨받게 되었다.

요셉 성인께서 우리의 기도에 얼마나 빠르게 응답하시는지 나는 이렇게 체험했다.

그런데 요셉 성인께 기도하는 경당을 지어바치겠다는 나의 약속은 20년 만에야 실현되기 시작했다.

02

그 어느 것도 무겁지 않다!

어떻게 세계적인 건축가 두 사람이 경기도의 한 작은 마을에서 작업하게 되었는지 많은 사람이 궁금해한다. 마리오 보타와 페터 춤토르가 한 장소에 자신들의 작업을 하고 있다는 사실은 분명 놀랍고 특별한 일이다. 이 일은 하루아침에 우연히 이루어진 일이 아니다. 오랜 시간 꿈꾸며 기다리고 노력해 온 결과이다. 앞으로 몇 년 내에 세계적인 건축가 두 사람의 작품을 남양성모성지에서 만나게 될 것이다. 이것은 많은 이들에게 기쁨이고 축복이 될 것이다.

그 일들과 함께 내가 꼭 지켜야 할 약속이 하나 있다. 그것은 요셉 성인께 약속드린 경당을 짓는 일이다.

'세계는 넓고 할 일은 많다.'고 했던가! 하지만 나에게는 '할 일은 많고 시간은 없다.'

남양은 땅은 넓지만 사실상 건축물을 지을 수 있는 땅은 많지 않다. 그리고 건축물을 함부로 지으면 성지의 경관과 전체적인 분위기를 망쳐버릴 수 있다. 사람에게 지문이 있고 그 지문이 사람마다 다른 것처럼 땅(대지)에도 지문이 있다. 아무 곳에나 아무렇게나 건물을 지어서는 안 되는 이유이다. 땅의 지문을 잘 읽고 땅의 소리를 들을 수 있어야 한다. 대지가 원하는 건축과 다른 건축을 하게 되면 그 땅이 가지고 있는 아름다움과 영적인 기운, 분위기를 다 잃어버리게 된다.

마리오 보타의 대성당과 춤토르의 티 채플, 요셉 성인 경당 그리고 할 수만 있다면 성지 안에 필요한 건물들…. 사무실, 식당, 전시관, 북 카페, 성물방, 블랙박스형 공연장 등을 모두 내 손으로 지어놓고 떠나고 싶다. 하지만, 시간도 없고, 돈도 없고 나 혼자서는 도저히 할 수 없는 일들이다. 대성당을 짓는 일 하나만도 쉽지 않은데, 어떻게 다른 일들을 생각할 수 있겠는가? 그것은 현실적으로 불가능에 가깝고 나의 욕심이라고 해도 변명의 여지가 없다.

'그게 정말 사실이었을까?'

어떠한 전설을 들으면서 종종 하게 되는 질문이다. 전설이 전하고자 하는 내용을 글자 그대로만 해석하려고 할 때 우리는 더 깊은 곳에 자리 잡고 있는 원래의 의미를 놓치게 될 수도 있다. 마음을 열고 믿음을 가지고 들으면 어쩌면 우리는 그 믿기 어려운 이야기들을 우리의 삶 가운데서 경험하게 될지도 모른다.

베네딕토 성인과 무거운 돌에 관한 전설이 나에게는 그랬다. 새 수도원을 지을 때의 이야기라고 한다. 아주 큰 바윗덩어리를 다른 곳으로 옮겨야 했는데, 어찌나 크고 무거웠는지 여러 사람이 아무리 애를 써도 꿈쩍도 하지 않았다고 한다. 그때 수도원장인 베네딕토 성인이 그곳을 지나다가 그들 가까이에 다가가 바윗덩어리와 수도승들 위에 성호를 그었다. 그리고 그 이후의 일은 더 이상 이야기하지 않아도 짐작할 수 있을 것이다.

모든 일이 그렇게 쉽게 풀린다면 얼마나 좋을까?

그런데 나에게도 어느 날 정말로 그런 일이 일어났다. 내 마음을 무겁게 짓누르던 바윗덩어리같이 큰 걱정도, 도저히 할 수 없을 것 같아 포기하려던 일도 어느 순간 가벼워지고 술술 풀리게 되는, 그런 기적 같은 순간이 말이다.

2016년 3월 초의 일이다. 미사를 봉헌하는데 점잖아 보이는 신사 세 분이 눈에 띄었다. 처음 보는 분들이었다. 성지에는 거의 매일 새로운 사람들이 찾아오기 때문에 그렇게 새로운 일도 아니었지만 이상하게 신경이 쓰였다. 그런데 미사 후에 그분들이 나를 만나고 싶다고 했다. 자리에 앉자마자 그 가운데 한 형제님이 말씀하셨다.

"신부님, 성모님께서 '남양에 가서 신부님을 도와주어라.'라고 하셔서 왔습니다."

하마터면 "네?"라고 반문할 뻔했다. 어떻게 받아들여야 할지 몰라 당황하고 있을 때, 그분이 말씀을 계속하셨다.

"지난 2011년에 신부님께서 볼티모어(Baltimore) 성당에 강론하러 오셔서 말씀하셨습니다. '왜 제가 이곳 볼티모어 성당에 오게 되었는지 모르겠습니다. 그러나 성모님의 뜻이 계시겠지요.'라고. 아마도 오늘 저의 방문이 그날 신부님이 말씀하신 뜻이 아닌가 싶습니다. 신부님, 지금 도움이 필요하신 일이 있지 않습니까?"

'혹시 이상한 사람 아니야?' 혼란스러웠다. 내가 그저 의아한 표정을 지으며 아무런 대답도 하지 못하자 그 형제님이 다시 진지하고 분명하게 말씀하셨다.

"저는 볼티모어에서 왔습니다. 성모님이 '가서 도와라.'라고 하셔서 왔습니다. 여기 이 친구들도 앞으로 신부님께 필요할 일을 할 수 있는 친구들이라 함께 데리고 왔습니다. 저는 조류 인플루엔자 백신을 연구하고 있습니다. 그리고 이 친구는 ○○대학교 교수이며 ○○병원

과장이고, 이 친구도 ○○대학병원 과장입니다."

자신을 미카엘이라고 소개한 그분은 함께 온 친구들도 소개해 주었는데, 그분 말씀에 따르면 세 분 모두 박사였다. '그렇다면 이상한 분들은 아닌 것 같은데…'라며 계속 이야기를 나누게 되었다. 도움이 필요한 일이 없느냐고 자꾸 물으시니, 정말 도움이 필요한 일에 대해 말씀드려 보자 하는 생각이 들었다.

"사실, 제가 요즘 '평화의 모후 왕관의 열두 개의 별' 성체 현시대 제작 비용 모금으로 어려움을 겪고 있습니다. 평화의 모후 왕관의 열두 개의 별은 (이러이러)한 의미에서 (이러이러)하게 진행되어 온 일입니다. 몇몇 분들에게 모금을 부탁드려서 비용을 마련하고 있지만, 아직 많이 부족한 상태입니다. 대성당 건축비 모금을 하고 있는 상태에서 또 다른 모금을 하는 일이 쉽지 않아서 어려움을 겪고 있습니다."

이야기를 꺼내자마자 미카엘 형제님이 "그럼 그 부족한 금액을 제가 봉헌하겠습니다."라며 1억 원을 바로 봉헌하셨다. 그리고 열두 개의 별 성체 현시대가 설치되면 경당에서 사용하고 있는 제대와 감실도 함께 교체해야 한다고 하자, 그 비용 5천만 원도 당신이 내시겠다고 하셨다. 또 아래 성체 조배실의 감실도 바꾸려고 한다고 하자, 함께 온 친구분 중 한 분이 "그건 제가 하겠습니다."라고 말씀하셨다.

어떻게 하면 좋을지 정말 막막하던 일들이었는데, 갑자기 찾아온, 처음 만난 형제님들이 그렇게 한꺼번에 모두 다 해결해 주셨다. 이러한 일을 어떻게 설명해야 할지…. 그저 은총이며 믿음 안에서 이루어진 신비로운 일이라는 생각밖에 들지 않았다. 그래서 평소에 내가 걱정하고 있던 한 가지 일을 더 말씀드렸다.

"대성당을 지으려고 준비하고 있습니다. 비용이 ○○만큼 많이 들어가는 성당입니다. 대성당은 순수하게 종교적인 건물이므로 신자들에게 모금해서 지을 것입니다. 그런데 지금 세계적인 건축가 페터 춤토르와 함께 티 채플도 작업하고 있습니다. 이것은 종교적인 것일 수도 있지만 종교적이지 않을 수도 있습니다. 신자들만이 아니라 모든 사람에게 오픈하는 공간입니다. 대성당 기금을 모금하면서 동시에 티 채플 모금도 해야 해서 어려움이 많습니다. 제 생각에 티 채플은 종교적이라기보다 문화적인 사업이기 때문에 국가나 지자체로부터 지원을 받을 수 있을 것 같은데 어떻게 그런 도움을 받을 수 있는지 방법을 잘 모릅니다."

내 이야기를 듣던 미카엘 형제님이 말씀하셨다.

"신부님, 신부님께 소개해 드릴 사람들이 있습니다. ○○성지 박물관 일을 한 친구들인데, 기획을 해서 국가로부터 예산 지원을 받은 경험이 있습니다."

"오, 정말이세요? 사실, 제가 ○○성지 이야기를 듣고 '왜 그런 분들이 우리 성지에는 안 오실까?' 하는 생각을 했었습니다."

"○○성지 신부님께 그 친구들을 소개해 준 사람이 바로 접니다. 내일 제가 그 친구들과 다시 오겠습니다."

/ 03 /

다시 가슴이 뛴다!

미카엘 형제님은 바로 다음 날 알비노와 안토니오, 두 형제님을 모시고 다시 성지에 오셨다. 그분들이 ○○성지 박물관 작업을 하는 데 국가 지원을 받을 수 있도록 도와준 분들이라고 했다. 나는 내가 하고 싶은 일들에 대해 다시 말씀드렸다.

"페터 춤토르라는 세계적인 건축가와 성지에 티 채플 작업을 하고 있습니다. 티 채플은 이름 그대로 차를 마시는 공간입니다. 그러나 단순히 차를 마신다는 의미를 넘어서 성지에 오는 모든 이들을 따뜻하게 맞이하고 대접해 줌으로써 휴식과 위로, 치유를 가져다주는 공간이 될 것입니다. 환대의 집이라 할 수 있을 것입니다. 사실 저는 처음에 춤토르에게 자비로우신 예수님의 경당을 부탁했습니다. 그런데 춤토르가 이런 이야기를 했습니다. '영적인 체험을 꼭 경당과 같은 종교적인 건물 안에서만 할 수 있는 것은 아니라고 생각한다. 하늘을 바라본다든지, 바람을 느끼는 것과 같은 아름다운 자연 안에서, 그리고 훌륭한 건축물이 만들어 내는 특별한 공간 안에서도 얼마든지 하느님을 만날 수 있고 영적인 체험을 할 수 있다.' 춤토르는 종교적이지 않은 공간 안에서 오히려 종교적인 체험을 할 수 있다는 이야기를 했습니다. 저도 그의 이야기에 공감했습니다.

또 성지에 천주교 신자들만이 아니라 천주교 신자가 아닌 사람들도 맞이할 공간이 필요하다고 생각했습니다. 모든 이들을 사랑하고 따뜻하게 맞이하는 것이 가톨릭 정신이기도 하니까요. 티 채플은 그렇게 모든 이들을 위한 공간이 될 것입니다. 그런데 건물을 짓기 위해서는 돈이 필요합니다. 사실 자금 조달에 어려움이 좀 있습니다. 지금까지 성지는 순수하게 가톨릭 신자들의 헌금으로 조성되고 유지되어 왔습니다. 그런데 이곳에 일반인들을 위한 공간을 만드는 데 신자들에게만 함께해 달라고 이야기하는 것이 조심스럽고, 또 사실은 많이 죄송스럽기도 합니다. 다들 어렵고 힘든 가운데서 성지를 가꾸는 데 함께해 주시고 계시다는 걸 알기 때문입니다. 그리고 무엇보다 지금 성지에 대성당을 짓기 위한 모금도 하고 있습니다. 대성당 짓는 일만도 쉽지 않은데 이 일을 함께해 나가야 하니 많이 어려운 것이 사실입니다."

"마리오 보타도 그렇고 페터 춤토르도 그렇고, 두 분은 정말 우리 시대 최고의 건축가들이 아닙니까! 그러한 건축가들과 함께 일하고 계신다는 자체만으로도 믿을 수 없을 만큼 놀라운 일입니다. 지금 신부님께서 계획하고 계신 일들은 종교를 뛰어넘어 문화적 가치가 있는 일들입니다. 이 일이라면 국가 지원을 충분히 받을 수 있을 것 같습니다. 그런데 지금이 3월이라 내년 2017년 지원 사업이 되기 위해서는 조금 늦은 감이 있습니다. 이 일은 그냥 막연하게 할 수 있는 일이 아니라 여러 가지 다양한 자료들이 준비되어야 진행할 수 있기 때문입니다. 그런 다음에 타당한 접근 방법을 찾아 나가야 합니다."

"어떤 자료들이 필요한지 모르겠습니다. 그동안 성지개발을 하면서 막연하게 해오지는 않았습니다. 세 번에 걸쳐 마스터플랜을 했습니다. 건축문화 김영섭 소장님과 함께했고, 한국예술종합학교의 김종규 소장님과도 했고, 서울대학교 건축과 학과장이셨던 김광현 교수님과도 했습니다. 그 자료들이 다 있습니다."

나는 성지의 마스터플랜 등 그동안 작업해 온 자료들을 찾아 보여주었다.

"성지개발을 하면서 이런 자료를 준비하셔서 하는 곳이 드문데 이렇게 좋은 자료가 있다면 지금부터 준비해도 되지 않을까 싶습니다. 제가 보기엔 충분히 가능성이 있어 보입니다. 일단 이 자료들을 가지고 신부님 계획을 어떻게 이룰 수 있을지 연구해 보고 다시 연락드리겠습니다."

며칠 후 정말 연락이 왔다.

"신부님이 자료를 잘해 놓으셨고 추진하고자 하는 일들이 정말 좋기 때문에 생각보다 일이 잘 풀릴 것 같습니다. 다음 주에 문체부 가톨릭 담당 종무관과 함께 성지로 찾아뵙겠습니다."

그렇게 해서 2016년 4월 초, 성지에서 종무관을 만나게 되었다. 그가 나에게 다음과 같은 이야기를 했다.

"대성당은 종교적인 것이므로 지원이 어렵지만 티 채플이나 사무실, 식당 같은 부속 건물들은 가능합니다. 그러나 그것을 어떻게, 어떠한 명분으로 제안할 것인가는 연구가 좀 더 필요합니다. 그리고 이 사업이 추진되기 위해서는 화성시에서부터 이루어져야 하고, 경기도의 적극적인 협조가 있어야 합니다. 그러자면 공무원들을 설득하고 그들의 협조를 얻을 수 있는 명분이 필요합니다. 단순히 종교적인 일이라면 협조를 얻을 수도 없고 추진 자체가 불가능합니다. 그리고 또 그 전에 무엇보다 이런 일을 추진해도 좋다는 주교님의 허락과 협조가 있어야 합니다. 만일 일을 다 추진했는데 주교님께서 '나는 원치 않는다.'고 하시면 공무원들이 힘들어질 수 있습니다. 처음 추진 단계에서부터 주교님의 허락이 계셔야 합니다. 저는 신부님께서 하고자 하시는 일의 계획이나 지금까지 해 오신 일을 볼 때 충분히 가치가 있고 추진할 만한 사업이라고 생각합니다. 제 생각에는 티 채플이나 사무실, 식당만이 아니라 사업을 좀 더 확장하는 것도 괜찮겠다 싶습니다."

종무관의 이야기를 들으며 한동안 걱정과 근심으로 오그라져 있던 가슴이 다시 뛰기 시작했다. '오, 이것이 정말 가능한 일이라니!'

성모님께서 도와주고 계신다는 생각이 들었다. 성 요셉께서도…. 아, 성 요셉! 나는 이 사업 안에 성 요셉의 경당을 포함해야겠다고 생각하였다. 성 요셉의 경당을 지어 봉헌하는 일은 내가 남양을 떠나기 전에 꼭 지켜야만 하는 약속이기 때문이다.

"추진해 볼 만한 좋은 계획이라고 하시니 고맙습니다. 그렇다면 저도 한번 부딪쳐보겠습니다. 화성시, 경기도 공무원들과 만나 가능성을 타진해 보고 주교님도 찾아뵙겠습니다."

나는 먼저 경기도지사와의 면담을 요청했다. 약속을 잡고 사업 추진 제안서와 필요한 자료들을 준비했다. 사업 추진 제안서를 만드는 과정에서 춤토르의 티 채플만이 아니라 성지 사무실과 성물방, 식당, 북 카페, 공연장(연극, 뮤지컬, 영화), 전시관, 마리아 도서관 등 순례자 및 방문객들에게 꼭 필요했던 편의 및 문화 공간들이 추가되었다. 그리고 성 요셉 경당도 포함시켰다.

2016년 5월 4일 경기도지사와 미팅을 했다. 우리가 준비해 간 자료와 프레젠테이션을 들은 경기도지사는 다음과 같이 말했다.

"이미 세계적인 건축가들이 참여해서 대성당과 티 채플을 설계함으로써 문화적인 관심도가 높아졌고, 또 그곳에 한국의 미래를 짊어지고 갈 건축가들과 함께 여러 시설을 건축해 나간다면 화성시와 경기도뿐만 아니라 우리나라 전체의 훌륭한 문화적 자산으로서의 가치가 예상되며 지역 주민의 문화를 위해서도 좋은 공간이 될 것으로 기대됩니다. 국비 사업으로 하게 된다면 경기도에서도 국비에 맞춰서 적극적으로 참여하겠습니다."

경기도지사와의 미팅을 통해 사업 추진 가능성에 대한 자신감을 얻게 되었다. 그리고 이어서 5월 12일, 화성시장과도 미팅을 가졌다. 화성시장 또한 깊은 관심과 함께 "화성 지역의 랜드마크가 될 것이며, 문화적인 공간이 될 것이고 관광과 지역 경제 활성화에 도움이 예상되므로 적극 지원하겠습니다."라며 관계 공무원들이 적극적으로 이 사업을 추진할 수 있도록 힘을 실어 주었다.

04
제가 이 일을 해도 되겠습니까?

국비 사업 추진을 본격적으로 하기 전에 주교님을 찾아가야 할 차례가 되었다. 그러나 마음이 무거웠다. 사실, 교구 사제가 나처럼 한곳에서 오랫동안 머물며 사목하는 경우는 무척 드물다. 내가 계속 남양에서 성지를 개발하며 성모 신심을 전하는 일을 할 수 있었던 것은 주교님의 배려 덕분이었다.

남양 순교지를 성모님께 봉헌해 드린 지 20주년이 되는 해였다. 성지를 맡아 개발해 온 20년 동안 내가 한 일을 한마디로 요약하라고 하면 아마도 '땅 매입'이라고 할 수 있을 것이다. 남양이 한창 신도시로 개발되는 가운데 성지를 지키기 위해서 내가 할 수 있는 일은 성지를 둘러싸고 있는 주변의 땅을 매입하는 것밖에 없었다.

2011년, 성지 봉헌 20주년을 지내면서 이제는 성모님께 바치는 대성당을 지을 때가 되었다고 생각했다. 성모님 성당을 짓는 일은 성지 개발을 시작하면서 맨 처음 성모님께 약속드린 일이기도 하다.

나는 성모님께 바칠 집을 짓는데, 아무하고나 일하고 싶지는 않았다. 가능하면 춤토르나 보타와 같은 세계적인 건축가들과 함께 일하고 싶었다. 하지만 그들은 너무 멀리 있었고, 만나는 것도 쉽지 않았다. 그래도 나는 어떻게든 시도해 보고자 했다. 그들과 연락을 취하기 위해 이 사람 저 사람 인맥을 총동원하여 이렇게 저렇게 방법을 찾고 있었다.

그즈음 주교님께서 나를 부르셨다.

"잘 달리고 있는 말에 멍에를 지우지 말라고 했는데 내가 지금 그러는 것이 아닌가 좀 걱정이 됩니다. 신부님께서 지금까지 성지를 맡아 훌륭하게 잘 가꿔 오셔서 그 점에 대해 무척 고맙게 생각합니다. 그런데…이제 신부님도 본당에 한 번 나가 보는 것은 어떠세요? 신부님 의견은 어떤지 듣고 싶습니다."

인사권은 주교님께 있으니 나는 주교님께서 가라고 하시면 언제라도 "예"하고 떠나야 하는 것이 맞다. 그런데 주교님께서는 감사하게도 나에게 먼저 의견을 물어봐 주셨다.

"주교님께서 떠나라고 하시면 가야지요. 그런데 제가 1989년에 물에 빠진 아이를 구하다가 죽음 직전까지 갔다가 살아나 성모님께 약속드리고 지금까지 성모님의 일을 해 왔다는 것을 주교님께서도 아실 겁니다. 주님의 은총과 성모님의 도우심 속에서 나름대로 열심히 해 왔습니다. 그런데 지금까지 제가 한 일은 땅을 사는 일이 대부분이었습니다. 사실 이제 막 건축을 해야겠다 싶은 단계에 와 있습니다. 하지만 남양성모성지의 건축 관계 일이 쉽지 않습니다. 법적으로 풀어야 할 문제도 있고, 화성시의 긴밀한 협조를 얻어내야 합니다. 그리고 남양은 땅이 넓은 것 같지만 건축물을 지을 장소는 그렇게 많지 않습니다. 건축물을 깊은 생각 없이 자연환경과 맞지 않게 지으면 그동안 성지가 가져온 이미지가 깨져 버리기 쉽습니다. 그래서 건물을 짓는 것 자체가 조심스러운 일입니다. 장소 선정과 그 장소에 맞는 건축 설계가 중요합니다. 저는 오랫동안 이런 일을 꿈꾸고 계획해 왔습니다. 주교님께서 저에게 기회를 주신다면 제가 세계적인 건축가와 함께 성모님께 봉헌하는 특별한 대성당을 짓고 싶습니다. 이 일은 오랫동안 제 마음에 품고 있던 아름다운 꿈입니다. 주교님께서 허락해 주시면 이 일을 추진해 보고 싶습니다."

사실 지금 성지에서 보내고 있는 나의 시간은 그렇게 해서 유예된 기간인 셈이다.

그런데, 대성당 건립도 기금 마련이 쉽지 않아 착공이 몇 년이나 미루어진데다 공사가 시작된 이후로도 생각보다 오랜 시간이 걸리고 있다. 가뜩이나 그런 상황에서 또 다른 국비 사업을 추진해 보겠다고 하면 주교님께서 뭐라고 하실까? 아마도 내가 남양을 떠나기 싫어서 자꾸 일을 벌인다고 생각하시지는 않을까? 정말 고민이 되었다. 그렇다고 포기하기엔 너무나 아까운 일이었다. 용기를 내야 했다.

총대리 주교님께 전화를 드려 약속을 잡고 찾아뵈었다. 먼저 다른 교구의 상황, 서울대교구와 대전교구 등에서 국비 지원을 추진한 사례들을 말씀드리며 남양에서 이러이러한 일을 하고자 하는데 이런 일에 대해 국가 지원을 받을 수 있을 것 같다는 말씀을 드렸다.

"사실 지난번에 주교님께서 저에게 하신 말씀도 있고 대성당을 짓는 데만도 시간이 오래 걸리기 때문에 그 기간 동안 춤토르의 티 채플과 작은 성 요셉 경당까지만 봉헌하고 더 이상 일을 벌이지 않으려고 했습니다. 그런데 지난해 뜻하지 않게 일이 생겼습니다. 오랫동안 사무실과 휴게실 및 순례자들의 식사 장소로 사용해 왔던 파고라를 철거해야만 하는 일이 생겨난 것입니다."

나는 그동안의 일들을 자세히 말씀드렸다.

"2014년 6월, 갑작스럽게 화성시에서 1억 원이 넘는 벌금통지서가 날아왔습니다. 파고라(pergola) 사용에 관한 것이었습니다. 파고라가 있던 땅이 시유지였기 때문에 94년에 한 차례 벌금(사용료)을 내고 매입하고자 했지만 아무런 답변이 없었습니다. 이후로 사용료나 임대계약에 관한 연락을 받은 일이 한 번도 없었는데 갑자기 많은 사용료를 내야 한다는 통보가 온 것입니다. 이미 나온 벌금은 내더라도 거기 있던 파고라는 존치한 채로 매입하고자 온갖 노력을 다했지만, 철거를 해야만 매입이 가능하다고, 그것이 법이라고 해서 올 초 부득이하게 철거 할 수밖에 없었습니다. 그리고 그 땅을 매입했습니다. 공시지가만 12억 원 가까이 되는 땅이었습니다. 문제는 파고라 안에 있던 사무실을 어딘가로 이전해야만 하는 겁니다. 사무실을 이전할 공간이 없어 고민하다가 순례자들의 식당으로 사용하고 있는 '비닐하우스' 안으로 사무실을 이전했습니다. 문제는 이 비닐하우스도 불법건축물로 고발되어 철거해야 하는 상황인데 벌금만 내고 있다는 것입니다. 또 비닐하우스를 식당으로 사용하는 것 자체가 위생법에 저촉되기 때문에 만일 위생과에서 알게 되면 식당 폐쇄 명령이 나올 겁니다. 그러면 순례자들의 식당이 없어집니다. 당장 사무실, 식당, 휴게시설 등의 건물이 필요하게 된 겁니다. 대성당 신축과 동시에 이러한 편의시설들까지 신축한다는 것은 정말 어려운 일입니다. 그래서 무슨 방법이 없을까? 생각하고 또 생각하다가 추진하게 된 것이 국비와 지방비 보조금을 받는 일이었습니다. '문화가 없는 중소 도시에 문화를 만들어 가고 있다.'는 지역의 평가에도, '세계적 건축계의 거장 두 사람과 작업하는 특별한 공간'이라는 언론의 평가에도 불구하고 마리오 보타의 대성당은 실질적인 종교 행위가 일어나는 장소이므로 문체부의 종교시설 지원 대상이 될 수 없었습니다. 그러나 춤토르의 건물은 모든 이에게 열린 공간이며 치유와 위로의 공간이 될 것입니다. '종교시설의 문화 공간화'라는 측면에서 문체부의 지원을 받을 수 있는 대상이었습니다. 보조금 집행에 관한 법률에 따르면 해당 종교의 목적 공간 즉 교회, 성당, 법당은 지원의 대상이 아닙니다. 그러나 종교시설의 문화 공간화 사업은 지원 대상입니다. 공공성과 공익성이 충분히 확보된다면 지원받을 수 있습니다. 그러나 단순히 지원을 받기 위해 공공성을 생각한 것은 아니었습니다. 성지순례객의 심각한 고령화 추세를 보면서 청년·중년 신자들이 찾아오도록 하기 위해 '문화적 사목 공간'을 만들어 가야겠다는 생각이 오래전부터 있었던 터입니다. 춤토르의 건물을 신축하는 데 지원해 달라고 하면서 성지 내에 필요한 방문자를 위한 식당 등 편의시설과 성지에 어울리는 전시관 등 문화적 사목 공간들 또한 지원해 달라고 해야겠다고 생각하게 되었습니다. 그리고 너무 감사하게도 이에 대해 경기도와 화성시로부터 실현 가능성이 있는 사업이라는 긍정적인 반응을 얻었습니다."

나는 조심스럽게 주교님의 뜻을 다시 여쭈었다.

"주교님께서 저에게 자꾸 일을 벌인다고 하시면 이 일은 추진하지 않겠습니다. 그러나 한번 해 보라고 하시면 열심히 진행해 보겠습니다."

그러자 주교님께서 오히려 격려의 말씀을 해주셨다.

"우리 교구가 국가 지원을 받는 일에는 약합니다. 신부님이 국가 지원을 받아 일을 할 수 있다면 좋은 일이지요. 적극적으로 추진하면 좋겠습니다."

05
왜? 무엇을 지으려고 하는가?

주교님의 허락도 받았고, 다음 순서는 제대로 된 제안서를 만드는 일이었다. 춤토르의 티 채플과 함께 성지에 당장 필요한 관리 사무실과 식당, 카페, 성물방부터 성지에 있으면 좋겠다고 생각해 왔던 전시관, 미디어 센터 등 담고 싶은 것들이 참 많았다. 그러나 국가 지원 사업인 만큼 종교에 치우치지 않으면서 지역 사회와 문화 발전에 기여하고 공익에 도움이 되는 일들로 잘 선택해야 했다. 우리는 '왜?' '무엇을?' '어떻게?'라는 물음을 놓고 하나씩 그 답을 찾으며 제안서를 정리해 나갔다.

왜 이런 건축물을 지으려고 하는가?
무엇보다 필요하기 때문이다. 성지는 기도하기 위해 찾아오는 곳이지만, 기도만이 궁극 목적은 아니다. 기도 안에서 하느님을 만나고, 위로와 치유를 얻고 평화를 누리는 곳, 새로운 결심을 하고 힘과 용기를 얻어가는 곳이다. 그러기 위해서 미사를 봉헌할 성당도 필요하지만 앉아서 쉬고, 이야기를 나누고 식사를 할 수 있는 공간도 필요하다. 지금은 어쩔 수 없이 검은 비닐하우스 안에서 그러한 일들이 이루어지고 있다. 그야말로 삶을 유지하는 데 필요한 최소한의 기능과 서비스만을 제공하고 있는 셈이다.

무엇을 지으려고 하는가?
식당이나 카페, 성물방에 대해서는 별도의 설명이 없어도 될 것이다. 그러나 연극이나 뮤지컬, 영화 공연이 가능한 공연장이나 전시장, 도서관을 건축한다고 하면, '그런 것들이 성지에 왜 필요한가?'라고 의문을 제기하는 사람들이 있을 수 있다. 그러나 조금만 깊이 생각해 본다면 이런 공간들이 있다면 얼마나 큰 풍요로움이 있을지 생각하게 된다. 고대 그리스의 도시는 네 개의 장소들을 꼭 갖추어야 했다.
① 신전, ② 시장(아고라), ③ 공연장, ④ 체육(스타디움)이다.
그리스인들에게 연극 관람은 그들의 마음을 정화하고 더 나은 시민이 되는 데 있어서 꼭 필요했다. 연극을 보게 하기 위해서 연극을 관람하는 사람들에게 돈을 나누어 주기까지 했다고 한다. 연극을 보고 감동함으로써 삶이 바뀔 수 있기 때문이다. 연극은 처음 출발부터 종교와 깊은 관계를 맺고 있다. 성모성지에 연극, 뮤지컬, 영화 등을 관람할 수 있는 공연장을 건축할 수 있다면 좋겠다는 생각을 한 것은 스스로 보고 느끼는 감동이 사람에게 필요하다는 생각에서였다.
사람은 누구나 그렇지만 특별히 현대인들은 누군가 더 높은 위치에 서서 가르치는 식의 훈화 같은 교육 방법을 좋아하지 않는다. 그것보다는 스스로 보고 듣고 체험하는 감동의 주체가 되고 싶어한다. 보고 듣는 시대를 사는 사람들에게 연극, 뮤지컬, 영화는 감동을 주고받을 수 있는 좋은 수단이다.

순례자들이 성지를 순례하는 모습을 보면 묵주기도 바치고 미사 드리고 십자가의 길을 바치고 집으로 돌아간다. 미사 때 하는 사제의 강론이 언제나 감동적일 수는 없다. 이런 단순한 순례 문화에 플러스알파를 체험할 수 있게 해주는 것이 공연시설이라고 생각했다. 감동적인 영화, 연극, 뮤지컬 한 편은 순례자들이 마음을 여는 데 도움을 주고 그들의 마음을 위로하며 치유해 줄 수 있을 것이다. 이런 마음에서 '무엇을 지을 것인가?'라는 물음에 공연장이라는 제안을 담았다.

다음은 전시관이다. 남양성모성지에 찾아오는 순례자들에게 전 세계에서 사랑받는 성모님의 다양한 모습과 성모님의 메시지를 다양한 전시 방법으로 체험할 수 있게 해주면 좋겠다는 생각을 했다. 모두가 다 해외 성지순례를 갈 수 없기 때문이다.

또 하나는 성모 마리아 도서관이다. 이곳이 성모 마리아께 봉헌된 특별한 장소인 만큼 마리아에 관한 전문적인 도서관이 있다면 이 또한 좋겠다 싶었다.

06

어떻게 지을 것인가?

좋은 건축물을 짓기 위해서는 먼저 좋은 건축가를 만나야 한다. 하나의 건축물이 완성되기까지 수많은 변수가 있지만, 무엇보다 좋은 설계가 기본이 되어야 한다는 의미다. 바로 그것이 여러 어려움에도 불구하고, 또 '세계적인 건축가라면 엄청 비쌀 것 아니냐?'는 오해를 받으면서도 마리오 보타, 페터 춤토르 같은 거장들과 일하고 있는 이유 가운데 하나라고 할 수 있을 것이다.

이미 성지에 세계적으로 유명한 건축가들의 작품이 들어서고 있는 만큼 편의시설 또한 그에 어울리게 멋지고 좋은 건축물로 짓고 싶었다. 그렇게 되면 앞으로 성지가 종교만이 아니라 문화적으로도 더욱 가치 있고 경쟁력 있는 공간이 될 것으로 생각했기 때문이다. 그래서 '어떻게 지을 것인가?'라는 질문에 앞서 '누구와 함께 일할까? 어떤 건축가에게 이 일을 맡기면 좋을까?'에 대한 답을 먼저 찾고자 했다.

우리나라에서 현재 최고라고 인정받는 건축가들을 '원로 건축가', '중견 건축가', '젊은 건축가' 세 그룹으로 나누어 그들의 작품을 보았다. 그리고 최종적으로 '젊은 건축가들에게 기회를 주는 것이 좋겠다.'라는 결론을 내렸다. 현존하는 세계 최고의 거장들과 한국의 미래를 젊어질 젊은 건축가, 멋진 조합이 될 거라고 생각했다.

그런데 이 일은 국가의 돈을 받아서 하는 일이기 때문에 내 마음대로 할 수 없었다. 보통 국가의 일은 조달청 공개 입찰 방식으로 진행되기 때문이다. 문제는 그렇게 했을 때 과연 우리가 계획하고 기대하는 퀄리티의 작품이 나올 수 있겠는가 하는 것이었다.

내가 이 문제에 대해 고민하며 이야기를 꺼내자 화성시청 문화예술과 담당 공무원들도 조달청 입찰 방식만을 따른다면 원하는 건축물을 짓기 힘들 수도 있다고 하면서 함께 방법을 찾아보겠다고 했다. 법규 안에서 투명하게 이루어져야 일이 제대로 진행되고 감사에서도 지적당하지 않을 수 있기에 담당자가 꼼꼼하게 법규를 보며 방법을 찾아 나갔다. 그리고 다행히도 관련 법규를 찾아냈다!

2017년 3월 8일 경기도 종무팀장과 담당 주무관, 화성시청 문화예술과 담당자와 팀장이 함께 미팅하는 자리에서 화성시청 담당자로부터 다음과 같은 이야기를 들었다.

"신부님, 조달청 입찰 방식이 아니라 설계자 지명 공모를 할 수 있는 법적 근거를 찾아냈습니다. 그리고 그 법에 따라 지명 공모를 할 수 있다는 문체부 답변을 들었습니다. 그러니 지금부터 심사위원을 선정하시고 대한민국 젊은 건축가상을 수상한 작가들 가운데 최근 공공 프로젝트를 수행하며 실력이 검증된 글로벌한 건축가 5~6인을 선정해서 지명 공모전을 하고 제안서를 받아 설계자를 선정하실 수 있습니다."

3월 10일 오후 3시 30분, 경기도 종무팀과 기획자 그리고 건축가와 함께 경기도청을 방문해 경기도 행정부지사에게 이러한 결정 사항과 진행 상황을 설명하며 다시 한번 협조를 부탁했다. 그리고 그 자리에서 "지명 공모전을 하게 된 것처럼 시공사 선정 과정도 지방계약법 25조항에 따라 진행하려고 한다."고 이야기했다. 경기도 행정부지사는 "당연히 그래야지요. 그래야 제대로 된 건축물이 나올 수 있습니다. 제가 도와드리겠습니다."라며 적극적인 행정지원을 약속했다.

미팅을 마치고 곧바로 젊은 건축가상을 수상한 건축가들 가운데 공공 프로젝트를 수행하며 능력이 검증된 다섯 명의 건축가에게 연락하였다. 그렇게 빨리 일을 진행할 수 있었던 것은 미리 포트폴리오를 받아 보며 사전 준비를 해 왔기 때문이다.

그리고 3월 17일 오후 1시, 남양성모성지 경당에서 현상 설계 공모 현장 설명회를 열었다. 젊은 건축가들에게 공모전에 참가해 주어 고맙다는 인사와 함께 건축주로서 이곳에 지어질 건축물에 대해서 어떤 생각을 하고 있는지 이야기했다.

"현상 설계 공모를 하기 위해서는 적어도 6개월이라는 시간은 주고 제안을 해달라고 해야 합니다. 그런데 이 사업은 국비 사업으로 예산을 확보할 수 있을지 없을지 몰랐기 때문에 미리 공모전이 있다고 참여를 부탁할 수 없었습니다. 또 올해 안에 예산을 사용해야 하는데 당초 시나 도에서 조달청 방식의 사용 형태를 원했습니다. 그래서 이런 걸 조율하는 데도 시간이 오래 걸렸습니다. 상황이 이렇다 보니 여러분이 설계안을 제안하실 수 있는 시간이 한 달밖에 안 됩니다. 무리라는 것을 잘 알고 있습니다. 그러나 올해 안에 인·허가를 받고 착공해야 하기 때문에 어쩔 수 없는 선택입니다. 여러분들의 이해와 협조를 구하며 좋은 안을 제안해 주기를 바랍니다.

제가 건축주로서 몇 가지만 말씀드리고 싶습니다. 남양은 중소도시입니다. 그리고 개발이 한창 진행되고 있는 신도시입니다. 화성시는 변화가 많은 곳이며 역동적인 곳입니다. 아파트 신축이 많고 공장이 계속 들어서고 있으며, 산과 들이 지속적으로 사라지고 있습니다. 경제 발전이 우선시되고 있습니다. 화성시에서 '사람이 우선이다.'라고 이야기하면서도 사실은 안타깝게도 사람이 보이지 않습니다. 사람이 우선이기 위해서는 경제가 아니라 문화가 우선되어야 합니다. 그런데 화성시와 또 신도시로 개발되어 가고 있는 남양 어디에도 문화가 보이지 않습니다. 문화적인 시설이 없습니다. 이러한 문화의 불모지에 마리오 보타와 페터 춤토르의 건축물이 들어섭니다. 문화가 만들어지고 있는 것입니다. 그리고 대한민국의 젊은 건축가상을 수상한 여러분 가운데 한 분을 선정해 이곳을 찾아오는 모든 사람이 이용하게 될 문화 및 편의시설들을 작업하려고 하고 있습니다. 저는 이곳에 들어서게 될 문화 및 편의시설 또한 보타와 춤토르의 작품처럼 '작품'이 되기를 바랍니다. 우리 성지에는 다양한 사람들이 옵니다. 신자들만이 아니라 비신자들도 많이 옵니다. 수목원 같은 곳입니다. 아름다운 꽃과 나무들로 잘 가꾸어져 있습니다. 그런데 부족한 것이 물입니다. 저는 이번 설계를 통해 수변 공간을 확보할 수 있으면 좋겠습니다. 성지에 새로 들어서게 될 이 건축물이 수준 높은 문화 시설이 되기를 바랍니다. 한 달, 정말 짧은 시간이지만 여러분들의 좋은 제안을 바랍니다."

내 이야기가 끝난 다음 공모전 진행 방법과 심사위원에 대해서 한만원 소장이 다음과 같이 이야기를 했다.

"성지 측은 심사에서 아예 빠지고 심사위원들이 결정하실 수 있게 자리를 만들었습니다. 가장 이상적인 형태라고 생각합니다. 심사위원은 아르키움 대표 김인철 중앙대학 교수님, 이화여대 강미선 교수님,

서울시립대학 김성홍 교수님, 아뜰리에17 대표 성균관대학 권문성 교수님, 서울시립대학 이충기 교수님으로 되어 있습니다. 공모전 작업 중에 질문이 있으면 메일을 주시기 바라고, 답변은 판단해서 전체에게 알리도록 하겠습니다. 좋은 안을 제출해 주시기 바랍니다. 그리고 공모전 발표와 심사일은 2017년 4월 26일 수요일 오후 2시, 장소는 남양성모성지 경당입니다."

07

엔들리스

　남양성모성지는 병인박해 순교지이며 한국 천주교회 내 최초의 성모성지라는 독특한 순례 자원을 가지고 있다. 이를 바탕으로 더 세계적인 성모성지로 발돋움하기 위한 인프라를 구축하기 위해 성지 내에 문화 및 편의시설을 건립하는데, 이 사업을 우리는 '평화문화나눔센터' 조성이라고 명명했다.

　평화문화나눔센터 조성은 세계적인 건축가 두 명의 작업이 진행되고 있는 남양성모성지에 한국의 미래를 짊어지고 나갈 젊은 건축가에게 설계의 기회를 제공해 줌으로써 종교시설의 문화화를 통해 성지가 천주교회의 성지로만 머무는 것이 아니라 한국 현대 건축의 중요한 성지로 발돋움한다는 비전으로 출발했다.

　보통 지자체에서 수행하는 사업 방식에 의한 설계 수행은 일반 경쟁 입찰 방식을 따른다. 그런데 이 사업은 처음부터 목적이 있는 사업이었기 때문에 특별히 대한민국의 젊은 건축가상을 받은 5인을 지명하여 지명 설계 공모를 하게 되었다. 그렇게 할 수 있었던 법적인 근거는 행정자치부의 지방자치단체 세출 예산 집행 기준(행정자치부 예규 제45호, 2016. 2. 20. 시행)의 '15-1. 민간 자본사업 보조(402-01)'에 따른 보조

건축가 이동준

사업자의 수행자(설계자) 선정 및 국고보조금 통합관리지침 2항이었다.

종교를 넘어선 문화적인 부분과 건축물의 예술성에 좀 더 가치를 두고자 했던 처음의 기획 의도를 적극적으로 지지해 준 유관 부서 공무원들의 동의와 협조가 아니었다면 지명 설계 공모전은 진행할 수 없었을 것이다. 이 공모전에 참여한 젊은 건축가상 수상자 5명은 다음과 같다.

— 이규상, 2006년 수상자
— 임도균, 2008년 수상자
— 장영철, 2011년 수상자
— 이소진, 2012년 수상자
— 이동준, 2012년 수상자

2017년 4월 26일 수요일, 설계자 공모전 심사가 있었다. 미사를 봉헌하고 나오자 경당 입구에 공모전 심사를 위해 오신 교수님들이 서 계셨다.

오후 2시부터 15분씩 공모전 참가자의 프레젠테이션 시간을 가졌다. 그리고 각 참가자의 작품에 대해 위원장을 맡은 아르키움 김인철 소장의 질문이 있었다. 다섯 명의 프레젠테이션과 질의응답을 모두 마치자 4시가 조금 넘었다.

주최 측인 성지에서는 심사에 일절 관여하지 않기로 했다. 다만 작품 선정은 만장일치로 해달라고 부탁했다. 건축 공모전을 잘못하면 잡음이 많고 이미지가 나빠질 수 있기 때문이다.

다섯 명의 심사위원들이 만장일치로 결정한 당선작은 이동준 건축가의 작품이었다. 이동준 건축가는 스위스 OTIA 협회상과 2012년

문화체육관광부 젊은 건축가상 수상자로 세계 최고의 건축학교라고 인정받는 스위스 멘드리지오 건축학교에서 공부했고, 현재 스위스 티치노에 있는 '스토커 리 아키테티(Stocker Lee Architetti)' 대표로 활동 중이다. 최근 유럽에서 건축가가 영광스럽게 생각하는 작업이 와이너리(winery) 작업이라고 한다. 와이너리 작업은 건축주가 특별한 건축가에게만 의뢰하기 때문이다. 이동준 건축가 또한 실력을 인정받아 와이너리 작업을 했다고 한다. 그리고 스위스 로잔(Lausanne) 공대에서 강의하기도 한 실력파다. 한국에서도 몇몇 설계 작업을 맡아 좋은 평가를 받고 있다.

나도 그가 완성한 논현동 주택을 보았다. 디테일이 뛰어나다. 벽돌을 쌓았던 이야기를 들었는데, 일반 벽돌이 아닌 유럽의 긴 벽돌이었다. 이 벽돌을 잘못 쌓았을 때 전부 부수고 다시 쌓도록 했다고 한다. 건축가로서 자기 작품의 완성도를 높이고자 하는 책임감 있는 모습을 느끼게 하는 이야기였다.

남양성모성지 평화문화나눔센터 조성을 위해 그가 제시한 설계안은 콘스탄틴 브랑쿠시(Constantin Brâncuși)라는 유명한 조각가의 작품 「엔들리스 컬럼(Endless Column)」에서 영감을 받은 것이었다. 브랑쿠시의 「엔들리스」가 하늘을 향해 수직으로 서 있는 데 반해, 이동준 건축가의 「엔들리스」는 땅과 수평을 이루도록 뉘어놓은 모습이다.

심사위원들은 이동준 건축가의 작품을 당선작으로 선정한 이유에 대해 성지 환경과 어울리고, 변화하고 있는 현대 사회에 대응이 가능한 구조이며, 또한 사용자에 의해 용도를 변경할 가능성이 큰 설계이기 때문이라고 설명했다.

7월부터 이동준 건축가와 함께 당선작에 대한 구체적인 기본 조사 설계에 착수했다. 평화문화나눔센터는 지금까지 교회 안에서 경험해 보지 못한 공간을 새롭게 창조하는 일이었다. 종교와 문화가 공존하는 공간, 그러면서도 사용자들이 편안함을 느끼며 오랫동안 머무를 수 있도록 하기 위해 공간 활용성을 높이는 데 초점을 맞추어 다각도로 논의하며 많은 시간을 들였다.

성당을 설계하는 과정이었다면 건축주로서 공간 구성에 대해 그토록 많은 고민을 하지 않아도 되었을지 모른다. 그러나 평화문화나눔센터는 여러 기능을 갖추어야 하는 복합 문화 공간으로서 전시 공간, 뮤지컬·연극·영화 상영을 위한 공연시설, 도서관 등…각각의 공간이 가지는 기능 및 활성화를 위해 어떻게 설계하는 것이 좋을지에 대한 많은 공부가 필요했다. 공부 방법 가운데 하나로 선택한 것이 바로 견학이다. 실제로 운영되고 있는 곳 가운데서 특별히 사용자들의 평가가 높은 공간을 찾아가서 그 공간을 직접 경험해 보고 운영자들의 이야기도 들어보는 것이 가장 좋겠다는 생각이 들었기 때문이다.

견학 장소로 선정된 곳은 분당 네이버 사옥과 여의도 현대 카드사, 북촌과 선릉에 위치한 현대카드 라이브러리 등이었다. 그러한 곳들을 돌아보며 도서관과 식당의 공간 이용 등을 조사하였다. 공연시설을 위해서는 대학로의 대표적 극장인 아르코(Arko) 대극장을 방문하여 관계자로부터 공간 구성에 꼭 필요한 무대, 조명 장치, 연기자들을 위한 대기실 및 관람객들의 동선 등에 관한 이야기를 들었다. 전시 공간 구성을 위해서는 국립현대미술관과 스위스 할덴슈타인의 미술관을 방문해 건축가와 논의하며 공간 구성을 협의하였다.

평화문화나눔센터는 다양한 문화 공간이며 한 번도 해 본 경험이 없는 작업이기 때문에 설계해 나가는 데 수많은 회의와 논의 과정을 거쳐야 했다. 그러한 과정을 통해 건축주로서 성지에서 바라는 점과 건축가가 건축주에게 구현해 줄 수 있는 부분들에 대해 계속 서로의 의견을 나누며 조율해 나갔다.

이동준 건축가는 스위스에 집과 사무실을 두고 있었지만, 설계하는 동안 매달 한국을 방문하여 남양성모성지를 이용하는 사람들의 동선을 관찰하고, 또 이곳에서 꼭 필요로 하는 공간들에 관해 연구함으로써 건축물의 완성도를 높이기 위해 노력했다.

2017년 12월 계획 설계가 완료되었다. 계약하고 반년만의 성과였다. 하지만 그것은 시작에 불과했다. 2018년 6월 중간 설계를 거쳐 2019년 2월 실시 설계가 완성되었다. 공모전 이후 견학하고, 연구하고, 협의하여 설계를 완성하는 데만 무려 2년이 걸린 것이다.

/08/
산 넘어 산

　평화문화나눔센터는 건축법의 분류 기준에 따르면 문화 집회 시설이라 할 수 있다. 공연장과 전시관이 큰 비중을 차지하기 때문이다. 그 밖에도 성 요셉 경당과 사무실, 식당, 카페, 성물방 등 다양한 기능과 시설을 갖추어야 하는 복합 건물이다.
　제한된 예산안에서 최대의 효과를 얻기 위해서는 합리적인 재료를 선택해야 했다. 오랜 연구와 고민 끝에 설계자가 선택한 것은 중단열 양면 노출 콘크리트 방식이었다. 중단열 양면 노출 콘크리트 방식은 콘크리트를 타설할 때 거푸집 안에 전기, 통신, 상·하수도 배관 등을 매입해 콘크리트를 부음으로써 그 자체가 마감재가 되어 이후 다른 마감 치장재를 사용하지 않는 시공 방법을 말한다. 벽체뿐 아니라 일정 부분의 테이블, 의자 등의 가구도 함께 타설해 검소하지만 완성도가 높은 건축물을 지을 수 있다.
　실시 설계가 완성될 즈음 화성시 담당 주무관으로부터 조달청을 통해 설계 적정성 검토를 받아야 한다는 안내를 여러 차례 받았다. 실시 설계를 마치자마자 2018년 10월 8일 조달청 입찰을 위한 설계 적정성 검토를 신청했다.

그리고 2018년 10월 8일 대전에 있는 조달청에 가서 설계 적정성 검토를 받았다. 검토 결과 예산을 증액해야 한다는 의견을 들었다. 문화집회 시설인데 평당 설계 단가가 너무 적게 책정되어 있어 기존 예산으로는 제대로 된 시공을 할 수 없다는 것이었다. 증액 부분을 어떻게 할 것인가에 대한 계획이 수립되어야 입찰에 응할 수 있다고 했다.

설계 적정성 검토를 받는 가운데 심의위원들이 한마디씩 했다.

"설계가 아주 멋지고 좋습니다. 그런데, 조달청 입찰을 통해 건축된다면 건축가의 의도대로 지어지기가 어려울 텐데요."

진행을 맡은 조달청 담당자조차도 "이 건물은 조달로 오면 목표 달성을 하기가 어렵습니다. 그냥 화성시에서 지방계약법에 따라 시공사를 선정하는 게 더 좋을 것 같은데요"라고 했다.

그런 이야기를 들으면서 우리는 조달청 입찰에 대해 조금씩 알게 되었다. 설계자인 이동준 소장은 한국 사람이지만 스위스에서 공부하고 주로 활동했던 건축가이기 때문에 국내 국고보조금 사업에 대한 행정적 이해가 적었고, 건축주인 나 또한 국고보조금 사업은 처음이라 잘 모르고 있었던 것이다.

설계 적정성 검토 과정에서 모든 사람들이 우리가 짓고자 하는 건축물은 조달청 입찰 방식으로 실현하기 어려울 것이라는 데 동의하였음에도 불구하고 우리가 할 수 있는 선택은 조달청 입찰뿐이었다. 국고보조금 30억 이상이면 조달청 입찰을 받아야 한다는 기재부 예규 조항에 따라 이 사업은 반드시 조달청 입찰을 해야만 하는 사업이었기 때문이다.

어쩔 수 없이 조달청 입찰을 하되 실적 제한 경쟁 입찰, 지명 경쟁 입찰 방법을 찾아보기로 했다. 먼저, 조달청 입찰 담당자를 찾아가 상황을 설명하고 도움을 청했지만 불가능하다는 답을 들었다. 조달청 내규상 300억 미만의 공사인 경우, 실적 제한 입찰을 할 수 없다는 것이다.

"200억에서 300억 미만의 공사인 경우 어떤 제한도 걸 수 없습니다. 다만, 특수 공법이 필요한 공사라고 문체부장관이 인정하는 경우에는 그렇게 할 수 있다는 법규 조항이 있기는 한데… 이 건축물의 경우 가능성이 없습니다."

그래도 좋은 건축물을 짓고 싶은 마음에 세종시를 이십여 차례나 찾아갔다. 문체부 주무부서 담당자를 만났고 기재부 담당자도 만났다. 내가 만날 수 있는 사람은 모두 찾아다녀 보았다. 경기도 도지사, 부지사, 조달청 청장, 국가 건축위원회 위원장 등등

그런데, 만나는 모두가 '안타깝지만 어쩔 수 없다.'고 했다.

대한민국에서 국비 지원을 받아 좋은 건축물 짓는다는 것은 그야말로 어려운 일이구나 싶었다. 그만둘까 싶은 마음도 들었다.

세종시에서 만난 공무원(실명은 밝힐 수 없지만 좋은 사람이다) 한 분이 이렇게 말했다.

"신부님, 국비는 지원을 안 받는 게 좋습니다. 내 돈이 있으면 내 돈으로 하는 게 제일 좋은 것이고 편한 겁니다. 국비를 받는 순간 복잡해집니다. 비용도 더 들고 품질의 보장도 어렵지요. 도움이 못 되어서 미안합니다."

오랜 현장 경험에서 나온 그의 조언은 진심이었다. 그러나 돈이 없어 지원을 받아야만 하는 나로서는 조달청 입찰을 하면서도 최대한 좋은 건축물을 지을 수 있는 방법을 찾아야 했다.

화성시 공무원에게 화성시 건축 기술 심의 위원회를 열어 '이 사업

의 경우 실적 제한 입찰을 해야만 한다.'는 건축 전문가들의 의견을 문서로 받아 달라고 했다.

화성시 건축 기술 심의 위원회가 열리는 날 나도 참석했다. 조달청 설계 적정성 검토를 받을 때와 비슷한 의견들이 나왔다. 그 가운데 한 건축과 교수님이 이런 말씀을 하셨다.

"이 건축물의 경우 실적 제한 입찰을 하지 않으면 아마도 흉물 덩어리 하나가 지어질 겁니다."

화성시 건축 기술 심의 위원회의 검토 결과를 문서로 만들고 실적 제한 요청서와 함께 입찰 서류를 조달청에 보냈다.

실적 제한 사항은 1,000㎡ 이상 중단열 양면 노출 콘크리트 공사 실적을 보유한 시공사로 정했다. 평화문화나눔센터의 전체 공법 중 대략 70% 정도가 중단열 양면 노출 콘크리트 공법이었기 때문이다. 중단열 양면 노출 콘크리트는 타설 후 잘못된 부분의 수정이 매우 어렵다. 복잡한 콘크리트 형태(벤치, 벽체의 형태, 창의 형태)가 한 번에 정교하게 구현되어야 하므로 최소한 동일 공사 실적 이상의 시공사가 이 사업의 수행에 적합하다고 판단했던 것이다.

그러나 조달청에서는 내규상 실적 제한 입찰이 어려우니 일반 입찰이나 자체 발주를 고려해 달라며 입찰 서류를 반려했다.

서류를 반려받자 화성시 담당자는 "신부님, 그렇다면 실적 제한 요청서를 빼고 다시 일반 입찰로 서류를 작성해서 일반 입찰을 받아 공사를 시작해야 합니다."라고 했다.

'어떻게 해야 할까? 화성시 담당자가 요구하는 대로 일반 입찰 서류를 접수하고 그냥 진행해야 할까? 그랬다가 전문가들이 우려하는 대로 정말 흉물 덩어리를 만들게 되면 어쩌지?'

고민 끝에 담당자에게 "그렇다면 감리만이라도 조달 입찰이 아니라 우리가 원하는 사람으로 해주고 건축 설계자가 어떤 모양으로든지 공사에 관여하게 해 주십시오."라고 요청했다. 하지만 그것도 안 된다고 했다. 우리 조건을 받아들여 주면 감리 비용 전액을 자부담으로 하겠다고 다시 제안했는데도 안 된다고 했다.

이것도 저것도 다 안 된다고 하니 괜히 부실 덩어리 같은 건축물을 지을 바에야 사업 자체를 접는 게 낫지 않나 하는 생각까지 하게 되었다. 하지만 그동안 노력해 온 시간도 아깝고, 필요한 건물을 짓기 위해서는 어차피 많은 돈이 드는데 이렇게 국가 지원을 받기가 그렇게 쉬운 일은 아니지 않은가?

'할 수 있는 다른 방법을 찾아보자! 정말 길이 없는 것일까?'

그러다 이런 생각을 하게 되었다. '설계에 맞는 시공사를 우리 마음대로 선정할 수 없다면, 설계를 바꾸는 것은 어떨까?' 누가 하더라도 위험 부담이 적고 안전하게 시공할 수 있는 방법으로 설계를 바꾸는 것이다. 그러면 조달청 입찰로 시공사를 정하는 게 더 이상 문제가 되지 않을 것이기 때문이다. 설계자와 그렇게 해 보자고 뜻을 같이하고 화성시 담당자를 만나 이야기를 나눴다.

그런데 담당 공무원은 이번에도 안 된다고 했다. 무엇보다 시간상 그렇게 할 수 없다는 것이다. 바로 착공하지 않으면 예산을 반납해야 하므로 그냥 원설계대로 입찰해야 한다는 것이다. 담당자의 이야기가 틀린 것은 아니었다. 그래도 방법을 찾은 이상 그냥 물러날 수는 없었다. 상반기 안에 어떻게든 설계를 마치고 설계 적정성 검토를 받아 입찰에 응할 테니 도와 달라고 부탁했다. 거듭되는 부탁과 좋은 건축물을 짓겠다는 나의 의지에 담당자가 어렵게 마음을 열었다.

"그렇다면 설계 변경을 해 보도록 하시지요. 그런데 문체부에 설계 변경에 관한 사업 승인 신청을 먼저 해야 합니다. 문체부에서 할 수 있다고 하면 하고, 할 수 없다고 하면 할 수 없는 겁니다."

"감사합니다. 문체부에 잘 이야기해 주세요."

요셉 성인께 기도하며 결과를 기다렸다.

"신부님, 문체부 담당자가 '설계 변경이 가능하다. 사업 변경 승인 대상이다. 설계를 변경한 다음 사업 승인을 요청하라.'고 했습니다. 하루라도 빨리 설계를 다시 하도록 하십시오."

이미 국비에서 지출된 설계비를 이중으로 지출할 수 없어 자부담으로 설계 변경을 진행했다. 일반 입찰이 가능한 설계로 변경하는 과정에서 첫 번째 설계에서 드러난 문제점들을 몇 가지 수정했다.

첫째, 부실 공사의 위험성이 컸던 중단열 양면 노출 콘크리트 공법을 포기하고 마감재로 벽돌이나 타일을 적용했다.

둘째, 단순한 공연장 시설로 계획되어 있던 부분을 영화, 연극, 뮤지컬, 전시 및 미디어 아트쇼 공연이 가능한 실험극장, 블랙박스형 공연장으로 바꿨다.

셋째, 공연장 밑에 있던 기계실은 소음 문제가 염려되어 위치를 이동했다.

넷째, 큰 규모의 건축물이기에 냉·난방비 절약을 위해 대성당처럼 에어 터널 공법을 적용했다. 이 경우 에너지 효율이 40~60%에 이른다.

2019년 4월부터 설계 변경을 진행하여 2020년 7월에 설계를 마쳤다. 그리고 2020년 7월 20일 문체부에 사업 계획 변경 서류를 접수했다. 그런데 또 문제가 생겼다.

문체부에서 사업 계획 변경 신청을 받아 주지 않는 것이다. 분명

문체부 담당자로부터 설계 변경 후 사업 승인을 요청하라는 말을 듣고 설계를 변경했는데, 설계를 변경하는 1년 사이에 문체부 담당 사무관의 인사이동이 있었던 것이다. 새로운 담당 사무관은 '해보지도 않고 어떻게 부실시공이 될 것으로 판단하느냐?'며 변경 신청을 받아줄 수 없다고 했다.

그럴 수밖에 없었던 이유를 거듭거듭 설명했다. 하지만 문체부의 답변은 한결같았다. '시공을 해 보지도 않고 어떻게 부실 공사가 될 것이라고 하느냐? 원래 설계대로 입찰하라.'

09

또다시 성 요셉께서 도와주시다

2020년이 그렇게 지나고 2021년이 되었다.

'이제 정말 사업을 접어야 하나?'

마음이 상했지만, 다시 이 문제를 놓고 성 요셉께 말씀드리며 도움을 청해야겠다 싶었다. 기도 중에 맨 처음 이 사업을 시작할 때의 일이 떠올랐다.

"신부님, 성모님께서 남양에 가서 신부님을 도와드리라고 해서 왔습니다. 저는 볼티모어에서 왔습니다."

이 일은 어느 날 갑자기 찾아와 이렇게 말씀하신 미카엘 박사님을 통해 뜻밖의 방법으로 시작된 것이었다. 기대조차 하지 않았던 일이었는데 말이다. '이제는 정말 마지막인가 보다.'라는 마음으로 박사님께 연락을 드리고 그동안의 상황을 말씀드렸다.

"신부님, 제가 도와드릴 방법이 있는 것 같습니다."

얼마 후, 박사님께서 대자와 함께 성지로 오셨다. 주일 미사 후 두 분에게 대성당을 보여드리며 설명을 하고, 엔들리스 성 요셉 예술원 상황에 대해서도 다시 말씀을 드렸다. 그러자 박사님의 대자 되시는 분이 이야기했다.

"멋지고 훌륭한 사업 같습니다. 종교시설의 문화화 사업이며 문체부에서 추진 중인 사업과도 맞는 것입니다. 멈춰야 할 이유가 없습니다. 멈춘다면 그것이 더 큰 문제를 만들게 될 것 같습니다. 제가 한번 알아보겠습니다."

두 분과 그런 이야기를 나눈 지 얼마 후, 2021년 3월 초에 화성시로부터 연락이 왔다. 문체부에서 사업 승인 설계 변경 신청을 하라고 했다는 것이다.

또다시 성 요셉께서 도와주셨다고 믿는다.

문체부에서 어렵사리 사업을 승인해 주었지만, 조달청 설계 적정성 검토를 다시 받아 증액에 대한 타당성을 검증받아 오라는 조건이 붙었다. 늦어도 9월까지 조달청 입찰을 신청해야 하므로 시간이 너무도 부족했다. 바로 자료를 준비하여 3월 16일 설계 적정성 검토를 재접수했다. 설계 적정성 검토 심의 위원들의 의견을 반영해 가며 검토를 완료하기까지 다섯 달이 걸렸다.

설계 적정성 검토 과정을 통해 예산 증액에 대한 타당성을 확인받았으며, 에어 터널 적용을 통한 유지 관리비 개선, 블랙박스형 공연장의 로비 공간 재구성, 기계실 위치 이동 및 레스토랑 이중 슬라브를 통한 소음 개선 등 설계의 완성도를 높일 수 있게 되었다. 이후 결과 자료를 정리해 2021년 8월 9일 기재부에 최종 보고했고, 한 달 후인 9월 8일 사업 변경 계획서를 접수하여 최종 승인을 받았다. 그리고 조달청 공사 공고를 내고 개찰을 기다리면서 다시금 요셉 성인께 기도를 드렸다.

함께 일했으면 좋겠다고 생각한 회사가 있었다. 그 회사와 해야 일도 잘 진행되고 건물도 멋지게 지을 수 있을 것 같았다. 2021년 12월

15일, 시공사 선정 개찰이 있던 날, 11시에 개찰이라고 해서 미사 전 순례자들과 함께 묵주기도를 바치며 또다시 요셉 성인께 말씀드렸다. 꼭 우리가 원하는 회사가 선정되게 해 달라고….

미사를 마치고 나니 문자가 와 있었다. 상황은 내 생각대로, 내 기도대로 이루어지지 않았다. 전혀 알지 못하는 회사가 선정되었다. '라온'이라는 회사였다.

'어떻게 하나?' 걱정이 앞섰다. '잘 지을 수 있을까?' 하고 말이다. 그때 옆에 있던 친구가 빨강 머리 앤의 말을 떠올려 주었다.

"신부님, 더 멋진 일이 생기려고 그러는 거겠지요. 알지 못하는 회사지만 더 잘할 거예요."

"그래, 그렇지! 앤의 이야기처럼, 생각대로 되지 않는다는 건 멋진 일이지. 생각지도 못했던 일이 일어날 수 있으니까!"

며칠 후 시공사 담당자들을 만나고 시공사에 협조를 구할 일이 있어 대표 이사를 만나게 되었다. 대표 이사가 생각보다 젊었다. 인사를 나누는데 그가 말했다.

"저희가 특별한 장소에서 일하게 되었네요. 저도 천주교 신자입니다. 잘하도록 노력해 보겠습니다."

정말 멋진 일이 일어날 것 같은 느낌이 들었다. 원래는 성 요셉 성월인 3월부터 공사를 시작하려고 했다. 그런데 공사 준비 및 동절기 공사 금지로 인해 상반기를 보내고 2022년 6월에 착공 신고를 완료하여 현재 한창 공사가 진행되고 있다.

10

백로야 오지 마라

성 요셉은 도움을 베풀 수 있는 많은 은총을 지니고 계신다. 그분은 우정과 신뢰로 도움을 호소하는 사람을 도와주는 것을 크게 기뻐하신다. 그분은 신뢰하는 마음을 보면 아이처럼 빠져버린다.
　나는 차가 필요했기에, 성 요셉께 9일 기도를 바쳤다.
　나는 그분께 이렇게 설명했다.
　"그것은 당신의 배필이신 성모님께 더 잘 봉사하기 위해서입니다."
　'이 말은 성 요셉을 반드시 움직이도록 하겠지?!'
　나는 성모님을 사랑하기 위한 일이라면, 성 요셉께서 꼭 들어주시리라고 생각했다. 그리고 정말 내 생각대로 9일 기도 마지막 날에 부탁한 차가 도착했다.

임마누엘 수녀님의 글을 읽으며 미소가 지어졌다.
'성모님을 사랑하기 위한 일이라면, 성 요셉께서 꼭 들어주시겠지!'
나도 늘 그렇게 생각하고 있다. 그래서 성모님을 위한 일을 할 때 어려운 일이 있을 때마다 성 요셉의 도움을 청했고 그때마다 놀라운 방법으로 응답을 받았다. 그 가운데 성 요셉 경당을 서두르게 만든 또 하나의 체험이 있다. 이 이야기는 2010년으로 거슬러 올라간다.

남양의 도시화가 가속화되어 숲이 사라지면서 백로들의 서식지도 파괴되었다.

보금자리를 잃은 백로들이 숲을 찾아 성지로 날아오기 시작했다.

한 마리 두 마리… 대성당 예정 부지의 소나무에 둥지를 틀기 시작한 백로들은 점점 늘어나 어느덧 400마리가 넘는 백로들이 성지로 모여들었다.

백로들이 모여오자 백로 지킴이들도 함께 성지로 모여왔다. '환경보호'라는 문구가 적힌 노란 조끼를 입은 백로 지킴이들은 일주일에 두 번씩 와서 백로들의 수를 헤아리며 보호에 나섰다.

냇가나 들에 한두 마리 앉아있는 백로의 모습을 멀리서 보면 목가적이고 아름답다. 마치 한 폭의 그림 같아 보이기도 한다. 그런데 떼로 모여 있는 백로들을 가까이서 보게 되니 그다지 아름답지만은 않았다. 품위 있어 보이는 모습과 달리 끼룩거리는 울음소리는 '쥬라기 공원'을 연상케 했다. 게다가 역한 비린내도 났다. 물고기를 잡아먹기 때문이다. 또한 백로의 배설물이 독해서인지 백로가 둥지를 틀고 앉은 소나무들은 가지가 상하고 죽기까지 했다.

그런 백로와 백로 지킴이들이 점점 성지로 모여 오는 것을 보면서 걱정이 되기 시작했다.

'이곳이 백로의 서식지로 자리를 잡으면 대성당을 지을 수 없는데…'

백로와 백로 지킴이들에게는 야박하게 들릴지 몰라도 백로를 돌보기 위해 대출까지 받아 가며 어렵게 땅을 산 것이 아니었다. 백로들이 자리잡은 곳은 성모 마리아께 봉헌하는 대성당을 지으려고 산 땅이었다.

백로들이 다른 곳으로 날아가 주기를 바랐지만, 한 번 둥지를 틀기 시작한 백로들은 줄어들기는커녕 시간이 갈수록 늘어날 뿐이었다.

"백로야, 오지 마라. 백로야, 제발 다른 곳으로 가라."

백로들을 향해 고함도 쳐 보고, 그 아래 가서 두드리는 것으로 시끄러운 소리도 내보기도 하고, 나무를 흔들어 보기도 했지만 백로들은 꿈쩍도 하지 않았다. 백로 지킴이들 몰래 총(공포탄)도 한 번 쏴 보았지만 그것도 소용이 없었다.

이번에도 할 수 있는 일은 기도뿐이었다.

성 요셉께 9일 기도를 시작하며 말씀드렸다.

"성 요셉, 이 땅은 당신의 배우자이신 성모 마리아께 바치는 대성당을 지으려고 산 땅입니다. 그런데 백로 서식지가 되어 환경지킴이들이 계속 드나들면 대성당 건축을 위한 어떤 허가도 받을 수 없습니다. 백로 문제가 해결되고 성모님 성당을 짓게 되면 당신께 약속드린 경당도 꼭 짓겠습니다. 성 요셉, 도와주세요. 백로들이 날아가게 해 주세요."

사실, 성 요셉께 경당을 지어 봉헌하겠다는 약속은 전에도 드린 일이 있다. 그때 이미 성 요셉은 나의 기도를 들어주셨기 때문에 이제 내 편에서 약속을 지킬 일만 남았는데, 나는 또 한 번 그동안 못 지킨 약속을 이번에는 꼭 지키겠다고 말씀드리며 성 요셉께 매달려 보기로 했던 것이다.

그런데, 그렇게 9일 기도를 바치면서도 마음 한편에 '요셉 성인이 정말 백로들을 날아가게 하실 수 있을까?' 하는 생각이 들기도 했다. 성 요셉께 대한 믿음이 부족했다기보다 이미 둥지를 틀고 나날이 세력을 키워가는 백로들을 갑자기 쫓아낼 수 있는 좋은 방법이 도무지 떠오르지 않았기 때문이다.

9일 기도를 바치는 중에 태풍이 올라오고 있다는 뉴스를 듣게 되었다. 우리나라로 다가오고 있는 태풍이 이례적으로 수도권을 통과하게 될 것이라고 했다. 태풍 경로와 위력에 대한 보도가 연일 이어졌고, 유리창에 신문을 붙이라는 등의 대비책도 강조되었다.

2010년 9월 2일 새벽, 2010년 제7호 태풍 곤파스가 남양을 통과했다.

살면서 태풍의 피해를 직접적으로 겪은 기억이 별로 없었다. 그런데 곤파스는 달랐다. 가로수가 넘어가고, 신호등이 쓰러지고, 펜스 등이 날아다녔다. 성지도 결코 예외는 아니었다. 묵주기도 길의 나무들이 부러지거나 넘어지고, 뿌리째 뽑힌 것도 있었다.

그토록 강력했던 태풍이 지나가고 고요가 찾아왔다. 유난히 고요하게 느껴지는 아침, 늘 들려오던 소리마저 조용해진 것을 깨달았다.

백로의 울음소리가 들리지 않았던 것이다! 쥬라기 공원을 연상시키던 그 소리가 말이다. 백로들이 있던 자리에 가 보니 백로가 둥지를 틀었던 많은 나무들이 쓰러지거나 부러져 있었고, 거기 있던 백로들은 어디론가 날아가 더 이상 보이지 않았다.

"오, 성 요셉, 감사합니다!"

그날은 바로 9일 기도가 끝나는 날이었다.

400마리가 넘던 백로가 태풍과 함께 거짓말처럼 하루아침에 모두 날아갔다. 그것은 정말이지 그 누구도, 꿈에도 예상하지 못한 방법이었다.

사람들은 우연의 일치라고 말할지도 모른다.

그러나 나는 성 요셉께서 뜻하지 않은 특별한 방법으로 기도를 들어주셨다고 믿는다.

백로들이 날아가니 백로 지킴이들도 더 이상 성지에 찾아오지 않았다. 그 뒤 별 탈 없이 대성당 건축허가를 진행할 수 있게 되었고 대성당도 지을 수 있었다.

성 요셉의 도우심을 거듭 체험하면서 약속드린 성 요셉 경당 건립을 더 이상 미룰 수는 없다고 생각했다.

/ 11 /

새 이름 '엔들리스 성 요셉 예술원'

그동안 성지개발을 해 오면서 성 요셉의 도우심을 많이 체험했고, 그런 성 요셉께 경당을 지어 바치겠다는 약속을 드렸기에 '평화문화나눔센터' 사업을 시작하면서 이 건물 전체를 성 요셉께 봉헌해 드리며 그 중심부, 가장 좋은 자리에 성 요셉 경당을 포함시켰다.

그런 생각으로 시작했음에도 공식 명칭에 요셉 성인의 이름이 빠진 것이 내내 마음에 걸렸었다. 그러다 착공 후 건축가와 큐레이터(전시 기획자) 등이 함께 한 자리에서 이 사업의 공식 명칭을 변경하게 되었다.

"문화센터라는 말은 막연하고 무얼 말하는지 모르겠어요. 상업적인 느낌이 들기도 하구요."

"유럽에서는 '문화원'이라고 하면 '어학원'인 줄 알아요. 한국 문화원, 독일 문화원, 프랑스 문화원 등 '문화원'이라고 하면 한국어, 독일어, 프랑스어 가르치는 곳을 제일 먼저 떠올립니다."

"성 요셉을 먼저 내세우면 너무 종교적인 느낌이고 예술작가들이 참여하는 데 제한적인 느낌을 주는 것 같아요."

"제 생각에는 '엔들리스(Endless) 성 요셉 예술원'이라고 하는 게 어떨까 싶습니다. '예술원'이라는 말에는 건축, 조각, 그림 등 모든 것이 그 안에 담기기 때문입니다."

각자의 의견을 절충하고 종합하여 '엔들리스 성 요셉 예술원(Endless St. Joseph Arts Space)'으로 명칭을 변경하게 되었다.

'엔들리스(Endless)'는 이 건축물의 모티브가 된 콘스탄틴 브랑쿠시의 작품「엔들리스」에서 유래한 것이며, 끝없이 기억하고 기도한다는 의미도 포함되어 있다. 엔들리스 성 요셉 예술원의 중심에 위치하게 될 성 요셉 경당의 이름은 '끝없는 기억(Endless Memory)의 방'으로, 이 방의 벽에는 우리가 사랑했던 사람들의 이름을 새겨 넣고 그 안에서 끝없는 기도가 이어지게 할 것이다.

가정에 좋은 엄마만이 아니라 좋은 아버지가 필요한 것처럼 우리에게는 미사하고 기도하는, 성모님께 바친 대성당만이 아니라 빵을 먹고 차를 마시며 머무를, 분위기 있는 성 요셉께 바친 예술원이 필요하다.

가끔 웃으며 이렇게 말하곤 한다.

"앞으로 순례를 오셨다가 '집에 가고 싶지 않다.'고 이야기하실까 봐 걱정입니다. 여러분이 필요로 하는 모든 것이 다 있습니다. 어쩌면 현대인들에게는 이런 문화시설이 더 필요한지 모릅니다. 분위기 있는 곳에서 밥을 먹고 커피를 마시며 이야기를 나누고 좋은 영화를 볼 수 있는, 그런 공간 말입니다."

인터뷰 1
페터 춤토르

"사랑하게 되면 알게 되고, 알고 나면 보이나니, 그때 보이는 것은 전과 같지 않으리라."

유홍준 교수가 『나의 문화유산답사기』 서문에 적어 유명해진 말이다. 이 말은 문화유산뿐 아니라 모든 분야에 통용될 수 있는 것 같다. 요즘에는 성지나 성당 가운데도 도슨트(미술관이나 박물관 등에서 전시 작품을 설명하는 전문 안내인) 프로그램을 운영하는 곳들이 있다. 남양성모성지야말로 그러한 프로그램이 필요한 곳이 아닌가 한다. 종교에 토대를 두고 있지만, 건축과 문화, 예술이 공존하는 곳이기 때문이다.

"춤토르, 보타, 반지 세 분 모두 연세가 많은 분들입니다. 세 분의 이야기를 영상에 담아 놓는 게 어떨까요?"

"좋은 생각입니다."

"그러면 그분들에게 연락을 하고 스케줄을 잡아 보지요."

2023년 늦은 봄 이런 이야기를 나누고 인터뷰 날짜를 잡기까지 몇 개월의 시간이 걸렸다.

춤토르는 여전히 건강한 편이었지만, 마리오 보타는 코로나 3차

주사 후유증으로 몸이 쇠약해졌고, 반지는 항암치료 중이었다.
꽤 무리한 스케줄과 결정이었지만, 직접 찾아가 인터뷰를 하고 그 과정을 영상으로 기록하기로 했다.

2023년 9월 17일 춤토르와 첫 인터뷰를 했다. 처음 춤토르는 작은 경당을 지을 고립된 공간을 상상했다고 한다. 교회보다 작은 형식, 겸손한 작은 공간에 대한 아이디어가 마음에 들었지만, 그가 처음 남양에 찾아왔을 때 이미 많은 건물들이 있었다고 회상했다. 이곳에서 경당을 만들 수 없었다고 생각했다고 한다.

"겸손한 경당에는 겸손하고 개방된 풍경이 필요해요. 너무 문명화되지 않고 너무 가정적이지 않은 풍경이요."

첫날 자신은 경당을 설계할 수 없다고 이야기하고 싶었지만, 신부님의 열정 때문에 차마 거절할 수 없었다고 했다. 하지만 티 하우스라는 아이디어가 나오면서 자신이 경당이 아닌 다른 것을 제공해줄 수 있을 거라고 생각했다고 한다. 사람들을 쉬게 하고 반겨주는 공간이면서 한국의 역사와 연결되어 있어서다. 춤토르는 국립중앙박물관에서 본 한국화에서 티 하우스를 발견한 것과 자기에게 경당 설계를 부탁하면서 내가 자신을 절로 데려가서 하룻밤을 자게 했다는 이야기를 하며 웃었다.

"경당을 지을 수 없다는 말에 신부님의 실망한 표정도 보았지만, 신부님이 다양한 문화에 대해 폭넓게 접근하고 있다는 것을 보여준 것이 중요했어요."

춤토르는 혼자 머물며 성지 전체에서 가장 자연스러운 부분을 찾고자 했다. 그곳에서 사람들이 자신만의 세계를 즐기고, 휴식하며 자연을 감상할 수 있길 바랐다고 했다. 그것은 우리의 오랜 전통과 연결하는 일이기도 하다.

무엇보다 춤토르가 작은 경당을 좋아하는 이유는 내가 성지에 경당을 만들고 싶었던 이유와 연결되었다.

"저는 교감을 좋아해요. 4만 명이 모이는 축구장도 중요하지만 그와 반대로 작은 공간은 특별한 분위기를 가지고 있어요. 작은 공간은 굉장히 교감적인 공간의 극단이고 그것은 고요함에 관한 것이기도 해요."

고요함과 자기 세계를 돌아보는 시간은 치유와 위로의 공간과 맞닿아 있었다.

"남양이라는 아시아 먼 곳의 프로젝트를 수락한 이유는 무엇인가요?"

"신부님의 단호한 요구! 신부님은 매우 인내심 있고 집요했어요."

춤토르는 긴 시간의 노력 끝에 이 티 채플이 어떻게 보여야 할지 그 끝에 거의 다다랐으며, 이제 티 채플을 지을 준비가 되었다는 말로 인터뷰를 마무리했다. 우리는 이 '잘 익은 와인'과도 같은 티 채플을 실현시켜야 한다.

13

인터뷰 2
마리오 보타

할덴슈타인에서 인터뷰가 끝나자마자 기차로 3시간을 달려 멘드리지오로 달려갔다. 마리오 보타는 나를 만나자마자 말했다.

"십자가는 받았습니까? 그 십자가는 로마네스크 시대 1426년에 조각된 십자가입니다. 처음에는 내가 그 십자가를 갖고 있고 싶었어요. 하지만 교회를 위해 조각된 십자가를 남양에 보내야겠다고 생각했습니다. 로마네스크 시대에 영감을 받은 남양 성모 마리아 대성당의 내 마지막 작업을 로마네스크 시대에 조각한 십자가를 거는 것으로 마칠 수 있어서 기뻐요."

남양성모성지에 보내준 십자가에 대한 보타의 이야기를 들으면서 보타가 갖고 있는 남양 성모 마리아 대성당에 대한 그의 진심이 느껴졌다. 그는 단순히 대성당의 설계자가 아니라, 건축주와 같은 마음으로 대성당을 짓고자 하는 사람이라는 것이 느껴졌다.

인터뷰에서 보타는 내가 만들었던 묵주의 길이 중요한 시작점이었다고 말했다.

"건축을 통해 신부님이 시작한 이 길을 완성하는 것, 그것이 건축

마리오 보타

가에게 중요한 내용이었습니다. 여러 지형과 흩어진 구성 요소를 합쳐서 매듭을 만드는 것이 건축이 해야 할 일이라고 생각했어요."

대성당은 그렇게 등대 같은 역할로 이 길을 완성하고 있다고 했다. 성지 어디서든 대성당의 두 개의 탑은 중심점 역할을 했고, 새로운 풍경을 만들어내었다고 말했다.

대성당 타워의 높이는 보타의 직관에 따른 것이다. '어느 순간 신이 거기까지라고 멈춰 서게 한 것 같았다'는 보타의 이야기 한 마디 한 마디가 마음에 와닿았다. 오랜 경험이 축적된 거장의 직관이었을 것이다.

내가 대성당에서 요청했던 빛과 음향에 대해 보타는 이렇게 설명해주기도 했다.

"빛은 건축 공간에서 원동력과 같은 것입니다. 빛 없는 공간을 느끼지도 만들어내지도 못해요. 어떻게 보면 가장 기본적인 예술이고 원동력이죠. 소리는 조금 다른 요소예요. 소리는 사람에 따라 다르게 들리고 재료에 따라서도 달리 들려요. 하지만 지금까지 멋진 공간에서 나쁜 소리를 경험해본 적은 없어요. 우리가 시각적으로 적절한 공간을 만들어낸다면 음향은 당연히 따라올 것이라고 생각해요."

음향조차도 눈으로 파악한다는 보타의 말은 긴 협업을 통해 음향을 중요하게 고려한 과정을 다시 한번 생각하게 했다.

마리오 보타는 대성당의 가구와 제단, 의자까지 모든 것을 다 직접 디자인했다.

"건축이든 디자인이든 작고 크고의 문제가 아니에요. 건축에서 중요한 것은 농도입니다. 아주 조그마한 의자도 그 시대의 예술과 상황을 담은 강한 농도를 가지고 있어서 감동을 주지요."

대성당 공간에 담긴 사물들이 보타의 손을 거치면서 하나의 일관된 감동을 주는 것도 바로 이 농도 때문이 아닐까. 무엇보다 하나하나에 담긴 보타의 손길에서 대성당에 대한 남다른 애정을 느낄 수밖에 없었다.

"건축이라는 업은 거짓말을 하지 않습니다. 건축가가 시간과 노력을 쏟은 만큼 돌려줍니다. 건축은 일한 만큼 대답을 해 줍니다."라는 보타의 말은 그가 매순간 성실하게 건축에 쏟는 노력을 짐작하게 했다.

14

인터뷰 3
줄리아노 반지

보타 사무실이 있는 멘드리지오에서 반지를 만나러 가는 길은 멀었다. 서울—부산 거리보다 먼 길이다. 운전을 하고 가면서 '반지가 나에게 일을 많이 시켰다'는 보타의 말이 생각났다.

이 먼 길을, 그림과 십자가 조각에 관해 반지와 이야기를 나누기 위해 70대 후반의 보타가 운전을 하고 몇 번이고 오갔을 생각을 하니 뒤늦게 그의 수고가 느껴졌다.

마리오 보타는 줄리아노 반지가 르네상스 시대와 이 시대를 연결하는 마지막 작가일 거라고 말했다. 이제 남양 성모 마리아 대성당에서 보타와 협업으로 성화와 십자가를 어떻게 만들었는지 반지의 이야기를 들을 차례였다.

줄리아노 반지를 만났을 때 깜짝 놀랐다. 2018년의 당당하고 건강해 보이던 모습은 보이지 않고 머리도 많이 빠지고 수척해 보이는 모습이었다. 목소리도 잘 나오지 않는다. 암과 투병 중이기 때문이다.

시뇨라 반지는 건강한 모습으로 남편 반지 곁에 있었다. 두 분이 무척 반가워했다. 스튜디오에는 대성당에 작업했던 그림과 십자가 드로잉들이 여전히 벽에 걸려 있었다. 밀고 다니는 낮은 카트 위에 담겨 있는 연필들—새로 깎아놓은 것과 수많은 몽당연필들, 지우개와 칼이 반지의 작업이 얼마나 오랫동안 계속해 온 것인지 느끼게 해 준다.

반지는 마치 기다렸다는 듯이 자신이 어떻게 그림을 그렸는지, 십자가를 조각했는지에 관한 이야기를 그냥 쏟아 놓기 시작했다. 질문을 던질 필요도 없었다. 우리가 물어보고 싶은 이야기를 다 하기 시작했다. 항암치료로 말하는 게 어려웠는데도 2시간여 동안 이야기를 계속했다.

보타와 일을 하게 된 것부터 이야기했다.

"보타가 '서울에 짓고 있는 큰 성당이 있는데 그림을 그려 주면 좋겠다'했을 때 '그래. 그럼, 그리지' 했고 쉽게 생각했어요. 처음 보타가 그림을 벽에 붙이지 않고 매달고, 정형화된 것이 아니라 이야기가 있었으면 좋겠다고 했을 때, '굉장히 흥미로운 내용이다. 무조건 해야겠다'라고 생각했어요. 벽에 매달려 있으니 당연히 뒷면을 어떻게 할 것인가에 대한 이야기가 나왔고 자연스럽게 뒷면도 그려야겠다고 진행되었어요."

예전 것을 가져오지만 우리 시대를 담는 것을 하고 싶었다는 반지의 설명은 마지막 마에스트로라는 보타의 말을 떠올리게 했다. 한복을 입은 오늘 이 시대의 마리아를 표현한 것에 대해 "오늘 이 시대에 천사들은 누구에게나 있어요. 어떤 시대나 문화에 종속된 것이 아니죠."라고 설명해주었다.

무엇보다 내 마음을 울린 것은 그림을 그려낸 과정이었다.

"처음에는 뒷면을 그리는 것을 쉽게 생각했어요. 그런데 앞을 그리고 나니 뒤가 맞지 않고, 앞을 다시 그리고 나니 뒷면이 어색해서 바꾸고, 이 과정을 몇 달을 반복했어요. 정말 수백 장의 크고 작은 그림을 그리고 또 그렸어요. 처음 해보는 일이었고 나에게도 쉬운 작업이 아니었습니다."

그림을 그리고 유리에 끼워 넣는 작업 역시 기술적인 실험의 과정이었다. 그림을 그냥 유리에 넣는다면 공기가 들어가지 않게 해야 하는데, 그렇게 할 수 없었다. 그 문제를 해결하기 위해 보타와 몇 번이나 인쇄한 업체를 찾았다고 한다. 그리고 최종적으로 유리 위에 인쇄하는 방법을 시도했다. 마음에 들 때까지 원하는 색상인지, 정확히 앞과 뒤가 맞는지 확인하고 또 확인을 해야 했다고 한다.

「최후의 만찬」에서 사람들의 움직임과 구도에 대해서도 설명해주었다. 이는 자신에게 심리학적인 측면이 강하다고 했다.

"예수님을 중심으로 삼각형 구도를 완성하기 위해 사람들의 동작을 그리기 시작했습니다. 구도를 맞추기 위해 얼굴의 높이가 대략적으로 맞아야 했기 때문에 누군가는 앉고 누군가는 서 있어야 했습니다. 뒷면을 그리는 게 나 자신에게도 어려웠던 이유가 바로 구도 때문이었습니다." 반지는 여러 구도를 만들어 내는 작업이 수개월 걸렸다고 했다.

"그림이 끝났을 때, 보타가 찾아와 말했어요. '다 끝났다고 생각하는 것은 아니지? 예수가 남았잖아. 십자가의 예수님을 조각해야 하잖아.' '그래, 십자가가 있지. 그럼, 십자가도 해야지' 하고 십자가의 예수님을 조각하기 시작했어요. 조각가로서 인간의 고뇌를 표현하는 것이 조각가의 숙명이라고 생각해서 아주 당연하게 고통받는 예수님을 조각했어요. 그런데 어느 날, 십자가에 못 박혀 일어설 때 나는 온 세상을 부둥켜 안겠다는 성경 구절이 생각났어요. 그 스케치를 다 치

줄리아노 반지

워버리고 다시 시작했어요."

 반지는 살아있는 예수, 세상을 환희로 포옹하는 예수를 만들기 시작했다고 한다.

 "십자가의 예수님은 죽기 위해 십자가에 매달리신 분이 아닙니다. 그분은 다시 살기 위해, 부활하시기 위해 십자가에 매달리신 분이십니다. 그분은 모든 사람을 살리기 위해 십자가에 매달리신 분이십니다. 모든 사람을 당신께로 이끌어 오기 위해 십자가에 매달리신 분이십니다. 바로 그 예수님을 조각해야겠다 싶었습니다. 그래서 십자가에 매달리신 살아있는 예수님을, 눈을 뜨고 나를 바라보고 계신 예수님을 조각하고자 했습니다. 손과 발의 못을 빛으로 표현하고 싶었습니다. 중세 시대 때부터 해온 방식 그대로 십자가를 조각했습니다. 제비 꼬리로 접붙인 8조각의 나무를 깎았고, 석고를 바르고 그 위에 밝은 색칠을 했습니다. 어두우면 멀리서 보는 사람에게 잘 보이지 않을 것 같아 밝게 했습니다."

 반지와 보타의 협업은 끊임없는 실험과 혁신에 가까웠다. 두 거장의 실험적인 작품이 대성당에 완성된 것이다.

 "미켈란젤로가 그랬고 라파엘로와 렘브란트가 그랬듯, 당시의 교회는 가장 선도적인 예수를 만들어주길 요청했어요. 그런데 어느 순간 교회가 더 상업적이 되었어요. 예전의 것을 가져다가 재생산하는 교회가 되어 버렸죠. 그러다보니 종교 안에서 넘치는 아이디어를 표현할 수 없었던 예술가들은 다른 길을 갔어요. 스타일은 가지고 가고 태도는 버린 상황이죠. 그래서 그 부분이 저에게도 쉽지 않은 테마였어요. 그럼에도 불구하고 보타와 신부님이 있어서 이 작업을 계속할 수 있었습니다."

반지는 계속 이야기했다.

"이 그림을 우러러보지 않았으면 좋겠어요. 그냥 조용히 봐주면 좋겠습니다."

그의 진심이 느껴졌다. 반지의 이야기를 들으며 나도 모르게 눈물이 났다. 반지도 이야기를 하는 동안 중간중간 눈이 붉어지기도 했다.

그림과 십자가 조각을 하는 데 반지와 보타가 그렇게 많은 수고와 어려움을 겪었는지 나는 생각해 보지 못했다. 보타는 나에게 한 번도 그런 말을 해 준 일이 없었다. 반지에게 고맙다고, 정말 감사하다는 인사의 말씀을 드렸다.

반지의 집을 나올 때 반지는 같이 갔던 사람 한 사람 한 사람에게 책에 멋진 사인을 해서 주었다. 그리고 우리가 떠날 때까지 집 앞에 오래오래 서 있었다. 6개월 뒤 의사가 '이제 괜찮다'고 하면 대성당에 꼭 오고 싶다고 하셨다.

시뇨라 반지의 모습도 감동이었다. 반지의 인터뷰를 고개를 끄덕이며 듣는 모습, 반지의 이야기를 한마디도 빼놓지 않고 듣는 모습이 아름다웠다.

시뇨라 반지가 내게 말했다.

"지난번에 주셨던 찻잔이 있어요. 우리는 아침마다 그 찻잔으로 차를 마시며 남양을 생각하고 있어요"라고.

이번 인터뷰는 남양성모성지에 참여한 세계적인 건축가들이 어떤 마음과 태도로 성지를 바라보고 있는지, 또 어떤 메시지를 전하고 싶었는지 알 수 있었던 소중한 기회였다. 치유와 위로의 성지를 만들고자 했던 내 마음이 세계적인 거장들에게 닿아 응답해주었고, 무엇보다 각기 다른 치열함으로 예술과 건축을 만들어내었음에 감사했다.

춤토르가 만들고자 하는 작은 경당이 갖는 겸손함과 고요함, 마리오 보타가 남양성모성지가 가진 오래된 묵주의 길을 매듭짓고 사람들에게 선사한 빛의 공간, 르네상스의 예술적 흐름을 이으면서도 오늘을 담은 줄리아노 반지의 실험적인 예술은 사람들이 남양성모성지에 방문해 무엇을 경험하고 얻길 바라는지를 말해주고 있었다.

긴 시간 남양성모성지의 과정을 기록한 이 책은 성지에 참여한 건축가와 예술가들의 인터뷰로 마무리되었다. 이들의 메시지는 다시 남양성모성지라는 종교 공간의 의미와 역할을 확대해줄 것이다. 그리고 그들이 전하는 오늘의 종교 공간이 갖는 의미를 이곳을 방문하는 사람들과 나누게 되길 희망한다.

닫는 글
어린 나무의 눈을 털어주다

눈이 내린다
내가 할 수 있는 것이 없다
춤추며 내리는 눈송이에
서투른 창이라도 겨눌 것인가
아니면 어린 나무를 감싸 안고
내가 눈을 맞을 것인가

저녁 정원을
막대를 들고 다닌다
도우려고.
그저
막대로 두드려주거나
가지 끝을 당겨준다
사과나무가 휘어졌다가 돌아와 설 때는
온몸에 눈을 맞는다.
얼마나 당당한가 어린 나무들은
바람 아니면

어디에도 굽힌 적이 없다
바람과의 어울림도
짜릿한 놀이일 뿐이다
열매를 맺어 본 나무들은
한 아름 눈을 안고 있다
안고 있다는 생각도 없이

　　　　　— 울라브 하우게, 「어린 나무의 눈을 털어주다」

　나도 눈이 내리면 성지의 나무들이 부러질까 봐 장대를 들고 다니며 눈을 털어주곤 했다. 이따금 눈을 뒤집어쓰고 몸서리를 치다가도 금방 웃음이 나고 즐거웠던 기억이 난다.
　이 시를 쓴 시인은 정원사였다고 한다. 단순히 직업이 두 개였다는 의미로 들리지 않았다.
　만일 정원사가 아닌 시인이 이 시를 썼다면 지금과는 다른 느낌으로 다가왔을 것이다. 그를 소개하는 말에 이렇게 적혀 있었다. 그는 '매일 노동했으며 가장 좋은 시는 숲에서 쓰였다.'고.
　신부 되겠다고 신학교 들어간 게 엊그제 같은데 벌써 37년을 살았다. 서품을 앞두고 성구를 고르던 생각이 났다.

　　'산들이 밀려나고 언덕이 무너져도 나의 사랑은 결코 너를 떠나지 않는다.' (이사 54, 10)

　그때는 의미보다 시적이고 멋진 표현 때문에 이 구절에 마음이 가지 않았나 싶다. 이제는 조금 알 것도 같다. 내 힘, 나의 의지로 여기

닫는 글

까지 온 게 아니라는 걸. 그리고 내가 아니라 주님께서 한순간도 나를 떠나신 적이 없다는 걸 말이다.

신부로 산 37년 가운데 거의 모든 시간을 성지에서 살았다. 나무를 심고 꽃을 가꾸며 정원사처럼 살았고, 대성당과 엔들리스 성 요셉 예술원을 짓고 있고, 대성당 광장을 만들고 있으며, 티 채플과 순교자의 언덕을 건축하기 위해 노력하고 있다. 날마다 모금을 하며 건축과 조경, 음향 관련 회의에 참석한다.

사실 나는 나무나 건축에 관해서는 문외한인데 말이다.

나무에 대해 잘 모르다 보니 어떤 나무는 땅이 맞지 않아 몸살을 앓기도 하고, 조경 전문가가 보기에는 부족한 점이 한두 가지가 아닐 것이다. 그런데도 많은 이들이 성지의 숲을 사랑한다. 그저 내가 신부라서, 신부가 하는 일이라서 다들 믿고 응원하며 사랑해주는 것이리라. 그리고 무엇보다 주님께서 늘 나와 함께 해주셨기에 결국 주님께서 하신 일이다.

대성당을 짓는 일도 마찬가지다.

내가 뭐라고… 오직 내가 신부라는 이유 때문에 많은 분들이 나를 믿고 힘들게 번 돈을 희생으로 바치고 있다는 걸 안다. 그분들을 위해 미사를 봉헌하며 생각한다. 혹시 나중에 누가 나에 대해 물으면 나를 소개하는 말 가운데 이런 구절이 있었으면 좋겠다고.

'그는 매일 기도했으며 미사를 봉헌할 때 가장 빛났다.'

2023년 8월
남양성모성지에서
이상각 신부